柔然 传奇
Rou Ran

柔洁　宋和平　著

中国书籍出版社
China Book Press

图书在版编目（CIP）数据

柔然传奇 / 柔洁, 宋和平著. — 北京：中国书籍出版社，2018.12
ISBN 978-7-5068-7136-5

Ⅰ.①柔… Ⅱ.①柔… ②宋… Ⅲ.①柔然—民族历史—研究 Ⅳ.①K289

中国版本图书馆CIP数据核字（2018）第273557号

柔然传奇

柔洁　宋和平　著

责任编辑	李国永
责任印制	孙马飞　马　芝
封面设计	东方美迪
出版发行	中国书籍出版社
地　　址	北京市丰台区三路居路97号（邮编：100073）
电　　话	（010）52257143（总编室）　　（010）52257140（发行部）
电子邮箱	eo@chinabp.com.cn
经　　销	全国新华书店
印　　刷	三河市顺兴印务有限公司
开　　本	710毫米×1000毫米　1/16
字　　数	350千字
印　　张	23.25
版　　次	2019年5月第1版　2019年5月第1次印刷
书　　号	ISBN 978-7-5068-7136-5
定　　价	78.00元

版权所有　翻印必究

前言

我的老家在山西临县白文镇，镇子东头土墙上两个醒目的大字"圐圙"，一直深深地印刻在我的记忆中。历史上这个地方被称为"安胡郡"。从字面上不难理解，这是一个有着特殊含义的地方。

白文镇是个黄河边贫穷、闭塞、落后的小村落。七十年代末回乡，走在镇子里残留的、用大青石铺设的路面上，看到与眼前的贫瘠很不相符的东西，我记忆深刻。那时路两侧还可见到散落的大理石雕刻的大柱、门廊碎片以及石柱基底，可见这里曾经的繁华。

听祖辈们讲，爷爷的爷爷们都是很早以前从遥远的"圐圙"（kū luè）城迁来的。这个遥远的"圐圙"城，或许就是现今的蒙古国乌兰巴托或哈拉和林（历史上被称为圐圙、库伦）。"圐圙"的原意为：草原上放牧的人们用荆棘、围栏等围拢起来的土地、院落。"圐圙"可大，大到一个部落的地域；可小，小到一户牧民人家的庭院。后来在内蒙古、新疆一带，也将乡村、家庭的草场用铁丝、栅栏围起来，称其为草"库伦"，二者的含义完全相同。

据上辈人讲，柔姓带有柔然的血统。祖辈家谱牌位上的第一人是"柔然刚"，是柔然人的后裔。

单从姓氏上看，我似乎与柔然有关。很巧合的是，我的少年时期就是在柔然时期所建的可汗伏图城所在地——新疆吉木萨尔县度过。似乎冥冥中祖先的手在引领着我。多年以来，我就有这种愿望：解读柔然。为此一直都在广泛收集和密切关注柔然的相关信息，虽然许多学者也写过一些文章、书籍，但我们深感不足和缺憾。一来，所见文献零乱，没有系统的整理。二来，资料相互转抄、摘录，大同小异。

中华民族是一个历史悠久、伟大智慧的民族。她是各民族融合传承的集合体。华夏五千年的历史、文化是人类文明进步史上一颗璀璨的明珠。从炎黄五帝、春秋战国到秦始皇统一中国，秦汉、三国两晋南北朝、隋唐宋、元明清，经历了诸多的不同民族的历史更迭。柔然曾经是一个古老的由草原民族建立起来的强盛的大国。柔然作为中华民族大家庭的一员，曾有过辉煌的历史，在公元5世纪中后叶最强盛时期，曾一度据有长城以北到北极圈、大兴安岭直达地中海的广大地区，曾为中西方文化的交流与融合作出过巨大贡献。可在消亡近1700年后，柔然几乎已经被遗忘。这样一个在中国古代历史上占有重要地位的帝国，今天在我国的历史记载、研究程度乃至大众的认知等方面，却远不及中亚和欧洲诸国。

柔然人从氏族、部落到部落联盟，经历了近百年艰苦卓绝的斗争，直到社仑作为首领时期建立了柔然帝国，他在扩张兼并的过程中，带领许多北方游牧部落率先跨入了"文明时代"，统一北方草原地区，建立了疆域面积不亚于匈奴的游牧民族政权，使大漠南北及天山南北地区与中原的联系得到了进一步加强，促进了中华民族大家庭的形成与发展，在开拓和巩固祖国疆土等方面作出了重大贡献。

"柔然"一词，有认为是"聪明、贤明"之意，或认为含有"礼义、法则"之义，或认为源于阿尔泰语的"异国人"或"艾草"等。公元4世纪—6世纪活跃在漠北的柔然国，挺立在大漠塞北长达一个半世纪之久，把政治经济和文化影响扩大到了中亚和欧洲，加快了这里的文明进程。当我们吟诵着"天苍苍，野茫茫，风吹草低见牛羊"的诗歌，追忆1700年前柔然祖先的那段惊天动地的历史时，应该感到自豪。

千余年来人们对这个民族抱有许多的好奇，也一直不断地极力去探究他的来龙去脉。但长期以来，人们对柔然所知甚少，之所以造成这种状况，原因大致可以从以下几个方面去分析思索：

一是，草原民族长期以来主要集中生活在大漠以北的广大荒漠地区。马背上的民族，文字水平相对偏低，缺少记载的能力以及保存的条件。

二是，柔然早期可能使用鲜卑语，也可能有过与其他民族融合衍生的文字。千年来，部族之间、民族之间、地区之间、国家之间战火不断，大面积的古迹被损毁，大批的文献资料被烧掉，很多文化物品遗散、失传。

三是，柔然虽然在中国北方东征西迁，但其经济文化的中心——都城，在中国现今的版图上却难觅其踪。柔然汗国的疆土虽远及中亚、西欧，但却从未越过黄河涉足中原大地。由于长期与北魏对峙，在长江流域几乎没有留下影响。柔然早期社仑可汗时就把王庭（都城）建在了漠北大草原的色楞河、鄂尔根河流域一带。曾有资料记载，柔然在甘肃和蒙古国边境地带建立过木末城，在新疆吉木萨尔县建立了可汗伏图城。但这些很快也就在战乱中消失了。故此，柔然在华夏大地上没有留下遗迹，所以逐渐被后人遗忘也就在情理之中了。

四是，史籍中对草原民族的形成、发展及他们的活动记载得很少。即便有，也是寥寥数语，更谈不上叙述其来龙去脉。因为没有

文字记录，流传的许多事情被时间冲淡。查阅历史记载不难发现，每一个王朝在取得政权后，便想方设法为自己树碑立传，而这些记事往往以服务于当权朝政为宗旨，这就使得有些史料缺乏真实性。同时，后人又在前人基础上后续历史往事，在抄录、改编中免不了以讹传讹，甚至出现混乱错杂的现象。由此，对于史书中有关柔然人的史料，人们也一直在考问其真实性。

我们曾沿着祖先们走过的路线寻根溯源，亲历大兴安岭南麓及内蒙古东北的漠北草原，拜访鲜卑山阿里河镇所在的鲜卑祖室嘎仙洞，到过莫尔道嘎、室韦、额尔古纳、扎赉诺尔、巴尔虎左、右旗、克什克腾、凉城、岱海、盛乐、云中以及平城（大同）等地。无论是在浩瀚的原始森林里静静地聆听先辈们迁徙的脚步声，还是在广袤无垠的大草原上看战马嘶吼狂奔，都让我备感亲切；无论是博物馆里展出的实物、图片，还是广场上矗立的英雄雕像、碑石，都让我感到无比兴奋和感慨！遥想当年，柔然先辈们在这片土地上纵马驰骋，建功立业，后人为你们曾经的辉煌感到骄傲！

本书尊重史实，但由于资料的缺失，我们在大事件确定之下有一些情节演绎，以增加文章的趣味性和可读性。同样，考虑到首次接触柔然史的读者，会因为对时代背景不清楚而影响阅读的兴趣和效果，所以将柔然时期涉及到的相关历史背景信息在书中也穿插着简单作了一些介绍。

有关柔然的资料非常少，我们几乎收集了国内研究柔然的全部资料。由于本书是在前人研究的基础上完成的，引用资料有所雷同不可避免。本书写作过程中，得到许多朋友的帮助，周伟洲先生在百忙中审阅书稿，并提出宝贵意见；许多朋友也提出了非常好的改进建议，在此一并表示衷心感谢！

写这本书也是遵照了我父亲和大哥的遗愿，他们生前没能看到此书完稿，我感到非常内疚，现奉上此书，以告慰他们的在天之灵。

目录

前 言

第一章
柔然溯源——木骨闾、车鹿会时代

1. 孤儿木骨闾 ························ 6
2. 木骨闾时代的长城记忆与丝路烽火 ············ 8
3. 东胡、鲜卑与柔然 ···················· 12
4. 拓跋鲜卑早期的部落联盟 ················· 21
5. 柔然人诞生在最为动荡和混乱的年代 ··········· 24
6. 柔然——"虫子"还是"脊梁"？ ············· 28

第二章
社仑可汗

1. 柔然崛起的机遇 ····················· 38
2. 创造奇迹的男人 ····················· 42
3. 两军阵前 ························· 52
4. 柔然汗国建立 ······················ 54

5. 打通丝路的西征 60
6. 夏帝刘勃勃其人 65
7. 统万城 67
8. 参合陂前几匹马引发的血案 69
9. 一代巨星陨落 73

第三章
斛律

1. 西域当年 79
2. 斛律西征所面临的形势及丝路英豪们 80
3. 丝路商人粟特和盟友悦般国始末 85
4. 战略要地乌孙国 88
5. 斛律可汗西征旗开得胜 92
6. 洗劫贵霜王朝 94
7. 英俊而短命的可汗 97

第四章
大檀及吴提时代

1. 大檀继位后的形势 101
2. 北魏六镇与云中之战 106
3. 柔然的敌友—悦般与厌哒 112
4. 翁金河偷袭战 114
5. 吴提继位与和亲 119
6. 西域之争 121
7. 寺院夺金的太武帝拓跋焘 128
8. 柔然人的重要盟友——吐谷浑 136

第五章
一代欧亚霸主吐贺真和他的儿子们

   1. 荒漠空城计 ································· 143
   2. 南北朝的乌龙闹剧 ························· 147
   3. 太武帝的人生悲剧 ························· 149
   4. 柔然人忠实的铁匠——阿史那氏 ······· 152
   5. 罗荒野的新主人 ···························· 156
   6. 温柔可汗时代的三国鼎立 ················ 161
   7. 礼佛外衣下的浊流 ························· 166
   8. 动乱的年代 ································· 176
   9. 反叛的阿伏至罗—高车 ·················· 181
   10. 毁灭了柔然的两个女人 ················· 189

第六章
柔然的沦落与覆灭

   1. 韬晦之计 ···································· 201
   2. 胡汉矛盾 ···································· 208
   3. 六镇兵变让阿那瑰成了救世主 ········· 210
   4. 混世魔王尔朱荣 ···························· 213
   5. 和 亲 ·· 217
   6. 高车国的衰亡 ······························· 222
   7. 乌图谷与金满城 ··························· 224
   8. 多情却被无情恼 ··························· 228
   9. 柔然汗国的掘墓人 ························ 231
   10. 柔然汗国最后的日子 ··················· 233

第七章
柔然人的去向之谜

    1. 柔然国破，众生何往？ ………… 239

    2. 公元2—3世纪欧亚地域的政治格局 ………… 242

    3. 东方匈人入侵欧洲 ………… 246

    4. 阿提拉兄弟时代 ………… 255

    5. "阿瓦尔人"就是柔然人 ………… 265

    6. 新一代柔然君主——伯颜可汗 ………… 268

    7. 阿瓦尔人的新家园"圜城" ………… 273

第八章
有关柔然人的近代考古发现及传承

    1. 近代考古发现 ………… 285

    2. 柔然人血脉的传承与延续 ………… 303

参考文献

附　件

后　记

第一章

柔然溯源——木骨闾、车鹿会时代

第一章 柔然溯源——木骨闾、车鹿会时代

据说在很久很久以前,在一个叫柔然的城堡里,住着一群人,他们聪明又智慧,纯朴又善良,日出而作,日落而息,相亲相爱地享受着生命的安详与快乐。但是,这个世界并不总是蓝天白云、和风细雨,弱肉强食、征伐攻战也是常态。当残酷的现实让他们选择流血还是流泪的时候,他们选择了前者。披坚执锐,金戈铁马,像一股旋风,横扫了从朝鲜半岛到地中海的广阔区域,最终,一个叫柔然的帝国屹立在东方。然而,强者不能恒强,弱者也不会永弱。当帝国被锻奴从堡垒内部攻破时,可汗及三千壮士被斩杀于长安城外,血流成河。

历史总是在上演着一幕幕悲喜剧,千秋功罪谁与评说。

1700年后的一天,在一个叫"圜圚"的城堡里,来了几个年轻人,他们有着俊朗的外表、儒雅的风度。在入口处有一位着黑衣的老夫人,手捧着一串项链。当她看见他们时愣住了,她看了又看,躬身后退,口中喃喃道:"这座城堡是你们的,这里的一切都是你们的。"说完,她缓缓上前,把项链挂在那个身材高大有着满头曲卷头发的年轻人的脖子上,然后消失得无影无踪。

这是我在很小的时候听到的一个故事,从此,我就用一生的精力来寻找那个叫柔然的城堡。

我出生在新疆,一个古地名叫金满城的地方,那里现称吉木萨尔县。对家乡吉木萨尔的记忆还来自小时候的游戏:"开满城"。两队小朋友手拉手面对面站两排,相距五六米。一排唱道:"芨芨林,开满城,满城开,要的谁来上城呢?"另一边唱:"芨芨林,开满城,满城开,要的×××上城呢!"这个被点到×××名字的小朋友就冲向对面一队中最弱的拉手处,冲断了队伍则拉一个对面的人回来,冲不断则被留下。游戏虽然简单,却真切地反映出远古的风貌:一是吉木萨尔叫"金满城"的史实,二是攻城与防守的模拟。

柔然传奇

现在，这种儿童游戏随着时代的变迁早已不存在了，但吉木萨尔，这个古代被称为车师后国、北庭都护府、别失八里的地方，其辉煌历史，在世界史上留下了浓墨重彩。

"文革"时我下乡插队来到天山深处一个叫泉子街养鹿场的地方，这里曾被称为吾塘沟、青峰沟，是天山风景最美的地方，山高林密、绿草如织、泉水叮咚。记得当年我们在这里耕作犁地时，常被大块的奇形怪状的炉渣绊住脚步。那些炉渣在沟里和坡顶上都有，分布很广，感觉这里曾经是个大型的冶炼场。问当地的老人，这里是不是1958年大炼钢铁的地方，都说不是，那这些东西是什么时候留下的呢？谁也说不清楚。历史总是以这种不经意的方式露出它的痕迹，等着人们去猜想，等着历史学家去解读。通过写这本书，看了很多历史文献及研究文章后，才知道这里大概就是1700年前柔然帝国打造兵器的一个地方。

这是第一本由柔然后人撰写的柔然历史。我们以写实及传奇故事交混的方式，把柔然人辉煌、艰辛的历史展现出来，希望能从支离破碎的史书记载里还原那段遥远而精彩的故事。我们为寻根溯源而仔细思考、分辨、书写，以使那些被遗忘的历史恢复它应有的风貌。

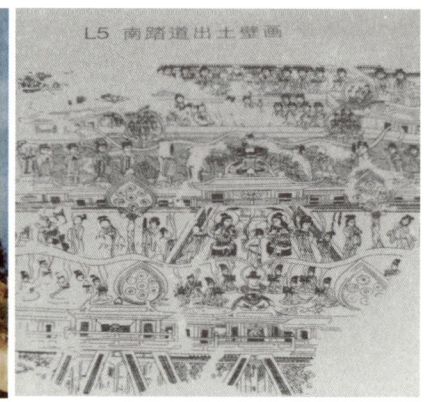

吉木萨尔县北庭都护府西大寺遗址及寺内南壁壁画

1700年前，柔然帝国成为欧亚大陆上最大的草原帝国，它在一个被称为蒙古哩（木骨闾）的首领及其子孙带领下，崛起于蒙古高原。又像一股旋风，

第一章 柔然溯源——木骨闾、车鹿会时代

在阿提拉之后席卷了欧亚大陆。以至于他们的后人，600多年以后，在成吉思汗的带领下，又一次轻车熟路地沿着祖先的足迹，将帝国的版图恢复到了柔然时期那样。

提到匈奴、鲜卑、蒙古这些草原帝国名字，大多数人耳熟能详，并不陌生。但按我国历史朝代时间顺序，应该排在匈奴、鲜卑之后的柔然帝国，曾称霸世界、威震一方，却被历史学家遗忘了，没有相应的文字书写与评价，世人似乎对柔然一无所知，其原因让人迷惑不解。有关柔然人的文字记载的史料少之又少，且大多是贬低及不雅之词。这个民族留在中国史籍中的记忆实在不多，由于没有什么残忍与暴虐的记载，所以没给后人留下什么震撼及可怕的印象。然而，他们影响了中国及世界历史，曾为欧亚历史上民族融合、文化交流和社会进步做出过不可磨灭的贡献。

柔然帝国建立于中国历史上的魏晋南北朝及五胡十六国时期。他没有像其他的少数民族政权那样，在自己的国名尊号上冠以秦、魏、赵、燕这些大汉的名号，而是打出"柔然"的旗号。这似乎很独立特行，也让一些史学家们不喜欢。因此，尽管在历史文献上有关五胡十六国的记载非常详尽，而同时期已称霸草原的柔然帝国，在这段历史中却极少有记载。

柔然这个中国北方的草原民族从哪里来，又到哪里去了？像谜一样不为人所知。中外学者大多认为柔然是东胡鲜卑的后裔。《魏书·蠕蠕传》载："蠕蠕，东胡之苗裔也，姓郁久闾氏。始，神元之末，掠骑有得一奴，发始齐眉，忘本姓名，其主字之曰木骨闾。'木骨闾'者，首秃也。"（神元为拓跋力微年号）木骨闾与郁久闾声相近，故后代子孙以郁久闾为姓氏，并成为柔然汗国的第一显姓及政治统治的核心。

木骨闾死，子车鹿会雄健，始有部众，自号"柔然"。自此历经十三代，二十五位君主，立国150余年。

柔然传奇

1. 孤儿木骨闾

在天苍苍野茫茫，风吹草低见牛羊的蒙古高原上，公元270年左右的一个傍晚，夕阳西下，残阳如血，西照的参合陂湖岸边上行进着一队拓跋力微的骑兵。忽然，隐约地从风中传来一阵孩子的啼哭声，断断续续，似乎是哭久了、哭累了。马上的骑士们驻足细听，终于在附近圣湖边的草丛中发现了一个孩子。孩子大约四五岁的模样，方额圆脸，发始齐眉。骑兵询问，叫什么名字？孩子不说话，只是摇头，双眼露出一种胆怯和仇视的目光。看见周围一片余烟未了的废墟及掠杀后的景象，骑兵们明白了。孩子父母都不知被什么人杀死了，帐篷也被烧掉了，失去双亲和家的孩子孤独地在荒野上哭泣。这场景让人想起一部外语片《壮汉柯南》的一个画面：一个祥和、安宁、充满欢声笑语的游牧家庭，突然，一伙强盗来袭，瞬间家破人亡，满目狼藉，孩子被掳走做了奴隶。然而，这次是草原上一个被抢掠、毁灭了的游牧家庭，被另一帮草原游勇发现并收留了这个孩子。不过，他也从此沦为奴隶。草原的故事都是如此相像，可见茫茫大草原上的单个家庭多么脆弱无力，可是一旦他们聚合在一起，形成军队，却是令人生畏的力量。

这个孩子被赐名为"木骨闾"，柔然的历史也由此开始。

"木骨闾"这个后来成为柔然姓氏的名字，曾经让整个欧亚大陆都谈之色变。到底是"木古里""蒙古勒"，还是什么其他名称呢？也有研究说郁久闾又称蒙古哩，本姓包，包豕韦氏族王子，被鲜卑人掳为奴，主人称其为"蒙古哩"（鲜卑语），音译为"木骨闾"。包豕韦（又译钵室韦或婆窝室韦）是他的祖先。这让我联想到一件有趣的事。我的名字，不同省市的人会有不同的发音，甘肃人叫我"肉解"，东北人称"油姐"，江浙人叫"娄节"，如果仅凭发音的话，该写个什么呢？音译实在是一个与地方口音和心情有太多关联的事。据说鲜卑语"木骨闾"与"秃头"发音近似，或许对某些文字书写者来说，把这些人写成秃头是一件让人愉快的事情，而"发始齐眉"这句话，则被人视而不见。

木骨闾被掠为奴时，《魏书·蠕蠕传》称其"发始齐眉"而又"首秃"，即前留发，后剃光，这是"髡发"，是流行于东胡人中的一种发式。

発始齐眉的孩子

据《南齐书》《梁书》的记载，北魏时期，柔然人"辫发左衽"，即同拓跋鲜卑人的发式"索头"，而"索头"与"首秃"相异。据东汉时期的记载，东胡的髡头是指头顶呈圆形剃光，头四周披发，或者相反，剃去头顶以外的全部头发。不管哪一种方式，总之是剃去一部分，保留一部分。大概这种髡头形式很轻便，乌桓、鲜卑、契丹皆如此。

参合陂这个地方很小，它在内蒙、山西的交界处，位于今内蒙古凉城县境内。在公元3—4世纪的时候，这是一个非常特别的地方，它是拓跋人和柔然人的发祥地。它附近有一个湖，现在叫岱海，当年是现在的几倍大，那是拓跋人的开国皇帝拓跋珪的出生地，被称为圣湖，那里也是柔然始祖木骨闾的发祥地。而拓跋人和柔然人在之后的150多年的时间里，作为世仇，一直征战不停。后来同为鲜卑的北魏拓跋和后燕慕容，在著名的参合陂战役中又死伤了好几万人。

木骨闾，一个部落的孤儿，被掳完全是一次偶然。他属于哪个民族或部落，已无法考证确认。但有一点可以确定，他不是拓跋人，也不是所属的某个部落，因为他是拓跋的奴隶。按当时的状况，拓跋是不会将本民族的孤儿掠为奴隶的。

柔然传奇

孤儿木骨闾后来成长为一个怀有远大志向、身手矫健、足智多谋的青年，并因此而被免去奴隶身份，又因为骁勇善战而被升为骑卒。

《魏书·蠕蠕传》记载：至拓跋猗卢（公元307年—公元316年在位）时，木骨闾因过失将被"坐后期当斩"，为避罪被迫逃入沙漠和山谷间，并在逃亡途中靠自己的名望招集逃亡者，从而积聚了100多人的队伍。再后来，木骨闾逃到阴山以北一带，投靠了统治那里的游牧部落纥突邻部，并不断地扩充自己的势力，成为了柔然建国的始祖。

2. 木骨闾时代的长城记忆与丝路烽火

翻开华夏历史的画卷，秦汉时期，正是汉民族与其他各民族广泛接触融合的时期。这个时期，蒙古高原上兴起了一个被称为"胡"的强盛民族——匈奴。那时中原王朝的头号敌人便是匈奴。当孟姜女在长城边悲泣时，秦始皇正在为阻挡不住蜂拥而下的匈奴骑兵而头疼。

中原各国为抵御匈奴、东胡的南侵和骚扰，纷纷在北部边境修筑长城，以此来阻挡迅猛的骑兵。后来，秦朝统一，秦始皇派遣大将蒙恬抗击匈奴，蒙恬不仅大败匈奴，使其势力遭到极大的削弱，并将其赶回大漠。秦始皇也由此将各国长城连接成东西万里的秦长城。宏伟的万里长城从此屹立在中华大地上。

随着秦朝统治的瓦解以及楚汉战争的爆发，匈奴乘机再次迅速崛起，并又一次开始向中原大地进犯。习惯性的南下掠夺，使得那个时期中原百姓乃至汉王朝，只要听到匈奴的名字，立刻联想到速度、野蛮和强硬。对天边传来的滚雷和马蹄声的畏惧，成为汉室的噩梦。

追溯匈奴的渊源，推测其应是夏代或更早的新石器时代末期，生活在内蒙古的阴山或阴山之北草原上的狩猎畜牧氏族人群。在商代早期，他们南下来到阴山河套地区。据司马迁《史记》记载：匈奴是我国古代夏时"荤粥"，殷商时"鬼方"，西周时"猃狁"，春秋战国时"戎、狄"等许多草原游牧氏族部落，经过长期的同化、融合而形成的部落联盟，也是当时中原民族对活跃于蒙古草原西部众多游牧部族的泛称。《史记·匈奴列传》《史记索隐》都有记载,各有说辞,可见匈奴部落的成分是比较复杂的。他们奉行一种以崇拜天和神山为基础的萨满教。到战国时期,匈奴在数以百计的部族中崛起,第一次统一了蒙古草原诸部,建立了强大的部落联盟及奴隶制国家政权,从此进入鼎盛时期,称雄中原以北广大地区,成为草原西部的霸主。其疆域东与东胡对峙,南邻长城,且形成与中原各国抗衡的局面。此后,展开了长期的拉锯战,使得中原百姓遭受了战争的苦难。

匈奴首领叫"单于"。匈奴人的全盛时期是从公元前209年至公元前128年,也就是冒顿、老上、军臣三单于当政的时期,相当于中原从秦二世元年到汉武帝元朔元年。而匈奴三单于中最杰出的当属冒顿单于,他在匈奴早期发展中占有相当重要的地位。

公元前167年—前158年间,匈奴人的势力已进入到内蒙古河套南北地区。这一时期,汉朝与匈奴双方把争夺的重点落在了丝绸之路的控制权上,谁得到了这个控制权,谁就掌握了国家的经济命脉。古老丝绸之路上的驼铃声已经响了很久了。随着战争烟火的不断燃起,使得这清脆的铃声中夹杂了急促的马蹄声和悲惨的呻吟。

当年丝绸之路上的春秋,套用当下时尚的话:就是一条小虫引发的血案。当时欧洲人从没有见过中国的一种神奇小虫,它白白胖胖,作茧自缚;它吐出的丝在中国人灵巧的双手下成了亮闪闪、柔软轻薄的丝绸。用它做成的衣服华丽无比,也昂贵无比,穿上它显示出王公贵族的身份与地位。最开始,在罗马1克生丝竟然可以换11克黄金。

由于丝绸贸易所带来的巨大利益,丝绸之路这条中西方交流的重要通道就成了汉朝与匈奴争夺的焦点。蒙古高原到西域及中亚一带自古就是草原民族的家园,是他们休养生息的地方。汉帝国要想保持西进丝绸之路的畅通,就不可避免地与匈奴人产生摩擦。由于匈奴骑兵凶猛的攻击方式,使得汉王朝始终处于被动状态。

到汉武帝时,西汉经过近70年的休养生息,综合国力大大增强。汉武帝一改过去委曲求全的态势,对匈奴从战略防御转为战略进攻。从公元前129年—

前111年间，汉朝主动出击，与匈奴进行了多次战争，汉朝将军卫青、霍去病等抗击匈奴并取得显著的战果，有效地打击了匈奴的势力及威风，鼓舞了汉室王朝。公元前119年，卫青、霍去病又一次分东西两路进攻漠北。霍去病击败匈奴于狼居胥山（地点有争议）；卫青东路扫平匈奴王庭。匈奴右贤王率领4万余人投归汉朝，汉军共俘获匈奴7万多人，伊稚斜单于及左贤王带少数人逃走。匈奴遭此惨败，元气大伤，不得不远离中原退回漠北。由于匈奴势力的衰败，之后相当长一段时期里，以长城为界，匈奴和汉朝之间没有发生大规模冲突，相对和平共处。

同时，汉朝在东部联合乌桓，西部派张骞两次出使西域，联络大月氏、大宛，以和亲、通商的方式联合西域诸国，以此不断压缩匈奴的空间，这就使得匈奴的势力大大削弱。公元前87年，汉武帝死，汉朝暂时停止了对匈奴的攻击。而这一时期匈奴受战争、天灾影响，领土和人口减少，处境日益困窘，内部纷争开始激化，自身实力大减，无力扰汉，被迫放弃西域。于是汉朝完全控制了西域，也夺取了对丝绸之路的控制权，汉置戊己二校尉，屯田于车师前王庭。

早期匈奴帝国版图

在外力打击和内讧争斗下，匈奴内部开始瓦解分裂成东、西两部，即东部呼韩邪单于和留在漠北的西部郅支单于。分裂后的东、西匈奴相互间为各自的地域势力而攻战不断。同时，汉王朝也不时地利用匈奴人的矛盾，从内部和外部展开瓦解及攻击。之后，在汉王朝与东部匈奴的联合攻击下，西部匈奴遭受严重打击，损失惨重，郅支单于被迫率其残部向远东及欧洲方向迁徙。呼韩邪单于则由此占据了整个漠北草原。

公元前44年，西部匈奴郅支单于部向西进入今新疆伊犁河流域，他们打败了伊犁河畔的乌孙人，并把额敏河畔的呼揭人、坚昆人都纳入其统治之下，成为其属部。同时，郅支单于还攻击楚河康居人的地域。匈奴人来势凶猛，瞬间占据大片地域。但好景不长，汉朝没有给匈奴人太多时间来巩固所占据的地域。很快，汉建昭三年（公元前36年），为了清除匈奴在西域的影响，汉朝又遣西域都护副都尉陈汤远征直抵楚河畔，袭击了郅支单于部，彻底击败其部众，郅支单于重伤而亡。失去头领、遭受重创的匈奴残余势力也基本消亡。长期以来据守在漠北草原、一直困扰汉王朝的匈奴势力由此灭亡了。

与此同时，东部匈奴呼韩邪单于则于公元前33年向汉王朝提出，愿娶汉朝公主与汉修好，汉帝答应了这门婚姻。单于抱得美人归，迎娶王嫱（王昭君），并封王昭君为宁胡阏氏。于是昭君出塞成了中国人千年的话题，有歌颂、有赞叹，也有无奈和心酸。

公元48年左右，东部匈奴内部由权力之争而再次出现分裂：据守南部的8个匈奴部落在首领日逐王比的率领下，共同反对蒲奴大单于，从而形成了新集团，后又率部归附汉朝。为此，汉光武帝将其安置在内蒙古、山西和甘肃边境一带，在五原郡设南庭，南匈奴由此形成。而仍留守在漠北草原的蒲奴大单于部则被称为北匈奴。南北匈奴分道扬镳。汉朝政权以此为契机，在与南匈奴联合的同时，又游说乌桓、鲜卑部共同侧击北匈奴。

在之后的几十年间，匈奴虽说势力大减，但仍不时地在西域实施掠夺侵扰，导致战事不断。为此，公元151年，汉朝又遣大将司马达率军出击蒲类海，击败占据此地的北匈奴新的呼衍王，呼衍王惊恐之下率北匈奴残部再次向西撤退，逃至乌孙与康居地域，后又越过中亚西亚，进入欧洲东部。而退居漠北的北匈奴残部，连年遭受严重天灾，加之又受到南匈奴、乌桓、鲜卑的攻击，经济和军事实力极度衰败，已不具备战斗力。至此，北匈奴的势力几乎丧失殆尽，不再构成对汉王朝的威胁。

匈奴是中国历史上第一个统一北方草原诸部落并建立强大游牧政权的民族，兴起于战国，衰落于东汉，在大漠南北活跃了300余年，对当时的中国和世界也都产生了重大影响。

虽说匈奴政权及势力消亡了，但随着时间的推移，其民族本身必然又演化出新的族群。从现今所了解的史籍资料中，可以看到柔然早期所处环境及生活习俗与匈奴人相似，是否与匈奴有共同的族源也未可知。

3. 东胡、鲜卑与柔然

匈奴人的势力受汉王朝的不断打击在中国北方渐渐削弱的同时，活跃在匈奴东部蒙古高原辽河上游、大兴安岭南端被统称为"东胡"的诸游牧部落，则借此局势开始纷纷兴起，形成不同的势力集团。当匈奴在中国北方衰落后，鲜卑人在蒙古高原迅速崛起替代了匈奴人的地位。

东胡是当今多个北方少数民族的祖先，是一个由多个部落民族组成的部落联盟，包括了当时族属相同而名号不一的大小部落，是多个民族的统称，鲜卑、柔然、契丹、室韦等都属于东胡这一族系。自商代初年到西汉，东胡存在了大约1300余年。

西汉初年，匈奴人大破东胡。东胡被匈奴冒顿单于击破后，部众溃散，其溃散众人主要分为两部分：一部分退聚到鲜卑山（在今内蒙古大兴安岭东北段，大兴安岭古称大鲜卑山，是古代北方游牧民族的摇篮），称鲜卑；而另外退聚到相邻南部、于乌桓山（在今赤峰市阿鲁科尔沁旗西北）一带聚居的部族称乌桓。二者族名都是因山而得。前者为东胡的旁系，后者为东胡的直系，都曾受匈奴奴役。《魏书·序纪》卷一里即说，鲜卑最初原始部落居住地在"幽都之北，广漠之野，畜牧迁徙，射猎为业"的大鲜卑山。

东胡—鲜卑人都是华夏民族，早在黄帝时期就与中原华夏各部保持着密切联系。关于鲜卑民族起源有多种说法，即东胡说、东夷说、山戎说、逃亡汉人说等，而鲜卑源于东胡之说则是最广泛的说法。《史记索隐》引东汉胡广云："鲜卑，东胡别种。"即鲜卑就是东胡的一支。"鲜卑"意为祥瑞或神，合之为瑞兽或神兽，即所谓的"鲜卑郭落带"。《魏书》载，黄帝有25个儿子，他们受封在内地或边远荒蛮的地方。相传，其中有个儿子叫昌意，他的子孙（有一个叫始均，是拓跋部的始祖）住在北方鲜卑山下，以此得名。《晋书》说鲜卑慕容氏"其先有熊氏之苗裔，世居北夷……"所谓"有熊氏"即是黄帝的别称。北魏人崔鸿的《十六国春秋》，认定东胡属于黄帝的后裔。

鲜卑是继匈奴之后在蒙古高原崛起的古代游牧民族，属阿尔泰语系蒙古语族。鲜卑民族早期活动历史记载很少，最早可追溯到西周时期。《国语·晋语》记述："鲜卑，东夷国。"而鲜卑作为一个部落集团的名称，始见于东汉。上世纪六十年代内蒙古扎赉诺尔煤矿区发现的鲜卑早期墓群（约2000年前），被认为与东夷文化有渊源。

近代对鲜卑的认识来源于一次偶然发现。1980年，原内蒙古呼伦贝尔盟文物工作者在内蒙古鄂伦春自治旗阿里河镇西北约10公里，大兴安岭北段山区考察时发现了嘎仙洞。这在当年也算是国内轰动一时的重大考古发现。在洞中石壁上刻有北魏太平真君四年，武帝拓跋焘派李敞祭祖时刊刻于石壁之上的祝文，经学者考古证实，内容与当年《魏书·礼志》所载祭文大致相同。故而有人认为，今内蒙古鄂伦春自治旗政府所在地，阿里河镇西北的大兴安岭北段"大鲜卑山"就是拓跋鲜卑的发祥地。

提到鲜卑的发祥地就一定要提到"嘎仙洞"。为何称"嘎仙洞"？传说很早以前，这里是一片原始森林。夏季，苍松翠桦浓荫蔽日，遍地野花盛开，灿烂似锦。冬季，皑皑白雪覆盖山林，一片银色世界，林海雪原中各种动物自由奔驰着。以狩猎为生的鄂伦春人，世世代代在这里过着和平、幸福的生活。没想到，有一天忽然出现了一个躯体庞大、面目狰狞的吃人恶魔。它住在山巅崖上的一个山洞里，窥探着人们的行动，只要发现猎人进入森林，它就伸出魔掌将人残害，鄂伦春人受害者不计其数。勇敢的鄂伦春人为了消灭这个恶魔，多次组织青年猎手上山与它格斗，但都由于它的妖术厉害而失败。鄂伦春人并未因此丧失斗争的勇气和信心，就这样一直斗争了许多年，其始终不渝的斗争精神终于感动了上天的嘎仙。嘎仙与恶魔比试，他先与恶魔比赛看谁能将洞口的一块石头搬走，结果恶魔输了；他俩又比试箭法，嘎仙将

石头的正中心射出了一个车轮般大的圆孔。恶魔看到嘎仙的本领比自己强大，就逃之夭夭了。人们怕恶魔再次返回森林，就在它住过的洞口塑了一尊手持弓箭的嘎仙石像。果然，恶魔三次过海眺望，看见嘎仙屹立的雄姿就不敢回来了。从此，鄂伦春人自由地在大兴安岭的丛山密林中打猎、生活。为了纪念为民除害的嘎仙，人们把恶魔住过的山洞改名为嘎仙洞，把大石头上有窟窿的那座山取名为窟窿山。

公元2015年6月的一天，我们来到了这个向往已久的圣地。嘎仙洞位于群山的半山腰，踏阶而上，洞口一阵苍凉古朴的气息扑面而来。我们敛神静息，缓步走进洞里，洞中大约有一个足球场大的面积，高度超过十米，有点阴暗潮湿，洞壁上有古人生活的火烤烟迹，似乎岩壁上还有向上攀爬的抓痕，洞的最深处是一段已经倒塌的裂缝。洞外山下有清澈的嘎仙小溪流淌，有潺潺的水声和鸟儿悠长婉转的鸣叫，让人觉得环境与名称十分相配。

我们静静地坐在洞口大石头上，闭目仰天，想象和感受先祖们当年的生活气息，人世间的轮回与变换真是奇妙，哲学的否定之否定，永远在螺旋式前进。当年的先人永远都想不到会有这一天，后人又来了，就像我们永远也想不到我们的未来会发生什么一样。

嘎仙洞的石壁上之所以有祝文，是因为早在南北朝时乌洛侯国（东胡系，鲜卑一支）遣使臣朝见太武帝拓跋焘时，称其国的西北方，有鲜卑国先帝旧墟石室。太武帝拓跋焘听后十分惊讶，即刻派员探查祭祀。现今嘎仙洞内西侧石壁上刊刻的祝文就是当年拓跋焘为祭祀先人所题。

大鲜卑山阿里河镇嘎仙洞外景

第一章 柔然溯源——木骨闾、车鹿会时代

嘎仙洞祝文全文如下：

"维太平真君四年癸未岁七月廿五日，天子臣焘，使谒者仆射库六官、中书侍郎李敞、傅𩇕，用骏足、一元大武，柔毛之牲，敢昭告于皇天之神：启辟之初，佑我皇祖。于彼土田，历载亿年，聿来南迁。应受多福，光宅中原。惟祖惟父，拓定四边。庆流后胤，延及冲人。阐扬玄风，增构崇堂。克翦凶丑，威暨四荒。幽人忘遐，稽首来王。始闻旧墟，爰在彼方。悠悠之怀，希仰余光。王业之兴，起自皇祖。绵绵瓜瓞，时惟多祜。归以谢施，推以配天。子子孙孙，福禄永延。荐于：皇皇帝天、皇皇后土。以皇祖先可寒配，皇妣先可敦配。尚飨！东作帅使念凿。"

太平真君是拓跋焘的年号，为公元440年—451年，太平真君四年为公元443年。

需要说明的是，上述嘎仙洞内西侧石壁现存祝文为201字，而《魏书·礼志》中记载的祝文为123字，两者相差78个字。为什么会出现石壁祝文与记载祝文不符这种现象，原因多年一直未解。公元2002年9月有学者在此考察时，在嘎仙洞口东侧背朝北方半圆形石壁上又新发现了文字，这可能是最早的祝文刻壁。但由于裸露在外经年侵蚀，字迹保留得很少且不清，只能据图形推断几个与洞内西壁祝文相同的字，无法得识全文。

嘎仙洞中祝文（左图）及石碑（右图）

拓跋部落最早期的首领为毛首领（部落联盟的酋长），后所称"皇帝"为拓跋珪时追尊。毛首领下传五世而至始祖宣帝拓跋推寅（约公元1世纪前期）

15

时，正值东汉初年，面对汉光武帝实行的武力政策，大部分匈奴人开始西迁，这就为匈奴控制下的其他民族提供了独立发展的机会。

推寅被立为酋长后，便率部从起源地大兴安岭北段向西南迁至现今呼伦湖附近。《魏书·序纪》卷一记载："推寅立，南迁大泽，方千余里，厥土昏冥沮洳。谋更南徙，未行而崩。"大泽即呼伦湖。这是拓跋鲜卑第一次南迁。他们离开古老神秘的嘎仙洞，向西南方向进发，初迁到"大泽"一带，开始了新的畜牧生活。

呼伦湖的东南侧有一个贝尔湖，在古代时期，呼伦湖与贝尔湖是连在一起的，方圆数百里，四周布满沼泽，称"大泽"。在内蒙古呼伦贝尔所辖的扎赉诺尔等地的鲜卑墓中，出土了大量采用未剥皮的桦木制成的棺椁，用大张的桦树皮制做的生活用具和桦木器物，还出土了两件松木木勺，表明西汉时期，海拉尔河、伊敏河沿岸还生长着大片桦树和松树。该地区后因气候变迁、雨水减少等原因，树木毁灭，森林消失，进而分离成现今的两个湖，湖周围区域则逐渐干涸形成草原。

扎赉诺尔呼伦湖

这时的拓跋鲜卑还处于原始社会的部落联盟阶段。迁徙到呼伦湖地区的鲜卑人，并不适应当地的环境。虽然湖区地域开阔，但是对于生活在丛林草原以放牧和狩猎为生的游牧民族来讲，这里不适合他们居住生存。再加上随着拓跋氏族本身的发展，部落首领热衷于掠夺财富，扩张势力，该地域已满足不了这种需求。为此，他们又萌发了再次迁徙的念头，准备第二次南移。

公元1世纪早期，汉光武帝将乌桓部迁到上谷、渔阳、右北平、辽西、辽东五郡塞外一带安居。此时，鲜卑人正好借机南下，开始第二次南迁。在圣武帝诘汾的统领下，鲜卑人南迁到乌桓故地饶乐水（今西拉木伦河）流域。之后，乌桓部族再次南迁，鲜卑又借机迁到五郡塞外。后来几经转战，排除险阻，鲜卑人最终进入"匈奴故地"，即今河套地区东北部固阳及阴山北部曼城一带。这里水草丰美，树木繁茂，是牧猎的好场所。更重要的是，这里已接近文明昌盛的中原大地。

这期间，有部分鲜卑人没有南迁，仍留居在嘎仙洞一带。这些鲜卑人，可能后来就融合演变为现代的鄂伦春族和鄂温克族。

鲜卑人由大兴安岭北段的发源地迁到呼伦贝尔大泽之时，其种族成分尚纯，尚能称之为鲜卑。但其从大泽西迁至西拉木伦河以后，鲜卑部落已经有诸多其他部落融入相混合。鲜卑的种族成分已发生了很大变化。后来建立北魏政权的拓跋部、建立南凉的秃发部等都被统称为北部鲜卑。

扎赉诺尔人铜像

由于北匈奴退出漠北草原，鲜卑向南占据了匈奴故地，即蒙古高原广大草原地区；同时吸收融汇了匈奴余部十余万户，还有其他民族（如丁零人、乌桓人等）加入鲜卑行列，由此出现了鲜卑与匈奴及诸多民族的大交融。此次民族大融合必然使得草原上又出现新的族别部落。如所谓东胡鲜卑一支，就是指鲜卑父匈奴母（这种父母关系被认为是鲜卑人）。而匈奴父鲜卑母（这种父母关系被认为是匈奴人）所生子女称为匈奴"铁弗"；另一种名为"秃发鲜卑"或"河西鲜卑"的部落，也是鲜卑与匈奴等族融合后的称谓；乞伏部是由早期东部鲜卑与敕勒部融合形成的；等等。上述诸部落都应属于同源，差异只是处于不同的区域而已。另外，他们崛起后吸纳了肃慎人、扶余人，甚至还有高加索的白种人。有学者认为，柔然、拓跋鲜卑、河西鲜卑皆源于东胡，而且都是鲜卑和匈奴融合之后形成的，以后，他们所居住的地区不同，逐渐发展成三个不同的部落集团，又分别建立了政权，即同源异流。

柔然传奇

《魏书·序记》所载四帝在位时间估算表

帝号	继位时间 大约时间	卒年 大约时间
始均	公元前1540年	公元前1518年
成帝毛	公元前88年	公元前66年
宣帝推寅	公元22年	公元44年
献帝邻	公元176年	公元198年

第三次南迁（公元220年—277年），是由始祖神元皇帝拓跋力微（圣武帝诘汾之子）开启。这也是鲜卑人向中原大地迈出的最重要的一步。

当柔然国即将建立时，鲜卑人正处于鼎盛时期，被神话了的神元皇帝力微，正跃马扬刀征战在蒙古草原上。那个被掳并被赐名为"木骨闾"的孩子，所处的正是鲜卑拓跋力微时期。当时，拓跋力微正率领鲜卑人在蒙古高原上开疆扩土。

鲜卑拓跋人多次南迁示意图

（图片资料来自内蒙和林格尔县盛乐博物馆）

18

历史到拓跋力微这里拐了个弯。长城抵御的是匈奴,而同为北方游牧民族的拓跋力微却认为,自己应该属于长城以南。他的后代继承了他的这种思想,一步步向南迁徙,最终在洛阳建都,并全面汉化。

拓跋力微,生于公元174年,是拓跋首领诘汾的儿子。拓跋人为自己的出身编造了一个美丽的神话,力微就成了人神结合的产物。相传诘汾十分爱好狩猎,有一天他率领部族几万人马打猎,鼓角震撼山岳,马蹄使大地颤抖。诘汾弯弓引箭,猎物应声而倒,所有随从都被诘汾高超的骑射技术所折服,齐声叫好。忽然,天空放出了红光,只见一辆装饰得十分豪华的轮车从天空翩然而至,车中坐着一个仙女,那辆车来到诘汾的面前,仙女长袖随风起舞款款下了车,顿时香气充溢四周,她自称是奉天帝的命令来与诘汾相会。于是诘汾让人马驻扎下来,建起寝帐。诘汾与仙女就在这样的环境中,演绎了一曲人仙相欢的故事。第二天早晨,仙女临走的时候,对诘汾说,明年这个时候,一定在这个地方等她,而后便乘华车带卫士升空离去。第二年这一天。诘汾又来到这里,果然那仙女又乘华车翩然而至,人如故车如故,卫士亦如故。所不同的是,这回仙女怀中多了一个小男孩。她双手将小孩递与诘汾,并告诉他这是他们去年相见尽欢成孕所得。仙女嘱咐诘汾要好好抚养孩子,将来他会成为草原上的英雄,雄霸一方。说完后,仙女便飘然离去了。任凭诘汾喊破了喉咙,那仙女头也不回,华车如同草原上的一只巨鹰一样,瞬间消失在了云中。诘汾将此孩抚养长大,取名为力微,后来素有两句"诘汾皇帝无妇家,力微皇帝无舅家"的说法。拓跋力微是鲜卑拓跋氏的始祖,称神元皇帝(在位58年)。

柔然人因为信仰萨满,崇拜自然,关于自身的出身就没有像那个时代的许多民族一样编出许多神话与传说,以证实统治者的根红苗正不同凡响。

在拓跋力微的率领下,鲜卑人从塞北南迁来到怀来、云中(今内蒙古托克托附近)。这次迁徙,经过"山谷高深,九难八阻",这是鲜卑人摆脱原始游牧民族居住地,真正跨入中原大地的第一步。从此,他们开创了一种崭新的生活。

当然,此刻的拓跋鲜卑部落还不强大,周边还有势力较强的西部鲜卑大人蒲头、五原郡（今内蒙古包头市西北）没鹿回部大人窦宾（给豆陵宾）等部落。

同一时期，在南北朝时期赫赫有名的鲜卑宇文部也走出大兴安岭森林，向南迁徙，来到开阔地带。他们早期居深山，男女均梳着辫子，习惯用绳索编发，故当时人又称之为"索头"鲜卑或"索虏"，也被称为"索头部"，以区别于剃去部分头发的其他鲜卑。

早期的鲜卑人由于处在大漠深处，几乎名不见经传，只是屈膝于强大统一的匈奴帝国下的小部落，一直没有同中原王朝发生过直接联系。后来，鲜卑随匈奴侵扰边境，才作为一个新的民族实体被中原王朝所知，开始同中原王朝接触，从此这些嘎仙洞中走出的鲜卑人正式登上历史舞台。北匈奴西迁中亚，这为南匈奴、乌桓入塞创造了机遇，同样也为鲜卑在大漠南北扩充地盘提供了条件。拓跋鲜卑从力微开始，经过10余年经营，其部落有了很大发展。拓跋南迁之后，拓跋鲜卑时常与汉王朝为领地、利益展开争战。昔日久居深山老林的小部落，此时已成为区域广大、兵强马壮且与汉王朝对峙的强手。

在中国史书中鲜卑语被称为夷言、国语、北语、胡语或者胡言，是历史上鲜卑族使用的一种语言，其使用时期为公元2至3世纪交替期间开始，直至隋朝末期鲜卑语失传。《隋书·经籍志》中有关于使用鲜卑语翻译中国传统汉文书籍的记载，有《集解论语》《集注论语》等诸多部图书。

但是以上这些鲜卑语图书无一本传世至今，故其文字无法考证。西夏国后来曾创造使用西夏文字，可能含有古鲜卑文字的成分，西夏国灭亡后，文字也失传了。目前没有发现任何有关鲜卑文字或相应的实录记载。

柔然人在早期由于势力单薄，影响很小，相比匈奴人当时的强势而言，乃小巫见大巫，不可同日而语。匈奴人通过大鱼吃小鱼的生存法则，势力不断增强，一时间迫使蒙古草原的诸多部落归降与臣服。由于草原游牧民族的习俗相同，就使得诸多部落之间相互通婚，从而加速了草原游牧民族的融合。有历史学家陶克涛，柔然可能是匈奴后期东胡诸多部落中的一支，可能是匈奴的后裔。这有待商榷。

然而，从鲜卑人的演化以及与柔然人的关系考虑，二者似乎有更多的相同之处和渊源。《魏书·蠕蠕传》载："蠕蠕，东胡之苗裔也……。"鲜卑、柔然同属东胡，柔然应属鲜卑的一支。早期随着鲜卑的不断发展，拓跋鲜卑部落联盟中也融入了柔然人的成分，如：阿伏干氏《魏书·长孙肥传》，魏世祖遣肥子翰击"大檀别部阿伏干于柞山"。大檀为柔然可汗名，其别部主帅以阿伏干为氏，后改为阿氏，叱吕氏。《魏书·高祖纪》："蠕蠕别帅叱吕勤率众内附。"蠕蠕即柔然，叱吕氏为柔然别部帅的姓氏，后改为吕氏、尔绵氏。《魏书·世祖纪》："蠕蠕渠帅尔绵他拔等率其部落千余家来降"，尔绵氏原为柔然姓氏，后改为绵氏。

柔然人既然属于鲜卑一支，可能使用的也是鲜卑的语言和文字。

4. 拓跋鲜卑早期的部落联盟

拓跋鲜卑既是柔然人的宿主又是柔然的敌人，柔然诞生于此，却又完全不同于它。因此拓跋与柔然有着千丝万缕的关系，不得不说。

盛乐这个地方对于鲜卑拓跋人来讲，极为重要，盛乐都城的遗址就在现今内蒙和林格尔县城北，在此建有鲜卑拓跋博物馆，陈列着鲜卑人辉煌的历史。它是鲜卑拓跋的发祥地，更是北魏皇族的发源地。从北魏建都以来，盛乐地区先后有北魏、北周、北齐，隋、唐五个朝代的十四位皇帝在这里诞生，其中有北魏皇帝拓跋珪，北周皇帝宇文泰，北齐皇帝高欢，隋朝皇帝杨坚、杨广，唐朝皇帝李渊、李世民五朝七位历史上著名的皇帝。盛乐堪称"帝王之乡"。

盛乐博物馆　　　　　　拓跋力微雕像

说到鲜卑，必须要先提及檀石槐这个人。

公元156年东汉桓帝在位时，鲜卑人檀石槐（拓跋力微的祖辈）的出现是时势造英雄。他作为鲜卑首领，将离散的各鲜卑部落集合起来，统一了蒙古高原鲜卑诸部。二世纪中叶，以檀石槐为首的鲜卑军事联盟完全控制了蒙古高原。

由此，鲜卑人建立起了强大的鲜卑汗国，并取代匈奴人成为蒙古草原的主人。这是史料记载中最早期的东部鲜卑，它也是鲜卑的起源部落。《三国志·鲜卑传》记："檀石槐既立，乃为庭于高柳北三百余里弹汉山啜仇水上，东西部大人皆归焉，兵马甚。南钞汉边，北拒丁令，东却扶余，西击乌孙，尽据匈奴故地，东西万二千余里，南北七千余里。"为了对各部实行有效控制，他将所辖地区按地域分为东、中、西三部，各置大人主领，实行分块治理，各部鲜卑大人又都附属于檀石槐。

汉朝末年，东汉政权与南匈奴联合北伐，打击檀石槐军事联盟，檀石槐大败，从此势力减弱。公元181年，檀石槐气病而亡，子和连继位。继位后却因不能慑服部众，被魁头杀死，由此檀石槐部落联盟自行瓦解，形成多部势力。留在西拉木伦河的北（中）部鲜卑族首领轲比能拥众十余万骑，势力最强，影响最大，占据高柳以东的代郡、上谷郡边塞内外各地，包括今天的锡林郭勒草原。北（中）部鲜卑在首领轲比能的统领下南进，并在中原汉族先进经济文化的影响下，势力渐增，后再次联合鲜卑各部，最终统一了漠南地区。这是鲜卑部落联盟的第二次统一，实属来之不易。此时，汉王朝在黄巾起义的打击下已名存实亡，历史已进入魏、蜀、吴三国时代。轲比能为保全部落利益，与曹魏联盟，并接受曹魏政权的封号，之后得以不断发展壮大。同时，又因后期不断侵扰曹魏边境区域，使魏帝感受到威胁，故指使幽州刺史派遣刺客将轲比能暗杀。

第一章 柔然溯源——木骨闾、车鹿会时代

克什克腾的西拉木伦河

鲜卑檀石槐王朝于公元156年建国，至公元235年轲比能被杀，鲜卑部落联盟瓦解，共历5王，79年。这是鲜卑早期历史上的辉煌期。轲比能死后，漠南统一的鲜卑部落联盟集团再次陷入四分五裂之中，开始进入"部落离散，互相攻伐"和独立发展时期。弱者归附曹魏政权，强者则远遁。部落离散后，其东部鲜卑先后形成宇文部、段部、慕容部三股势力。宇文氏（部）早期是以匈奴首领身份加入鲜卑部落联盟的，归附檀石槐后，逐渐鲜卑化。西部鲜卑则形成拓跋部、秃发部、乞伏部三部。此时的东、西部主要以阴山——漠北草原为分界线。

公元258年，拓跋力微在定襄盛乐（今内蒙古和林格尔）召集部落联盟大会，成立部落联盟。这是带有标志性的历史事件，表明该联盟基本成为一个初期的奴隶制形式的国家。盛乐后来又成为代国的都城。拓跋部趁各部都没有站稳脚跟，率部众南迁占有乌桓故地，后逐渐壮大起来。拓跋鲜卑是部落联盟瓦解后，独立壮大起来的一个十分重要的部落，也是鲜卑诸部中非常复杂的一个部落。后来拓跋部建立了北魏政权，成为代表中国北部的中央王朝，对中国历史的发展产生过重要影响。

5. 柔然人诞生在最为动荡和混乱的年代

木骨闾出生时，正值公元3世纪中后期，即西晋初。

公元3世纪后半叶至6世纪末的三百年间，中国历史经历了西晋、东晋十六国、南北朝时期。这个时期，在中国历史上是一个分裂、动荡、混乱的年代。少数民族纷纷建立政权，形成了诸多地方割据势力，使得民族关系更为复杂多变。但同时又促进了各民族间的大迁徙、大同化、大融合。

春秋战国之后，秦始皇统一中国，但仅有短短十几年时间秦国又灭亡了，致使中原大地再度分裂。之后，汉统一天下。至东汉末年又战乱不休，王朝政权更迭空前频繁。先有黄巾起义和董卓之乱，后有魏、蜀、吴三国鼎立，汉帝国土崩瓦解。当中国历史走进两晋时期，本该天下太平，百姓安乐，可恰恰相反，它是继春秋战国、秦汉之后的又一个极其动荡和混乱的时期。豪门军阀拥兵割据，王室贵族自相残杀，北方游牧民族乘势大规模南下，如洪水决堤一般进入中原。

晋朝分为前后两个历史时期，即西晋（公元265年—316年）与东晋（公元317年—420年），合称"两晋"。司马炎建立晋朝重新统一中国，结束了三国鼎立（共96年）的局面，后人称之为三国归晋。司马氏家族先后建立了西晋和东晋两个政权，对历史和社会产生过重要影响，本该顺应潮流，朝政稳定。但司马王朝却违背历史前进的规律，实行门阀政体。朝廷政权主要由少数士族人物掌握，导致皇权衰落、诸王纷争的局面。这样一来，社会各个阶级的矛盾和对立逐渐显现出来，动摇了晋王室的基础。

太熙元年（公元290年），晋武帝司马炎病故，由次子司马衷继位，即晋惠帝。惠帝本是愚痴之人，并不能治理国家，继位后朝廷渐乱。领有军权的诸王、外戚相互夺利，宫廷内外纷争不断，以至于朝中大权最终落入野心勃勃的皇后贾南氏之手。皇后贾南氏荒淫凶残，又是个政治野心家。司马氏诸王不满于朝中贾氏专权，纷纷想杀贾氏而独掌大权，于是便发生了晋朝历史上有名的"八王之乱"。从公元290年晋武帝死，惠帝司马衷即位起，前后十六年，八王为争夺帝王之位而混战。至西晋末年，不仅国内人民纷纷起义反抗暴政，域外的匈奴、鲜卑诸族也对西晋的统治虎视眈眈，内迁的诸民族于是乘机举兵。"八王之乱"和其他的外患使得中原沦陷，边陲不保，群雄混战，生灵涂炭，导致中国又一次出现大分裂。

而在公元277年，拓跋力微死后，拓跋部内部出现了权力之争。公元295年，力微的儿子禄官不得已将拓跋鲜卑分为三部，各守一方。公元307年，禄官去世，猗卢（力微孙）统摄三部，势力变得强大。晋怀帝司马炽为拉拢和操控拓跋部，便封猗卢为"代公"。之后，晋愍帝司马邺又封其为"代王"。

西晋王朝颁发给北方少数民族首领的印章"亲晋胡王"铜印

柔然始祖木骨闾就是在猗卢势力扩展的时期，带领部众分离出来的。因为初期势力很小，他投附于纥突邻部。此部的居地在阴山北面的意辛山一带。木骨闾死后，车鹿会开始有了自己的军队，后来便从纥突邻部中独立出来，自号柔然。

公元304年，匈奴族的首领刘渊（因其祖辈曾与汉帝拜兄弟故采用皇帝刘姓），以"兄亡弟绍"复汉为名义，号召匈奴人起兵反晋兴邦复业。起先称大单于，数月后又打起"尊汉"旗帜，在左国城（今山西离石县）自称汉王。公元308年刘渊正式称帝，立国号为汉（后改为赵，史称前赵），都城设在平阳（今山西临汾）。由此开始了灭晋的历程。刘渊登基后立即遣其子刘聪与大将王弥进攻西晋都城洛阳。刘渊养子刘曜等人带兵攻破洛阳，纵容部下抢掠烧杀，并俘虏晋怀帝，杀太子、宗室、官员及士兵百姓三万多人，同时大肆发掘陵墓、焚毁宫殿，史称"永嘉之祸"。

柔然传奇

晋怀帝被俘后，豫州刺史阎鼎与雍州刺史贾疋等人又拥立武帝司马炎之孙司马邺为帝，建都于长安。建安四年（公元316年）刘曜又率领匈奴军攻破长安，愍帝司马邺献城投降，西晋王朝由此结束。西晋王朝统治的时间很短，共传三代四帝，为时仅五十一年。可谓"昙花一现"，但却也是中国历史上一个大一统的封建王朝，有着重要的历史地位。

显赫一时的西晋王朝被匈奴人建立的政权所灭亡。后来司马睿在建康称帝续建了晋朝，史称东晋。

西晋统一的局面仅仅维持了半个世纪即演化成离乱，出现了十六国割据的争斗。来自北方的匈奴、鲜卑、羯、氐、羌等多个马背游牧民族，或大规模南下进入中原，或活跃在漠北、漠南和西域地区，充当和扮演了这场争斗的主角或重要角色，他们逐鹿中原、相互争战，为的是建立自己的政权，攫取各自部落的利益。一时间，群雄并起、政权割据、社会动荡、天下荒乱。

东晋时期各国势力范围图

胡人，一般泛指在东汉末到晋朝时期迁徙到中原的外族人，如匈奴、羯、鲜卑、氐、羌、柔然、卢水胡、乌桓等。五胡的概念是《晋书》中最早提出的，指入主中原的五个主要部族，即匈奴、鲜卑、羯（匈奴别支，也称白匈奴）、羌和氐。

"五胡十六国"是指从公元316年晋愍帝投降、西晋灭亡开始，到公元439年鲜卑拓跋部统一北方为止的近130年时间，南至今淮河，北至阴山，西至葱岭，东至东海，东北至鸭绿江下游以北，西南至澜沧江以东，我国北方各民族相继建立的十六个政权。当然，这期间所建立的割据政权远不止这些，还有其他一些，比如柔然、冉魏等。由于北魏史学家崔鸿以其中16个割据政权撰写了《十六国春秋》，于是后世史学家统称这个时期为"五胡十六国"。

十六国简表

朝代名	起迄年	创建者	国　都	灭于何朝何国
汉、前赵	304～329	刘渊、刘曜	左国城（山西离石北）；长安（西安）	后赵
成汉	306～347	李雄	成都	东晋
前凉	317～376	张轨、张寔	姑臧（甘肃武威）	前秦
后赵	319～351	石勒	襄国（河北邢台）；邺（河南安阳北）	冉魏
前燕	337～370	慕容皝	邺（河南安阳北）	前秦
前秦	351～394	苻健	长安（西安）	后秦
后燕	384～409	慕容垂	中山（河北定州）	北燕
后秦	384～417	姚苌	长安（西安）	东晋
西秦	385～431	乞伏国仁	苑川（甘肃榆中东北）	夏
后凉	386～403	吕光	姑臧（甘肃武威）	后秦
南凉	397～414	秃发乌孤	乐都（属青海）	西秦
南燕	398～410	慕容德	广固（山东益都）	东晋
西凉	400～421	李暠	酒泉（属甘肃）	北凉
北凉	401～439	沮渠蒙逊	张掖（属甘肃）	北魏
夏	407～431	赫连勃勃	统万城（陕西横山西）	吐谷浑
北燕	409～436	冯跋	龙城（辽宁朝阳）	北魏

"五胡十六国"早期主要以匈奴、氐、羯、鲜卑族等的势力为主体，他们入主中原先后建立了由胡人控制的政权，也称第一阶段。后来"五胡"所建立的多个政权一度为氐族前秦政权所统一。但淝水一战，前秦失败后，其政权顷刻之间便土崩瓦解了。以公元383年淝水之战为界，五胡时期进入第

二阶段，而此时段更是战乱不息。前秦灭亡后北方重又分裂，关中、关东、陇右政局纷乱，社会动荡比以前更加严重。

十六国时期北方大部分地域被漠北草原游牧民族所割据占领，随着大批游牧民族的南下，逐渐改变着华夏大地的民族成分和结构分布，对中国历史发展有着深远的影响。

6. 柔然——"虫子"还是"脊梁"？

《魏书》卷二中说，社仑正式建立柔然汗国是在公元402年，而实际上可能在公元397年左右已经建立起了国家。有历史学家认为，自公元330年车鹿会"自号柔然"起，柔然国就已建立。

社仑建国后，柔然汗国成为一个雄踞大漠南北、统管东西的强大游牧民族政权。曾经有一个阶段，中国北方的两个政权东魏和西魏都争相与柔然和亲，乃至柔然的阿那瑰可汗得意地认为自己在中原有两个"儿子"，他们很孝顺，到时候就把大批的礼物送来，将女儿嫁过来。

柔然这个古老民族的历史，在大众书刊上看不到，一般的历史书上也极少有记载，对很多人来说，柔然是个很陌生的族名。似乎这个民族在中国历史上似乎是无足轻重的。实则不然。柔然人从公元3世纪中期开始，一直活跃在阴山以北的广大漠北草原上，后不断发展壮大直至建立自己的政权，成为统治该区域的霸主。拓跋鲜卑统一北方建立北魏之后，从地理位置上讲，就形成了阻隔北方漠北草原与南部中原大地的屏障。柔然这个和北魏同时期的游牧民族，遂成为北魏政权强有力的竞争对手。

和许多古代游牧集团一样，这个民族曾经有过许多名字。"柔然"名号始于车鹿会之自称。"柔然"一词的涵义，有人认为是"聪明、贤明"之意，有认为含有"礼义、法则"之意，或认为源于阿尔泰语的"异国人"或"艾草"。后一解释与南西伯利亚诸部多以河流、领地、草木等名称作为部落名、族名的习惯相符。大约柔然初兴地盛产艾草，遂以此为名。南北朝时蔑称他们为"蝚蠕"或"芮芮""蠕蠕""茹茹"。据说北魏太武帝拓跋焘在一次战役中，被柔然打得丢盔弃甲大败而逃，恼羞成怒之下下令，全国军民对柔然改称侮辱性的"蠕蠕"，"蔑称其无知，状类于虫，故改其号为蠕蠕"。

有人说这个民族的本名应该是"阿拔尔"，其他音译形式为"阿拔""阿帕尔""阿瓦尔""阿拔嘎"或"阿巴坎"。又有历史学家认为，柔然可能是燕然的转音。

作者曾走访今蒙古国乌兰巴托师范大学的历史研究学者并参观乌兰巴托等多处历史博物馆，柔然在那里的史料中被称为"筑载（音译）"（Ju-Jen），或"努仑（音译）"（NuLong），蒙语是"脊梁"的意思。

乌兰巴托师范大学贡吉·苏合巴托教授在其著作中指出，不同学者对柔然的叫法有所差异，但其本质没有变化。该书的插图中对此很形象地用动物脊椎表示，柔然，就是"脊梁"！

从字面上看，这个词语怎么也没有汉字"柔然"的发音。为何如此？学者们也不得其解。"柔然"应该是音译。是已消失的柔然语吗？汉语在世界上很独特，一字一音一意，在将别族人名、地名音译时，将本是连续的读音拆解开标注中文，再读给原语种人听时，常常不知在说什么。

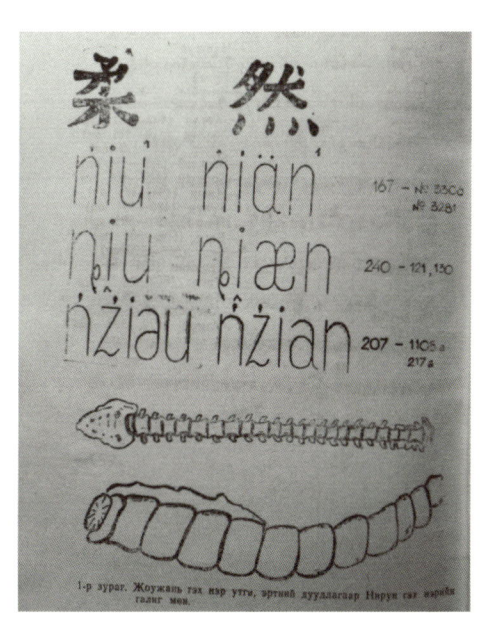

贡吉·苏合巴托著作中对柔然词义的解释图

相比木骨闾，对车鹿会的记载更少，史书中只有略略数字，说的是公元320年木骨闾死后，他的儿子车鹿会比他更加骁勇善战，不断兼并其他部落，势力大增，拥有不少部众和财富。车鹿会觉得自己部落的势力已经足够强大，自身的安全已经有了保障，就离开纥突邻部，自立门户，自称为柔然，开创了柔然的新世纪。

从始祖木骨闾至"自号柔然"的车鹿会这段时间，是柔然国形成的初期。车鹿会"自号柔然"，标志着柔然已经开始摆脱了拓跋鲜卑的奴隶地位，基本上成为一个具有相对独立性的部落组织。也可以说，柔然雏形的形成过程，是一个典型的奴隶造反起家的历程。不过，车鹿会自号"柔然"时的柔然，尚"役属于代国"，"岁贡马畜貂皮"。只是这种"役属"已经类似于"臣属"，而不复是木骨闾时的"奴隶"之属了。《魏书·官氏志》载，凡"四方诸部，岁时朝贡"，柔然也正是这"四方诸部"中的一员。贡吉·苏和巴托教授在他的书里认为，是车鹿会在公元330年建立了以"柔然"为名的国家。

历史对于车鹿会很不公平。他是一个青出于蓝而胜于蓝的继任者，他将木骨闾开创的基业发扬光大。是他树起了柔然这面猎猎大旗，让这个古老而又鲜明的部族在大千世界上成就了一段千古绝唱。可以想见车鹿会当年在茫茫的大草原上，英姿勃发、智勇双全的模样。

车鹿会去世后，他的后几代都很平庸，没有影响，也无记录。时间像流水一样，经过五代人的传承，到第六世，柔然又分裂为东西二部，分别由车鹿会的曾孙地粟袁的儿子匹候跋与缊纥提两兄弟统治。他们的小弟朴浑，文字里也没有记载。朴浑是大檀可汗（十世）的父亲，而后来柔然可汗最终的汗位传承的主体其实就是朴浑这一支，此后一百多年的柔然大业，就由朴浑的子孙们担当。

社仑是缊纥提的儿子，是这个家族中最有作为的一员，他不仅是柔然首领称"可汗"的开创者，也是中国历史上最早的一个"可汗"。现代学者已经意识到"可汗（珂寒）"名称起初并非来自匈奴，而是一个鲜卑的称号。在语言变化的过程中，姓氏、名字和称号是相对稳定的。从柔然汗国领袖人物的名字和称号来看，许多与鲜卑相同，因此，从血缘上来说，柔然汗国早期的统治集团可能是东胡—鲜卑族的后裔。柔然各部也可能使用不同的语言，匈奴语、鲜卑语。

柔然是一个主要由鲜卑、敕勒、匈奴等组成的多氏族、多部落的共同体。目前可确定的姓氏共有六十余种，其中的郁久闾氏为柔然王族姓。另有投北魏者，后改称为闾氏或茹氏、茹茹氏等（《魏书》《元和姓纂》），其籍贯也大都写成河南洛阳、山西雁门、代郡等。

同为少数民族政权的前秦苻坚大帝，在公元376年率十万大军向拓跋鲜卑（代王）发动大规模进攻，代王什翼犍兵败，被其逆子寔君所杀。前秦军趁机占领云中，拓跋鲜卑建立的代政权瓦解。柔然人也沦为前秦的属民。苻坚为了让他们相互牵制，采用"分而治之"的策略，将拓跋鲜卑分为东西两部，西部归西单于刘卫辰管辖，东部归广武将军刘库仁管辖。刘卫辰与刘库仁都是所谓"铁弗匈奴"或"铁伐氏"的混血儿，即匈奴男子和鲜卑女子混婚所生。柔然人归刘卫辰管辖。几年后，刘卫辰因在攻灭什翼犍的代国时曾经立了大功，居功自傲，驱逐了刘库仁，独霸戈壁南北。但柔然人的独立，也得益于淝水之战（公元383年）的失败，淝水之战让前秦帝国迅速土崩瓦解。要统一天下、气势如虹的苻坚大帝的陨落，完全改变了历史的进程。前秦对拓跋鲜卑人完全失去了控制。经过几十年混战，一个新兴的民族终于脱颖而出，柔然人也摆脱了鲜卑人的控制，社仑带领柔然部族北上独立，相继收编草原诸多部落，进而统一了蒙古高原，建立起绵延万里的柔然汗国，成了雄霸中国北方的巨人。

在此历史背景下，柔然汗国后来在欧亚大陆活跃了3个世纪之久，但他源于华夏，始终是中华民族的一支。

柔然世系表

可汗名称	姓名	皇族关系	在位时间/年（公元）	死因
无	木骨闾	一世祖		不详
无	车鹿会	木骨闾儿子		不详
无	吐奴傀			不详

续表

可汗名称	姓名	皇族关系	在位时间/年（公元）	死因
无	跋提			不详
无	地粟袁	社仑爷		不详
无	匹候跋	社仑伯		不详
无	缊纥提	社仑父		不详
无	朴浑	社仑叔		不详
柔然丘豆伐可汗	社仑	木骨闾之后	402~410	病逝
柔然蔼苦盖可汗	斛律	社仑之弟	410~414	被北燕所杀
柔然牟汗纥升盖可汗	大檀	社仑堂弟	414~429	病逝
柔然敕连可汗	吴提	大檀之子	429~444	兵败死
柔然处可汗	吐贺真	吴提之子	444~464	病逝
柔然受罗部真可汗	予成	吐贺真之子	464~485	病逝
柔然伏古敦可汗	豆仑	予成之子	485~492	被部将所杀
柔然侯其伏代库者可汗	那盖	豆仑叔父	492~506	病逝
柔然陀汗可汗	伏图	那盖之子	506~508	被高车王杀
柔然豆罗伏跋豆可汗	丑奴	伏图之子	508~520	被其母所杀
柔然敕连头兵豆伐可汗	阿那瑰	丑奴之弟	520	
柔然弥偶可社句可汗	俟力发婆罗门	阿那瑰堂兄	521~525	被北魏囚死
柔然敕连头兵豆伐可汗	阿那瑰	丑奴之弟	525~552	自杀
柔然可汗	铁伐	阿那瑰之侄	552~553	被契丹所杀
柔然可汗	登注俟利	铁伐之父	553	被族人所杀
柔然可汗	库提	登注俟利子	553	被废
柔然可汗	庵罗辰	阿那瑰之子	553~554	遁入山林
柔然可汗	邓叔子	阿那瑰叔父	553~555	被西魏所杀

第一章　柔然溯源——木骨闾、车鹿会时代

柔然世系图

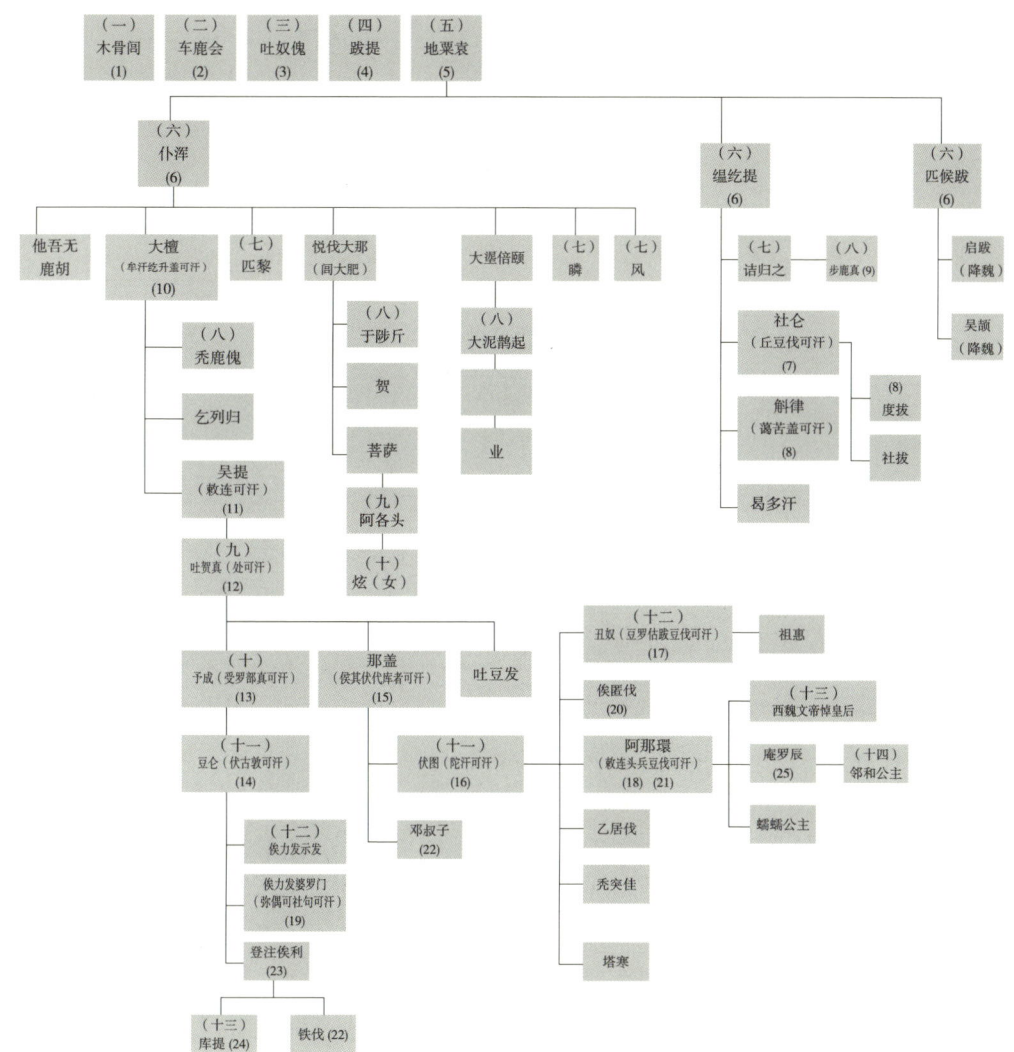

- （一）木骨闾 (1)
- （二）车鹿会 (2)
- （三）吐奴傀 (3)
- （四）跋提 (4)
- （五）地粟袁 (5)

（六）仆浑 (6)
- 他吾无鹿胡
- 大檀（牟汗纥升盖可汗）(10)
  - （八）秃鹿傀
  - 乞列归
  - 吴提（敕连可汗）(11)
    - （九）吐贺真（处可汗）(12)
      - （十）予成（受罗部真可汗）(13)
        - （十一）豆仑（伏古敦可汗）(14)
          - （十二）俟力发示发
          - 俟力发婆罗门（弥偶可社句可汗）(19)
          - 登注俟利 (23)
            - （十三）库提 (24)
            - 铁伐 (22)
      - 那盖（侯其伏代库者可汗）(15)
        - （十一）伏图（陀汗可汗）(16)
          - 邓叔子 (22)
        - （十二）丑奴（豆罗伏跋豆伐可汗）(17)
          - 俟匿伐 (20)
          - 阿那瓌（敕连头兵豆伐可汗）(18)(21)
            - 乙居伐
            - 秃突佳
            - 塔寒
- （七）匹黎
- 悦伐大耶（闾大肥）
  - （八）于陟斤
  - 贺
  - 菩萨
  - （九）阿各头
  - （十）炫（女）
- 大堨倍颐
  - （八）大泥鷃起
  - 业
- （七）鵬
- （七）凤
- 吐豆发
- 祖惠
- （十三）西魏文帝悼皇后
- 庵罗辰 (25)
  - （十四）邻和公主
- 蠕蠕公主

（六）缊纥提 (6)
- （七）诘归之
- 社仑（丘豆伐可汗）(7)
- 斛律（蔼苦盖可汗）(8)
- 曷多汗
- （八）步鹿真 (9)
- （八）度拔
- 社拔

（六）匹候跋 (6)
- 启跋（降魏）
- 吴颉（降魏）

第二章
社仑可汗

第二章　社仑可汗

没有见过大海，只凭传闻而描绘大海的画家，一定不是个好画家。不走万里路，只凭故纸堆中的片段撰写历史的人，也一定无法做个好的书写者。为了与千年前的柔然前辈进行一场心灵对话，也为了觐见一千七百年前的柔然都城，2015 年 5 月初，我们从内蒙古二连浩特乘火车进入蒙古国。"你们去哪里呀？"在旅途中常有人问，"乌兰巴托。""噢，去大圐圙哪！"我一下就呆住了，就是那两个字，"圐圙"，读音为"库略"，让我站在了历史的窗口上。那可是柔然人曾经的家园呀！从古至今，游牧民族把围栏圈起来的地方叫圐圙，也有人称为库伦。直到今日在内蒙、山西一带还分布着许许多多叫圐圙的地名。也许我的先辈们就是从这个后来被称为大圐圙的地方迁徙到山西的。我们这次的目的地是哈拉和林（又称哈喇和林），英文名称 KarAkorum（又译作喀喇昆仑），古代被称为龙城的地方。这又引起我们许多疑问，柔然的图腾不是龙，那这个柔然曾经的都城为什么会被赋名龙城？

哈拉和林属蒙古国杭爱省，据称是匈奴族祭祀龙神的地方，在很长时间里它几乎一直是欧亚草原帝国之都，也是成吉思汗时代的世界中心。它的主人有匈奴、鲜卑、柔然、回纥或称回鹘等民族。

从车鹿会公元 330 年举起柔然大旗开始，到社仑建立柔然国，定都哈拉和林，经过 70 多年的艰苦奋斗，柔然人终于有了自己的家园。社仑以他无与伦比的勇气、智慧和力量完成了柔然从一个部落联盟到汗国的转身。遥想那些远古的先祖们，所有的精彩皆有可能在那个时代上演。

柔然传奇

1. 柔然崛起的机遇

色楞格河、鄂尔浑河都发源于鄂特冈腾格里山。山是大地的脊梁，河是大地的脉络。天空中普照着大地的太阳，那是柔然的图腾与无数美丽传说的起源。

平望川地势蜿蜒起伏，雄伟、绵延、壮丽的燕然山脉横亘在这片蒙古广袤的草原上。如果说色楞格草原是一件缀满珠宝奇珍的华衣，那绵延数千公里的燕然森林便是最美丽的一块。传说在这片茂密的森林中隐藏着一个城堡，那是柔然先祖曾经居住的地方——柔然城堡。后来，城堡毁于部族间的一场残酷战争。据说战争的起因是为圜圙城的地下有着一条秘密黄金通道，一直通向阿勒泰山脚下，那可是世界上最大的一个黄金宝藏。谁拥有它，谁就将拥有统治这个世界的力量。但它也是灾难和杀戮的根源。在蒙古高原这片古老而苍茫的大地上，柔然人正在聚集力量，准备着一统天下的呐喊。公元4—5世纪，这是世界动荡不安、政权交替如星移斗转的年代。前秦亡了，北凉起了；前凉亡了几十年，西凉将起；后燕中兴之时，北燕正准备登场；西燕亡了，南凉起了……，在欧洲，匈奴的铁蹄正在横扫这个不堪一击的大陆，阿提拉的长鞭在欧洲王公贵族们的头顶炸响。

色楞格草原

此刻，鲜卑、羌等部落势力正为争夺各自的领地打得不可开交，诸多政权在战争中逐渐兴起，各自为政。中国由此形成了南方东晋与北方十六国政权并存的格局。

公元316年，长城没能挡住匈奴人南下，匈奴军队攻陷长安，晋朝王室顷刻间分崩离析。随着西晋灭亡，公元317年（建兴五年）在中原士族与江南士族的一致拥戴下，琅琊王司马睿在建业先称晋王，次年正式称帝，是为晋元帝。同时改建业为建康（今南京），国号仍为晋，以示晋王朝的延续。史学家将这个偏安江南又建立起的政权称为"东晋"。西晋政权由此过渡到东晋王朝。

东晋王朝（公元317年—公元420年）是由西晋王室后裔在南方建立起来的小朝廷。东晋建立初期，局势相对稳定，司马睿政权也得到了南北士族的共同支持。同时，随着东晋王朝的建立，中国的经济中心也逐渐南移，江南获得了全面发展而繁荣兴盛。

东晋虽然是司马氏政权的延续，在东晋统治的一百多年中，由于存在着地域、文化等方面的差异，从一开始就因内部矛盾而危机四伏，朝廷大权主要由中原士族掌握，他们占据着统治的主导地位，与江东士族在政治及经济上的冲突不断加剧，相互争斗排挤的现象不时发生。而依靠南北士族建立起来的司马氏政权，基本处于一种被架空的状态，这就使得东晋始终未能实现统一中国、恢复中原王朝的梦想。

早期十六国政权中，前秦是氐族人所建且势力较强大的政权。苻洪是前秦政权奠基者。他的三子苻健（公元317年—355年）是其家族统治者中最杰出者，于公元351年自称天王，国号秦，定都于大汉朝曾经的国都长安，史称前秦。公元352年苻健称帝之后，于公元371年—382年，前秦先后灭前燕，擒慕容暐；西南面的夷邛、筰、夜郎皆归附于秦；攻取东晋的梁、益二州，后灭前凉；击垮鲜卑拓跋部建立的代政权，真可谓猛虎下山，势不可挡。公元382年前秦王又率军向西攻击西部诸部，最终收服并占据西域。至此，前秦政权征服统一了整个北方，并形成与东晋王朝南北对峙的局面，这也使得中国北方多年混战的局势得以缓解。

虽然前秦政权控制统一了北方，但并未就此罢休，而是雄心勃勃地又盯上了南方。公元383年，前秦出动举国之师，意图灭亡东晋，统一天下，于是便有了中外闻名的"淝水之战"。为了此战，当时的前秦王苻坚（苻洪之孙，苻健之侄），强征各族百姓组成九十万大军南下。面对人数众多且强大的秦军，东晋朝抛开内部矛盾，君臣一心共同迎战，谢石、谢玄率晋军八万，凭借淝水屏障与前秦展开了生死存亡的决战。晋军采用巧妙的战术，在洛涧（今安徽定远西南）先大破秦军先头部队，然后进至淝水，摆开与前秦军对决阵势。就军事实力而言，双方相差悬殊，但晋军利用秦兵高傲轻敌的心态，冒险耍了一个"小聪明"，提出要求秦兵略向后移，以便渡河决战。秦王苻坚也有小算盘，仗着自身的强势，企图乘晋军渡河到一半时发动猛攻，就接受了对方的要求命令军队后退。秦军在后退时由于人马过多，造成前后人马拥挤无序，晋军乘此突然发起猛烈攻击，秦军由于军心早已涣散，在晋军的攻击下一退而不可遏止，顿时一片混乱，秦军死伤无数，结果大败。这就是历史上有名的"淝水之战"，是以少胜多的经典战例，也是中国北方局势发生急剧变化的转折点。苻坚率残部十多万人逃回北方。当时作为苻坚手下的大将，姚苌（羌族，前秦的终结者）也随之返回长安。

淝水之战惨败后前秦元气大伤，国力衰退。原先归附投降前秦的诸民族，许多不再臣服，不少曾在前秦政权任高官的前燕人也想借机恢复燕国，统一的前秦政权众叛亲离进入了分崩离析的前夜。自此中国北方再度混乱，又一次陷入群雄割据状态。其中北地长史慕容泓于淝水之战后第二年在关东起兵叛乱，苻坚命儿子雍州牧苻叡出兵讨伐，由姚苌任其司马。当时慕容泓战败率众东逃关东，苻叡因轻敌而决心追击。姚苌认为不妥，谏言加以阻止。苻叡未能听劝，最终遭慕容泓伏击溃败战死。姚苌在战败后派长史赵都及参军姜协向苻坚谢罪，但二人被愤怒的苻坚杀死。姚苌在这件事上很冤枉，本有功无过，但在屡遭失败失去理智的苻坚面前已无道理可讲。姚苌惊惧畏罪，率余部逃到渭北的牧马场。由于姚苌善于谋略，且势力也很强，故支持他的羌族人和地方豪强共五万多户归附于他，并推其为盟主。姚苌于是在太元九年（公元384年）自称大将军、大单于、万年秦王，改元"白雀"，建立后秦政权，建都于长安。

此时，西域凉州境内也因混乱而形成诸多割据政权：如西平—乐都为秃发鲜卑所建的南凉政权所占；武威为吕氏后凉政权所有；酒泉—敦煌为汉人李氏所建西凉政权；苑川为乞伏鲜卑所建政权。可谓豪强林立。

南凉是鲜卑族秃发乌孤建立（公元397—414年）的政权，定都乐都（今属青海），自称西平王，后改为武威王。盛时控有今甘肃西部和宁夏部分地区。秃发部是拓跋鲜卑的一支，与北魏同源。初附于后凉吕光，公元397年与后凉决裂，乌孤自称大将军、大单于、平西王，史称南凉。公元414年西秦趁南凉进攻吐谷浑乙弗部，乘机袭取乐都。之后南凉降于西秦。

后凉是由前秦氏族吕光建立（公元386—403年），其国号以地处凉州为名。淝水之战前，苻坚派吕光率兵经营西域。吕光攻破焉耆、龟兹等三十六国，俘获大量珍宝和马匹。东晋太元八年（公元383年）淝水之战后，吕光回归姑臧（今甘肃武威）。苻坚被杀后，吕光于公元386年入据凉州，自称督陇右、河西诸军事、凉州牧、酒泉公，建元太安，定居凉州，于公元389年称三河王，公元396年称大凉天王，统治河西地区，史称"后凉"。统治范围包括甘肃西部和宁夏、青海、新疆一部分。公元403年，后凉遭到后秦、南凉、北凉三国的交相攻击威逼，被迫降于后秦。后凉从此灭亡。

北凉（公元397—460年），由匈奴支系卢水胡族的首领沮渠蒙逊所建立，都城先为张掖，后迁都武威。盛时控有今甘肃西部、宁夏、新疆、青海各一部。卢水胡从汉武帝前期接受汉朝的管辖，至北凉建立时已有五百多年。在这五百多年中与汉族毗邻而居。蒙逊从建立北凉开始，就很注重吸收儒家知识分子，因此，北凉经济文化不断受到汉族和其他民族的影响，在当时十六国政权中可以算是一个比较开明的政权。公元460年被柔然所灭。

西秦是鲜卑族乞伏国仁建立（公元385—431年）的，定都苑川（今甘肃榆中东北）。盛时控有今甘肃西南部和青海部分地区。乞伏国仁死后，其弟乞伏乾归继位。元嘉五年（公元428年）五月，其子乞伏暮末继位。公元431年夏军围攻南安，乞伏暮末战败而出降，西秦灭亡，建国计47年。

淝水之战的胜利让东晋政权看到了希望。前秦灭亡后，趁着关中、关东、

柔然传奇

陇右政局纷乱，东晋政权希望发动北伐收复在北方沦陷的家园。但由于王朝内部士族势力各自为政，很难形成真正统一的军力，虽组织进行了多次北伐，最终都未能成功。

在天下纷争、民不聊生之际，处于最北部荒漠戈壁的柔然首领社仑则暗中聚集力量，准备在漠北草原建立一个草原民族的国家。

2. 创造奇迹的男人

社仑，这个创造奇迹的男人，不得不让人赞叹他的才华。他使柔然脱离了散乱游牧的社会形态，建立了地域辽阔的柔然汗国，开辟了柔然历史的新纪元。他是柔然木骨闾的第七代后人。4世纪末北魏的进攻，促使他开始登上历史舞台。自木骨闾拉起队伍，车鹿会立起柔然大旗，柔然部族作为秦的部属，度过了几代少有战事的宁静日子。后几代的首领，居安思想一代比一代强烈。他们望着草原上的日出和日落，冬天迁往漠南，春天迁往漠北，年复一年地过着他们悠闲的日子。他们是草原上的主宰，一生都遵循自然规律，像离离原上的牧草生生灭灭。

社仑出生于柔然部族第一次分裂的背景下，他是地粟袁的孙子。地粟袁死后，部族便根据其遗言分为东西两部。长子匹候跋居于东部，次子缊纥提则居于西部。

地粟袁将柔然分为东、西两部是个极大的错误。他虽然分给两个儿子（匹候跋、缊纥提）一人一部，可他让长子继承他的东部——水草丰美之地，其实也就表达了他让长子继位的决定。这个决定激怒了次子缊纥提。社仑是缊纥提的儿子，他遗传了始祖木骨闾的才能，马在他胯下便会飞奔，弓在他手中便会飞射；社仑还承继了先祖车鹿会的头脑和政治才干。他亲眼目睹了父亲与伯父的王位之争。那时他还是个少年，可他觉得祖父以分部来平衡父亲与伯父的争执是一件蠢事。因此，社仑心头掠过一丝不安的预感，觉得将要出事了。

柔然人分为两部后，势力必然减弱，公元391年冬，北魏基本上重新征服了塞北诸部后，开始向柔然发动第一次大规模的进攻。主要目标是游牧在阴山北部的东部柔然匹候跋。在魏军的进攻下，匹候跋向西遁走。魏军追了六百里，将士因粮尽劝拓跋珪回军。拓跋珪认为柔然军已然不远，遂号令部队杀马为食，追柔然于大碛南床山（今蒙古南边的席勒山），大破东部柔然，柔然军损失过半。匹候跋及其别帅屋击各收残部逃奔。拓跋珪派遣长孙嵩、长孙肥率军追击，长孙嵩在平望川大破屋击而杀之。长孙肥追匹候跋至漠北琢邪山（今蒙古南的尼赤金山），匹候跋率部降魏。长孙肥还追到上郡跋那山（今内蒙古包头西），擒获了社仑及其兄弟曷多汗和诘归之、斛律等宗族数百人。缊纥提也降于魏。据《魏书·蠕蠕传》记载，拓跋珪对已投归的缊纥提部和匹候跋部的处理是不同的。他把缊纥提及其诸子迁入云中，将其部众"分配诸部"。而对匹候跋部则较为宽大，仍然让其留居在漠北草原。柔然在北魏的进攻之下，重新臣属于拓跋魏，势力大衰。

　　社仑及其兄弟们不甘臣服，但父亲老了胆子又小，只想安于现状。为此，他们决定背弃父亲率部西走。此时正值北魏初建，战事持续不断。社仑弟兄开始了向西逃亡，但此举被魏将长孙肥发觉。长孙肥追至跋那山，大哥曷多汗及大部分人战败阵亡，仅剩社仑及其兄弟斛律率余部数百人。社仑带着这数百人，投奔了驻牧于漠北草原的伯父匹候跋。社仑在事情开头就遇到挫折，对他的决心、胆略、命运都是个考验。

云中县古城墙

柔然传奇

叔父匹候跋听了社仑的叙述,对兄弟部落的遭遇深感痛心,但因为侄子社仑智勇超群远胜自己的几个儿子,也怕收留他引来祸端,社仑似乎看出了伯父的犹豫,久拜不起。匹候跋无奈,只得收留社仑他们。他们被安置在南边五百里以外的荒原,匹候跋派四个儿子统领监督。社仑兄弟们投奔伯父匹候跋不但没有得到亲情与关怀,却成了被监管的对象,社仑对此很不满。但为了让柔然走向强盛,他必须等待时机,卧薪尝胆。许久之后,社仑终于抓住了一个堂兄弟企图谋害他们的证据,便奔向伯父匹候跋营帐理论。期间社仑的弟兄们已预感到事态的发展,便率部众很快占领了营地。匹候跋被突如其来的社仑所惊吓,双方厮杀在一起,在混乱中匹候跋被杀死,他的儿子带领残部出逃。匹候跋死后社仑兼并了东部柔然,之后考虑到当时的局势和处境,没有留在当地,而是又统领五原以西诸郡,北渡大漠远去,保存实力。

高车自号狄历,春秋时称赤狄,是继匈奴、乌桓、鲜卑之后活动在我国古代北部边境地区的一个民族。据研究,丁零、敕勒、高车,以及后来的铁勒,都是人们对同一民族在不同历史时期的称谓。敕勒人的祖先最早生活在北海(今贝加尔湖)一带,南邻匈奴,北靠乌孙,尚处于部落或部落联盟阶段,保存母系制残余。当时和其他周边的部落一样,遭受匈奴的奴役,臣属于匈奴。西晋以后塞外各民族称他们为敕勒。南北朝时期,敕勒人手工造车业很出名。他们造的车轮直径最大者达2米左右,超过了当地牛身的高度,与马的身高相差无几,车辐多达十六根以上。这种高轮大车,载重量大,可以在草茂而高、积雪深厚,且多沼泽的地区顺利通行。北朝人初见时,并不知道敕勒人是何民族,只见其很高的车,故将他们称为高车人。而南朝人则称这些迁入内地的高车人为丁零。

高车人使用的大车轮

第二章 社仑可汗

高车原居住地在今贝加尔湖一带，后来主要游牧于漠北弱洛水，即唐之独乐水，今土拉河一带。当雄踞漠北草原的匈奴和鲜卑先后迁走或衰弱之时，高车乘机向南移徙。自公元91年被东汉彻底击败的北匈奴西遁后，高车的先民就开始了由贝加尔湖一带向南面的北匈奴故地，及蒙古草原中、南部迁徙。在此期间，曾先后两次受到以檀石槐、柯比能为首的鲜卑的阻击，部分融入到拓跋鲜卑联盟之中。公元4世纪，北魏多次发动战争，攻打漠北草原敕勒各部，虏获六七十万人。很多敕勒部落相继归附北魏。

北魏王朝把居住在贝加尔湖的东部数十万敕勒人，整体迁徙到漠南一带耕种放牧。漠南是一个水草丰美、土地肥沃的好地方，后来，依靠该地域良好的自然条件，漠南畜牧业经济得到了快速发展。由于漠南地区当时主要是敕勒人聚居的地方，古代史家和文学家把漠南（今内蒙古土默特地区一带）称为"敕勒川"。流传至今的《敕勒歌》吟唱的就是这个地区。"敕勒川"由此名扬四海。

敕勒歌："敕勒川，阴山下。天似穹庐，笼盖四野。天苍苍，野茫茫，风吹草低见牛羊。"《敕勒歌》最早见录于宋郭茂倩编《乐府诗集·杂歌谣辞》，是一首北齐时敕勒人歌唱家乡、歌唱草原的古老牧歌。原辞是敕勒语，北魏时鲜卑人用鲜卑语唱，后被翻译成汉语。此歌约产生于公元429～472年北魏中期。公元546年，东魏王高欢进攻西魏兵败，军中谣传他中箭身亡。为振军心，高欢在军中带头领唱，遂使将士军心大振。至此《敕勒歌》在军中广为流传。全歌苍劲豪莽，抑扬畅达，以致千古传唱。

高车（敕勒）主要由六大部落组成，有狄氏、袁纥氏、斛律氏、解批氏、护骨氏和异奇斤氏。上述六部是高车的主力，是留居在漠北贝加尔湖一带高车的主要部落，又称为东部高车。另又有十二姓：一曰泣伏利氏，二曰吐卢氏，三曰乙旃氏，四曰大连氏，五曰窟贺氏，六曰达薄干氏，七曰阿仑氏，八曰莫允氏，九曰俟分氏，十曰副伏罗氏，十一曰乞袁氏，十二曰右叔沛氏。他们为西部高车，亦即柔然西征西域时，留居当地的部落而组成。其中袁纥氏就是隋朝的韦纥，护骨氏就是隋朝的乌纥、乌护、乌整骨。这两个部落在唐朝时是回纥族的核心部落。

45

另外，高车是一个比较特殊的部落。一是部落组成复杂，二是战法特殊。和高车作战就是马背战术和战车战术的较量。高车族的战车与众不同，战车作战具有防卫严密、进攻凶猛的特点。而马背战术则灵活机动，能在道路恶劣的情形下正常发挥作用。

后来由于敕勒统治者为争夺王位内斗不已，再加上遭遇逐渐强大起来的柔然的不断打击，力量日渐削弱，敕勒最后为柔然所灭。漠北很多敕勒部落臣服于柔然，成为柔然属部，向柔然缴纳贡赋。同时，作为属部也参与柔然发动的掠夺性战争。敕勒部的组成很复杂。历史上，称霸一时的薛延陀、回纥及蒙古部中汪古、克烈等部均为敕勒族的后裔。这些部落对柔然国的开疆扩土都做出了重要贡献。

4世纪末，北魏渐强。在北魏的打击下，不仅高车遭受重创，而且初兴的柔然也损失惨重，在漠南已难立足。为此，社仑率部向北进入漠北高车的领域。

倍侯利是该地区高车人的首领。在当地很有威望。当社仑袭击匹候跋后，倍侯利接纳了前来投靠自己的匹候跋家人。他请萨满算了吉凶，结果对自己不利，颇为忧虑。当社仑的兵马侵入他的领地时，他为鼓舞士气给部下打气说："社仑现在刚刚起事，兵贫马少，容易战胜，正是我们的好机会呀！"先下手为强，当社仑还没站稳脚跟，倍侯利在匹候跋儿子们的引导下，率军绕小道发动突袭，袭击社仑军队得手。社仑不得已被迫求和，并将俘虏的匹候跋家属全部释放，以示诚意。

虽然倍侯利勇健过人，但智谋不足。他见社仑不堪一击，十分得意，放任部下蹂躏柔然部落，分其庐舍，妻其妇女，自己安息坐卧不起，陶醉于酒色之中。社仑对此并不气馁，暗自组成千人突击队，在一个清晨突袭敌营，一举消灭了大多数高车人，其余高车人溃败四下逃散，斛律部大败。倍侯利伙同匹候跋的几个儿子死里逃生投奔北魏，后来都被拓跋珪封为高官。《魏书》记载了这段历史："侵入高车之处，斛律部帅倍侯利患之，曰：'社仑新集，兵贫马少，易与耳。'乃率众掩袭，入其国落，高车昧利，不顾后患，分其庐室，妻其妇女，安息寝卧不起，社仑登高望见，乃召集亡散得千人，晨掩杀之，走而脱者十二三。"

斛律部乃漠北高车的主力与核心，柔然击败此部，奠定了柔然在漠北霸权的基石。

社仑打败并收伏了高车倍侯利部之后，得知北魏拓跋珪又战胜了后燕军队，担心自己是北魏接下来打击的目标，于是强迫漠南的多个游牧部落与自己一同迁往漠北，避开北魏锋芒。随后，柔然人转向北方扩张，深入额根河（鄂尔浑河）与弱洛水流域，再次侵入高车辖地。

利益的驱动是战争的重要根源，当时高车诸部已居漠北草原水草丰盛的鄂尔浑河、土拉河流域，而社仑率部挺进这一地区，虽说先前已战胜了高车的倍侯利部等几个部落，此次北进又与高车为邻，双方之间难免发生摩擦和争斗。恰巧高车贵族叱洛侯部因与上司发生矛盾，畏罪投奔社仑，并引导柔然人突袭了高车诸部落。高车人在毫无准备的情况下被柔然人击败，完全成了柔然国的附属。贝加尔湖周围的游牧部落闻讯之后，纷纷向社仑表示臣服。

和高车作战，是柔然人战争史上头一回。从最初取胜于一个小部落，到最终高车诸部完全臣服。社仑本人也是在战争中不断地尝试和自觉地运用各种计谋和战术，从中得以提高。更进一步，他在与高车作战中还采用了集团进攻的战术，将战马排成整齐的队列，在号令下齐步前进，从气势上压倒高大的战车。

社仑的智慧也来源于学习。战胜高车后，柔然人也开始制造自己的战车，并且学会了车阵战法。有了高车的战车，社仑如虎添翼。转眼间，他便成了一个驾驭国家这辆马车的好手。

社仑兼并高车诸部后，继而挺进东北区域。当时该地区还有较为富强的匈奴余部，其中游牧于额根河上游的一部，首领名叫拔也稽，闻讯后便率众抵抗社仑的攻击兼并。"拔也稽"就是巴尔虎人的祖先。在蒙古语中，"巴尔虎"一词的含义是"机智的强者"。

正当道武帝拓跋珪忧虑，一旦漠北草原被柔然统一，其实力会大增的时候，匈奴拔也稽进攻柔然的消息让拓跋珪有了一线希望。没想到拔也稽进犯柔然，

似鸡蛋碰石头,结果是自取灭亡,柔然大破匈奴拔也稽部于额根河上。据《魏书·蠕蠕传》说:"柔然西北有匈奴余部,其国富强,首领拔也稽,带兵攻社仑,社仑于额根河阻击,大胜。"消息传来,给了拓跋珪重重一击。社仑兼并了许多草原部落,占领了自土拉河至鄂尔浑河一带的丰美草场,统一了漠北。从此柔然人雄踞蒙古高原,成为漠北第一主人。

巴尔虎右旗博物馆

　　姚苌在淝水之战后与苻坚决裂并自立为后秦国主,接着进驻屯北地,华阴、北地、新平及安定,各郡共有十多万名羌胡族人归顺降附,其势力得以很快扩充。不久苻坚亲自率军讨伐姚苌,双方展开拉锯战。公元 385 年,曾经不可一世的一代枭雄苻坚战败被俘,后惨死于自己曾经的部下姚苌之手。姚苌因为杀死了前秦皇帝苻坚,自觉理亏,寝食难安,最终落了个发疯而亡。

　　姚苌死后,其子姚兴继位。姚兴即位不久就下令释放因战乱而自卖为奴婢的平民,使很多人获得自由。他重视发展经济,兴修水利,重视文化教育事业,兴办学校。提倡佛教和儒学，广建寺院，邀请龟兹高僧鸠摩罗什来长安讲学译经，支持法显赴印度等国取经访问，轰动一时，遂使长安成为当时全国的佛教中心。姚兴在政治、经济、文教等方面采取的一系列有效措施，使得关中一带经济迅速恢复和发展，后秦国力日益强盛。

随着国家的富强，姚兴在军事上也取得了辉煌战果。他先后消灭了前秦（苻登）、西秦（乞伏国仁）、后凉（吕光）的势力，使西部得以安宁。同时，在东南方与北魏、东晋保持着对立抗衡态势。弘始元年（公元399年）姚兴率兵攻打东晋，一举攻陷洛阳，迫使晋军南撤。而晋之淮、汉以北区域内的诸众由此纷纷降附，使得后秦统治的疆域迅速扩大，西至河西走廊，东至徐州，几乎控制了整个黄河、淮河、汉水流域。

在姚兴继位之前，拓跋珪立国大业已定，北魏国的局势基本趋稳。为此，拓跋珪就派使者狄干前往后秦，提出以一千匹马为聘礼，迎娶后秦皇帝姚苌的女儿南安，以便与后秦结成联盟，扩展地域。然而，让他想不到的是，那个当年让他赶得到处跑的社仑——如今的柔然王，也大张旗鼓给后秦开出了八千匹马的高额聘礼，与他争南安公主。一时间沸沸扬扬，满世界的人都在议论这件事。

北魏使者狄干刚到后秦，姚苌就驾崩了，太子姚兴登基。这时，柔然可汗已派来了和亲联姻的使者。后秦主姚兴审时度势，觉得与柔然人和亲更划得来，于是将北魏使者软禁起来，而接受了社仑的请求。当拓跋珪听说柔然用8000匹马的聘礼，与自己争后秦的公主，而后秦竟然囚禁自己的使者，一怒之下，于公元398年发兵攻打柔然，结果却没占到丝毫的便宜。拓跋珪回国后深感忧虑，对尚书崔宏说："柔然人以前比较憨厚，现在社仑向中国（北魏）学习，建立军法，终于成了边疆大害。道家说'圣人生，大盗起'，的确有道理。"把自己比作圣人了。

史书上介绍柔然的很少，对于柔然和北魏各自的疆域分布就更无人提及。拓跋珪立国之时北魏的疆域在现今山西北部一角，以及内蒙河套的一小部分。而柔然自社仑立国起，就囊括几乎整个蒙古高原，以及长城以北大部分地区，北部则据有贝加尔湖以南的地区。从疏勒歌中所描述的景象，我们可以得知，

柔然传奇

魏晋南北朝时期的草原水草丰美、茂盛，要风吹草低才能看到牛羊。

拓跋珪的一生，坎坷曲折，充满神秘感。

拓跋珪出生在今内蒙古凉城参合陂，从小就生活在恐惧与危机中，童年十分艰辛。当前秦灭代国时，拓跋珪作为王子将要被强迁至秦都长安。但代王左长史燕凤以拓跋珪年幼为由，力劝前秦天王苻坚让拓跋珪留在部中，称待拓跋珪长大后委以首领，会念及苻坚施恩予代国。苻坚同意，拓跋珪得以留下，归刘库仁管辖。

内蒙古凉城县三苏木榆树坡拓跋珪出生地碑

刘库仁替前秦管理着代国旧地黄河以东的地区，这些地方居住的大都是原代国的拓跋鲜卑民族。拓跋珪年已十六，武艺出众，拓跋族的各部落首领也对这个代王之后特别尊重。刘库仁死后，其子刘显继位。他担心拓跋珪对自己的权力形成威胁，想杀掉他。刘显弟刘亢泥的妻子是拓跋珪的姑姑，将刘显的意图告诉拓跋珪母亲贺氏。刘显的谋主梁六眷是拓跋珪父什翼犍的外甥，两人有血缘关系。他也派部人穆崇、奚牧将此事密报拓跋珪。珪母贺氏于是约刘显饮酒，将其灌醉，让拓跋珪与旧臣长孙犍、元他等人乘夜逃至娘家贺兰部。不久，刘显部族中发生内乱，贺氏借此得以回到贺兰部与儿子拓跋珪等会合。

但当拓跋珪逃去投靠他的贺兰部首领舅舅贺讷时，他的小舅舅贺染干忌惮拓跋珪得人心，曾试图杀害他，但因部下尉古真告密及母亲贺氏出面而告失败。事已至此，恐再拖会发生问题，因而，拓跋珪的堂曾祖父拓跋纥罗及拓跋建就劝贺讷推拓跋珪为主，于是，贺讷遂把贺兰部交给外甥拓跋珪掌管。

接着拓跋鲜卑族的许多部落都来投奔，拓跋珪很快就拥有了三十万的部众。年仅16岁的拓跋珪，遂于东晋太元十一年正月（公元386年）戊申，即代王位，定都盛乐（今内蒙古和林格尔）城。代王是早期由晋愍帝将力微孙子绮卢封为代公，也是拓跋政权的第一个代王，史称穆皇帝。后拓跋珪因"代王"是晋朝封号，改"代"为"魏"，自称大魏王，史称北魏。

凉城县北山拓跋珪雕像

北魏建立后，刘显的弟弟刘亢泥、族人刘奴真都离开刘显，率部降魏。拓跋珪认为歼灭刘显、统一代国旧地的时机到了，遂联合后燕，一起去攻打刘显。刘显被燕魏联军杀得大败，逃到马邑西山。魏燕联军追到马邑西山与刘显的军队又打了一仗，刘显又大败。这次刘显的家底彻底赔光了，只带着一百多亲信逃到西藏，后来便再没有此人的消息。燕军把刘显手下的所有军队和百姓，还有数以千万的马牛羊吞并后南归，并且立刘显的弟弟刘亢泥为乌桓王，对这些刘显旧部进行管理。拓跋珪得到了刘显的地盘，以此为基础，派兵四处征伐，很快将库莫奚、吐突邻、高车、纥突邻、纥奚等部统一起来。

3. 两军阵前

向后秦求婚失败，拓跋珪很生气。他以此为借口，派遣将军和突进攻后秦所属的黜弗、素古延两部。这两部居住在河曲一带（今山西忻州西北部），十分富有。次年一月，和突打败黜弗、素古延等部。这时，与后秦联盟的柔然社仑派军队来救。在黄河转弯处的河曲，柔然人与拓跋军不可避免地相遇了，这是一场似乎毫无悬念的战争。一边是顶盔戴甲装备精良的北魏正规军，而另一边是拼凑起来的雇佣军和牧民，手中的兵器不过是一些长矛和弩箭，人数只有约五千余人，面对两万人的北魏军队。

只见一人乘一黑马在两军阵前大声喊话："我是柔然的社仑！早就听说过魏国的豹军精锐冠绝天下，今日一见也是一般，现在我特意来到两军阵前，会一会你们的英雄好汉，看看是拓跋的好汉高强，还是我们柔然的骑士厉害！我绑住一条左臂，只用一只胳膊和你们交战，谁敢和我单挑决生死？！"

柔然国初立，拓跋众将士并不认识社仑。看对方一个骑士敢在两军阵前耀武扬威，哪里还忍耐得住。一个彪悍的百夫长飞马冲了出来，挥舞马槊大吼着直取社仑。社仑也催马上前，拔出弯刀嘶吼着迎了上去。两匹战马相错的瞬间，社仑劈开拓跋军士的长枪，一刀就将这个勇敢的军士砍落马下。

对面又冲上一个，社仑反手一刀又将其斩落马下。魏军阵里前仆后继先后冲上来十余个骁将，都被社仑三招两式砍倒。魏军数万之众竟然一时畏惧，没人再敢上前。

柔然将士看到社仑单枪匹马面对敌军数千之众，以一人之威竟然使敌恐惧不敢战，这样的神勇简直就是天神一般。

其实社仑此时已经是精疲力竭，体力消耗到了极限，握刀的右手也渐渐无力。魏将长孙肥咬牙切齿，他战刀指向社仑，大声咆哮："那贼是柔然头人，敌军所恃！他死了，贼寇胆寒，必败无疑！中军，擂鼓进军！"

魏军中军进攻战鼓开始擂响，旌旗飘扬，一个千人队纵马上前，向孤单的社仑逼过来。社仑不紧不慢地把弯刀收回刀鞘，取下短弩，右脚踩住弩背，用酸麻的右臂强行上了一支弩箭。敌军在三百步的距离上开始冲锋，社仑拨回马头，回身射杀了拓跋的执旗手，魏军大旗轰然倒下。

社仑策马往本阵飞奔，箭矢像雨一样从他背后不断飞来。一支铁簇射中了他的背甲，铿然有声。他觉得背后一阵剧痛，如遭锤击。他一边飞奔一边高呼："斛律何在？斛律何在？"

突然，背后八十步的距离上，响起了冲天动地的巨响。黑红的火焰飞腾，直冲云霄。抛石器抛出一百个燃烧的烈酒陶罐，先后在魏军密集队形中爆炸。顿时人喊马嘶，血肉横飞，一片狼藉。千夫长当场被炸死，百战老将，殒命在河朔之野。

魏军如同巨浪撞上礁石，碎成无数碎片，这个千人队已经彻底垮了。社仑拨回马头，拔出战刀，向本阵高呼："柔然男儿们！冲锋！"

英俊的斛律长枪一摆，高呼："杀敌的时候到了！冲啊！"

早已蓄势待发的两个百人柔然步兵队各挺兵器，奋勇向前，冲入拓跋乱军之中，大杀大砍。

惊魂未定的魏军骑兵再也承受不住这样的打击，全军崩溃，四散奔逃。大部分溃退向本阵，形成冲击本军阵列的狂潮。长孙肥面无表情，下令放箭。箭矢如雨，不少溃兵纷纷落马。

长孙肥手一挥，又一个千人队冲出本阵。但第一个千人队可怕的遭遇把魏军吓得心胆俱裂，他们再也没有了迅猛攻击的气势，只缓步整列，迟疑着向柔然军逼近。在一百五十步的位置，弓箭的极限射程，他们停了下来。铁

血战场上突然陷入奇怪的沉寂。风,吹着魏军的旗帜,猎猎作响,双方形成对峙。

　　社仑冷冷地看着人多势众却被吓破了胆的魏军。他摸出一个圆瓶,白烟腾起,一个东西划过一条弧线,落在两军阵前,轰然爆炸。一声爆响,陶瓷破片呼啸着四散狂飞,魏军大阵一片慌乱:人惊马跳,大旗飘摇,他们再也抑制不住对这爆炸的恐惧。魏军千夫长战马盘旋,居然不知所措。

　　这时,他终于听到本阵响起急促的铜锣声,这是撤退的命令。于是他高举右手,下令撤退,上千骑兵翻翻滚滚地撤回了本阵。

　　柔然人并不追击,只是用冰冷的眼神看着敌人。这是他们第一次经历战阵厮杀,胜利竟然如此轻而易举。如果拓跋精锐的豹军都如此不堪一击的话,他们还害怕谁呢?喜悦,信心,对英勇无敌的长官的崇拜与信任,让他们完成了由牧民到士兵的蜕变。

　　长孙肥太失望了,他麾下2万精骑,浩浩荡荡,可是一番厮杀,却被杀得丢盔弃甲。社仑当年只是一个马夫,一个中级骑士,如今却如此厉害。柔然军队真的这么可怕吗?他实在想不通。

4. 柔然汗国建立

　　漠北的太阳发出万道金光,一个崭新的、朝气蓬勃的政权在辽阔的草原上诞生了。

　　史说公元402年,社仑称汗建国,号为丘豆伐可汗(丘豆伐意为驾驭开张,可汗意为天子,也含有"始皇帝"或"太祖"的意思)。这一称号,也被后来的北方少数民族政权一直沿用下来。柔然汗国王庭建在哈拉和林,在"匈奴故地"建立起了以"郁久闾氏"为统治核心的草原部族政权。

　　关于柔然建国的时间值得商榷。大多数文章认为柔然社仑称汗在公元402年。但从历史叙述中看到,柔然社仑称汗后请求与后秦和亲,引起北魏的不满,公元398年进而攻打柔然。这次战争北魏没占到便宜,反而败北,并与公元398年迁都平城。由此可见,社仑立国的时间应在公元395—397年间。如果从发展的过程看,自车鹿会"自号柔然"算起,柔然部族政权就已形成,后经过70余年的不断扩张、壮大，至公元402年正式建国。

柔然汗国建立时，史称其控地"西则焉耆之地，东则朝鲜之地，北则渡沙漠、穷瀚海，南则临大磧，其常所会庭则在敦煌、张掖之北"。并称其"尽有匈奴故地"。可见，柔然汗国此时实际已经控制了西至阿尔泰山、准噶尔盆地，东至朝鲜半岛，北至贝加尔湖，南与北魏毗邻的大漠南北广大地区。

哈拉和林一说原是山名，指鄂尔浑河发源地杭爱山；一说为河名，指鄂尔浑河上游。这里是一个四面环山、地势平坦的山间盆地。鄂尔浑河由北向南穿流盆地，源头为色楞格河，阳光明媚，水草丰美。这里曾是匈奴、柔然的王庭——龙城。唐代时回鹘又在这里建都——可敦城。后辽国在此驻有重兵。金灭辽后，耶律大石建立西辽，把可敦城再次作为都城。后来蒙古接手称为哈拉和林。

哈拉和林作为远古草原民族最主要的行政中心，历史悠久，或许在斯基泰人、通古斯人时期就已是主要行政中心了。虽然远古历史没有记载，但考察匈奴人的历史特征，他们应是根据世俗传统定都此处的。

13世纪中叶，这里是世界的首都。从多瑙河畔的维也纳，到黄河边的汴梁，从北方寒冷的俄罗斯草原（俄罗斯干草原），到炎炎烈日下的阿拉伯半岛沙漠，大半个欧亚大陆都笼罩在这座城市的权力和威势之下。罗马教皇的传教士、南宋朝廷的使节团、波斯商人的驼马队都在这里汇集；佛殿、清真寺和基督教堂各种宗教和文化都在这里融合；大汗的诏令从这里发出送达世界各地，蒙古大军在这里汇聚了从中欧、东欧、西亚、中亚、东亚、东北亚、南亚各地抢掠得来的奇珍异物和金银珠宝。

哈拉和林后来在不断的内战中成为废墟。公元1948—1949年在废墟上进行了大规模发掘，发现土墙、宫殿、市街、房屋等遗迹甚多。在时空演化过程中，哈拉和林历史上与额尔德尼召融合为一。原来，哈拉和林城最终毁于元明交战兵燹，只剩下断垣残壁。后人用哈拉和林城的旧城砖和建筑材料，建成一座寺院——称额尔德尼召。哈拉和林与其周围景观已经在2004年成为世界文化遗产，其在世界文化遗产名录上的名称为——"鄂尔浑峡谷文化景观"。

公元2016年5月初，当我们有幸踏入这片神圣而美丽的故土时，心潮澎

柔然传奇

湃，感慨万千。千年之后，依旧能感受到当年草原上战旗猎猎、万马奔腾的宏大场面。历经沧桑变迁，王庭已不复存在，但那种王都的气势与风韵依然强烈地感染着我们。

哈拉和林博物馆

哈拉和林镇公路上的彩门

柔然汗国的建立标志着一个新时代的开始。柔然人结束了一盘散沙般的无组织状态，有了属于自己的政权，有了严格的社会组织架构。部落首领会议具有选举罢免领袖的权力，根据每位可汗即位前的行为和能力，在拥戴其即位时赠予尊号，不论是在位期间还是死后，均不更换。可汗是柔然汗国最高统治者，当然也是郁久闾氏家族的首领。可汗只限于郁久闾氏的男系子孙。柔然可汗多为父子相继承，只有在特殊的情况下，才由兄弟或叔侄之间承袭。

从始祖木骨闾开始算起，至庵罗辰亡国，柔然氏族13代共有首领25位。

前6位首领是汗国建立之前，没有可汗的称号。可汗即位的方式有以下五种：

一是父死子继，有吴提、吐贺真、予成、豆仑、伏图、丑奴、库提等7位。

二是兄弟相继（包括弟兄相继），有斛律、阿那瓌、婆罗门、俟匿伐、庵罗辰等5位。

三是叔侄相继，有步鹿真、铁伐2位。

四是侄死叔继，有大檀、那盖、邓叔子等3位。

五是子死父继，只有登注俟利1位。

可以看出柔然汗位的继承情况较简单，以父死子继和兄弟相继两种方式为主。由于在部落首领会议的酝酿推举过程中，有诸多因素起作用，以致在继承上也出现了叔死侄继、侄死叔继，甚至子死父继等多种方式。可以看出柔然可汗的传承是很民主开放的，酋长议会的决定以能力和威望为主，以保证继承者的权威性。

柔然的政治制度与中原王朝的很相似。最高统治者可汗下面设置辅佐可汗管理国家事务。每一任可汗都有专门的称呼，即国号。如社仑可汗为柔然的开国之主，号为"丘豆伐"，就是驾驭开张的意思，暗喻一国的开国君主。大臣也有自己的号，如"莫弗"是勇健者、酋长的意思，"莫缘"是圣人的意思。柔然国设置了不同的官职来管理全国事务，可考的主要官爵如下：

国相，相当于中原王朝的丞相，主管行政和外交。

国师，执掌国教（即佛教），具有一定的宗教色彩，一般都由德高望重的僧人任职，主管宗教事务，擅长于星算术。

俟力发，相当于中原王朝的九卿，在社会中的地位也很高，必须是可汗家族的人才可以担任，是掌管一方军权的武官，比较有实权。

吐豆发，相当于中原王朝的御史大夫或尚书令，必须要王族成员才能担任。

俟利，相当于中国的大夫，直属俟力发。

吐豆登，相当于中原王朝的御史或尚书，直属吐豆发。

此外，可汗的正妻称为"可贺敦"。

柔然汗国是一个以郁久闾氏为统治核心的部落联盟性质的国家，主要有纯突邻部、乙弗部、素古延部；居于卢水（今宁夏固原县东北的清水河支流的侯吕邻氏之部；居于漠北琢邪山（今蒙古国满达勒戈壁附近）一带的尔绵氏之部；居于阿步干山（今甘肃兰州市皋兰县南）的阿伏干部；居于阴山北意辛山的纥奚部、无卢真部、乌朱贺颉部、库士颉部；居于曼头山（今青海兴海县西北）的匹娄部；居于额根河（今鄂尔浑河）的匈奴余部拔也稽部；居于鄂尔浑河、土拉河流域的高车斛律部、副伏罗部、他莫孤部、奇斤氏之部；北面的贺述也骨部和东面的譬历辰部等。其可以考见的姓氏有树洛于氏、叱洛侯氏、尔绵氏、胡古口引氏、石兰氏、副伏罗氏、纥奚氏、尉迟氏、侯吕陵氏、屋引氏、谷浑氏、盆氏、叱吕氏等，甚至还有拓跋氏、丘敦氏。其中，拓跋氏、丘敦氏为鲜卑族，叱洛侯氏、副伏罗氏为高车族，尉迟氏为西域诸族。据《魏书·官氏志》"内人诸姓"：树洛于氏后改为树氏，尔绵氏后改为绵氏，胡古口引氏后改为侯氏，石兰氏后改为石氏，屋引氏后改为房氏，谷浑氏后改为浑氏，叱吕氏后改为吕氏。"四方诸部"：纥奚氏后改为秸氏，尉迟氏后改为尉氏，盆氏后改为温氏。

在军事方面，为了适应军事征服的需要，社仑制定了"千人为军，军置将一人，百人为幢，幢置帅一人"的军法，即部落军事编制。并订出了"先登者赐以虏获，退懦者以石击首杀之，或临时捶挞"的军功奖惩制度，即冲锋在前者，赏赐俘虏作奴；胆小退后者，以乱石砸首毙命。并以此改革军事制度，征发大批精于骑射、勇敢善战的各联盟青壮年组成军队。这个奖惩办法传到拓跋北魏朝中时，道武帝拓跋珪忧心忡忡。他感觉到社仑在用心学习中原的文明。

事实上，柔然设立的将军、统帅这一军事制度，同匈奴一样，说明军事与行政事务的统一，是早期游牧部族的一个重要特征。后来随着柔然汗国的进一步强大，其政治机构也由"疏简"而趋于完备。同匈奴设左、右大人一样，柔然在东、西部也设有高官分统。军、幢组织既是柔然的军事基层单位，也是行政基层单位，其各级长官一般都是军事首领兼行政官吏。

另外，在重骑兵的装备上，柔然带给世界的军事革新，是木框、皮面的马鞍、马镫，以及用多层薄铜丝编制的链子甲。据说，马镫是柔然最重要的革新，柔然在马镫上的革新极大地增强了骑兵的马上战斗能力。骑兵可以更有效地控制坐骑，可以在马上站立，并且将双手解放出来，不用像以前那样紧紧地抓着缰绳。

数千年来，中原百姓世代凭借辽阔肥沃的土壤、雨水充沛气温适中的环境，以农耕为计，五谷丰登，人畜兴旺。而向北推移，情况却截然不同。漠北高原400毫米等降水线是一条重要的地理分界线，是划分中国北方地区森林植被与草原植被的分界线，也是农耕民族与草原民族的分界线。在这条等降水线以北，自然环境造就了别样景象。由于常年降水量一直处于偏低状态，加上气候寒冷，地表荒漠化严重，无法进行大面积农业耕作。这就决定了草原民族，只能过着随水草而飘荡、以马匹为家的游牧生活。巧合的是，万里长城的蜿蜒几乎与400毫米等降水线相重合。

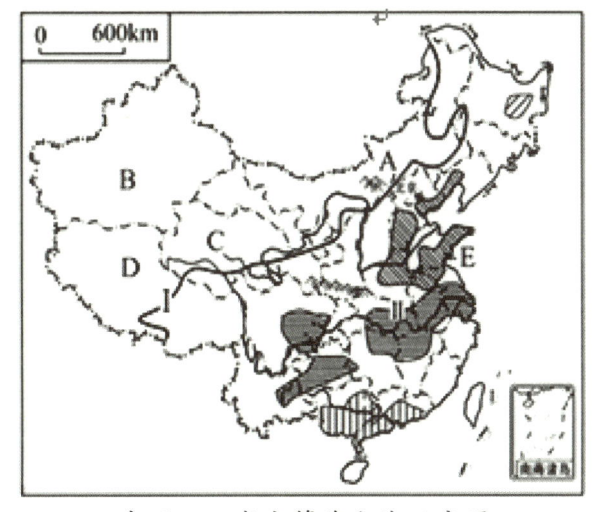

中国400毫米等降水线示意图

缺衣少粮，严冬来临，柔然人将无法度过漫长的冬季。柔然汗国建立后，如何应对当时的严峻局势，便成了社仑必须思考的问题。阻挡柔然人南下进入中原温带地区的最大阻力就是北魏。在柔然人的军事压力下，拓跋珪不得不在公元398年把北魏都城从长城以北的盛乐迁到长城以南的平城（山西大同），同时还创建了影响深远的府兵制，在北方边疆设置了几十个军府，以防柔然人南下。早期北魏军队以骑兵为主，步兵很少，游牧部族构成了北魏府兵的主力。但游牧部族人数较少，训练汉族当骑兵既费时，又不可靠，所以北魏统治者就利用府兵制，强迫游牧部族的后裔世代充当炮灰。公元402

年（天兴五年）至487年是柔然的兴盛时期。在这八十多年中，柔然的崛起成为北魏进取中原的后顾之忧，而北魏的强盛又是柔然南进的障碍。柔然南扰和北魏北袭，相互间大规模争斗达数十余次。

为了集中力量对付北魏，柔然可汗一方面继续采取近攻远交的策略，联合北凉、后秦、北燕、南朝等结成抗魏联盟，共同对付北魏；另一方面，不断对北魏北境进行骚扰和攻击。北魏也频频对柔然出击并掠夺财富，以解除北边威胁。

例如公元401年春，拓跋珪派军西征河套平原，进攻依附后秦的高车人。后秦向柔然求救，社仑派骑兵来救，但被击退。此战中，北魏军缴获了披铠甲的柔然战马二千余匹，可见柔然此时的战斗力量已经达到正规的军事集团性规模。

当年夏季，后秦姚兴派弟弟姚平反击北魏，却惨遭围歼。拓跋珪志得意满，拒绝姚兴的求和，准备乘胜一举消灭后秦。但就在此时传来消息，后秦的盟友，柔然可汗社仑亲自率军南下，占领了拓跋鲜卑的圣湖——参合陂，逼近北魏都城平城。拓跋珪担心后院失火，只得班师回国。社仑认为已经达到了围魏救秦的目的，便不再恋战，掉头北返。

在河西走廊与柔然联盟的北凉（公元401—439年）沮渠家族，在这一地区实力较强，也在不断地给北魏制造麻烦。他们早期所处的地域为匈奴所管治，所以，渐渐地融入匈奴人中，被称为匈奴别部卢水胡，后来推举后凉汉官段业为主。公元398年段业继凉王位，史称"北凉"。沮渠蒙逊为尚书左丞，段业嫉妒蒙逊之才，双方矛盾日益尖锐。沮渠氏蒙逊杀段业，自立为北凉主。一个以卢水胡人为中心，汉族和其他民族参与的政权重新建立起来。

5. 打通丝路的西征

社仑正式建立柔然王国后，环顾四周的局势：漠北之北为无人烟荒漠；向南有北魏阻挡，障碍重重；唯有向西，开辟西部富饶辽阔的地域才是出路。为此，立即着手制定方案向西域地区发展。

第二章 社仑可汗

蒙古高原与辽阔西域相毗邻，基本处在等同的纬度线上。向西推进，自然比向南越过长城受到的阻力要小。况且，西域资源丰富，水草丰美，柔然的战马驰骋在无边无际的荒漠戈壁上，更显出骑兵的速度及威力。所以西域一直以来都是草原民族争夺的战场。

社仑当然也明了这种地缘优势，他率领大军沿着原来被匈奴人开发的草原丝绸之路继续向西，寻求适合柔然人生存之地。

这一天旌旗飘扬，人声鼎沸，宽阔的谷地中，山坡上，红、黄、蓝、绿、黑五色旗帜与队伍排列整齐。跋那山下，乌伦谷中，山环水绕，绿草如茵。在队伍的后面是望不到边的高大车轮的战车，如雷的歌声响起：

王旗猎猎号角吹，

战士挥刀马上飞。

安得天下成一统，

干戈永世化为灰。

一个萨满师走上高台。他身着五彩布条衣，端一碗马奶酒敬了四方鬼神，开始进行筑金人仪式。只见萨满紧闭双眼，口中念念有词，不时地来回跳动，乞求上天保佑出征的将士。在当时北方草原，这是进行重大事件前必经的一项仪式。如若成功，则皆大欢喜，否则，则有可能取消活动或改期。

萨满为军队做出征仪式

随着高台上一个指挥官的旗帜落下，瞬间，谷地中寂静无声。突然，一个金盔金甲的人走了上来，高声呼喊："柔然的将士们，你们辛苦了，你们是草原上最勇猛的雄鹰，应该翱翔于天际，而不是窝缩在这小小的燕然山脚下！"

"你们，想不想跟着我征服这片草原！你们想不想跨上最好的马儿征服这草原上的外邦人！你们——想不想！"社仑一挥手，指向那广阔空寂的草原，指向那无边无际的天空，指向那让所有人都热切期望的富饶之地。

站在草地上的勇士们激动不已，他们如何不愿意！他们生来便是这草原上的雄鹰，自然要翱翔于蓝天。

社仑把守卫王庭的重任交给斛律，自己带着队伍浩浩荡荡地出发了。一路挺进西域，沿着丝绸之路，南、北、中三路齐头并进。一路上不断有人加入，也有无数的城池或者归顺或者被攻下。柔然大军摧枯拉朽，像一股洪流向西域进发。

千百年来，西域一直为人们热切向往。而贯穿西域的丝绸之路是当时社会经济发展的必然产物，为东西方贸易架起了一座金桥，发挥着极其重要的作用。

丝绸之路自西汉开通以来，自洛阳、长安（西安）经张掖、酒泉到敦煌（该段也有多条路径，甘肃境内此东段称为河西走廊）。由此处起，分为"南、北两道"。丝绸之路北道（中道）沿线诸国有：伊吾、车师、焉耆、高昌、龟兹、姑墨、疏勒等。丝绸之路南道沿线诸国有：鄯善、楼兰（尼雅）、且末、于阗、叶尔羌等。丝绸之路在喀什、费尔干纳盆地（大宛）等地会合，再向西（称为西段）到乌孙、悦班（巴尔喀什湖东南）、揭槃狍（塔什库尔干一带）等多个方向。相比之下，北道相对好走，南道极为艰难。

社仑此次西征的目的，是要阻止北魏在西域的势力扩展，扩大自己在西域诸国的影响。再加上丝绸之路是一条流动的黄金线，他要打通这条经济命脉。

社仑可汗从王庭出发，率领大军，沿着原来被匈奴人开发的草原丝绸之路，兵分两路，一路向西南到敦煌，一路向西到吐鲁番，最终到达乌孙山以西地带。

可汗社仑并不像以前的匈奴政权那样，只把政权的中心定在漠北地区，而是把另一副都"常所会庭"定在了偏西的敦煌、张掖之北地区。按现在的说法，就是设立前线指挥部。这种做法正是为了全力进行西域开拓与管理。柔然的"常所会庭"，是可汗听政议政、发布重要命令的政治场所，也是各部首领处理突发事变的场所。《魏书》卷103记："其常所会庭则敦煌、张掖之北。"历史上也有人称之为木末城，位置大约在今阿尔泰南麓的居延海一带。

柔然汗国的势头正猛，西征大军很快征服了沿途的西域诸国，势力到达天山北麓玛纳斯河流域。这是柔然人首次对西域以及丝绸之路的控制。在可汗大军的武力威胁下，位于伊犁盆地的乌孙人不得不举国西迁，躲避到更偏远的地区求生。可汗大军趁势继续向西推进，使柔然国力迅速壮大。

在对西域地区的征讨中，柔然汗国使用了大量的兵力、物力、财力。这些需求汗国仅仅凭借自己的力量不可能解决。当时它能够稳定住漠北的统治已属不易，再耗费大量的人、财、兵力去征服西域就力不从心了。然而，柔然汗国有着大量的从属部族，为西征提供了军事基础。利用部族的军事力量西征，不仅可以扩大汗国的版图，还可以乘机削弱各部族的军事实力，从而稳固自己的统治。

公元404年初，当社仑仍在西域率军奋战、开疆扩土时，却得到密报，说他留在王庭的堂弟悦伐大那正在密谋策划暗杀推翻他，准备自立为柔然可汗。社仑只得放弃当前的大好局面和继续向西南追击贵霜人的计划，撤回蒙古高原，处理王族内部事务。同时将西征占领的肥沃的中亚河间地区交给了自己的盟友滑国（厌哒）管辖。

社仑率军西征路线示意图

柔然传奇

厌哒是柔然最可靠、最亲密的盟友。公元五世纪初,柔然征战西域各国,势力达到葱岭以西并扩展至金山南。当时的厌哒"犹为小国",厌哒政权(公元402—437年间)向柔然称臣。在柔然的西域征战中,厌哒的参与功不可没,当然得到的利益也很可观。柔然人辛苦打下富饶的河间地区,转手就交给他来管理。

从柔然汗国西征的业绩可以看出,柔然军队的势力非常强大,横扫千军如卷席。但也暴露出其在管理上的明显不足。柔然从一开始就将攻下的地域、城池交给附属的盟友管辖,或扶持一个傀儡政权,而不是自立本族后裔或由高层将领来管辖,没有建立一个牢固广阔的根据地。在政权割据、群雄争霸的年代,这种做法无疑是取得一个,丢失一个,像猴子掰苞米。之后的情况都是如此。如西部高车部落就是被柔然派遣西征的高车部落的一部分,后留在伊犁河流域。这样的部族还有很多,比如巴尔虎部落。这些部落对柔然的开疆扩土做出了重要贡献,但同时也为柔然的衰亡埋下隐患。当柔然强盛时他们臣服顺从,而当柔然逐渐走向衰败后,这些部族就开始起来反抗,这势必会加速柔然汗国的灭亡。

中蒙边境交界地区的居延海

社仑可汗回国后，迅速平息了叛乱，悦伐大那仓皇投奔北魏。拓跋珪秉承一贯的招降纳叛政策，对他予以重赏，还把女儿华阴公主当奖品，嫁给悦伐大那为妻。

6. 夏帝刘勃勃其人

社仑通过西征扩大了国家的疆土，扩充了自己的势力，并且有了厌哒这样的盟友，但同时又感叹自己在东方缺乏可靠的朋友。平叛之后局势基本安定，和亲与联盟势在必行。

公元405年，社仑如约给姚兴送去作为聘礼的八千匹马，并抵达河套西北的朔方郡大城（内蒙古杭锦旗南）。当时，后秦的朔方守将不是别人，正是刘卫辰之子刘勃勃。刘勃勃与北魏有杀父之仇，所以才投奔北魏的敌国后秦。但后秦自公元401年战败以来，对北魏的态度日渐软弱，令刘勃勃十分恼火，暗中准备独立。他看到八千匹柔然骏马送上门来，立即抓住这个天赐良机，准备将它们全部据为己有，借此武装自己的军队，壮大势力。

这个刘勃勃在少年时期就和社仑认识了，但当年他是大单于的世子，而社仑是他父亲刘卫辰治下的臣民，地位悬殊。对于刘卫辰的为人，社仑却是再清楚不过了。

永和十二年（公元356年），刘卫辰的兄长刘悉勿祈继任铁弗部首领。但不长命，升平三年（公元359年），刘悉勿祈去世，刘卫辰杀死刘悉勿祈的儿子，自立为铁弗部首领。

刘卫辰派使者向前秦投降，请求在内地划给他们农田耕种，春天来秋天走，前秦王苻坚同意了他的要求。但前秦的云中护军贾雍派骑兵袭击刘卫辰，大肆抢掠满载而回。苻坚愤怒地责备贾雍，并罢免贾雍，让他以布衣百姓的身份兼领职务，派使者将他所掠获的财物送还给刘卫辰，并对之加以抚慰。刘卫辰从此进入关内定居，经常向前秦进献贡奉。

公元360年六月，代王拓跋什翼犍的妃子慕容氏去世。刘卫辰来到代国参加葬礼，顺便求婚，拓跋什翼犍把女儿嫁给刘卫辰，他成为了代国的女婿。

　　第二年为报恩，刘卫辰掳掠前秦的边境居民五十多人作为奴婢，进献给苻坚，苻坚责备他，让他把掳掠的百姓放回。刘卫辰因此背叛前秦，一心依附于代国。

　　公元365年，前燕夺取了东晋占领的洛阳，又向西进抵前秦的东面。刘卫辰认为时机到了，便开始背叛代国。代王拓跋什翼犍东渡黄河赶跑刘卫辰，刘卫辰只得又归降前秦苻坚。背弃国主、反复无常是此人的特长。后来，拓跋什翼犍被其子拓跋寔君所杀，代国境内大乱，前秦趁机吞并代国。苻坚采纳代国长史燕凤的建议，把代国的百姓分为两部分，黄河以东属于刘库仁，黄河以西属于刘卫辰，各授官职爵位，让他们统领自己的部众。

　　前秦在淝水之战失败后，国内大乱。而刘卫辰占据朔方之地，士兵战马非常强盛，拥有三万八千兵力，反而成了香饽饽。后秦皇帝姚苌便任命刘卫辰为大将军、大单于、河西王、幽州牧；而西燕皇帝慕容永则任命刘卫辰为大将军、朔州牧。

　　公元391年，没奕干反叛西秦，并向东与刘卫辰部联合结盟。由于势力不断壮大，刘卫辰便派遣其子刘力俟提率军八九万人进攻北魏南部，拓跋珪亲自带兵五六千人迎战，在铁岐山以南将刘力俟提打得大败。刘力俟提单骑逃走，北魏部队乘胜追击，直抵刘卫辰所居住的悦跋城。刘卫辰被突然袭来的大军所惊，父子仓惶逃走。拓跋珪分别派遣将领率领轻装骑兵追击，将军伊谓在木根山生擒了刘力俟提，而刘卫辰则被他的部下乘乱杀死，其部落瓦解。刘卫辰的宗族同党，除了幼子刘勃勃逃奔薛干部以外，其余全部被拓跋珪下令诛杀，共计五千多人。刘卫辰是前秦的大将、代国的驸马，他的反复无常葬送了很多人的性命。

　　要说这个刘勃勃跟他爹一个样。据晋书记载，刘勃勃首先逃到了鲜卑薛干部首领太悉伏处。太悉伏因畏惧北魏，欲送刘勃勃于魏。太悉伏侄子叱干阿利营救勃勃并潜送至后秦高平公没奕干处。没奕干将女儿嫁给刘勃勃，并把他推荐给姚兴。姚兴以勃勃"性辨慧，美风仪"，对他深加礼敬，任命他为后秦骠骑将军，"常参议军国大事"。不久，又任勃勃为安北将军、五原公，交给他五部鲜卑及杂虏镇守朔方，刘勃勃的势力因此日益强大。

7. 统万城

公元407年，刘勃勃夺得八千匹良马，又设计以打猎为名，率部三万，军旗猎猎，鼓角争鸣，浩浩荡荡开进高平城，大开杀戒，袭击了毫无防备既是恩人又是岳父的没奕干，吞并了没奕干的部队和一切，袭杀了后秦守将。

公元407年六月，刘勃勃宣布在高平建立大夏国，改姓赫连勃勃，自称天王、大单于，年号龙升。铁弗匈奴进入了历史上最鼎盛的时期。赫连勃勃将曾扶持他的后秦王朝毫不留情地视为弃履，抛在一边。

史书记载，刘勃勃改姓时提到，子从母之姓，非礼也。赫连勃勃没有提到本属铁弗，而因袭了夏后氏苗裔之说。赫连勃勃对这种从母姓的习俗作了彻底的改革，将从母姓的刘氏改为与天子同义的赫连。其他支庶则不能姓赫连，皆以铁伐为氏（铁弗之异译）。这从侧面反映出赫连勃勃受汉文化影响，有耻姓铁弗的想法。

由于政治统治的需要，赫连勃勃几乎摒弃了传统的匈奴文化，倡导中原文化。虽然当时北方地区民族成分复杂，多民族文化共存，但对汉文化的吸纳已然成为一种趋势，即使是用政治手段去强势压制，也已经不能阻挡中原文化对各个领域的渗透。

赫连勃勃当时的目标是尽占岭北、河东之地。公元413年，赫连勃勃北游契吴山登高远眺，发出"美哉斯阜，临广泽而带清流，吾行地多矣，未见若斯之美"的慨叹，于是这里就成为帝都之地。同年，赫连勃勃强征胡汉各族十万之众（包括俘虏），在"朔方水北，黑水之南"轰轰烈烈地建筑都城。负责修筑这座城池的官员是大夏国残忍暴虐的叱干阿利。统万城的修筑过程极端残酷。据说，为了让城墙达到"坚可砺斧"的目的，叱干阿利采取了蒸土筑城的办法，即用石英、粘土、碳酸钙加水混合夯筑。每筑完一段墙，叱干阿利即令士兵用锥子往城墙里刺，凡刺不进去者有奖，如能刺进一寸，那么负责建造此段工程的工匠都得被砍头，然后拆掉重筑。在恐怖的笼罩下，

柔然传奇

十万人历时七年，为赫连勃勃修筑了一座固若金汤的都城。赫连勃勃登上城池，以"一统天下，君临万方"的宏愿，将这座城命名为统万城。

统万城位于陕蒙交界的鄂尔多斯高原南部（今靖边县白城子），北邻毛乌素沙地南缘，南傍无定河，属于半干旱的草原荒漠过渡地带。据历史记载，统万城曾经美轮美奂、固若金汤。"城高十仞，基厚三十步，上广十步，宫墙五仞"，"坚可以砺刀斧"。由于城墙呈灰白色，当地百姓称其为"白城子"。

公元418年，刘勃勃南下关中，攻取长安，在灞上称帝。至此，大夏国"南阻秦岭、东戍蒲津、西收秦陇、北薄于河"，占据今天的陕北、关中、甘肃东部以及内蒙古河套地区，成为当时北方地区最强盛的地方政权。公元425年，赫连勃勃去世，夏国内部发生皇位之争，关中混乱。次年，北魏拓跋焘乘机进攻夏国。双方交战年有余，最终北魏军攻占长安，继而攻陷统万城。之后，太子赫连定逃到平凉，自称皇帝。公元431年，赫连定灭西秦，在渡过黄河进攻北凉时，遭吐谷浑攻击，赫连定兵败被俘，次年三月，赫连定由吐谷浑送交魏主拓跋焘，大夏国灭亡。

靖边县统万城遗址

由于数百年沙化的影响，统万城池逐渐没入沙漠。公元994年，宋太宗终于下诏毁废其城，迁二十万居民于今绥德、米脂一带。从此统万城沦为废墟。遗存于陕北靖边县的大夏国都城统万城，是匈奴人留下的重要遗产，也是我国现存最完整的古代城堡，有重要的研究价值。

8. 参合陂前几匹马引发的血案

中国古书曾称马是"地精"，就是说马是大地的精华，居地的神灵。草原民族视马为自己的生命，打仗、行路、生活都离不了马，为了马尤其是好马，不惜付出生命的代价。社仑被赫连勃勃夺去了八千匹良马可不是个小数字。看看在圣湖参合陂前几匹马引发的血案，让人不由得唏嘘不已。

北魏和后燕都是鲜卑族建立的国家。按亲属关系，拓跋珪的母亲是来自后燕的公主，慕容垂是拓跋珪的舅舅。他曾援助拓跋氏打败匈奴独孤部、贺兰部，使拓跋氏获得马匹三十余万匹，牛羊四百余万头，从而实力大大增强。后来，拓跋珪让其弟拓跋觚去拜谢其舅舅慕容垂。慕容垂的几个儿子自认有功于拓跋氏，留住拓跋觚不让走，要求送给后燕几匹良马。拓跋氏见后燕如此无礼，不仅没送给良马，而且与后燕断绝了关系。从此两国结怨。

慕容鲜卑是历史上一个非常有影响的部落，从公元294年慕容廆迁居棘城至公元410年慕容超亡国，共存在116年，先后建立了前燕、后燕、西燕、南燕、北燕等五个政权。

五胡十六国初期,前燕由鲜卑慕容氏(慕容皝)建立(公元337年—370年)，以龙城（今辽宁朝阳）为国都，后又迁都邺城。慕容鲜卑是鲜卑人的一支，原居于西拉木伦河上游，即今河北省丰润县（一说平泉县）以北至西拉木伦河西段地区。西晋初年开始崛起于辽西，其祖辈莫护跋率领鲜卑部族的一支辗转进入辽西地区，曾被曹魏封为率义王。在辽西地区他们受到当地文化习俗的深刻影响而迅速汉化，被称为"慕容鲜卑"，以有别于其他鲜卑部族。涉归单于在位时，慕容部较为弱小，势力比较薄弱，而鲜卑宇文部与段部势力都很强大，故多次遭到鲜卑宇文部与段部的侵扰。但是，慕容部实行开明

政策，吸纳汉族士人进入各阶层共事，并通过与西晋友好交往，提高自己的政治地位，从而迅速壮大起来。永嘉之乱（公元308年—311年）后，西晋无力顾及东北边境，慕容廆（单于慕容涉归之子）乘机占领辽东，控制了昌黎，自称大单于。之后，鲜卑各部开始在昌黎定居下来。昌黎的鲜卑胡姓共有慕容氏、谷氏、屈氏外、卢氏、仇尼氏、悦氏六家，从此昌黎成为慕容鲜卑政权的政治中心。公元333年，慕容廆死，其子慕容皝继位，于公元337年称燕王。在此期间，慕容鲜卑先后征服了周边的宇文、段部、慕舆、素连、木津、库莫奚等鲜卑部落，并通过改姓等方式将其纳入慕容鲜卑统治集团之中。

参合陂大战绘画

公元369年，前燕贵族内部又发生激烈斗争，慕容垂原是前燕的吴王，后投降前秦王苻坚，并被委以官职。苻坚以王猛为统帅，慕容垂为先锋，率步骑三万人进攻前燕，攻占洛阳。次年又攻下国都邺城，俘获慕容暐，前燕国由此灭亡。

淝水之战后，公元386年，慕容垂称帝，定都中山（今河北定县），史称后燕。后燕是最早承认柔然的国家，并一直与柔然保持着友好关系。

第二章　社仑可汗

后燕慕容垂为了报复拓跋珪，于建兴十年（公元395年）农历七月，派太子幕容宝为元帅，辽西王慕容农、赵王慕容麟为副元帅，领兵八万，向北魏大举进攻。同时派范阳王慕容德、陈留王慕容绍以一万八千部队进行策应和援助。出征前，散骑常待高湖曾劝告慕容垂说：魏与燕世代结为婚姻，亲如一家，应该互相帮助，互相谅解，而非结怨。这一次因为没有得到良马，就软禁了拓跋觚，这是燕国的不对，为什么还要攻打人家？这样师出无名，是不会取得胜利的。高湖又分析这次出师的不利因素说：太子慕容宝狂妄自大，不是拓跋珪的对手，长途远涉，疲劳应战，对燕军必然不利。慕容垂刚愎自用，不但不听高湖的劝告，还罢免了他的官职。与此同时，北魏拓跋珪在燕军到来之前，召集群臣商议对策，注意听取大臣们的意见。长史张衮分析说：燕军过去打了许多胜仗，这次大军出征，气焰嚣张，应该避其锋芒，故意摆出退败的样子，使燕军掉以轻心，然后，出其不意，方能取胜。拓跋珪按照张衮的计策，转移部落、牲畜和财产，从都城盛乐撤退，西渡黄河，以逸待劳。燕军长驱直入，一路上也没遇到魏军的抵抗，顺利地进军到五原，兵临黄河，并准备造船渡河。

此时，北魏军早已作好战争准备。在黄河的西岸和北岸屯兵十五万，严阵以待，并与后秦取得联系得到支持。燕军造好船后，先派十几艘战船和三百多名士兵作为先遣部队渡河。结果，船未到岸，正好遇上大风，后燕十几艘战船沉没，三百多名士兵当了魏军的俘虏。燕军渡河失败后，在黄河东岸一直停留了近四个月，都找不到作战机会。农历十月底，天气逐渐变冷，燕军兵疲马困，士气涣散。燕军出发前，慕容垂正患病不起，拓跋珪趁机派军切断了燕军通往中山的道路，使慕容宝与慕容垂失去了联系。于是，拓跋珪还制造谣言，告诉燕军俘虏说，慕容垂已死，之后，释放燕军俘虏回去。这些俘虏回到燕军后，慕容垂去世的消息一下子传开了。慕容宝长时间远离国土，不知真情，惶惶不安起来。慕容嵩也以为慕容垂真的死了，于是就大搞夺权活动，密谋举赵王慕容麟为燕王，不料事情泄露，被慕容宝处死。燕军内部互相猜疑，无心恋战。慕容宝只好烧掉船只，往回撤军。撤退之前，有人曾向他建议：撤兵要快，如等大河封冻，就会给魏军追杀我军造成有利条件。慕容宝妄自尊大，不以为然。

农历十一月的一天晚上。突然狂风四起，气温下降，大河冻结。拓跋珪立即选派精兵二万，从冰上过了黄河，袭击燕军。燕军猝不及防，大败而逃，一直退守到参合陂，在蟠羊山下背水安营。有一位名叫昙猛的和尚对慕容宝说：西边天气昏暗又有大风（骑兵大部队行进时扬起的风和土），说明魏军很快就要到来，劝他及早做好准备。慕容麟傲慢地说：以太子之英明，军队之强胜，足以横扫沙漠，魏军哪还敢来追赶？他认为昙猛纯属胡言乱语，扰乱军心，应该杀头。昙猛哭着说：苻坚百万大军败于淝水，正是由于麻痹轻敌。慕容德也劝慕容宝要考虑昙猛的意见，以防万一。慕容宝这才派慕容麟率领三万骑兵作为后卫。但慕容麟根本不把魏军放在心上，整天纵骑游猎，毫无防备。魏军日夜兼程，行军神速。一天晚上，魏军进入参合陂以西后，拓跋珪命令士兵束马口，衔枚疾走，登上蟠羊山。当时，燕军正在睡觉，不知大祸临头。第二天清晨，燕军才发现漫山遍野都是魏军，大为惊恐。魏军凭借有利地形，居高临下，从山上纵兵掩杀，势不可挡。燕军仓促应战，全军溃散。魏军又堵住燕军的退路，使燕军拥挤到冻结的河道上。《魏书》卷九十五记，"有马者皆蹶倒冰上，自相镇压，死伤者万数"。四五万大军，"一时放仪，敛手就羁"。这一仗，后燕大败，损失惨重，文武将吏被俘虏的就有数千人，只有少数士兵回来。慕容宝与慕容德突围而逃，慕容绍死于乱军之中。

战事结束后，拓跋珪从燕军被俘的文武大臣中，挑选出一些人才留下，其余的俘虏准备发给衣服、口粮，放他们回去。王建提议说：燕国还很强盛。我们好不容易才打败他们，如果把这些俘虏放回去，就等于助长了燕军的势力。不如把这些人杀掉，这样燕军力量就空虚了，灭取燕国也就容易了。拓跋珪听后，就命令士兵把燕军俘虏全部活埋了。

参合陂之战后，慕容垂并不甘心失败，慕容宝也想出兵报仇。慕容德鼓动慕容垂说：魏军取得参合陂的胜利，必然欺负太子无能，只有挫败魏军的锐气，方能长燕军的志气。于是，慕容垂决定，留下慕容德守卫中山，自己亲率大军再次向魏国进攻。这次，燕军改变了行军路线，慕容宝、慕容农从北路进军，慕容隆从西路进军，慕容垂从中路翻越恒山，凿通山道，三路同时向云中进军。慕容垂来到平城城下，镇守平城的是魏国陈留王拓跋虔。此人是魏国的一员勇将，对燕军很轻视。当时，城内有守军三万，却毫不设防。燕军突然袭击，魏军大败，拓跋虔被燕军杀死。这一仗，使燕军出了口气。魏军得知拓跋虔战死，也躲躲闪闪，不敢与燕军交战。慕容垂乘胜北进，带兵来到参合陂。头一年燕军战败的惨景仍然历历在目，只见尸体"积骸如山"，燕军死者亲属嚎哭震天，慕容垂连气带恨，吐血得病。听到参合陂的哭声，魏军还以为慕容垂得病死了，准备进军追赶。后来得知平城已经失守，就又退兵回到阴山一带。慕容垂返到平城住了十天，后病情加重，也顾不上攻打魏国，命令士兵修筑燕长城，之后返回。慕容宝进军到云中后，听到父亲病重，也引军退回。最后，慕容垂病死在回师路上。魏军又夺回了平城。慕容垂死后，慕容宝继承王位，王室内部互相倾轧，使得国力衰退，势力削弱。

北魏皇始元年（公元396年）农历八月，拓跋珪率领四十万大军，南出马邑，大举进攻后燕。第二年，占领了中山。虽然慕容宝也进行了反攻，但士气已丧，公元398年，慕容宝被部下所杀，后继者又是同样遭遇。同年，北魏天兴元年（公元398年）农历七月，北魏拓跋珪迁都平城。公元407年，慕容熙被将军冯跋、高云所杀，后燕灭亡。

北魏先后在公元431年灭胡夏、公元436年灭北燕、公元439年灭北凉，最终统一中国北方。

9. 一代巨星陨落

公元409年，北魏发生了宫廷政变。道武帝拓跋珪没有社仑的运气好，这个北魏的开国皇帝，打下了江山，却被自己的亲生儿子拓跋绍杀死。起因是拓跋珪要处死贺妃，贺妃告诉了儿子拓跋绍，拓跋绍便带人潜入拓跋珪卧室，将其杀死。之后，拓跋绍继位。不久，拓跋珪先前被废黜的长子拓跋嗣，在北魏上层的纵容支持下又杀了拓跋绍，并自立为帝，是为明元帝。

拓跋鲜卑帝王世系表

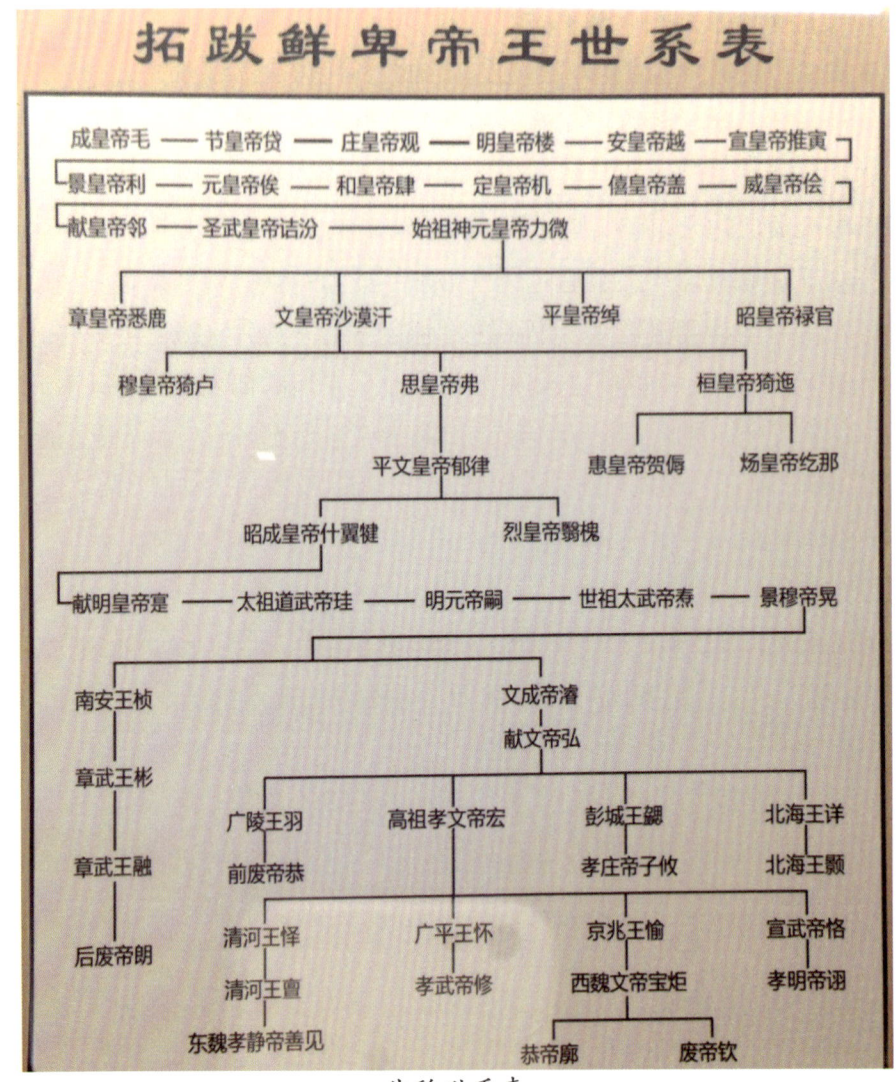

成皇帝毛 — 节皇帝贷 — 庄皇帝观 — 明皇帝楼 — 安皇帝越 — 宣皇帝推寅 — 景皇帝利 — 元皇帝俟 — 和皇帝肆 — 定皇帝机 — 僖皇帝盖 — 威皇帝侩 — 献皇帝邻 — 圣武皇帝诘汾 — 始祖神元皇帝力微

力微之子：章皇帝悉鹿、文皇帝沙漠汗、平皇帝绰、昭皇帝禄官

沙漠汗之子：穆皇帝猗卢、思皇帝弗、桓皇帝猗㐌

猗㐌之子：惠皇帝贺傉、炀皇帝纥那

弗之子：平文皇帝郁律

郁律之子：昭成皇帝什翼犍、烈皇帝翳槐

什翼犍之后：献明皇帝寔 — 太祖道武帝珪 — 明元帝嗣 — 世祖太武帝焘 — 景穆帝晃

晃之子：南安王桢、文成帝濬

桢之后：章武王彬 — 章武王融 — 后废帝朗

濬之子：献文帝弘

弘之子：广陵王羽、高祖孝文帝宏、彭城王勰、北海王详

羽之子：前废帝恭

宏之子：清河王怿、广平王怀、京兆王愉、宣武帝恪

勰之子：孝庄帝子攸

详之子：北海王颢

怿之子：清河王亶

怀之子：孝武帝修

愉之子：西魏文帝宝炬

恪之子：孝明帝诩

亶之子：东魏孝静帝善见

宝炬之子：恭帝廓、废帝钦

北魏世系表

社仑听说北魏内乱，觉得这是进攻的好机会，便大举南征。

拓跋嗣派将军长孙嵩等北上迎战，反而中了社仑之计，被包围在牛川。拓跋嗣亲自率军北上，才给长孙嵩解了围。关于这场战斗的经历，却查不到什么历史记载。

牛川就是今内蒙古的克力孟古城。该城位于察右后旗西北部，属乌兰哈达苏木所辖。古城遗址处驻着一个叫克力孟营子的牧村。而牛川这个名称在民间早已被遗忘。牛川蒙语叫五克儿菊力克。不懂蒙语的人无法确认五克儿菊力克就是牛川城,其实"五克儿"就是"牛","菊力克"就是"川"的意思。牛川实际是北魏的祖坟地,在很多年里,北魏立储与相关的大事都发生在这里。《魏书》太祖纪有如下记载:"登国元年春正月戊申(日),帝即代王位,效天建元,大会于牛川。复以长孙嵩为南部大人,以叔孙普洛为北部大人。班爵叙勋各有差。"公元386年1月北魏建国,也是北魏正式登上历史舞台的开始。这段文字清晰地介绍了北魏道武帝拓跋珪在牛川登基、任命官僚、奖赏部下、祭天建元等事宜,由此可见牛川城在中国历史上有过辉煌的一页。北魏战败于此地,是绝不会让它在国史中记载的,或许这就是查不到记录的原因。

公元410年牛川战役之后,社仑可汗积劳成疾,后病逝。这个柔然历史上最杰出的领袖,最耀眼的巨星,就这样过早地陨落,留下了从大兴安岭到阿尔泰山的庞大汗国亟待继承。

柔然是一个温和的民族,在历史上没有杀戮或屠城的记录。他们更多具有的是草原民族的诚实和宽厚。在那个弱肉强食的时代,社仑领导草原民族为了生存而奋斗着。他很单纯,不像那个时代的许多北方民族那样对自己的出身有一种自卑感,一定要以一个汉民族的国名来命名自己的政权,如秦(羌)、魏(拓跋)、燕(鲜卑)、赵(匈奴)、夏等,而是旗帜鲜明地打出了自己的名号。

社仑去世后,继任者斛律可汗承接前辈的遗愿,继续把西征向前推进。他带领大军征服了西域的乌孙、大月氏等国。为了保证西征的胜利,柔然对南面的北魏政权采用了防守策略。但北魏并不希望看到柔然独占西域,于是,一场旷日持久的西域争夺战从此拉开帷幕。

第三章

斛 律

第三章　斛律

当柔然人最伟大的社仑可汗去世时，他的两个儿子度拔和社拔都还年幼，不具备胜任可汗的能力。为此各部首领举行大会，拥立社仑的辅佐王，社仑之弟斛律为可汗，号称"蔼苦盖可汗"，就是"容貌俊美的可汗"的意思。

社仑的离去对斛律的打击实在是太大了。大哥没了，二哥也抛下他而去，帝国的重担压在他的肩上，这让他手足无措。毕竟帅气不能当饭吃，要做一个柔然汗国的王，他需要一些功绩来证明自己。虽然他还缺乏作为一个汗王的智慧和力量，好在他作为社仑的副帅，在常年的征战中历经磨炼，赢得了部众的心。社仑开创的横贯东西一统天下的事业，以后将由他来继承。对西域的统一已完成十之八九，攻占乌孙国与贵霜国是社仑的遗愿，也被他当做继位后的头等大事来执行。

1. 西域当年

"西域"一词，是和张骞的名字分不开的。最早见于《汉书·西域传》，西域是一个中亚地区的泛义词。西汉时期，狭义的西域是指玉门关、阳关（今甘肃敦煌西）以西，葱岭以东，昆仑山以北，巴尔喀什湖以南，即汉代西域都护府所辖地域。而广义的西域则指凡是通过狭义西域所能到达的地区，包括亚洲中、西部地区等，如葱岭以西的中亚细亚，今阿富汗、伊朗、乌兹别克、哈萨克斯坦，至地中海沿岸及俄罗斯的部分地域等。

由于西域在经济与交通上的不可替代性，成为历朝历代兵家必争之地。中原王朝从汉朝起就建立了都护府，对西域进行统一管理，故这里与中原有着很深的历史渊源。

汉王朝统治中国近400年，这期间社会稳定、民心所向，且财富的积累也到了一个空前的高度，成为当时世界上最富有的国家。这段时期也被认为是中国在科学、技术、经济、文化和政治稳定等多方面的黄金时代。后虽经过三国两晋的战乱，但冷兵器时代的破坏毕竟有限，所以到了南北朝时代，中国的经济技术依然在世界领先。

同汉朝的富庶一样，一千多年前的西域也是个草木繁茂、物产丰富、人民富裕的地方。现今是一望无际戈壁沙漠的塔里木盆地，在那个时代却是一个湖水荡漾、芦苇连天、渔舟唱晚的美丽地方。丝绸之路的开通，更让人们认识了这片神奇的土地。

"西域"原有乌孙和三十六国，至汉宣帝以后即分裂为包括乌孙在内的五十五国。

多见于史册的西域三十六国是：若羌、楼兰、且末、小宛、精绝、戎卢、扜弥、渠勒、于阗、皮山、乌秅、西夜、子合、蒲犁、依耐、无雷、难兜、大宛、桃槐、休循、捐毒、莎车、疏勒、尉头、姑墨、温宿、龟兹、尉犁、危须、焉耆、姑师、墨山、劫、狐胡、渠犁、乌垒。三十六国虽都是些弹丸小国，但却各有特点，有的以游牧为生，有的是城郭之国。

东汉末年，西域诸国不断兼并，出现了几大地方政权并立的局面：若羌、且末、小宛、精绝等地并属于鄯善；戎卢、风弥、渠勒、皮山等地并属于于阗；尉犁、危须、山国并属于焉耆；姑墨、温宿、尉头、乌垒并属于龟兹；桢中、莎车、竭石、渠沙、西夜、依耐、蒲犁、亿若、榆令、捐毒、休循并属于疏勒。吐鲁番为车师前部；东部天山以北的东且弥、西且弥、卑陆、蒲类、乌贪、訾离等地并属于车师后部；焉耆以西至伊犁河一带为悦般；伊犁河流域及准噶尔盆地西部为乌孙。

2. 斛律西征所面临的形势及丝路英豪们

在社仑时代柔然人已控制了西域诸国及其大片地域，因而既可西向纳伦河、伊犁河流域，也可南向塔里木盆地发展。社仑返回漠北时，把西域的这片属地托付给了柔然的盟友厌哒来管理。斛律可汗继位后，为完成兄长遗愿开始了第二次西征。为了保证西征的胜利，他制定了周密的策略：首先，对南面的北魏政权采取缓和防守战略，以稳住对方，免得腹背受敌。其次，开展如此大规模的军事行动，柔然自身的兵力是远远不够的，孤军深入，仅凭着自己的力量是不能取胜的。斛律可汗为了加快西征的进程，除了联络西域诸国外，还进一步征调漠北属部参战，其中包括大量铁勒、高车部落。同时，重用骁勇善战的大将大檀为西征主帅。

在费尔干纳盆地和葱岭地区当时分布着许多小国，巴尔喀什湖东南有大月氏、乌孙、康居等国，他们的势力相比西域三十六国而言，更强大，更具威胁。他们也是斛律可汗西征的主要攻击目标。厌哒是此次西征必然的合作者；同时，斛律还秘密联络了乌孙的邻国悦般国，双方共商结盟大计，约定共同夹击乌孙国与贵霜国，以实现社仑可汗一统天下的战略。

周密的部署之后，西征即拉开了帷幕。此次西征进军的目标是乌孙、大月氏、粟特、贵霜和康居。

由于准噶尔盆地以西为乌孙国所辖，柔然不能经过伊犁河流域直达目的地，因而采用迂回方式，沿丝绸之路越过葱岭西进。其间沿途诸国虽说短期内也发生了一些变故和冲突，但在柔然大军的强势之下，一路势如破竹，很快便抵达葱岭地区。

葱岭属于帕米尔以东高原地区。"葱岭"一词，因这一带高山坡上生长着大片野葱而得名。上世纪初，日本佛学家大谷光瑞在对新疆的探险途中，路经塔什库尔干西铁列克达坂（海拔 3810 米）时，采挖野葱，以此来证明"葱岭"此名的来历。

在匈奴兴起以前，月氏人一直是西域霸主。

月氏（读作"越知"，yue zhi，也有读成 rou zhi）为公元前 3 世纪至公元 1 世纪的一个古老民族。《史记·匈奴列传》《汉书·西域传》以及《资治通鉴》均有记载。

关于月氏的来源，中外史学家看法颇不一致。东方学者倾向于把月氏人与吐火罗人、印度塞人等同起来。月氏的族属，中国古籍如《魏略》称其为羌，《旧唐书》称其为戎。他们没有文字，记录亦不齐全。

柔然传奇

史说，大月氏与康居属于同种。春秋时居于中国山西境内，大约远在战国初期，月氏便西迁至今甘肃兰州西直到敦煌的河西走廊一带，过着游牧生活。河西走廊，自古为多民族杂居地区。考古发掘的文物证明，这里文化内涵复杂，许多民族在这里活动过。西汉文帝初，匈奴崛起。由于受到汉朝的打击，匈奴部落被迫向西扩张，率军攻击月氏，并占有部分地区，挤压了月氏的生存空间。从此以后，匈奴与月氏便开始了长期的拉锯战。秦末汉初，月氏族势力强大，统治河西一带，并联合蒙古高原东部的东胡部落夹击匈奴。

公元前209年，匈奴冒顿单于第一次严重挫败了月氏，使月氏遭受惨败。据史料记载，冒顿是匈奴头曼单于的太子，但是父亲极其宠爱与后妻阏氏所生的小儿子，便又想立幼子为太子，继承王位。为此，头曼单于就想方设法加害长子冒顿。他派冒顿到月氏充人质，以便两国交好。可随后又派兵疾袭月氏，想通过两国之战，借机除掉冒顿。但冒顿智勇双全，在混战中竟然抢了月氏的战马，只身一人逃回。头曼单于见到奇迹般逃回的儿子大吃一惊，没有再找口实杀冒顿。后来冒顿知道真相后，遂对父亲及后母产生报复之念。冒顿长大成人后发动政变，射杀了其父和后母以及不服从他的将军大臣，夺取了单于之位。冒顿得到匈奴汗位之后，发动了对月氏的战争。进攻月氏也是出于报复，只是仇恨还未了结，月氏虽战败，但仍有相当势力，苦难还在后面。那时匈奴尚未占有河西，此时的月氏有少部分人仍住在六盘山西北，大部则已入河西。冒顿为人质时，处在月氏王庭姑臧一带。而从宁夏至贺兰山地区，是匈奴和月氏的分界，月氏与匈奴在此相对峙近三十年之久。

汉文帝初年间，冒顿单于的儿子老上单于继位后，约在公元前174至161年再次西击月氏，杀了被俘的大月氏的国王，并把国王的首级割下带返，以其头骨制成饮器"漆头"，用来盛酒，以报当年父汗冒顿的人质之恨。从此，月氏人被驱赶出河西，穿过北部戈壁向西逃亡。此后月氏人再也没有在河西立足。

月氏的战败西迁，对于乌孙来讲是一个解气的好消息。原来，月氏在河西时曾与乌孙为邻。公元前177年前后，月氏在敦煌击破乌孙，杀其部落王难兜靡，夺其地盘。难兜靡死时儿子猎骄靡初生，乌孙部落被迫退出河西，依附于强势的匈奴。

月氏战败后,其部下离散成两大块。一部分人员(大多是老弱者)残留原地,仍居于河西地区祁连山至敦煌一带。这些人后来逐步恢复部族实力,至西汉武帝时已达万人以上。再后来这一部分月氏人又穿越祁连山,南迁至今甘肃及青海一带,在羌人或吐蕃人之间定居下来,并与他们保持着良好的关系。这部分人被称为"小月氏"。《后汉书·西羌传》称"其羸弱者南入山阻,依诸羌居止,遂共与婚姻"。

"小月氏"名称的出现,约与卢水胡人同时。匈奴右贤王西征河西,降服卢水胡,而主要目标则是消灭月氏。汉元狩二年(公元前121年),霍去病第二次出兵河西,与小月氏发生军事冲突。此前,卢水胡和小月氏都是河西走廊的民族,张骞出使西域时,和这两个民族都有接触。匈奴官名有沮渠之称,卢水胡首领为左沮渠,小月氏为右沮渠。

另外大部分月氏人战败后,开始弃河西走廊而向西迁徙,逃至今伊犁河畔。这对当地的乌孙人带来了冲击。在匈奴人的帮助下,乌孙人随即进行了反击,使月氏人无法落脚,只好继续向西进发。约在公元前160年左右,他们来到锡尔河流域的费尔干纳地域,并打败了原居于当地的塞种人,迫使"塞王远遁"。留下的塞种人成为月氏人的臣仆。月氏人遂占有七河地区,又有了自己的家园。《汉书·张骞传》记:"月氏已为匈奴所破,西击塞王。塞王南走远徙,月氏居其地。"在汉代史书中被迫西迁的这部分人后来被称为"大月氏"。

七河地区指由周边流向巴尔喀什湖的七条支流的流经汇聚区。正是这种独特的地理环境,造就了一块适于游牧生活的风水宝地,从而形成了一个特殊地缘板块——七河地区。这里是历史上多次由东向西民族大迁徙的途径之地,见证了历史演变的曲折过程。

曾强盛一时的月氏国,由于被匈奴击败而国破。但"野火烧不尽,春风吹又生",月氏人又在遥远的西部葱岭立足,并分为"大月氏、小月氏"。月氏也由过去的北狄变成现今的西戎。而被迫西迁的塞种人,一部分南迁至阿富汗,一部分迁居中亚,后来又向西侵入希腊——巴克特里亚(Bactria)的希腊人王国,并取而代之,建立大夏国。

大月氏虽说又有了一块立足之地，但还没有站稳，冤家就找上门来了。公元前139至公元前129年间，曾被大月氏打败的乌孙国，在匈奴王老上单于协助下，由其王昆莫统领，西进攻破大月氏。乌孙占领了大月氏的地盘，迫使大月氏再次向西南迁徙。

大月氏人此刻像之前被自己赶跑的塞族一样，狼狈地再度西迁。他们越过天山和帕米尔西部，南下吐火罗斯坦，远涉北天竺国，至妫水即阿姆河（今乌兹别克斯坦、塔吉克斯坦与阿富汗之间的界河）流域，过大宛西，越锡尔河到达河中地区。

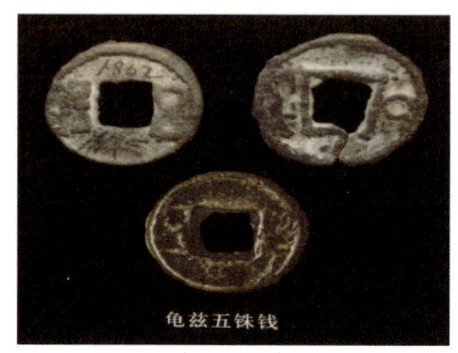

龟兹钱币

而有资料显示，翻越葱岭后没有再西迁的部分月氏人与当地民族融合后，逐渐形成了一个新的群体，史称"粟特"。

约十几年后，居于河中的月氏人逐渐恢复壮大。公元前125年大月氏越过阿姆河，"西击大夏而臣之"，打败了原居当地的大夏人（巴克特里亚人），占领妫水（阿姆河）两岸，在当地立国，并以大夏的巴克特拉，即蓝氏城（在今阿富汗北部）为都城，建立大月氏王国。

匈奴把月氏人逐出河西走廊，造成该区域民族大迁徙，由此引起了一连串的反应，这些反应远至西亚和印度。这表明，在草原一端发生的一个轻微的搏动，将不可避免地产生一连串意想不到的后果。

大月氏人建国之后，把战败的大夏国残余部族迁往东部山区，并一分为五部，即休密、双靡、胖顿、都密、贵霜，设五部翕侯（首领）统治，从属于月氏王国。各翕侯都由原来的大夏贵族担任，并由月氏国王任命。

这里需要特别交代的是贵霜部，就是以后贵霜国的前身。

康居国是西域之古国，为西域三十六国之一，是两汉时期中亚地区一个游牧民族建立的王国。活动范围主要在今哈萨克斯坦南部及锡尔河中下游。据史书记载，康居早在公元前3世纪便作为一个国家名称出现在中亚地区，史书上又说，康居国姓温，本是月氏人，"旧居祁连山北昭武城，故康居左右诸国以昭武为姓，示不忘本也"。

据《后汉书》记载，康居国在乌孙西、大宛西北、大月氏北部，约在今巴尔喀什湖和咸海之间，王都卑阗城。与乌孙、大宛、大月氏、奄蔡及匈奴等国为邻，领地很大。后来北部的奄蔡国、严国均臣属康居，从而形成中亚地区月氏、康居、安息三国鼎立的局面。

张骞出使西域时，中亚的形势是月氏强而康居弱，康居先后臣属于河中的大月氏人，以及匈奴人。史书记载，班超平定西域各国叛乱期间，康居国对班超和东汉政权曾有过帮助。此时汉朝的威望和影响已十分显赫，而康居、月氏、乌孙等国都有归附汉朝的愿望，想帮助班超合力攻灭龟兹，打通与汉朝经贸往来的通道。此后，康居与汉朝之间友好相处，相安无事。

公元1世纪中叶，随着贵霜统一大月氏，其国势转盛，康居则逐渐衰败。康居人与当时的贵霜帝国势力相比，明显处于劣势。公元2世纪后期，康居国仍在锡尔河中游北部的草原上，而河中地区则是大月氏人的势力范围。南北朝时期，由于柔然的崛起并争夺西域，加之接连不断的民族迁徙浪潮，康居国终于四分五裂，不复存在了。值得一提的是，历史上有名的法藏法师便是康居人，法藏俗姓康，祖籍西域康居，祖先世代为康居国相，其祖父后迁至长安定居。

3. 丝路商人粟特和盟友悦般国始末

说起丝绸之路，不能不提起粟特人。粟特富商大贾，财大势雄，其丝路贸易额的大小，涉及漠北草原柔然汗国的财源供给、国力兴衰和佛教信仰传播。因此，柔然汗国、北魏王朝争相与粟特人结好。五世纪早期，社仑可汗就已西征控制了西域，粟特人此时也开始同柔然接触通好，开展贸易，这也为柔

柔然传奇

然汗国奠定了坚实的基础。

粟特是中古时期来自中亚地区的著名商业民族，素以经商闻名于世。由于粟特人善于经商，河中诸国因之致富。但在商业拓展以前，粟特人主要以人工灌溉的农业为主。

粟特是一个商业民族，其整体文化素质较高，在西晋时期就已开始活跃于丝绸之路的商业贸易舞台，南北朝时已蔚为一大势力。由于粟特人天生的经商头脑和聪明才智，很早就创立了拼写自身语言的文字，其语言属印欧语系东伊朗语族。他们的足迹遍及丝路沿线地区，在中原王朝与各少数民族政权的交往中，粟特人充当了文化沟通使者的角色，甚至扮演了文化创造者、传播者的角色。我国北朝时期的史书中已经出现了粟特的译文。粟特人自4世纪起便不断组建规模不等的商团进入西域，随着经商事业的发展，一些粟特人开始定居在西域，后逐渐移居河西，且在丝路沿线形成粟特聚落。聚居于河西的安氏就是粟特人。早在南北朝时就建立了"康、安、米、曹、石、何"等城邦，安氏为粟特国组成部落之一，汉文史籍称"昭武九姓"，其先居于武威，直至魏、周、隋之际才仕于京洛。需要指明的是，粟特商人的兴起、平原丝路（早期在山前）的开辟都始于柔然汗国时期。这其中的聚居地都属于柔然辖境，故而其城镇的选定、建造等都得到了柔然可汗的许可、支持和帮助。

粟特人钱币和头像雕塑

早期丝绸之路的东部起点是长安和洛阳，然至十六国、南北朝乱世，丝路梗阻，故河西重镇凉州取代了长安、洛阳昔日的地位，空前繁荣起来，成为丝绸之路上最大的货物集散地。粟特人大量东迁定居此地，也就不难理解了。

粟特人4世纪末5世纪初进入吐鲁番盆地，到5世纪中叶粟特人已在这里定居、经商。在吐鲁番阿斯塔那31号墓中出土的一件名籍残件上，保留了45个人的姓名，其中有来自康国的康婆颉骑知、康莫天等人，康国人就是粟特人。1990年在新疆焉耆老城村出土了6件银器，其中一只碗上的铭文为粟特文。位于吐鲁番北部布拉依克附近的一处废墟也出土了有关粟特人活动的物件。这些遗物透露出粟特本土文化与其周边文化的交融及其在丝路文化交流中所发挥的独特作用。

另外，丝绸之路中道的重镇据瑟德城（今新疆图木舒克）、南道隶属于于阗六城之一的丹丹乌里克、石城镇（今若羌），也都有粟特商人的足迹。由此可见，粟特人乃是丝路贸易的真正垄断者。粟特人以独特的骆驼为交通运载工具，是天山南北平原丝路的最先开辟者，其重要作用和历史地位是不可磨灭的。

公元1至3世纪贵霜帝国兴起后控制粟特。史料记载，4世纪中叶，约在公元357至367年间，厌哒人潮水般地涌入中亚阿姆河与锡尔河之间地区，厌哒先是从征粟特，一度占领了索格底那亚，即我国史书中的河中地区，相继吞并了索格底那亚粟特诸城邦。《粟特传》曰：粟特国，在葱岭之西，至王忽倪已三世矣。征服其地者乃厌哒。厌哒从公元410年臣于社仑后，势力逐步扩展至金山南，后沿草原丝路继续西迁，在此地居住经营了约三个世纪。

虽然粟特人建立的国家并不强大，但粟特人的才能却延伸到了西域乃至中亚地区。

柔然西征攻打乌孙国，除了盟友厌哒外，另一个就是联合了悦般国。

悦般的"般"读音应为"盘"，因其地古称"洧盘"而得名。关于悦般的起源问题，国内外学者说法不一：有人认为悦般应是厌哒人；有人认为悦般是被厌哒灭国后四处流徙的贵霜人；还有人认为悦般是西方阿瓦尔人的祖先，等等。但多数人认为悦般可能属于北匈奴的一个部落。在公元1世纪末东汉章帝时，北匈奴被大汉王朝和鲜卑军队击败逐出蒙古高原，被迫西迁。匈奴北单于沿欧亚大草原向西翻越阿尔泰山，先到乌孙，再从乌孙进入康居。

而一些老弱病残不能远征的人被丢在途中，留居在龟兹以北的尤鲁都斯（今新疆巴音布鲁克）草原，之后经过数百年的恢复发展，休养生息，又形成一国，叫做悦般国。另有人认为，悦般也许是原乌孙小昆弥境内出现的一个新的国家。由此可见，悦般可能不是一个独立的部族，而是一个由其他多个部族融合演变而来的民族。

公元350年之后不久，悦般攻占咸海南岸的粟特国，随即又联合贵霜王国南下攻打萨珊波斯，结果遭到波斯沙普尔二世迎头痛击。战败的悦般只得臣服于波斯，为其服役。悦般在乌孙西徙后自龟兹北迁到了赤谷城（今伊塞克湖南岸），在此地留居下来。由于后期不断发展壮大，原居地则成了其国南界。悦般迁往赤谷城的具体时间已不可详考，最早可能是在社仑可汗在位时期，因社仑曾西征，迫使该区域各部族迁徙。但不管怎样，悦般一旦占有乌孙故地，势必代替乌孙承受来自柔然的压力。

柔然可汗斛律此次西伐，使得悦般国受到很大冲击。悦般考虑到自身的利益，愿意与柔然联合起来一同夹击乌孙国。悦般是柔然在西域结交的又一个盟友。

4. 战略要地乌孙国

西域有诸多国家，乌孙只是其中的一个。乌孙虽说据守西域远离中原，可乌孙的名气在中原人那里早已如雷贯耳，这是因为汉朝时，著名的张骞曾出使这里，细君公主和解忧公主也远嫁此地。

乌孙人改称乌孙之前，自称"昆人"。这是一个古老的西戎部落，春秋战国时与月氏人游牧于河西走廊，其族源可以追溯至中国西北的氐人。

2000多年前的西汉时期，伊犁河流域便是当时西域强大的乌孙国的游牧地。在极盛时期，乌孙占有整个伊犁河流域和西天山的广大土地，庭帐设在距今伊塞克湖南岸不远的赤谷城。根据汉文史籍记载，乌孙东与匈奴、西北与康居、西与大宛、南与城郭诸国邻接，范围大致在今哈萨克斯坦东南部、吉尔吉斯斯坦东部和中国新疆的伊犁地区，相当于今天东到天山东部，西至楚河、塔拉斯河流域，北至巴尔喀什湖，南至伊塞克湖南岸的大片地区。

乌孙这个我国古代的游牧民族，在历史上曾留下过许多传奇故事。关于乌孙昆莫还有一段动人的传说。

西汉文帝时，被匈奴击溃的月氏攻击乌孙的领地，乌孙大败，首领昆莫难兜靡被杀害。传说难兜靡被杀时，其子猎骄靡还在襁褓中，被遗弃荒野。乌鸦找肉喂养猎骄靡，狼又为他哺乳。匈奴冒顿单于对此感到奇怪，认为猎骄靡是神，于是决定养育他。猎骄靡长大后，请求单于帮他报父仇，得到匈奴单于的应允帮助。公元前161年，在匈奴的支持和援助下，猎骄靡率领部众西向远征伊犁河、楚河流域，攻破大月氏。月氏战败后被迫西迁。乌孙赶走了月氏，占据了月氏人在伊犁河流域的整个地域，这也是七河地区最好的地盘。从此乌孙人留居在这一广大区域养精蓄锐。

东汉时乌孙在西域建立的行国，位于巴尔喀什湖东南、伊犁河流域，建国君主是猎骄靡。公元前126年，匈奴军臣单于死后，乌孙开始与匈奴处于敌对状态，这就给汉朝提供了机遇。

张骞出使西域前后两次。公元前128年，汉武帝传旨召募张骞出使西域月氏，被匈奴单于扣留十年，逼他娶妻生子，以此消磨他的意志。他后来逃亡至大宛、康居，再辗转到月氏。张骞此次虽未能完成使命，但得知了月氏、乌孙等国的许多历史及国情。十年后，公元前119年，汉武帝再次派遣张骞出使西域，目的是争取各国的支持和建立联盟关系，共同夹击对抗匈奴。张骞作为大汉的友好使者，不畏惧生死，可谓功不可没。抵达西域乌孙国后，张骞与猎骄靡面谈，请求与汉朝联合共同抗击匈奴，但没有得到答应。猎骄靡认为"年老国分，不能专制"，而且大臣们都不了解汉王朝的国势，又畏惧匈奴，乌孙无能力也不可能重新迁回故地。之后，猎骄靡派数十名使节随张骞返回汉朝。乌孙使节见识到了西汉国势强盛、人民安居乐业的大好局面，加之匈奴的威胁打击，最终促使乌孙国与汉结盟，并制定夹击匈奴的新战略。由此开始，乌孙配合汉朝击败匈奴，为汉朝统一西域屡立功勋，成了汉朝西域都护府的坚强后盾。

这里要特别提到一件大事，即乌孙国与汉朝双方为政治联盟而联姻。当

时，汉武帝选定江都王刘建的女儿细君公主嫁给乌孙昆莫猎骄靡为妻，被立为右夫人。此后不久，匈奴闻讯，也不甘失去这样一个结盟的机会，遂将单于的女儿嫁给乌孙昆莫，被立为左夫人，乌孙国以左为贵。汉朝与乌孙联姻，旨在与之结为姻亲，共拒匈奴。而匈奴与乌孙联姻，则是要联合乌孙，阻止汉朝势力向西域渗透。猎骄靡同时与汉及匈奴联姻，表明他虽愿跟汉建立外交关系，也尚未决定与匈奴决裂。由此也可以看出乌孙在西域所处位置的重要，谁能争取到他，谁就可能是胜利的一方。乌孙人脚踏两只船，幻想着左右逢源，但随着柔然人的到来，历史又被重写了。

《汉书》记载了著名的细君公主所作的思乡绝唱《悲愁歌》，又称为《黄鹄歌》："吾家嫁我兮天一方，远托异国兮乌孙王。穹庐为室兮旃为墙，以肉为食兮酪为浆。居常土思兮心内伤，愿为黄鹄兮归故乡！"表达了公主身处异域，异常愁苦的心情。

此时的猎骄靡年事已高，他怕将来莫测的变化可能对细君不利，同时也为了保持与汉朝的政治联姻，要求细君改嫁给继承他王位、年纪与细君相仿的孙子军须靡（乌孙国保存着父死子可娶后母为妻，兄死弟可娶其嫂为妻的风俗习惯）。当猎骄靡上书汉武帝提出这种要求时，汉武帝回答说："要根据当地的风俗习惯办事，我们要联合乌孙共灭匈奴。"不久猎骄靡逝世，军须靡即位，于是这位汉家公主就又改嫁给年轻的军须靡。他们婚后生有一女，取名少夫（后也成为西域有名的女子）。细君公主在元封6年（公元前105年）逝世，为了继续保持这种政治联姻关系，汉王朝又封楚王戊的孙女为解忧公主，再次下嫁乌孙昆莫军须靡。

随后军须靡去世，他死前将大权交给堂弟翁归靡，按习俗解忧公主又改嫁于翁归靡。这一时期是汉朝与乌孙的关系十分稳固的时期，解忧公主为此付出了一生。

之后，乌孙贵族拥立军须靡与匈奴夫人生的儿子泥靡（《汉书》中称狂王）为昆莫。泥靡继位之后，娶解忧为妻，生一子叫鸱（chī吃）靡。西汉朝廷对此王位继承表现出极大不满，因此中止了与乌孙的联姻。泥靡为人暴戾，失去乌孙国人的支持，朝内产生矛盾。而解忧公主与泥靡之间，关系处得也非常紧张。后解忧公主借此汉使到来之际，与魏如意及任昌合谋刺杀狂王，但计谋失败，狂王受伤逃走。

宣帝甘露元年（公元前53年），泥靡堂兄弟乌就屠（翁归靡与匈奴女之子）反叛，起兵杀死狂王。为保持乌孙国与汉王朝的良好关系及各部利益，乌孙国一分为二，宣帝册封立元贵靡（翁归靡与解忧公主所生）为大昆弥，封乌就屠为小昆弥，并赐印绶，分别统领各部。大昆弥在西部，领地在热海（今吉尔吉斯斯坦的伊塞克湖）周围。小昆弥在东部，领地包括今新疆伊犁地区焉耆以西的巴音布鲁克草原、博尔塔拉自治州及塔城地区。乌孙国最终成为西汉的属国。

解忧公主在乌孙生活了五十余年，先后嫁给军须靡、翁归靡、泥靡为妻，对乌孙的政治生活影响很大。她与翁归靡生有三男两女。长子元贵靡后来继立为乌孙昆莫；次子万年做了莎车（今新疆莎车）国国王；三子大乐为右大将；长女嫁龟兹（今新疆库车）王为妻；小女是若呼翕侯的妻子。这些子女在乌孙、莎车和龟兹，地位都非常显赫。公元前51年，解忧公主上书汉宣帝，表示"年老土思，愿得为骸骨，葬汉地"。当时她已是古稀之年，宣帝对她深表同情，派人将她迎回长安，同来的还有孙子和孙女三人。大约过了两年，解忧公主就与世长辞了。

塔什库尔干公主堡遗址

柔然传奇

汉朝公主远嫁乌孙王，乌孙南迁葱岭，创建揭盘陀国的历史，经过700多年的口口相传，不断改编，到隋唐时期，形成了流传至今的"公主堡的故事"。地处帕米尔高原的新疆塔什库尔干塔吉克自治县，至今仍广泛流传着"公主堡的传说"。

东汉末年，乌孙国国势衰弱，《汉书·西域传》载："两昆弥皆弱。"鲜卑首领檀石槐，以及后来的拓跋首领郁律于等都多次攻打乌孙。乌孙因此而避居天山山中。南北朝初年，乌孙国的疆域不断西移，国力日渐衰弱。

5. 斛律可汗西征旗开得胜

社仑可汗在位时，就已西征抵达乌孙国边境。乌孙国是柔然西进途中的一大障碍，蔼苦盖可汗斛律继续统兵西征，首当其冲就是要战胜乌孙，扫除这个障碍。

尽管乌孙国当时的势力已经衰弱，但他毕竟是个大国，占据着大片丰美土地。面对柔然国和悦般国的步步紧逼，乌孙还是动员全国的力量，采取了誓死保卫的态度。

此次夹击乌孙并非想象的那么容易。除了要制定一个好的战略方案外，还必须选择西征的最佳行军路线。

从斛律掌握的地势环境看，由柔然可汗庭鹿浑海到达乌孙最短的距离是翻过燕然山，穿过阿尔泰山从青河走准噶尔盆地，沿天山北麓的草原丝路长驱直入，这是一条自匈奴衰败之后，几乎没有人走过的路，荒凉、没有人烟，但也是一条最安全的路。斛律决定让堂弟大檀领兵走这条路。

西域傍晚的风是冰凉的，数以千计的旌旗在冷风中翻卷飞扬，拍散了军营里袅袅升起的炊烟。温暖的篝火边，围坐着一群群甲衣未解的将士，他们忠实的战马喷着响鼻，急匆匆地咀嚼着嘴里的草料。

第三章 斛律

乌孙人的故地赛里木湖

这是柔然汗国大檀的重装骑兵的军营。大檀微眯着眼，从高高的瞭望塔上遥望着远处。

自8月从圈圙城出发，大檀带领这支2万大军长途奔袭，经过北塔山进入西域，再经过金满城，沿天山北麓过绥来、精河、海西，进入伊犁盆地。

掐指算来，出征也有30余日了，长途的奔袭不仅没有拖垮这支劳师袭远的军队，反而使他们积聚良久的求战心情更加急切。众将士都希望在天气变冷之前攻克乌孙堡，扫除乌孙军队设在西域要冲上的障碍。

渐渐消散的晨霭中，出现了乌孙军队的军旗。紧跟在军旗下的是排列整齐的骑队，他们来了！近千匹战马哗哗的蹄声震醒了沉睡的大地，骑士们粗重的呼吸清晰可闻。沉闷的长号再次响起。

大檀只一个手势，转瞬间冰雹般的箭矢带着巨大的动能摧枯拉朽般扫过了乌孙的骑队。在鲜血和尘土中，中箭的人和马匹都发出了痛苦的尖叫，颓然翻倒的生命在血光中做最后的挣扎！乌孙人骁勇的呐喊声戛然而止！

柔然先锋的弓箭射倒了前排的乌孙骑兵，这时被驱散的乌孙箭手才零星射来报复的利箭，但层层密集的盾牌将它们拒之门外。撤退的号声！乌孙军全面溃败。军旗下，乌孙的大将卡开西勒住坐骑，看到了山丘上堆放的辎重，也看到了屹立不动的柔然战阵。

乌孙国军队遭此战败，已无力再与柔然对抗。战败的乌孙残部被迫南迁

至葱岭一带，后逐渐被塞人所同化，汉世以来一直雄霸西域的大国乌孙从此在史籍上消失。《魏书·乌孙传》记载："其国数为蠕蠕所侵，西徙葱岭中，无城郭，随畜牧，逐水草。"

这次柔然可汗大规模的西征取得了胜利，其后遂将铁勒、高车部落留在当地定居下来，不再返回漠北。

6. 洗劫贵霜王朝

乌孙战败，国土被柔然和悦般两国瓜分。《魏书》卷102载：悦般国原在"乌孙西北"，与柔然并不接壤，然而，自瓜分乌孙之后，就变成柔然的邻国了。

消灭乌孙国后，柔然并没有停下西征的脚步，而是继续向西推进。再西进就是贵霜国的地界了，吞并贵霜也是社仑的未竟事业。

贵霜原是一个居住在蒙古高原西部的游牧民族，公元前176年前后被乌孙人击败，受驱赶向西进入了被称为大夏（塞人建立的）的巴克特里亚，即现在的阿富汗西北部和塔吉克斯坦一带。前述，大月氏人建国之后，把战败的大夏国残余部族迁往东部山区，并一分为五部，其中一部即贵霜部。公元1世纪中叶，贵霜部翕侯丘就却，歼灭了其他四部，统一了五部，并且重新打败大月氏，自立为王。之后，丘就却又南下攻击喀布尔河流域和今克什米尔地区，于公元30年建立贵霜帝国。之后不断向西扩展，最终控制了整个河中地区。

公元90年（永元二年），贵霜因扶助汉朝击败车师有功，贵霜王借此向汉朝公主求婚，以便联姻结盟。但求婚之意没等上报朝廷，就被当时的西征将军班超拒绝，由此心生怨恨。后贵霜王便遣副王率兵攻击班超，双方展开争战。结果贵霜帝国被汉朝打败，无奈之下，只好纳礼求和。班超当时并不知贵霜王的大名，仅以"月氏王"呼之。这使得后来汉朝一直称贵霜为大月氏。由于建国前的大夏人原系臣属于大月氏国，中国古代也称贵霜王国为大月氏国。

公元1世纪末至2世纪是贵霜政权发展的强盛时期，尤其是在迦腻色伽一世（约公元144—172年间）和其承继者统治之下国力达至鼎盛。从资料看，当时的索格底亚那、花拉子模、大宛都曾属其统治。贵霜帝国还控制了较为繁盛的古代印度西北部，即今巴基斯坦塔克西拉至白沙瓦的古代犍陀罗王国，囊括整个北印度区域。公元2世纪中期，贵霜帝国疆域西起咸海，东至葱岭，南包括印度河和恒河流域，形成横越中亚和北印度的庞大帝国，具有相当大的规模和影响力，被认为是当时与汉朝、罗马、安息并列的欧亚四大强国之一。

贵霜帝国中心地带是"丝绸之路"的枢纽，它的建立打开了南亚与中亚间的屏障。独特的地理位置使它成为沟通中国与西方的咽喉要道和中转站，为东西方之间的交流创造了有利条件。同时，贵霜帝国也是当时的佛教中心。贵霜国王丘就却、迦腻色伽都是佛教的赞助者。中国高僧法显、玄奘都曾到此。东汉以来，有不少大月氏、安息、印度和康居等国的僧人都由此东来中国传教。

贵霜帝国的金币

贵霜帝国的铜币

特别值得一提的是，贵霜第三代国王威玛·卡德菲希斯是贵霜历史上第一位发行金币的帝王。所发行的金币不仅数量大，而且图案设计及制作工艺非常精美。当时贵霜钱币流通广泛，使用已遍布今印度西北部、中部和索格

底亚那等地，显示出雄厚的经济实力，从一个侧面反映了贵霜帝国经济上的空前繁荣。公元 2 世纪，迦腻色伽王死后，贵霜王朝出现内乱，开始走向衰落。3 世纪以后，因屡遭萨珊波斯攻击，盛极一时的贵霜帝国迅速衰落，领土不断缩小，被迫退缩至乌浒水南吐火罗斯坦，苟延残喘。后贵霜帝国分裂为若干小的公国。

柔然大军此次西进后很快就来到贵霜王朝的地域。此时的贵霜王朝已今非昔比，厌哒国君奉可汗斛律之令从征粟特，进军索格底那亚。之后又南渡阿姆河，入侵吐火罗斯坦的寄多罗贵霜。柔然大军也逼近乌浒水域，在厌哒盟友的联合夹击下，夺取了索格底那亚地区，占领了乌浒水流域（阿姆河），经过一系列的战役，最终攻下了贵霜王朝。

蔼苦盖可汗斛律取得的一系列辉煌胜利，把此次西征推向了高潮，也使得可汗的威望得以提高。此次西征使得柔然汗国西部所辖的面积有了很大的扩展，里海边成为了柔然人牧马的地方。已经荒废的草原丝绸之路，也因柔然可汗西征的胜利而再次被打通，丝路贸易和文化交流又开始繁荣起来。

郁久闾大檀作为西征的主帅战后被可汗委以重任，驻守西部伊犁河流域，以巩固西域边陲。

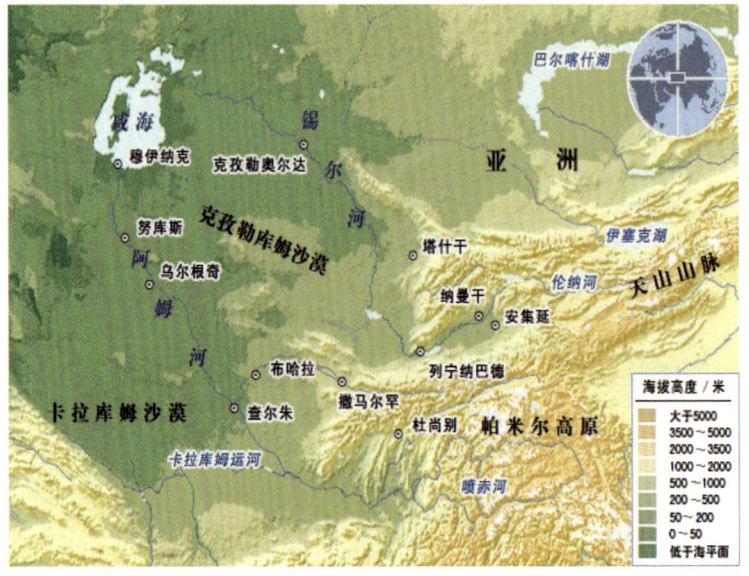

阿姆河与锡尔河地区

7. 英俊而短命的可汗

斛律可汗虽然长得仪表堂堂，但也许是因为长期担任副手的原因，似乎缺乏裁断重大事务的能力。社仑的大哥曷多汗的儿子步鹿真，看到斛律的机谋应变能力不足以服众，便产生了取而代之的念头。

公元414年，风调雨顺，气象万千。而对柔然人来讲，北魏始终是最大的威胁。根据当时的局势，斛律采取了远交近攻的战略，拉拢联合北魏周边的邻国，以共同对付北魏政权。北燕因在其北侧，自然成了他的首选。斛律以三千匹马的聘礼迎娶北燕王冯跋的女儿乐浪公主，并把自己的女儿嫁给冯跋，只为结盟对付日益强大的北魏。就在新娘的车队出发前夕，他的侄子步鹿真装出一副关切的样子，建议斛律说："公主还小，远嫁到外国，容易因忧思而生病。几位大臣的女儿与公主年龄相当，可以让她们陪嫁，好让公主有个伴。"但等他走出帐外，却又换了张嘴脸，向大臣们宣扬说："听斛律说，要拿你们的女儿做他女儿的陪嫁，远嫁到北燕去啦！"众人很愤怒，不想让这个悲剧发生，便于当夜在步鹿真策划下发动政变，把斛律可汗推翻了。步鹿真顾及叔侄情分，没有杀死斛律，而是按照事前约定的婚约，把斛律连同他女儿一起送到了北燕。

斛律父女抵达北燕都城和龙之后，受到北燕王冯跋的热情款待。虽说可汗已下野，但还是亲家，情谊还在。但在这块土地上斛律的心情实在无法平静，作为柔然的可汗，曾统领几十万大军征战西域，而今则流亡他国寄人篱下，他无法咽下这口气，不断请求冯跋帮自己回国复辟。冯跋回答："您离祖国有千里之遥，又没有内应。如果我们发强兵相送，后勤难以保证，如果去的人少，又没有用。"自负的斛律坚持说："不需要大众护送，三百名骑兵就足够了，因为我国人民一定会高兴地来迎接我的。"冯跋只好答应，派将领万陵率三百名骑兵护送。但斛律做梦都没有想到，万陵可能是接受了步鹿真的贿赂，或者是冯跋的命令，竟然在护送斛律返回的半路上刺杀了他，然后回国去了。

这位战胜了乌孙、贵霜的英雄，没有战死沙场，却在阴沟里翻了船。

柔然传奇

步鹿真驱逐斛律之后,自立为柔然可汗。斛律死后,他的统治本应更加巩固,但这个步鹿真根本不是当统帅的料,位子还没有坐热,就死于非命。原来,高车贵族叱洛侯曾经为社仑打江山立下不少功劳,所以地位升高,人气大涨。其妻年轻貌美,步鹿真早就对她垂涎三尺。登基后,他故意派叱洛侯出差,随即与社仑不成器的儿子社拔跑到叱洛侯家中调戏其妻。偏偏叱洛侯的妻子又是个心狠手辣、权欲很重的女人,幻想当柔然皇后,于是与步鹿真勾搭成奸。

叱洛侯夫人要想当可贺敦必须先除掉丈夫叱洛侯,于是对步鹿真告密说:叱洛侯正准备谋反,要推翻步鹿真,拥立镇守西部边疆的大将大檀为新可汗。大檀是社仑的侄子,与步鹿真是堂兄弟关系,平素很得民心。叱洛侯夫人的话触动了步鹿真的心病,因为他早就嫉妒大檀的威望,担心他威胁自己的地位,于是立即发兵袭击叱洛侯,迫使他自刎而死。随后,步鹿真又去攻打大檀,结果战败被杀。

第四章
大檀及吴提时代

第四章　大檀及吴提时代

最初知道鞑靼是因为地图上的"鞑靼海峡"这个词。鞑靼也许是由大檀名字的音译而起。大檀可汗时期，柔然民族也常被叫做"鞑靼"、"大檀"或"檀檀"。鞑靼海峡可能因大檀而得名。"鞑靼"后成为人们对中亚和北亚众多草原游牧民族的泛称。

1. 大檀继位后的形势

公元414年斛律可汗死后，不走正道的步鹿真可汗位子还没有坐热，就被战功卓著的大檀（社仑叔父朴浑之子）处死，为斛律报了仇。大檀取得了柔然国的汗位（公元414—431年），自立为"常胜可汗"。

大檀继位后面临的形势很不乐观。所谓的十六国正处于中后期,政权割据、宗族矛盾更加白热化。那时的前燕、后燕、南燕、北燕，史称"四燕"与秦及北魏时常发生激烈冲突。

公元4世纪后期，前燕先是被前秦灭亡，后燕又被北魏灭亡。公元409年，东晋刘裕率师北伐，次年攻下南燕，南燕灭亡。

而北燕一直是柔然忠实的盟友。国主冯跋即是和斛律互换女儿为妻的那位。冯跋是汉人，曾是后燕王慕容宝手下的中卫将军，此人少时恭慎寡言，宽厚大度，勤于农事，从军后也深得慕容宝的器重。太子慕容熙即位后，大兴土木，又不断征伐周边国家，使得百姓苦不堪言。同时，他又心胸狭窄，忌其才智，容不得能人，便密谋除掉冯跋兄弟，冯跋得知消息后遂与诸兄弟逃往深山密林躲避。后来他又联络从兄万泥等人潜入龙城，杀掉昏庸暴虐的慕容熙。后燕国被北魏灭亡后，冯跋等众人拥立后燕王慕容宝之养子高云为燕天王，史称北燕。北燕疆域的大致范围在今辽宁西南和河北东北部一带。

柔然传奇

北燕建国后，高云任命冯跋为使持节侍中、都督中外诸军事、征北大将军职，封武邑公。但是公元409年高云被大臣离班、桃仁所杀害，冯跋很快平定事变，使国家大局得以稳定。冯跋凭借他的为人和功绩，被众将推为天王，改元太平，冯跋继任北燕王。

冯跋即位后，继续沿用后燕制度，同时汲取后燕败亡教训，努力减轻人民负担。"历意农桑，勤于政事"，他多次下书令百姓"人植桑一百根，柘二十根"，发展农业生产；还"省徭薄赋"，明言对"堕农者戮之，力田者褒赏"，由此北燕国力得以快速提升。

在冯跋执政期间，北魏窥觑着北燕的疆土，一心想伺机占有。面对周边的这种态势，为巩固自己的政权，冯跋在位的22年间，一直与柔然交好，以此来抗衡北魏。柔然也需要这个朋友，虽然斛律可汗在与北燕和亲后遭到暗杀，但大檀既往不究，继位后继续结交这个盟友。另外，他采取远交近攻的策略，遣使向北燕献马3000匹、羊万只，并进入漠南，希望打开与南朝联系的通道。

公元414年是个动乱的年代，北魏开国皇帝拓跋珪被儿子拓跋绍刺杀，之后拓跋嗣又杀绍继位（明元帝），嗣登基后就对南朝刘宋发动进攻，夺取了黄河以南的司、兖、豫等州的大部分地区。当时由于灾荒使得黄河流域大乱，灾民流离失所。为此，东晋泰山太守刘研等人率领流亡难民七千多家、河西的匈奴部落酋长刘遮等帅领部落的一万多家，都先后向北魏国投降。

八月，北魏明元帝拓跋嗣听说柔然国发生内乱，且名不见经传的大檀登上了可汗宝座，他感到这是一个外交好机会，便派两名使者分别出使柔然和北燕，以求缓和两国的关系。

拓跋嗣选择在此时与柔然和北燕和解，当然是为了逐鹿中原，以便抓住南下攻击南朝的良机。但拓跋嗣彻底失望了。出访北燕的使者被冯跋抓起来羞辱并囚禁，出使柔然的使者干脆从人间蒸发了。由于受到柔然与北燕的牵制，北魏错过了南征东晋的好机会，而这个机会则被东晋名将刘裕抢得先机。此时正值后秦主姚兴病死，关中的富庶之地没了国君，国内顿时陷入一片混乱，刘裕趁机攻占了后秦都城洛阳和长安，后秦的地域尽归他所有。之后他并未对北魏发起攻击，不是没有兴趣，而是国内还有更重要的夺权大事要做，故很快返回江南。

据说刘裕出生在一个贫寒的人家，据称因出生克死母亲而被父亲丢弃，后被一好心的女人抱养，寄于刘家，从此他被叫做刘寄奴。北魏拓跋珪在位时，36岁的刘寄奴因朝不保夕而从军。刘寄奴何时改名为刘裕已不得而知。后来他凭借个人的智慧及能力，不断高升被重用。时势造英雄，按文献记载，平民出身的刘裕戎马一生，南征北战，公元413年，刘裕南下击溃卢循，收复广州；攻克江陵，杀了割据者刘毅；力取成都，灭了割据者谯纵；直捣襄阳，赶跑了割据者司马休之，于义熙十三年（公元417年）灭亡后秦。此时的刘裕已是功勋盖世。

公元420年7月，把持了军政大权的刘裕，废掉东晋皇帝司马德文，自立为帝，国都建康（今南京），国号宋，是为宋武帝，史称南朝宋，史学家为区别于后来赵匡胤建的宋，称之为"刘宋"。宋是南朝四个朝代中疆域最大、实力最强、统治年代最长的一个政权，历4代8帝，共59年。刘宋朝早期曾繁荣过一段时期，南方的经济、文化也得以发展。

东晋朝灭亡，南宋朝建立，中原的版图被重新划分。北方由鲜卑拓跋建立的北魏统治政权管辖，南方则为刘宋王朝统治，由此开启了中原大地南北对峙（南北朝）的时代。

南北朝时期是两晋以后中国历史上又一个分裂时期，从公元420年开始，到公元589年隋灭南陈结束，共169年。该时期上承东晋、五胡十六国，下接隋朝。南北两势虽然各有朝代更迭，但长期维持对峙，所以称为南北朝。南朝（公元420年—589年）包含宋（公元420—479年）、齐（公元479—502年）、梁（公元502—557年）、陈（公元557—589年）四个朝代，各朝的京城（除梁元帝以江陵作都3年外）始终建在建康。区域主要是在长江以南，基本上继承了东晋的疆域。南朝的建立，促进了中原汉族向南发展，也开启了南方经济的振兴和中华长江文化的形成。

柔然传奇

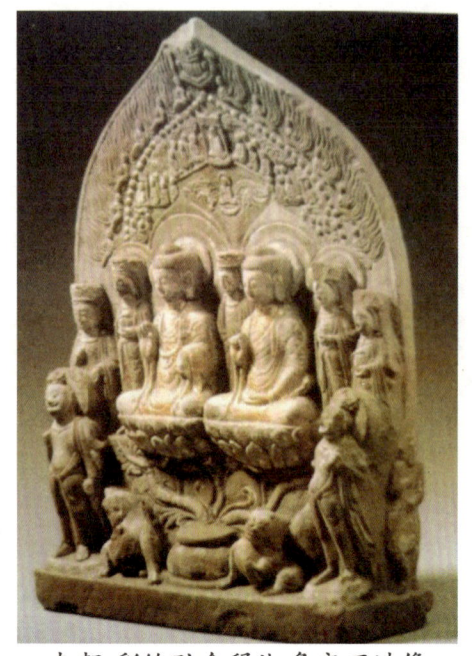

南朝 彩绘贴金释迦多宝石造像

虽说拓跋鲜卑在北方建立了北魏政权，势力范围远远超过南朝，并形成了以北朝为中心的局面。但是，因为南朝持有秦始皇的传国玉玺，所以世人认为南朝为正统。

拓跋嗣原本想缓和与柔然和北燕两国的关系，主攻南朝，但柔然和北燕都与南宋交好，放任北魏攻击盟友非他们所愿，和不成则打。大檀在登上可汗宝座不到半年，就发动了南征。起因是一名北魏官员逃亡到柔然，拓跋嗣派人去追，傲慢的使者与大檀发生激烈争执，结果引发了两国间的战争。拓跋嗣不得不亲自应战，大檀闻讯后即刻撤退，企图诱敌深入。拓跋嗣派遣大将奚斤等人率大军追击，结果好似魔法变幻，天助柔然人，突然天降大雪，气温骤降，士卒冻死及冻掉手指的，十人当中约有二三人。北魏部队损失惨重，不战自败，狼狈而归。

北魏经此惨败，暂时无力与柔然抗衡。为此，双方处于一种相对和缓的局面。乘此时机，大檀可汗见草原丝绸之路再次受阻，影响到了柔然人的利益，为解除这个阻碍，可汗决定把重点转移到经营丝绸之路的中段。

第四章 大檀及吴提时代

丝绸之路上的西凉国是汉族李氏家族在西北河西走廊一带创建的政权，曾经十分强大，其疆域西面扩展到了伊吾、高昌两国。早在斛律可汗之世，柔然势力已进逼其北境。史载：公元413年西凉主李暠"修敦煌旧塞东西二围，以防北虏之患"，此"北虏"即指柔然。俗话说："没有永远的敌人，也没有永远的朋友"，李氏的西凉国只想防备柔然，却没想到让北凉国抄了他的后路。

河西走廊曾有多个凉国。北凉在河西建国后得到了快速发展，并成为北魏的盟友。之后，北凉王沮渠蒙逊把眼光又转向了邻国。玄始十年（公元420年），沮渠蒙逊率军攻灭河西走廊的西凉国，杀死西凉公李歆（唐高祖李渊的第六世祖），李歆之子李重耳逃跑到江南，投奔了刚刚代晋称帝的宋武帝刘裕。李歆还有李翻等五个弟弟，向西逃到敦煌避难，次年他们又被沮渠蒙逊的太子沮渠正德攻灭，李翻等被俘。经过数年的努力，北凉灭了西凉国，统一了河西地区，并建立了政权，这是北凉匈奴沮渠氏在河西建立的第三个割据政权。北魏以"凉州之武威、张掖、敦煌、酒泉、西海、金城、西平七郡，封其为凉王"，专使册封蒙逊，这反映了北凉极盛时期已经拥有的广大领土和势力，也从另一个侧面反映出北凉与北魏的密切关系。关于盛唐的李氏始祖是汉人还是鲜卑一直有争论，从他们在河西成立西凉国来看，河西基本是胡人天下，立国者多为胡人贵族或首领，又加他们母系一支均为鲜卑，认为他们属鲜卑的可能性大。

巴里坤盆地及古城

一年之后，被俘的李翻之子李宝（唐太宗的祖先）与其舅舅唐契成功越狱（之前，唐契、唐和两兄弟一直辅佐李氏），从北凉首都姑臧逃到伊吾（今新疆哈密、巴里坤一带），集聚残余势力在那里建立了后西凉国。后西凉国是西凉国的延续，为求自保，他们主动向柔然大檀可汗称臣，求得柔然庇护，并被柔然可汗封之为伊吾王，继续对抗北魏。大檀可汗由于李宝与其舅舅唐契的依附，实际取得了后西凉国的统治权，控制了碛口重镇伊吾（大碛）。后西凉政权臣服于柔然，柔然汗国在西域的势力又得以扩展。

公元423年七月，受阻于长城的大檀可汗在后西凉国唐契和李宝的劝说下，与他们联合，率军移师西征，共同打击北凉国。可以想象在两国的攻击下，北凉国惨败，柔然人斩杀了北凉王的世子沮渠正德。为当年被杀的李歆（李世民太祖）报了世仇。北凉国遭受柔然的打击，政权统治变得摇摇欲坠。北凉王沮渠蒙逊死后，子茂虔继承王位。

这场战争的胜利，引起了北方诸国的全方位震动。随后，大檀可汗又对北魏发动了进攻，使得西部众多小国也因此感到极为恐慌。随着柔然势力的不断壮大和扩张，已经受挫的北凉王更感惊惧，不知如何是好，又传说妹妹北凉公主，北魏拓跋焘的可敦，在北魏宫廷争斗中被加害毒死。这一切促使北凉王茂虔决定，背离盟友北魏而投靠柔然，这让柔然势力再次壮大。

2. 北魏六镇与云中之战

大檀使北凉政权臣服于自己后，又牢牢地控制了西域要道伊吾，便开始向南攻击北魏。这一年南朝刘宋的一代枭雄刘裕皇帝去世。北魏的拓跋嗣正要乘机南下抢占豫州，却又被柔然人牵制了主力，这个局面使得拓跋嗣不得不分兵应对。为了能全力逐鹿中原，拓跋嗣下诏整修自西晋以来就长期荒废的长城，他下令动用上百万人力，在北部边境修筑了从河北赤城西行，到五原（即六镇一线）长达两千余里的长城，以保卫首都平城（今山西大同）。同年，北魏又于长城和黄河沿线设置十戍镇，派重兵驻防，以抵御柔然进攻。有意思的是，秦汉时修筑的长城虽说在其漠北草原边缘，但还是偏向中原，将北魏的老祖宗挡在长城外,那时对中原来说北魏也是北狄。而此次北魏修的长城,则在秦长城北侧,向漠北草原推进至阴山山脉,把他的故都云中、盛乐及祖坟所在地牛川都圈在了长城以内。由此可见,在冷兵器时代,长城用来对付马背民族还是卓有成效的。

早在公元398年,为防备和抵御柔然的南下攻击,北魏就将都城从盛乐迁到平城(山西大同)。北魏平城时期指从道武帝拓跋珪天兴元年(公元398年),到孝文帝太和十八年(公元494年),共97年。在这一时期,北魏的社会、经济都有了很大的发展。但柔然也一直是北魏在其北方的劲敌。也就是从迁都平城时候开始,北魏便在北部设置重镇防备柔然,后经魏明元帝拓跋嗣和太武帝拓跋焘两朝,以六镇为核心的军事防御体系终于形成。

六镇在黄河河套地区北侧,今内蒙古中部。从西向东分别是:沃野镇(今内蒙古五原西北)、怀朔镇(今内蒙古固阳县南梅令山)、武川镇(今内蒙古武川县西乌兰不浪东土城子)、抚冥镇(今内蒙四子王旗东南土城子)、柔玄镇(今内蒙兴和县台基庙东北)、怀荒镇(今河北省张北县之北)。除六镇外还有一个御夷镇,在今河北赤城县独石口东。

六镇和御夷镇的任务明确,就是"捍北狄",即抵御柔然的进攻。

自公元423年北魏筑长城,从今河北赤城到今内蒙包头市西北五原,形成了一条沿长城的防御链,六镇镇军就是依托这条防御链对抗柔然南犯的。守卫这里的镇军日常进行农耕、放牧、练兵。当柔然人入侵时,急报朝廷,由皇帝决定如何采取行动。

北魏六镇位置图

按当时的情况来说，皇帝亲征或派大将出征，往往需要募兵和集结部队，老百姓自备马匹、武器和铠甲随军，《木兰诗》中的木兰代父从军就是这样。此时大军与镇军要相互配合共同破敌，破敌之后大军就要撤回。但《木兰诗》中却说在大战之后，木兰和她的战友们并没有随大军撤回，而是被留在边陲戍边十年多。这可能是从大军中抽出部分将士转归镇将指挥，作为战后补充成为镇兵。这即是木兰及其战友们戍边十年多才归乡的原因。

当时北魏官吏没有正式的俸禄，以致于贪污、贿赂、高利贷公行。拓跋嗣统治期间，大将公孙轨到上党（今山西长治北），去时单马执鞭，回来则从车百辆，由此可见腐败之风盛行。

拓跋统治者推行民族歧视政策。在战争中，被逼迫当兵的各部族将士都是冲锋在前，鲜卑骑兵在后驱逼。拓跋嗣十二年围攻盱眙（今江苏盱眙东北）时，写信给刘宋守将臧质说：攻城的都不是我鲜卑人，你杀了他们，免得他们将来造反。

这时，北魏历史上的一个重要人物崔浩登场。崔浩是清河东武城人，是当时最著名的汉族官员。史书记载，北魏博士祭酒崔浩给国主拓跋嗣讲解《易经》和《尚书·洪范》，拓跋嗣时常向崔浩询问天文、术数等知识。并且崔浩占卜的结果大多数都应验了，从此，他得到了君王的信任，凡是国家的和军事上的重大秘密计划，他都参与意见。

崔浩塑像

当时明元帝拓跋嗣同其父拓跋珪一样，嗜服寒石散。在那个年代这是名门贵族的最爱，是当年的时尚。帝王及名士们为了长寿和壮阳，总是服用今天看来实际上是毒药的东西，其中有毒的矿物质，不过数年就会使一个健壮的正常人濒于死亡。由于猛药吃得过多，拓跋嗣一直病魔缠身，加上当时天灾人祸不断，他就又问计于崔浩。崔浩劝明元帝早立皇长子拓跋焘为太子，以定国本。泰常七年（公元422年），拓跋焘以太子身份监国，时年仅十二岁。北魏的太子监国绝不是后来明清等朝皇帝出征时另立的摆设，而是一种实实在在的"代摄"皇统，有自己的一套大臣班子和办事机构。经过暗中观察，拓跋嗣发现儿子拓跋焘聪明决断，见识深远，几个辅弼大臣又忠厚贤良，确实能支撑起魏国的大业。为此，他心中十分高兴。

南朝的宋武帝刘裕死后，北魏明元帝拓跋嗣就准备攻伐宋国。崔浩表示异议，认为魏、宋两国几年来一直礼尚往来，没有正面冲突，现在趁丧伐人，不仅理亏，而且不一定成功。拓跋嗣不理会，说："刘裕当年就是因姚兴刚死而灭后秦，现在趁刘裕死亡我攻伐宋国，也是理所当然"。于是，大举伐宋。他先派奚斤等将率二万人渡黄河，自己随后亲率五万多精骑随后而行。既然战事开始，崔浩建议先略地，后攻城。拓跋嗣又不听，不停派大军猛攻宋国各个坚城。魏军最终攻克滑台、虎牢等数座重镇，但也伤亡惨重，大伤元气，可谓得不偿失。

明元帝拓跋嗣身体本来就不好，又御驾亲征，一路颠簸，病情更转严重。公元423年年底，拓跋嗣病死，时年三十二岁，庙号太宗。其子年仅15岁的拓跋焘继位，是为北魏太武帝。拓跋焘小时候不受父皇喜爱，在东宫里只能夹着尾巴做人，以"明睿温和"著称。

北魏的皇上有个怪圈，成熟得早，都是少年即登位；也死得早，中年去世。都喜欢吃丹药，吃得或发疯或被杀或中毒而亡。

大檀听说北魏拓跋嗣死了，15岁的儿子继位，也决定乘魏之丧、焘新立，南下攻灭宿敌北魏。但与他的预料相反，这个拓跋焘可不是省油的灯，居然在日后成为柔然汗国最难对付的敌手。

公元424年八月，大檀亲自挂帅率领六万柔然重骑兵，脚踏铁马镫、身

穿金色锁子甲攻下北魏的云中郡（现内蒙托克托），继而攻陷北魏旧都盛乐（内蒙古和林格尔北），渐渐逼近长城。拓跋焘刚继位，远不是大檀的对手，大檀的重装骑兵连环马发动集团冲锋时，看上去就像一排排能够移动的城墙，被称为铁浮屠，从没见过这幅景象的北魏军被吓得魂飞魄散。任何战阵都有自己的弱点，连环马为了保持阵型的一致，它的运动速度比普通骑兵慢许多，更何况，在马的小腿部位为了运动方便，也无法用甲胄保护。当被敌人射中没有甲胄保护的腿脚后，就会失去战斗力。

盛乐博物馆云中丞印

关于公元424年的这次云中战争，在许多历史评论中，都成了少年拓跋焘如何英明神武、镇定自如的见证，据说柔然重骑兵一直逼到拓跋焘面前，拓跋焘当年虽然才15岁，却处乱不惊，指挥部下快速撤退，在被大檀的军马围困50层之后全身而退。而柔然重装骑兵因为奔跑缓慢，追赶不上，双方就此鸣金收兵。

后来又传来柔然本土军士哗变、射杀将领于陟斤的消息。后院起火，大檀十分吃惊，赶紧拔营回国。据说，大檀部帅于陟斤因为父亲已投靠了北魏，部下不信任于陟斤，所以发动兵变。大檀可汗只好退兵，退出了北魏旧都盛乐。

以往，柔然对北魏军往往采取游击战术，诱敌深入，待到对方疲惫之后，再伺机予以打击。这是因为冶金技术落后，近战能力差所致。不过，后来由于柔然的锻造技艺有了很大进步，以及对阿尔泰山脉铁矿石、金矿脉的开发也有了很大发展，从而有了精良武器和盔甲装备，重骑兵也有了大的发展，在大檀可汗对阵拓跋焘时可以堂皇地列阵迎战。

秦汉及匈奴时期，青铜武器和皮甲仍占据武库装备的半壁江山，骑兵多为轻装弓箭手，即便手持戈矛，也难以进行长期搏斗。到了公元5世纪，人与马都是身披铁甲，这种重骑兵已构成北魏和柔然军队的主力，他们"朔气传金甲，寒光照铁衣"，不仅难以被敌人伤害，还能连续几个小时挥动长矛刺杀。重骑兵之所以能够普及，主要原因是发明了铁马镫的缘故。脚踩铁马镫的骑兵在马背上立足稳，不易翻身落马，战马也因此可以背负更大的重量。

铁马镫的前身可能是帮助人上马的皮制或木制马脚扣，由于不耐磨，容易断裂，所以才被包金属的木芯马镫取代，继而又发展为纯铁制的马镫。考古发掘表明，慕容鲜卑人首先在公元3世纪发明了木芯包金属的马镫，4世纪时，纯铁制的马镫已经在中国、蒙古及朝鲜各地流行。很多名不见经传的民族就因为引进了铁马镫，而迅速崛起。至于金属马镫在蒙古高原的普及和向中亚的传播，无疑要归功于柔然人。

但是对于北魏来说，拓跋焘"击退了"柔然的这次云中进攻，好像也证明了自己的能力。尚书令刘洁看到，拓跋焘虽然"凯旋"回国，但柔然汗国并未受损，于是建议在农收之后再次发动北伐，以备阻止柔然的南侵。

拓跋焘深以为然，便在次年初向柔然开战。公元425年十月，北魏大举征讨柔然，分兵五道并进，越大漠击之。大檀见北魏军队在冬季深入漠北，便采取将计就计策略，带领部落向北撤退，引诱敌人。拓跋焘率大军连续推进了15天，仍然找不到敌人，才意识到大檀使出了游牧民族擅长的诱敌深入之计，只好知趣地撤退了。

柔然、鲜卑时期的马镫

柔然传奇

回到平城之后，拓跋焘看到北魏四面受敌，便诏问大臣：应当首先剪灭哪一个邻国。长孙嵩、长孙翰等拓跋鲜卑贵族认为："柔然是我国世世代代的边疆大害，最好先讨伐大檀。如果能够追上他，就可以俘虏一些牲畜，足以富国。如果追不上，也可以顺便去阴山打猎，杀一些野生禽兽，用它们的皮肉筋角充当军实。"崔浩则建议先讨大夏，刘洁则建议先征服最弱的邻国北燕。正当会议各方争执不下之时，传来大夏王赫连勃勃去世，其子赫连昌继位的消息。这可是国与国之间攻伐的好时机，拓跋焘乘机西征大夏。公元427年，北魏攻占夏地长安，继而攻陷统万城，赫连昌率军与北魏交战，败退到上邽。公元428年，魏军进攻上邽，俘虏赫连昌。赫连定逃到平凉，自称皇帝。公元431年，赫连定灭西秦，在渡过黄河进攻北凉时，遭到吐谷浑歼击，赫连勃勃之子赫连定兵败被俘。大夏国至此灭亡。

拓跋焘不愧于太武帝的称号，一生武力征伐不断，为了开疆扩土，在辅佐大臣的谋略下，先后灭赫连夏、北燕，最终在太延元年（公元439年）灭北凉，完成黄河流域的统一，结束了一百多年北方十六国分裂割据的局面。

拓跋鲜卑创立的北魏，在华夏大地上写下了浓墨重彩的一笔。

3. 柔然的敌友——悦般与厌哒

大檀之所以放任北魏攻击大夏，一是因为当年在社仑可汗时期刘勃勃的背信弃义；二是西方的一个强国吸引了他的主要兵力，它就是悦般。

当年柔然斛律可汗西征时，悦般曾是柔然的盟国。联合打败乌孙后，两国瓜分了乌孙的国土。悦般瓜分乌孙土地后，凭借地利优势，国力得到了很快发展。曾经的战争使悦般国与柔然结成了同盟，一旦战争消退，悦般国又成了柔然国的敌人，昔日的盟友变成今天的对手。

悦般与柔然反目成仇，起因是一件小事。公元425年左右，欧洲匈奴人的实力迅速增长，悦般单于的腰杆也随之硬了起来，打算重新介入亚洲内陆的事务。在大臣的建议下，单于亲自出访柔然，要与大檀可汗再次友好结盟。但进入柔然国土后，单于看到这些草原民族种种生活陋习后很鄙视，以至于出言辱骂。大檀闻讯大怒，最后导致发兵攻打悦般。其实，悦般与柔然交恶，不仅不是由于两国风俗差异所致，更不是因鄙视而出言辱骂几句所致，而是有着更深层次的问题。原先的乌孙、康居两国都曾有恩于悦般，贵霜又是悦般的传统盟友。而柔然兴起后，西征攻破乌孙，逼迫贵霜人南迁到印度河去建立寄多罗王国，康居也被迫臣服于柔然的属国厌哒。俗话说，朋友的敌人也是他的敌人。辱骂只是导火索。两国从此开始互相征战，屡次交锋，也互有胜负。

面对此次大檀的攻伐，悦般根本无法独立对付这个强大的敌人。因为悦般与柔然交恶，也就摆明着是对柔然——厌哒联盟宣战。此次大檀攻打悦般，作为盟友的厌哒当然也不能袖手旁观，肯定会与柔然联合共同出击。但悦般人也不是在单独战斗，它也需要强大的实力作后盾，为了对抗柔然——厌哒联盟，它向传统盟友寄多罗王国（贵霜衰败后分裂）求助，因为当年是柔然把寄多罗人从家乡赶出来的，现在向共同的敌人报仇，无疑更符合他们之间的利益。同时他们又联络波斯人，并很快与波斯人和解成为了盟友。于是，悦般—寄多罗—萨珊波斯联盟正式形成。

一场大战拉开了序幕。战争之初，柔然—厌哒联盟很强，而悦般联盟较弱，想必战争是以卵击石。但大檀这样的战神面对两位老对手，几次征战都毫无建树，优势似乎在悦般一方，而盟友厌哒不但没得到好处，反而更被向南方挤压。原因何在呢？在于厌哒人的轻敌。厌哒人发现自己被敌国三面包围，无法施展能力，故打算先从由昏君巴赫兰五世统治的萨珊波斯下手。这场战争的结果，没想到却成就了"野驴变勇士"的故事，成为了历史中人人皆知的笑谈。野驴本来是怯懦的象征，却在波斯与阿拉伯成为勇士的标志。这场战事像阿凡提的故事一样，在历史的流传中经久不衰。当时，统治萨珊波斯的是巴赫兰五世（Bahram V）。他喜欢玩乐，常和一帮纨绔子弟一起去打野驴。他登基后正赶上罗马帝国分裂为东西二部，匈奴人也在欧洲为所欲为，他就想做一个力挽狂澜的英雄，以改善自己的社会形象。

公元427年，厌哒军队穿越卡拉库姆沙漠，出现在伊朗高原上。巴赫兰五世毫无作为，波斯东部城镇接二连三地沦陷，敌人的马蹄就要踏进首都了，他才宣布要保家卫国抗战，之后就离开首都渺无音信了。众臣无奈只好与厌

哒人议和付赎金恳求撤兵。民众纷纷议论说，沙皇是不是又去打野驴了。

但是正当厌哒人满载而归被胜利冲昏头脑时，却在木鹿城郊山谷里遭到巴赫兰五世率领的波斯军的伏击。原来他多年来为了避人耳目，打着狩猎的幌子经常进行军事演习。这次他带领军队渡过里海抄到厌哒军队前方，乘着夜深人静袭击了厌哒军营。正在做美梦的厌哒军人被突然而至的波斯军惊醒乱作一团。厌哒君主跨上战马企图逃走，但不熟悉地形，在黑暗中绊倒在山岩上，由此被波斯追兵取了性命。

巴赫兰五世此战大获全胜，他马不停蹄又乘胜追击，一直杀过卡拉库姆沙漠，光复了被寄多罗人侵占的全部国土，并立了一根著名的巨型石柱，作为波斯国的东部界标，宣布蛮族敢擅自越过此柱者，必将死无葬身之地。此后萨珊波斯帝国也因此平安度过二十年之久。

从欧洲传来消息，以往各自为政的欧洲匈奴部落在阿提拉叔侄的领导下统一为强大的帝国，这种大局势的变化，对西部诸国将会产生不同的影响。同时这场持久战消耗了悦般单于和柔然可汗的全部精力，因而对西部诸侯的控制大为削弱，这恐怕是悦般单于和大檀可汗都始料未及的。在波斯和寄多罗的攻势下，厌哒人的西征以惨败收场。柔然人没了盟友的协助支持，对悦般的攻势自然也就弱了，大檀不得不改变策略，放弃了大规模的主动进攻，而在其边界地带进行侵扰。双方从此处于一种胶着状态。

4. 翁金河偷袭战

柔然与厌哒联军正在西部与悦般和萨珊波斯苦战，主力被牵制于此，柔然的实力已经在与悦般的战争中消耗殆尽，拓跋焘看到柔然今非昔比，故决心集中力量乘机北伐柔然汗国，做那个得利的渔翁，彻底消除柔然与刘宋南北夹击的威胁，并雪云中被围之耻。

公元429年，拓跋焘在崔浩的谋略下准备突袭柔然，在平城南郊举行军事演习。文武官员都对这次军事行动不看好，素有预见性的前大夏太史张渊，曾经劝阻苻坚发动淝水之战，也警告拓跋焘说："今年的星相对我方不利，北伐必败，即便获胜，对陛下也不利。"拓跋焘便让崔浩与张渊辩论。崔浩用星相术计算出"三年，天子大破旄头之国"的结论，以此反驳张渊。张渊于是转移话题，声称远征柔然不能获取现实利益，即使收服，土地无法耕种，牧民彪悍也难以管理。

崔浩却说："你这种老生常谈早已过时。柔然的木骨闾本来是我国的叛变奴隶，现在诛其首恶，收其良民，让他们继续从事畜牧工作，并非无法驾驭。漠北气候凉爽，不生蚊虫，水草丰盛，可以在夏季把畜群迁到那里吃草，绝非没有经济价值。柔然人来投奔我国，显贵者迎娶公主，卑贱者也出任将军、大夫，都成为我国政府的重要成员。过去，汉军用步兵去追逐游牧民族，总是因对方行动快速灵活而吃亏，但我国的军队以骑兵为主，没有这种弱点。我们如果不在夏季主动进攻，柔然一定会在秋季再次南下！"

正在此时，北魏出使江南（南朝）的使者回到平城，报告说宋文帝刘义隆正准备北伐，要求北魏交还黄河以南的国土。说得轻巧，目前南朝宋还没有这个军事实力。一些大臣据此认为："如果柔然诱我深入，前无所获，后方又被宋人袭击，那就太危险了。"而柔然已经与南朝结盟多年了，这种可能是存在的。

崔浩辩解道："宋人多步兵，行动迟缓，等到我们战胜柔然之后回师，他们的部队也未必能出发。柔然习惯于夏季放牧、冬季南侵的生活，又自恃遥远，眼下笃定缺乏战备。我们在夏季北伐，攻其不备，必可一举加以消灭，机不可失。"（见白话资治通鉴）崔浩为何极力主张伐柔然呢？除了有他个人不可告人的目的外，也与南朝当时的局势有关。自南宋朝建立以来，虽与柔然结盟，但朝庭腐败，派系争斗不断国无宁日，与北魏进行的几次征战也都未见成效。

拓跋焘掌握了南朝政权的现状，自然对崔浩的见解极为赞赏，决定留太尉长孙嵩、卫尉楼伏连镇守京都；命司徒长孙翰领兵由西道去大娥山，自己亲率军由东道向黑山进发（今内蒙古巴林右旗北罕山），越过大漠，合击柔然可汗庭（今蒙古国哈拉和林）。随军中有一位都将名叫闾大肥，原本是柔然人，《魏书》记："闾大肥，蠕蠕人也"，后率部投北魏国，被增爵封侯，并赐公主为妻。五月，拓跋焘领军至漠南（今蒙古高原大沙漠以南地区），

舍弃辎重，率轻骑兼马（每一骑兼有副马）奔袭，直逼栗水（今翁金河）。翁金河这个名字对于柔然人来讲，是值得永远铭记的地方！

大檀可汗又将面临一场恶战。英明神武的大檀最致命的错误是没有选好接班人。大敌当前，他却突发重病陷入昏迷，按现代医学来说大概是脑梗或心梗之类。故此，由大王子乞列归监国，但这是个成事不足败事有余的家伙，面对严峻的战事，早已吓破了胆，大敌当前他不顾一切选择弃父远逃，以保全自己的性命。祸不单行，先前柔然征服高车诸部后，曾将被其征服的高车诸部掠为自己的奴隶或为兵丁，高车部族忍受着柔然统治者所带给他们的各种灾难，正当其时，高车人也起来反抗柔然的统治，原本附属于柔然的部分高车人以及柔然贵族郁久间辰借势也投靠了北魏。《魏书·蠕蠕传》记载：公元429年高车诸部就乘魏军大举进攻柔然之际起义，致使柔然在魏军和高车各部的联合打击下，"国落四散，窜伏山谷，畜产布野，无人收视"。北魏军五月出现在漠北草原上，使得在与悦般的战争中消耗得精疲力竭的柔然人像没头苍蝇一样，无人指挥，仓皇逃逸。北魏军队长驱三千里，几乎没有遇到什么像样的抵抗。

这次北魏的偷袭十分成功，敌方没有抵抗，没有对垒，完全是一面倒的杀戮。大檀生命危在旦夕，中军完全无人指挥。大檀弟匹黎在东部闻魏军至，率兵欲救兄，途中遭长孙翰骑兵截击而败，其渠帅数人被杀。此战中，间大肥表现格外卖力，擒获柔然大将莫孤浑。间大肥是个比较特殊和复杂的人物。他是柔然的贵族，在投奔北魏后成为北魏的都将，对于北魏来说，间大肥虽是柔然叛臣，但也是攻打柔然的功臣。他屡立战功还击破柔然王庭打败大檀，北魏王朝也多次册封他。而对于柔然来说，他是柔然的罪人，不但反叛柔然，而且率北魏军队多次进攻柔然。因为他对柔然太熟悉了，在多次攻打柔然的战役中起到了关键性的作用。

此战北魏太武帝拓跋焘大败柔然汗国，使其受到沉重打击，柔然诸部前后降魏者计30余万人，魏军缴获戎马万余匹。拓跋焘继续沿弱水西行，至涿邪山（约今阿尔泰山脉东南部），拓跋焘登上涿邪山，见地形复杂，怀疑前面有伏兵，便不再深入，收兵南返。后来，柔然战俘交待说，大檀可汗当时正在生重病，根本无法骑马，只得坐着驴车驶入山谷中躲藏，后来见追兵没来，才徐徐西走。拓跋焘非常后悔自己放跑了大檀。但又听说东部高车正在贝加尔湖一带放牧，便派悦伐大那等柔然叛将，领兵绕东道北伐高车，高车因无防备而惨败。拓跋焘意外取胜，收获颇丰，这才心理平衡。于七月引兵东还，至黑山地带，以所获战利品颁赐众将士，以表心意。

巳尼陂（今贝加尔湖西）图

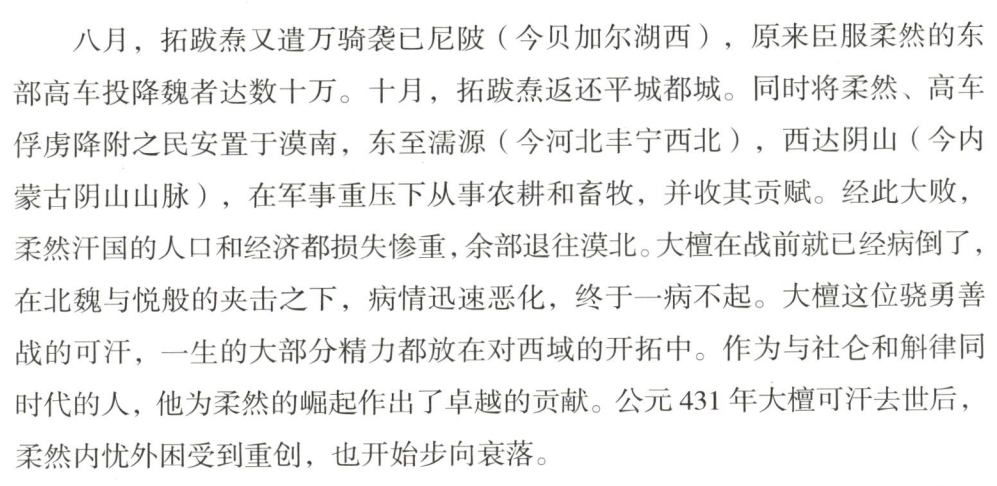

八月，拓跋焘又遣万骑袭巳尼陂（今贝加尔湖西），原来臣服柔然的东部高车投降魏者达数十万。十月，拓跋焘返还平城都城。同时将柔然、高车俘虏降附之民安置于漠南，东至濡源（今河北丰宁西北），西达阴山（今内蒙古阴山山脉），在军事重压下从事农耕和畜牧，并收其贡赋。经此大败，柔然汗国的人口和经济都损失惨重，余部退往漠北。大檀在战前就已经病倒了，在北魏与悦般的夹击之下，病情迅速恶化，终于一病不起。大檀这位骁勇善战的可汗，一生的大部分精力都放在对西域的开拓中。作为与社仑和斛律同时代的人，他为柔然的崛起作出了卓越的贡献。公元431年大檀可汗去世后，柔然内忧外困受到重创，也开始步向衰落。

拓跋焘在公元429年春夏之际的这次突袭之所以能得手，一是因为大檀病重，王子乞列归无能；二是因为春季正是牲畜的产羔季节，是草原民族的战斗力最弱的季节；三是因为草原民族，在没有防备的情况下，一般的人家相距都比较远，为了让放牧的草原能有足够的承载力，家与家之间，相距十里八里很正常，加之当时的军马就散养在各家，相距会更远一些。柔然这个草原民族，和平时期平静如水，战士就是牧民，散居在蒙古草原上，过着自给自足、祥和安逸的日子。而战时，一声令下，就像一股旋风，从草原的各个角落，奔向首领的集结地，立马成了威武雄壮的骑士，"马作的卢飞快，弓如霹雳弦惊"，就是最真实的写照。但这次柔然人还没有来得及集结成一个拳头，就已被各个击破了，北魏大军对付草原上一个个孤单的以家庭为单位的帐房，真是不费吹灰之力。所以《魏书》上记载这次战果："千里草原，尸横遍野，财产牲畜散布四处无人收捡。"即使如此，拓跋焘还有另一个重要目的没达到，那就是柔然的金山在哪里？那可是他一生都想得到的。这就是他之后又在当年的五、六、八月，三次抄掠柔然汗国的原因。金山始终是个谜！

在敦煌的壁画中，就有魏晋时期重装骑士的金色铠甲，遥想当年，柔然与北魏几十万的重装骑士列阵冲杀的气势该是多么宏大。

重甲骑士

5. 吴提继位与和亲

柔然人的即位者由贵族议会来确定，像社仑、斛律和大檀即如此。大檀死后，按理应由其长子继位，大檀有三个儿子，但老大秃鹿傀和老二乞列归都能力低下。柔然贵族们认为他们不适合继承王位当可汗，所以拥立大檀的小儿子吴提（Utri）继位，号称"敕连可汗"，也就是"神圣可汗"的意思，相当于汉语中的"圣祖"。

吴提可汗继位后，柔然对北魏的战争一度暂缓了下来。这时，柔然迫切需要重整和恢复国力，而北魏因长期兴师的消耗，也需要暂时延缓对柔然的进攻，以便集中力量对付南方的刘宋王朝，双方都暂时结束了这种长期拉锯式而没有结果的战争。

为迎合北魏采取的"安抚"政策，柔然可汗吴提采取了主动和亲的策略。和亲是指两个不同政权的首领出于"缓和关系，休养生息"的目的所进行的联姻。也是古代中原王朝与边疆少数民族政权处理民族关系的重要方式，历代如此，柔然也不例外。就当时的局势来看，征战几十年的两个冤家，能缓和关系，实属不易。除了形势所迫之外，君王们的变通与务实也是民众之幸。公元431年（北魏神康四年），柔然派出数百人的代表团向北魏纳礼，献马二千匹，拓跋焘也回赠了丰厚的物品。公元434年（北魏延和三年）八月，拓跋焘将女儿西海公主嫁给吴提为妻，他也纳吴提之妹为左昭仪。他既是吴提的丈人又是吴提的妹夫，那时的婚姻关系在中原人看来是如此荒谬，延续到唐朝只能见怪不怪了。之后他又为太子拓跋晃迎娶了大檀时期投降了北魏的郁久闾辰的女儿郁久闾氏为妃，后来还封郁久闾辰为中山王，以代替刚刚病逝的柔然叛将悦伐大那（闾大肥）。在此期间，拓跋焘也不愿意陷入长期两线作战的窘境，所以顺坡下驴，释放了一些柔然战俘，双方言归于好，结束了四十多年来的战争局面。柔然与北魏这种和好关系延续到了公元436年（太武帝太延二年）。

拓跋焘统治的30年间，北魏和柔然、刘宋、夏、北燕、北凉，互通使节，相互贡赐财物的事实不胜枚举。相互联姻，也不乏其例。拓跋焘素有谋略，

柔然传奇

很会收买人心。如神元年（公元428年），拓跋焘把俘虏的夏国主赫连昌迎至首都平城，不仅供奉丰厚，封爵为王，并嫁妹始平公主于他。在此之前，拓跋焘已纳夏主赫连昌的三个妹妹为贵妃，并立其一妹为皇后。延和二年（公元433年），拓跋焘派使臣册封北凉主沮渠牧犍为王，并以妹武威公主妻之，纳北凉王之妹为昭仪。

拓跋焘打败柔然后，急于将胜利记录在册，以便流芳百世，于是召来崔浩，命令他修编续写北魏的国史《国记》，为自己歌功颂德。中国历史上各朝代皇帝、君王都曾以这种方式来记载他们的功绩，这也为后人了解研究不同时期的国家及其历史，提供了极其宝贵的资料文献。《国记》这部书不仅是北魏的第一部完整的官方史书，也是第一部叙述柔然历史的著作。但是，也显露出许多问题。崔浩本人不仅是一位精明的谋士，更是狡猾的政客，他借着写史之机以权谋私，借机四处索贿，把自己美化成北魏朝廷的主要决策者，并大肆丑化政敌。其堂侄女婿魏收后来写《魏书》时的所作所为也是一脉相承。正如魏收所言，身为史官，他们对历史人物"举之则使上天，按之当使入地"。柔然民族的历史，不可避免地在他们的笔下被严重歪曲，仿佛北魏对柔然的每次战争都以胜利收场，其实却是胜负各半。匈奴史因为有司马迁和班固执笔，给后人留下了深刻印象，而柔然赶上了崔浩和魏收，因此在魏书里对柔然的叙述只能是轻蔑的口吻，侮辱的语言，不实的史实。导致柔然历史被严重歪曲。

吴提可汗继位之初对北魏采取的策略是，缓和与北魏的关系，主动和好双方息兵。但是，吴提同拓跋焘都未必真的志在和好，各自都别有所图。

在此和平的大背景下，吴提于公元431年—436年间，开始全力进行西域攻略。由于西域诸国在悦般、厌哒等国的争斗中使丝路无法通畅。吴提的工作使焉耆、姑墨、龟兹等"东道诸国"又重新臣服柔然，已壅阻的草原丝路又开辟了一条新的枢纽通道，即通过伊吾穿天山而至焉耆，经龟兹又与葱岭建立起联系。可是，这种和平好景不长，柔然西域攻略的巨大成功引起了北魏朝廷的担忧与不安。西域自古就是兵家必争之地，北魏皇帝也绝不会坐视不管。北魏要想统一南方的刘宋王朝，就必须先清除背后北方"柔然"这一强大的后顾之忧。因此，自太延元年（公元435年）北魏也开始卷入西域争夺，于是经过几年的暂短缓和，双方又再次进入战争状态。

在卷入西域之争的同时，公元436年，北魏首先攻打柔然的盟国北燕，先断其手臂。北燕是柔然的忠实盟友，公元430年国主冯跋病亡。没想到冯跋死后，其弟冯弘杀跋之子冯翼自立，改元太兴。冯弘继位后，遭到北魏连年进攻，掠徙北燕民户。为抗击北魏，冯弘曾遣使请东部的高句丽国出兵保护。这次北魏大军又攻龙城，来势迅猛，为救盟友，吴提可汗采取围魏救赵策略，南下攻打长城沿线城镇借以救燕。长城脚下战火重燃。可解救北燕的效果不好，没能让北魏把主力部队调往此地。而北魏军队攻破北燕国都龙城，冯弘在高句丽军队的保护下率龙城百姓东渡辽水，投奔高句丽。北燕国由此而灭亡。柔然又失去了一个忠实的盟友。

6. 西域之争

西域诸国早在社仑可汗时就已臣服柔然。而拓跋焘也对西域产生了强烈的占有欲，希望也能分到一杯羹。但柔然不能让北魏插手西域，后双方征战多年。由于北魏势力渐强，西域各国考虑自身利益，便开始遣使入魏朝贡，臣服北魏。例如：太延元年（公元435年）五月，"龟兹、疏勒、乌孙、悦般、渴陀、鄯善、焉耆、车师、粟特等九国入贡。"（见《魏书》卷四）这些入贡国家中不少早已是柔然属邦，这些小国在柔然强盛时臣服柔然，北魏得逞时又倒向北魏。对于诸小国的臣服，北魏朝也得做出一些姿态。同月，北魏派遣第一批使团王恩生、许纲等出使西域安抚，《魏书·车师传》载："恩生等始渡流沙，为蠕蠕所执。"不幸的是，他们在途中被扣车师，车师前部为柔然属国，故将他们送至柔然汗廷，不准越境。拓跋焘上书柔然敕连可汗吴提，由于其时两国正在息兵言和的蜜月期，为避免矛盾激化，敕连可汗释放王恩生等人返回。此行未果，但成为北魏染指西域的先声。

太延二年（公元436年）八月，魏主又"遣使西域"，十一月"魏主受遣散骑侍郎董琬、高明等多赍金帛使西域，招抚九国"。那个年代，弱肉强食，谁的势力大，有利可图，就投靠谁。

柔然传奇

另外，鄯善国使节也到了平城，《魏书·西域传》记载："鄯善国都抒泥城，古楼兰国也。地多沙卤，少水草，北即白龙堆路。至太延初，始遣使来。"鄯善国是最早与北魏建立友好关系的西域国家之一。

太延四年（公元438年）春，鄯善王遣其弟素延耆来朝于魏，并留京入侍。北魏与鄯善的关系更加密切，这意味着鄯善已完全改附于魏。同年四月，经由此道，鄯善、龟兹、疏勒、焉耆遣使进物于北魏。五月，遮逸国进汗血马于北魏。十一月，粟特、渴桑陀、破洛那、悉居半诸国各遣使朝贡于北魏。这一切昭示着，柔然在对西域这块宝地控制权的激烈争夺中，已败下阵来，北魏又一度占据上风。

这只是开始，北魏在取得西域诸国控制之后，又把触角继续再向西延伸。接着又派使团前往乌孙国。董琬等人为再赴乌孙，避开柔然在北道的势力范围，又重走了经历白龙堆的楼兰古道，即从鄯善入北道。这条道路虽然艰险，但自汉以来不断有人冒险西渡。《高僧传》卷二记载："后秦僧人智猛等人赴印度求法，他们发迹长安，至凉州城，出自阳关，西入流沙，……遂历鄯善、龟兹、于阗诸国。"董琬等人也是循此路西行，从鄯善至龟兹，入西域北道，最终顺利到达乌孙。"乌孙又遣导译护送董琬至破洛那"，从而实现了离间西域诸国与柔然关系的政治目标。董琬、高明出使的成功初步动摇了柔然在西域的统治地位。

柔然对西域局面的变化看在眼里，一直在寻找机会卷土重来。吴提于次年大举西征，力求夺回丢失的西域之地。大军所到之处，诸小国纷纷归降，这导致悦般、粟特等国不得不联合派使团向北魏求援，要求给予还击。

为了夺取西域北道的控制权，太延四年七月，魏主拓跋焘亲统大军，分四道，大举北伐柔然。但因为准备不足，而"时漠北大旱，无水草，军马多死"，许多战马都渴死在戈壁滩里，军中又流行瘟疫，拓跋焘见势不妙，赶紧下令撤退，大败而归。王弟乐平王丕也被擒。天时、地利、人和一个都占不上，讨伐柔然再次失利。

北魏战败使得形势突然间大变，柔然大军乘势南下，吴提借此遣使遍告西域诸国，称"魏已削弱，今王下唯我为强，若更有魏使，勿复供奉"。这种宣传很有效，众多西域小国（城邦）一起向柔然表示臣服。小国家为了生存，作墙头草也是没有办法的事。

汉化的北凉沮渠氏在当地还算一个稍强的国家，他与柔然之间，在生活方式、文化传统以及经济发展水平等多方面差异很大，当时向柔然称臣，不过是为了抗衡北魏的权宜之计。见风使舵，脚踏几只船，正是当时弱国的生存之道。当北魏威胁缓解减轻后，就开始有了独立的倾向（后话）。情有可原，自古英雄好汉哪个不愿称王称霸。

公元438年—439年间，北凉投靠柔然后，阻断了河西交通，引起北魏不满。同时，丝路西端的形势也动荡不安，从公元438年萨珊波斯伊嗣侯一世继位起，便与崛起于中亚的厌哒开始攻战，厌哒也在积极向南部发展其势力，攻下吐火罗斯坦，战胜寄多罗王朝。想当年，柔然斛律可汗西征时就曾攻破贵霜王朝，占其地域。

寄多罗王朝时的金币

与此同时，波斯也不断进攻侵扰厌哒，这也是造成这一时期丝路受阻衰落的原因。由于沮渠氏政权的阻碍和丝路西端形势的恶化，加之北魏与柔然展开大规模的军事冲突，致使经行伊吾的丝路北道无法通行。自公元440年至443年间，史书上基本没有看到北魏与西域诸国使节往来的记录。

由于北凉政权投靠柔然，导致北魏决心翦灭北凉。公元439年9月，拓跋焘率北魏大军亲征北凉，为防柔然军南下，他命令女婿穆寿与太子拓跋晃留守平城，舅舅嵇敬与弟弟拓跋崇出镇阴山。临行时，拓跋焘叮嘱穆寿说："吴提已经与沮渠牧犍（又名沮渠茂虔）结盟，听说朕亲征凉州，一定会来犯塞，你们不可纵容他深入，最好在漠南埋下伏兵，先诱敌深入，然后在长城以北消灭他们。"但穆寿的谋士公孙质算卦后认为柔然人不会来，穆寿因此没有

按照拓跋焘的命令设防。

北凉的沮渠茂虔听说北魏军来犯，立即向柔然人求救。作为盟友的柔然也决定围魏救凉即刻响应，共同抗击北魏。吴提可汗迅速南下，他见阴山脚下有北魏驻军把守，便分兵两路，派兄长乞列归率一支部队去牵制嵇敬与拓跋崇，自己则带着主力部队攻破疏于防范的长城，直奔平城而去，先占领了平城以西70公里的善无郡（山西右玉）。消息传来，平城居民极为惊恐。穆寿打算自己守城，请太后和太子到恒山以南避难。然而太后不同意，命长孙嵩的堂侄长孙道生等将领出击。两军正要交战，却从西北战场上传来了对柔然不利的消息。

吴提用人不当，皇兄乞列归确实能力有限，不仅没能牵制住北魏驻军，反而被嵇敬与拓跋崇围歼，一万多名士兵阵亡，乞列归等五百名将领被俘虏。由皇兄乞列归无能而导致重大挫败的事件已不是第一次了。吴提担心嵇敬与拓跋崇还会乘胜东进，截断自己的退路，于是放弃了围攻平城连夜撤退。

沮渠茂虔几次出战北魏，都被击败，只得退回首都姑臧死守，并用传播柔然军已经推进到鄯善的消息给部下打气，希望拓跋焘能够撤兵回去救平城。但当乞列归战败被俘、柔然军退却的消息传来时，北凉部队便丧失了斗志。北凉国由于遭受到北魏强大的攻击，北凉都城姑臧陷没失守，纷纷投降北魏。沮渠茂虔率左右文武五千余人降了北魏。随之，北魏获收其城内二十余万降员、诸部杂胡数十万以及库仓珠宝不可胜计。

河西失陷，北凉政权灭亡。虽然国家没了，但北凉王沮渠茂虔的几个兄弟及部下并没有投降敌人。在北魏强大攻势下，北凉王弟乐都太守安周、酒泉太守无讳向西撤退，退守吐谷浑、敦煌地界，并遣沮渠安周先渡流沙。《十六国春秋》卷96载："无讳将万余家弃敦煌，西就安周，未至，鄯善王畏之，将四千余家西奔且末，其世子乃从安周，国中大乱，无讳因据鄯善。" 这里要特别提及，作为北凉政权的附属部落，阿史那氏乃是这次西迁的随行者。

这时的新疆东部，除了当地的鄯善王、车师王等土著势力外，还有两个强大的客居势力，即一支是西凉国余裔李宝、唐氏兄弟，驻扎伊吾；另一支是据高昌的太守阚爽。北魏虽取得胜利，仍穷追不舍。之后，酒泉太守沮渠无讳在北魏军的逼迫下，率残余势力一万多家放弃敦煌西迁，与乐都太守沮渠安周会合，准备攻打鄯善国（今新疆若羌）。鄯善王比龙很恐惧，率领人马逃到且末，他的嫡长子向沮渠安周投降，鄯善被他们占领。沮渠无讳的士卒在过沙漠时，因干渴无水而死伤过半。

原来，由于气候变得格外寒冷的缘故，逼迫柔然人暂时放弃向西而改为向西南发展。吐鲁番温暖的气候，自然是首选。吴提可汗很快就攻取高昌，控制了吐鲁番盆地，并立当地人阚爽担任高昌太守。阚爽也是敦煌大族，很有势力。高昌本为北凉国版图中的一个郡，当年趁北凉之衰，河西之乱，阚爽独立自署为太守，割据自雄。此次又臣服于柔然国主。早在公元435年—440年间，拓跋焘为占有西域，派人出使高昌，结果被阚爽将使者引渡给了吴提可汗，从此结怨。此次拓跋焘西征，便在攻击沮渠无讳的同时，就命新近投靠自己的唐契（李渊家族）带领伊吾戍军攻打高昌。

敦煌莫高窟石碑

盘踞伊吾的后西凉主李宝本以匡复故国为己任，在被柔然可汗封伊吾王期间，不能安居守业，保一方平安，乘沮渠氏西迁之虚，"自伊吾帅众四千

人据敦煌，缮修城府，安集故民"，从此背叛柔然投靠于北魏，此次听命北魏进攻阚爽。而李宝与唐氏兄弟先附柔然，后来又请降北魏，已引起柔然不满。这次拓跋焘派遣李宝舅唐契、唐和兄弟攻打高昌，阚爽招架不住，就同时向吴提可汗和沮渠无讳双方求救。吴提可汗当然不会袖手旁观，必定会出手相救，派遣部队援助，唐契途中遭到柔然军人的伏击，"柔然遣其将阿若追击之，唐契战死，契弟唐和收余众奔车师前部王伊洛"。而此刻的车师前部亦早已背叛柔然改附北魏。

沮渠无讳收到高昌的求救信后立即率军赶赴高昌，但还是晚到了一步。当他抵达高昌时，唐氏兄弟在赶往高昌的途中遭柔然援军的伏击，西凉军已溃败，唐契在途中被杀，柔然吴提已给高昌阚爽解了围。李宝（李渊家族）听说舅舅唐契战死，慌忙放弃伊吾，逃到敦煌，沮渠无讳没想到顺路还捡了个便宜，李宝留在伊吾的部下全被前来解救的沮渠无讳所收编。后来，由于沮渠无讳与高昌阚爽相互间因猜疑而产生矛盾。阚爽便逐悔前期约定，闭门自守拒绝放他进城。沮渠无讳早对高昌有贪婪之心，太平真君三年（公元442年）八月，无讳命安周守鄯善，自己领军进攻高昌。阚爽在毫无防备的情况下，遭到对方的夜袭，血洗全城。高昌王阚爽只得弃城北奔柔然。沮渠无讳在占领鄯善、高昌后，不断壮大。次年，以高昌为都，自立为凉王（高昌北凉），设置郡县，继续打着北凉国的旗号，在河西走廊抵抗魏军。这是北凉政权的延续，史称后北凉（公元442年—60年）。同时，沮渠无讳又与南朝刘宋建立关系，常带着奏表到建康，后被刘宋文帝任命为凉州刺史与河西王。

后北凉国是夹在中原和西域中间的必经之道，由于其地理位置重要，造成众国为争夺丝路战争不断，加之后北凉政权的控制，造成了西域丝绸之路南北两道在此期间通行受阻。

至于伊吾，虽已为后西凉李氏家族所弃，柔然又另委代理人高羔子统治其地。这个高羔子大约是当时不肯随李宝东归的汉人首领，也有人称其为柔然人。

事态总算是平静下来了。可在这场争夺流沙东西（吐鲁番盆地）的政治大变动中,北魏与柔然多年的征战，两败俱伤，李渊家族也损失惨重。鹬蚌相争，则渔翁得利，原本穷途末路的沮渠家族从中得到了便宜，将各家的散兵游勇都收入帐下，眼前虽获得一点小利，也因此得罪了各个周边势力，为后世埋下了祸根。

吴提继承了大檀未尽的事业，继续在草原丝绸之路的中段扩展势力。同时，柔然仍控制着伊吾，焉耆、姑墨、龟兹等丝路要地，周边小国纷纷向其臣服，由此，一条新的丝绸之路通过伊吾，穿越天山，经龟兹继而翻越葱岭开通了。柔然人既是丝绸之路的开拓者，又是丝绸之路的维护者，使得中西方的民间交流与融合达到一个新的高度。

新疆伊吾县古今地理位置图

拓跋焘深知，消灭沮渠家族并不困难，但要想真正将西域并入北魏的版图，就必须征服柔然。恰在此时，北魏民间流传起了"灭魏者吴"的预言，拓跋焘对此极为敏感，认为"吴"指的就是吴提可汗，于是决心彻底吞并柔然汗国。随后，北魏和柔然为争夺地盘展开多次交战，双方你退我进，各有胜负，谁都没有完全能控制这一区域。

在柔然人称雄西域的一百多年里，自始至终没有直接管理过城市。都是采用选立当地人自治的方法，如先前对高昌、伊吾的控制就是利用当地大族阚爽和后来西凉余脉李宝、唐和封王统治来实现的。这也是由于游牧民族的流动性大、缺乏经验和忽视政权的长期稳固治理所致。当然，柔然人的国土面积很大，在集中兵力开疆扩土的同时，无法抽出更多的兵力和人手来管理占领区所辖的城镇；加之民族习俗、文化修养、思想意识等多方面的差异等因素，这像猴子掰苞米一样，无法巩固已有的战争成果，来得快去得也快，这也是柔然人在历史上没有赢得更多盛名的原因之一。

7. 寺院夺金的太武帝拓跋焘

北魏在西域与柔然的较量中没有占到便宜，对于穷兵黩武的拓跋焘来说，这是不可容忍的，柔然与北魏的战争仍在继续。

公元443年九月发生异常天象，魏占星师分析后认为："王者之兵将要扫除髦头之域，显贵大臣也会被集体处死。"那个时代，星象师的话左右着一个国家的命运，这为进攻柔然提供了舆论先导。当时已是深秋，北方气候严寒，北魏大臣都不愿北伐，只有崔浩又力主出征，说柔然人一定会避寒南徙，可以在漠南围歼。魏王采纳了崔浩的建议。

拓跋焘于公元443年九月大举北伐，此次北伐，兵强马壮，声势浩大。北伐兵分四道：拓跋焘与太子拓跋晃、五弟永昌王拓跋健、尚书令刘洁出中道；四弟乐安王拓跋范、六弟建宁王拓跋崇各都统15万兵将出东道；二弟乐平王拓跋丕督统15万兵将出西道；儿女亲家中山王郁久闾辰指挥殿后部队，琅琊王司马楚之督运粮草。可是骄横的拓跋焘此时绝对没料到，这次远征将会成为北魏建国以来打得最糟糕的一次战役，不仅仅是毁了他一世英名，而且其连锁反应让北魏一蹶不振。

连年征战让北魏的将士都产生了厌战情绪，北伐柔然一开始就很不顺利。镇北将军封沓因为厌战，并缺乏取胜信心，主动投奔了柔然，并建议吴提可汗说：烧其粮草，敌军将不战自退。几天之后，司马楚之的部下发现几头驴的耳朵被割掉了，大家都以为是有人恶作剧。经验丰富的司马楚之却一眼看出：

这是柔然侦察兵所为，大军即将来临。他立即下令就地筑城备战。司马楚之还算聪明，急命部下砍伐树木造围栏，然后向上浇水。初冬的漠北天寒地冻，河水迅速结冰，与围栏结合得天衣无缝。次日，大批柔然军果然出现，但在这座坚而滑的冰城面前却无计可施，只得撤退，北魏的辎重部队因此逃过一劫。

虽然辎重保住了，但令拓跋焘意外的是，柔然主力并没有像崔浩预言的那样南下，而是仍旧聚集在王庭附近的鹿浑海。为了取得战果，他决定改变战前部署，向更北的鹿浑海挺进。

拓跋焘亲率部队一路深入到鹿浑海南，这时柔然可汗吴提正驻守王庭。博弈中两帅相对。太子拓跋晃对国主拓跋焘说："柔然贼兵没想到我们的大部队突然到此，我们该乘他们没有防备时立刻进攻。"拓跋焘站在鹿浑海，可以看到柔然可汗庭圐圙城上空烟尘滚滚。尚书令刘洁却竭力劝阻，认为对方兵力雄厚不宜冒进，尘土很多，说明柔然人正在调兵遣将。太子拓跋晃反驳说，空中大量尘土，这说明对方已经完全混乱了，不会有什么危险。拓跋焘毕竟征战多年，疑心较重，对他二人的分析不置可否，决定留在谷口，等待其他部队抵达后再进攻。结果一连等了六天，柔然叛徒郁久间辰指挥的殿后部队才姗姗来迟。柔然兵马早已留下空城不知去向。在俘获一侦察骑兵后得知，柔然可汗一开始并不知晓北魏军队到来，后才知晓，吴提可汗便率军北逃。拓跋焘听后极为后悔。

拓跋焘集合全军后，认为胜券在握，便向西北方追击。而吴提已为他准备好了埋伏。在鄂尔浑河畔拓跋大军与二万余名柔然骑兵遭遇，此实为柔然诱敌深入之计，一路之上柔然军引领拓跋大军渡过石水（色楞格河），进了燕然山（杭爱山脉）。北魏军此时已经耗尽了粮草，但拓跋焘不肯撤兵，执意继续前进。吴提可汗此时已吸取先前的教训，并做好了一切突袭的准备，见敌人已经精疲力竭，便指挥养精蓄锐多日的柔然军猛扑上来，打得敌方措手不及，北魏军大败，奚拔、沓干等名将战死，乐陵公冯邈被俘。据《宋书·索虏列传》记载：六七成的北魏远征军士丧生于此役。拓跋焘本人也陷入包围圈，刘洁甚至建议他扔下大部队，轻骑突围。所幸永昌王拓跋健指挥的殿后部队英勇抵抗，主帅拓跋焘及属下一行人等，才得以逃回漠南。此战的胜利，

吴提为柔然人报了公元429年拓跋焘血洗翁金河的奇耻大辱。

公元444年，不可一世的拓跋焘遭此打击，悔恨难当，回到平城他就命令太子拓跋晃"监国"，负责朝廷一切政务，穆寿、崔浩等大臣辅政，摆出要对失败负责，独断专横的他连续下达了三份让国人目瞪口呆的诏书。

拓跋焘昭告国人说这次北伐并未战败只是没有找到敌军主力。近期严禁办丧事，要移风易俗，违者杀无赦！因为至少50万大军一半以上永远留在了漠北草原上。此次出征的阵亡者太多，都是平民家的优秀子弟，如果任由他们的家属发丧，惨败的真相就无法掩盖了。北魏是多民族的国家，拓跋占少数，如果百姓听说他们战败后，将会群起反叛，邻国也会联合进攻，北魏帝国就将面临灭亡的危险。其次，拓跋焘命令，贵族子弟都要去太学学习。因为这些纨绔子弟不学无术，整天乐于打探消息，评论时政。这舆论的管控也非常重要，太学是个统一思想的好地方。

另外远征的惨败让拓跋焘明白了一件事，战争除了有人，还必须有钱，国家没税收，一切靠战争掠夺，而新的战争又迫在眉睫。战争需要的，除了钱还是钱。国库空虚，拓跋焘此时迫切需要钱来应付当前的局势，他把目光转向了北魏各地到处都分布着的金碧辉煌的佛寺。拓跋焘又下诏说：无知的百姓被妖邪的迷信诱惑，私自供养巫师，购买谶记、阴阳、图纬等非法出版物；还有一群沙门（指和尚），假借西域的虚诞传说，伪造教义，也省私自在家供养沙门、巫师和金银工匠者。这些都有伤社会风化。因此，无论贵贱，都必须在今年二月十五日前把这些人交给官府。过期不交，主人全家抄斩，巫师、沙门杀无赦！

拓跋焘已经让战败搞得疯魔了，不仅严禁百姓供养僧侣，连社会上的金银工匠都不放过。在禁丧事、开太学、灭佛法的同时，连巫师也不放过，他要彻底铲除一切他认为是导致这次战争失败的根源。说白了，要拆庙取金，僧侣不能要，金银匠把流通货币都搞成了佛像，所以也不能要，巫师没有预见到这次的失败，也是罪恶的根源。中国历史上四度灭佛，第一个就是北魏太武帝拓跋焘，这次灭佛持续时间最长，手段最为严酷。

汉哀帝时，佛教开始由古印度传入到了气候风土、民族、信仰迥然不同的中国，经长期传播发展，而形成具有中国民族特色的中国佛教。由于传入的时间、途径、地区和民族文化、社会历史背景的不同，中国佛教形成三大系，即汉地佛教（汉语系）、藏传佛教（藏语系）和云南地区上座部佛教（巴利语系）。

据文献记载，佛像可能与此同时传入。但在中国西部的新疆以及甘肃河西走廊地区（古称西域），佛教和佛教艺术的传入则更要早一些。印度的佛教艺术，经过中国的艺术家和民间工匠的吸收、融合和再创造，形成了更具中国特点的佛教艺术，从而更容易在中国社会流传和发展。形形色色的佛像，主要是作为佛教徒供奉和礼拜的对象，因此佛像艺术的发展和流行，基本上是伴随着中国佛教的兴衰而兴衰，两者之间的密切关系是显而易见的。

佛教在中国的南北朝时期得以弘扬，至唐代达到鼎盛。佛教在印度于公元十三世纪初消亡，在中国却作为大乘佛法而得以弘扬和发展。汉传佛教体现了大乘佛教的思想，而大乘佛教提倡"发菩提心，行菩萨行"。"无缘大慈、同体大悲"，正体现了这种利益一切众生的菩萨道精神。它强调应报四重恩——父母恩、众生恩、国王恩、三宝恩。

进入南北朝时期，由于连年战乱，民不聊生，恐慌的民众不知如何是好，为躲避苦役与战乱，许多人遁入空门，佛教开始飞速发展。"盛世信皇帝，乱世信神仙"。宗教兴起初时，总是提倡厉行节俭，以移风易俗为己任，但时间久了，不免也像人间的王朝一般，陷于奢靡之中。流向佛寺的钱财也越来越多。佛教寺院中已经是这个国家中最富有的地方了。

拓跋鲜卑和柔然一样原本信仰萨满教。这是一种原始宗教，所奉"万物有灵"，为草原民族普遍信仰。随着步步南迁，日益深入中原后，拓跋鲜卑开始接触佛教和道教，表现出一定的兴趣和尊重，北魏开国君主道武帝拓跋珪"好黄老，颇览佛经"，"经略燕赵，所经郡国佛寺，见沙门、道士，皆致精敬，禁军旅无有所犯"，正是其写照。

拓跋珪和他的儿子拓跋嗣，先后征召高僧，在平城（今大同）兴建了一些佛寺，并"令沙门敷导民俗"。北魏皇帝的意图很明显，他们不只是在引入一种宗教，更是在吸纳宗教中包含的众多文化因素。这种意图，使佛教向民间渗透，拓跋鲜卑的宗教信仰开始转变。后来佛教渐成北魏主流信仰，皇帝多次下令禁绝萨满教。这种转变意义非凡，由于信仰与汉人相同，后来孝文帝的汉化改革减少了阻力。有学者认为，如果没有信仰的转变，鲜卑人汉化几乎不可能。

不过，佛教在北魏的传播过程很曲折。从拓跋珪到拓跋焘，对佛教并无深入了解，对道教更感兴趣。佛教的过度发展势必妨碍了执政者的统治。这个当时最有活力的民族，既大力灭佛，也曾大举兴佛。不管灭佛还是兴佛，用力之猛，力道之大，在历史上少有与其匹敌的。

北魏 石雕菩萨像

灭佛的起因是一次偶然。当拓跋焘亲自率兵前去镇压盖吴时，路途中在长安一寺院歇马，偶然发现寺中藏有大量兵器，他怀疑僧人与盖吴通谋，下令搜查，结果查出大量官民寄放的钱财以及和尚与豪门贵妇偷情的密室。太武帝拓跋焘大为震怒，下令诛杀全寺僧众。

正好太武帝拓跋焘与崔浩也都不喜欢佛法，于是就以此为借口，下诏大举灭佛。拓跋焘在位时东征西伐，南北设防，急需大量兵力，但当时佛教势力的扩张，佛教徒的大量增加，使国家兵源骤然减少。佛教所宣扬的道义虽然从本质上讲是有利于封建统治的，但个别僧侣的浮夸大言甚至超越了封建政治轨道，使得王法废而不行。尤其是北魏初承汉代遗风，谶纬方术流行，无论朝廷民间都笃信不疑。拓跋焘也是如此，遇到军政大事往往先予卜问，一些佛教徒也趁机借助于鬼神方术扩大其影响，这些都在一定程度上妨碍了拓跋焘皇权的稳固。太延四年（公元438年），拓跋焘诏令，五十岁以下沙门尽皆还俗，以从征役，解决翌年西伐北凉所需的人力问题。此时诛杀长安沙门"焚破佛像"，随即令各地"一依长安行事"，一时之间，举国上下，风声鹤唳。此时佛教影响已深入北魏上层，拓跋焘的太子拓跋晃笃信佛教，竭力延缓诏令，使众多僧人有时间逃匿。即便如此，北魏佛教也遭到重创。

这次在攻打柔然惨败后，气急败坏的拓跋焘在灭佛、杀僧、办学的同时，又找到了替罪羊，准备拿北魏上层的成员开刀。

在关键时候阻碍了拓跋焘攻打柔然的尚书刘洁心虚，急于栽赃别人，报告说，北伐失利，责任都在预言柔然人将会南迁的崔浩。崔浩听说之后反咬一口，控告刘洁篡改诏书，使各路军队无法及时抵达战场，他还说过："如果皇上此次出征不能返回的话，我就立乐平王拓跋丕为帝。"拓跋焘自有主见，命刘洁的敌对者崔浩继续调查，明显偏向崔浩而想要了刘洁的命。同时，他又发现了新的证据，"发现"刘洁向右丞张嵩询问自己能否当皇帝的秘事，崔浩的副手高允也举证说，乐平王拓跋丕曾经咨询过日者（用天象预测未来的巫师）董道秀类似的问题。拓跋焘听信了崔浩、高允的报告，于是兴起巨案。大预言师的话灵验了——"显贵大臣也会被集体处死。"但并不是柔然的显贵大臣。

北伐迟到的柔然叛将中山王郁久闾辰及奚眷、邓权、薛谨等八位大将都被公开处斩。而信口雌黄的刘洁、张嵩、董道秀等人被夷灭三族，乐平王拓跋丕同日暴死。

这种情况是柔然吴提乐于看到的，在战争中没能消灭的敌人被他们自己给干掉了。欲加之罪何患无辞，虽然郁久闾辰、刘洁、拓跋丕等人涉及的案件，都颇具疑点。但战争的巨大失败总得有人去承担责任，也好给死亡的将士家属们一个交代。崔浩利用撰写史书的特权，大肆诬蔑政敌，殊不料同样的命运也即将落到他自己身上。

而作为北魏军北伐失败的主帅拓跋焘，把一切责任都推给别人，其实最大的失败是他的决策错误。他根本就不应该在冬季深入北方。在缺粮和严寒的情况下北魏军不是见好就收，反而继续向燕山推进，纯属自取灭亡。此时的拓跋焘知道，纸里包不住火，北伐失败的真相迟早要被民众发现。他为掩盖真相所做的一切努力都白费了，因为大叛乱就要开始了。

拓跋焘北伐柔然惨败的消息从西北向东南传开，最先听说的人是敦煌的李宝，他担心柔然会乘胜南下，于是连忙从敦煌跑到了平城。河东汾阴人薛永宗、薛安都发动了反魏暴动。东雍州刺史沮渠康也立即起兵反魏，到了夏季，西域和江南都知道了拓跋焘北伐失败的消息。当时，沮渠安周刚继承了高昌

王位，新任鄯善王真达趁机与沮渠安周和解，一同背弃了北魏，转而臣服柔然。这些小国都是墙头草，谁的势力大就跟着谁，关键时候落井下石一点都不含糊。

这还不算完，北魏的更大麻烦，来自从来没消停过的匈奴人。当初有些匈奴人西迁，有些则跟随沮渠茂虔臣服于北魏，其中就包括被称为"卢水胡"（也就是沮渠蒙逊的旧部）的盖吴。北魏拓跋焘政权主宰中原后，由于实行残酷的掠夺和压迫政策，使得阶级矛盾十分尖锐。公元445年九月，青年英雄盖吴看到北魏四面楚歌，便在杏城（陕西铜川市北黄陵县）起兵，东连薛永宗，南连刘宋，北连柔然，多次击破北魏军队，攻破多座城池，渐渐逼近长安。

拓跋焘这时又想起"灭魏者吴"的预言，有两个吴在自己面前非常紧张，决定亲自西征。为了防止被敌人南北夹击，他原打算准备北上漠南，先发制人抄掠柔然。但听说吴提已经西征悦般去了，暂时不会南下，他便放手南下进攻起义军。先消灭了薛永宗，随即渡过黄河，向盖吴进攻，最终义军失败。

假若没有拓跋焘此前3年北伐柔然的惨败，使得人财两空，以及后来盖吴的造反，灭佛原本不会发生。随后，在崔浩等素来反对佛教的儒生的协助下，拓跋焘宣称释迦牟尼并不是真实的历史人物，而是被东汉人刘元真、吕伯强虚构出来的！此前，北魏当局只禁止私人供养僧侣，至此则干脆下令屠杀全体佛教徒，烧毁佛经，并拆毁所有佛庙和佛塔，以图彻底铲除佛教。

从此，柔然人本着凡是被敌人反对的我们就要拥护的态度，和西域诸国一样逐渐接受了佛教。北魏的佛教徒或者被杀，或者被迫还俗，或者隐居山林，或者投奔北魏的敌国刘宋和柔然。最早向柔然人弘传佛法的僧侣可能是法爱。法爱估计生于公元四、五世纪之交。因为他精通佛经和占卜术，法爱深受柔然可汗的信任，"俸以三千户"，还被委任为国师。值得一提的是其前辈法显（公元337年—422年）。法显，俗姓龚，平阳武阳（今长治市襄垣县）人，东晋高僧、旅行家、翻译家。早在公元399年，法显等从长安出发，经西域至天竺，游历20多个国家，收集了大批梵文经典，前后历时14年，于义熙九年（公元413年）归国。中国僧人或者居士前往西域求法者，颇亦有人。但是他们多半只到了西域而止。在法显前尚未见真正亲临天竺者。在这样的情况下，到了晋末宋初，就掀起了一个西行求法的运动。中国僧人西行求法者，或意在搜寻经典，或旨在从天竺高僧受学，或欲睹圣迹，作亡身之誓，或想寻求名师来华。

最先皈依佛教的柔然可汗是吴提。法爱大概是因为不肯按拓跋焘的诏书还俗，才逃奔柔然的。法爱赢得柔然可汗的赏识，并出任柔然国师，被"俸以三千户"，这说明柔然汗国与以往的游牧民族政权不同，其官员有固定工资，国家有纳税制度，比北魏更早进入了文明社会。北魏当时没有税收，官员个人的收入都是靠巧取豪夺，作为国家也只有靠打仗、侵略别国和从老百姓手中掠夺，来维持军队和国家的一切开支。

公元443年鹿浑海之战失败，这让拓跋焘通过各种方式以发泄心中仇恨。他借灭佛大发横财，有了充足的军费，从而很快扭转了战局；他还征集十万民工加固长城，以防止柔然人南下，并将盖吴消灭在长城脚下。历史上诸次灭佛，都是"人亡政息"。下令灭佛的皇帝去世后，灭佛运动即告中止。拓跋焘去世时，拓跋晃已先他而去，但接班的文成帝对佛教更是十分重视，史载："天下承风，朝不及夕，往时所毁图寺，仍还修矣。佛像经论，皆复得显。"此即所谓"太武灭佛""文成复法"。

法显像

公元446年，此前被北魏驱逐到于阗的吐谷浑可汗慕利延，向南移回到位于柴达木盆地的故土，并与柔然、刘宋结成了联盟。柔然与南朝相互间的交流往来都是通过吐谷浑国进行传递的。从此，一个反北魏的联盟在河西走廊上形成。

8. 柔然人的重要盟友——吐谷浑

吐谷浑是中国西北古代民族名，源于鲜卑，与慕容鲜卑同源。吐谷浑原为人名字——慕容吐谷浑（公元246年～317年），姓慕容氏，为吐谷浑族始祖。在柔然与北魏、高车的征战中，吐谷浑扮演了一个重要的角色。由于柔然与后燕一直是坚定的盟友，而吐谷浑又是燕国后裔，慕容家族的一员，因此和柔然关系友好是必然的。直到柔然后期，吐谷浑公主嫁给可汗阿那瑰，这一婚姻使得两国关系更加密切。柔然与西域诸民族的贸易交往，正是通过吐谷浑这个中亚大陆交通的中介人接触联系展开的。柔然王庭与南朝的遣使及联系，也是通过吐谷浑转达或护送的。

要说慕容姓氏想必大多数人都不陌生，在武侠小说中更是常见。慕容家族的四燕国在南北朝时期更是赫赫有名。吐谷浑的曾祖名叫慕容莫护跋，在魏国时曾经协助司马懿平定公孙渊，被封为率义王。慕容鲜卑（东部鲜卑）在汉化的过程中逐渐内迁，地位也逐步上升。慕容涉归（名弈洛韩）继承父业时，被封为鲜卑单于，即辽东鲜卑慕容部首领。慕容涉归有二子，长子为吐谷浑（慕容涉归的小妾所生，是庶出）；小儿子为慕容廆。两人是同父异母兄弟。父王涉归在位时，分部落一千七百户与之，慕容吐谷浑与慕容廆两人分地而治。

公元3世纪后期，慕容涉归死，而嫡出的年仅十六岁的弟弟慕容廆，由于身份高贵（嫡庶之间地位的差别，远比长幼之别重要），于公元284年继任了可汗之位。慕容廆才干双全，五胡十六国中的四燕国都是他的后裔所建，他还亲手奠定了前燕的基础（在金庸的小说《天龙八部》里，慕容博父子念念不忘的就是重建祖宗的大燕国）。慕容廆继为单于后，由于兄弟俩发生争执而失和。吐谷浑生性刚直，为人正派，他不想因为兄弟间的矛盾，而造成部落争斗流血。由此，他一气之下率部众向西远徙，迁至阴山（今内蒙古阴山），后又率部下西南越陇山（今甘肃陇山），安营扎寨。

公元312年，拓跋部再次发生动乱。不愿意仰人鼻息的吐谷浑不顾自己年老体衰，乘机摆脱其控制，率领族人又一次西迁。先从阴山往西南，逾陇山，又西渡洮水。这一带土地虽说肥沃，但已被同是鲜卑人的河西鲜卑（即后建立了南凉王国的秃发部）、陇西鲜卑（即后来建立了西秦王国的乞伏部）捷足先登。吐谷浑部此刻力量很弱，难以与他们相争。无奈之下，他们继续西行，公元 313 年左右，至陇西之地枹罕（今甘肃省临夏），来到了罕山西北的罕原广大地区（今甘肃临夏，为羌人所在地），在这儿落地生根了。其时正当十六国割据混战年代，吐谷浑人乱中求静，以此为根据地，逐渐开始不断壮大。慕容吐谷浑逝世后，由他的长子吐延继位，在沙洲（今青海省贵南县）建立政权。同时，模仿汉族惯例，即以祖父吐谷浑为其族名，以吐谷浑为姓，取国号吐谷浑，由此建立起吐谷浑氏的吐谷浑国。南朝称之为河南国；邻族称之为阿柴虏或野虏（对其的蔑称）；南北朝时，先后附属宋、齐、北魏；唐后期称之为退浑、吐浑；西晋咸和四年（公元 329 年），吐延被羌族酋长姜聪刺死。延传子辟奚，辟奚传子视连，视连传弟视罴，视罴传弟乌纥提，乌纥提传位于视罴之子树洛干。

公元 427 年大夏被北魏攻陷，皇帝赫连昌被俘，但其弟赫连定逃往平凉（甘肃华亭）继位，他趁北魏回撤之机，于公元 431 年攻下西秦，然后又继续西扩，不料却在青海湖被吐谷浑截击，遭到惨败，吐谷浑将赫连定生擒献于北魏。这样被夏国所灭的西秦和夏国的领土、财物以及大量人口大都归属吐谷浑统治。其疆域包括青海东部、陇南地区东部、武威地区东部、敦煌和安西一带。自此，吐谷浑民族政权进入了黄金时代。

吐谷浑王城伏俟城遗址

柔然传奇

当柔然、高车、厌哒在塔里木盆地北部及东北部绿洲角逐之际，南部的吐谷浑趁机向塔里木盆地东南部的鄯善、且末扩张势力。《梁书·河南传》记载的吐谷浑的领土："其界东至叠川，西邻于阗，北接高昌，东北通秦岭，方千余里。"此时，塔里木盆地实际为柔然、厌哒、吐谷浑三大游牧势力控制，且末西北的流沙成为吐谷浑与厌哒势力的分界区。

吐谷浑王城——伏俟城，位于现今青海省共和县北、距青海湖约7.5公里。"伏俟"是鲜卑语，"伏俟城"意为"王者之城"，是公元6—7世纪赫赫有名的吐谷浑王城，更是曾经在青藏高原上存在350余年之久的草原王国吐谷浑的都城。"伏俟城"曾经在中西交通线上发挥过相当重要的作用，是这条交通要道上的重要枢纽。

吐谷浑从公元312年开始迁徙到唐初663年为吐蕃所灭，在先后持续三个多世纪（350多年）时间里，共传位19君，其中的吐延、树洛干、阿豺、夸吕等都属当时强人。

吐谷浑人原本也信仰萨满教，但随着世代的变迁，佛教后来成为吐谷浑的国教。语言原属阿尔泰语系东胡语族，但后来在羌地建国，日益羌化，语言也就逐渐与藏语接近。吐蕃文献中就已把吐谷浑人视为同族。但由于同中原王朝关系密切，吐谷浑上层统治者长期以来一直通用汉语、汉文，史书称其"颇识文字"或"颇识书记"，就是指其通用汉文。

拓跋焘成功地镇压了各地暴动之后，凯旋回到平城。他想起盖吴、沮渠康、薛永宗等反魏暴动领袖都是北凉的遗民，便以涉嫌支持叛乱为由，派崔浩去赐前北凉君主沮渠茂虔自杀。很快，崔浩这个唯恐天下不乱的小人，又向皇帝进言说，乐安王拓跋范曾经听说过刘洁谋反的言论，却没有及时报告。疑神疑鬼的拓跋焘毫不犹豫，立即又赐自己的这位四弟自杀。

当拓跋焘忙于四处镇压暴动，并肃清异己时，吴提可汗正忙着对付另一个死敌——悦般。

公元448年初，悦般使者造访北魏，向拓跋焘鼓吹说，吴提不久前发兵攻打他们，但悦般巫师施展魔法，使柔然军队陷入狂风大雪和洪水之中，损失了十分之二三的将士，只好仓皇撤退了，以此来表白，并劝说联合发兵。

当时，匈奴人领袖阿提拉已经建成庞大的帝国，悦般能够击退柔然的进攻，可能与阿提拉在背后的支持有关。北魏此时也正值财大气粗，早有报复柔然的意愿，便与悦般一拍即合。拓跋采纳了悦般使者的建议，组织东西两路大军进击柔然。柔然无法抵挡来自双面夹击的攻打，结果失败了。受挫后吴提可汗先放弃了天山北部，接着又丢失了天山南部的焉耆、龟兹、尉犁等地。面对北魏、悦般联合打击，柔然余部节节败退，最后退回漠北。

西征悦般的失败和丝绸之路的失守，给吴提可汗的身心带来严重的伤害，他心力交瘁，终于在公元448年夏季撒手人寰。

第五章
一代欧亚霸主吐贺真和他的儿子们

第五章　一代欧亚霸主吐贺真和他的儿子们

吴提可汗死后，他的吐贺真（Torholjin）继承了柔然可汗之位，号称"处可汗"，汉语意思是"思帝"。"吐贺真"这个名字是柔然历史的一座丰碑。他在成吉思汗之前的700多年前就开始西征，几乎统一了欧亚大陆。他的神迹被人们传颂。

1. 荒漠空城计

公元448年秋季，悦般使节再次出访北魏。使节建议两国乘柔然吴提可汗去世之机，东西并进，瓜分柔然汗国，像当年它与柔然联合瓜分了乌孙一样。拓跋焘欣然允诺，立即征调各路府兵北上，集结于阴山，并在年底推进至受降城（蒙古瑙木岗南）。北魏上下对这次军事行动是非常重视的，作战方案制定之后，全国总动员，要全民皆兵，配合这次行动。

公元449年一月，北魏兵分三路北伐柔然。拓跋焘与太子拓跋晃为中路军，略阳王长孙羯儿为西路军，高凉王长孙那为东路军。三军兵至漠南。

拓跋焘通过几年的休养生息，渐渐从鹿浑海战役惨败的阴影里走出来。灭佛让他收益颇丰；北魏经济复苏，让他又打起十二分精神。他有了不灭柔然誓不归的决心。大军、粮草等源源不断集中到受降城。然而太子拓跋晃一朝被蛇咬，十年怕井绳，443年的那次鹿浑海惨败让他记忆犹新。他对这次远征没有信心，故被留在受降城督运粮草。

这一次北魏大军穿越戈壁，向西北前行进入漠北，越过涿邪山（阿尔泰山脉东南部），一直向北推进了数千里。大漠上除了默默前行的北魏骑兵外空无一人，柔然人杳无踪迹，最要命的是再往前走给养有些跟不上了，拓跋焘有点担心。也许吐贺真正埋伏在哪个山坳里等着自己，也许吐贺真正在自

己的回军路上？未能找到柔然军主力，拓跋焘心里忐忑不安，便吸取上次失败的教训，急忙命令大军掉头返回阴山。

此次拓跋焘挂帅冬季出兵一无所获，而他的部下万度归所率西进的偏师则不然，万度归的鄯善之行，不费一兵一卒早已经胜利结束了战斗，他自己亲率的这个主力却是一点战果都没有。

鄯善在西域曾是赫赫有名的重镇，也是各路人马争夺西域的关口。由于鄯善阻断了西域之路，北魏便派遣万度归率军前往。万度归官为散骑常侍，也就是北魏皇帝的侍从，是来自皇上身边的人。当大军集结到敦煌之后，途中穿越流沙需要轻装奔袭，万度归抛下辎重，亲率五千骑兵直奔鄯善。他率部以迅雷不及掩耳之势很快就进入鄯善地界，鄯善守城的将士们面对一步步走近的北魏军队，感到不知所措；鄯善居民的农耕比例还是比较大的，衣裳穿着与内地几乎没有什么差别。面对这个不设防的城市，还有什么理由继续拔刀相向？于是万度归下达了一个让所有将士们感到无比沮丧的命令：保持队形，注意军纪，不得扰民。

北魏国各级官员没有俸禄，生存要靠自己解决这个问题，最主要的来源就是通过战争劫掠，或者贪污腐化。万度归下令不得扰民就是意味着没有收入。对于鄯善守军来说，战斗是为了保证民众的安全，现在民众的生命财产没有受到任何威胁，于是，城门大开，再没有人负隅顽抗了。边境发生的事情很快传到了鄯善王真达那里，鄯善王真达也不得不自缚请降。万度归第一次征战西域，不费一刀一枪就收复了鄯善。

拓跋焘憋足的劲没找到对手释放，王师无进展，偏师已大捷，主帅拓跋焘九月再度出击来到阴山，十二月太子晃也赶到了前线助阵。

此时，拓跋焘已经把自己的亲兄弟都杀戮殆尽，只好命两位堂兄弟：高凉王拓跋那、略阳王拓跋羯儿各领一军，从东、中两路向柔然进发，并要求他们在地弗池（蒙古巴彦洪戈尔本查干湖）与自己会师。地弗池是一片大的水域，是水草丰盛的地方。按照草原民族的生活规律，冬天的时候应该到南部向阳的地方，以使人畜都可以避免大风雪的袭击而安全过冬。不过这一次拓跋焘是算错了。时间一天一天地过去，旷野上除了几只鸟外，没有任何动静。

北魏大军在此守候多日，但眼前的情景有点出乎意料，当战场出现了意料之外情况的时候，往往意味着战局已经发生了变化。

　　面对吴提可汗去世，而北魏又不断大规模北伐的局面，柔然各部落开始离心离德，纷纷投降北魏。吐贺真继位后需要尽快巩固自己的地位，这次面对北魏军队来犯，他以清醒的头脑做好了迎战准备。这是一场淹没在历史尘埃中的巅峰对决，吐贺真最初并不知道悦般与北魏联合出兵的计划，但是北魏边境上的异动、悦般部落的调动都透露出一些蛛丝马迹；加上柔然散布在各地的侦查兵不断把情报汇总到吐贺真的大帐。于是，一个大胆的计划在吐贺真的脑海里浮现。吐贺真在漠北给拓跋焘摆下了一个空城计，让拓跋焘自己同自己玩捉迷藏。而柔然的主力则全力西进对付悦般。草原民族，王的大帐在哪里，那里就是城市，聚则为城，散则为伍，帐房拆卸都很方便，不像中原人的城市带不走。

　　悦般还等着和北魏一起瓜分柔然呢，未曾想盟友没等到，却等来了吐贺真的精锐骑兵。想在强敌中分一杯羹的豺狗，倒落得一个自取灭亡的下场。悦般人虽说也有几分征战的能力，但论实力远不是柔然的对手，且在柔然人面前显得格外胆怯。这是因为他们心虚，曾得过柔然人的好处。昔日的盟友，今天变成仇敌，相互太了解了这仗就没法打。悦般希望得到欧洲匈奴人支援，但远水解不了近渴。向北魏求救，援军却迟迟不见踪影，悦般人终于被柔然人彻底击败了。残部向西南方撤退，企图效法过去的寄多罗人，到印度河流域去碰碰运气。但在兴都库什山脉南麓，他们又遭到柔然人的盟友厌哒军队的围剿。在吐贺真及其盟友的猛烈打击下，在今阿富汗的重重山峦里，悦般国彻底土崩瓦解，终于无可奈何地告别了历史舞台，余众向柔然人表示臣服。还有部分残余开始西迁欧洲，以躲避柔然人的锋芒。从此，北匈奴的正牌后裔创立的悦般国就在古籍中消失了。

　　吐贺真解决了悦般对自己侧翼的威胁之后，从容率领部众返回漠北。春暖花开之际正是万物复苏的大好时机，很遗憾，却到了征战的时候。吐贺真把部队潜移到了草原的东部，静静地等待猎物出现。无论战争的结果如何，留给大地的终将是无限的苍茫。天仍然是那么的广，草原仍然是那么的阔，

145

纷纷飘下的白雪很快就会覆盖了一切。第二天春风再起的时候，人们看到的只是更加茁壮的草地。

灭掉了悦般国，柔然军士正意气风发，情绪高昂，要吃掉长孙那的东路军不在话下。很快北魏数路大军深入燕然草原。这一次，那个在东路军志得意满、骁勇善战，当年把吐谷浑追得满世界跑的北魏将军长孙那，却一头钻进了吐贺真布下的陷阱。骑兵在战场上最强大的能力就是马队的快速冲击，数万重装骑兵一起冲过来就是一道移动的铁墙，势不可挡！

长孙那心里惴惴不安，如何对付草原上蜂拥而来的柔然骑兵？聪明的长孙那挖出了一条足够长的堑壕，希望能够挡住柔然骑兵的冲击力。面对长孙那的长壕，吐贺真也没有什么有效的办法。采取强攻，就会丧失骑兵的冲击力，使骑兵的威力顿减，从而损失就会更大。转眼数天过去了，数次大战之后，吐贺真的攻击不仅没有任何结果，损失也越来越大。长孙那也逃不出包围，只能固守待援。面对久攻不下局面，吐贺真认为这可能是北魏的"诱敌之计，"也许眼前的长孙那就是一个诱饵，既然拓跋焘下大决心要攻击，必然是做足了准备，此次派出数路大军是一个客观的现实。这数路大军在什么地方会合，采取什么样的进军路线，对吐贺真来说是一个谜。也许各路人马正在向此处集结。暗夜之中吐贺真想了很久，望望深堑对面的拓跋那大营，也是篝火点点，似乎充满了狰狞的等待。趁着无边的黑夜，吐贺真命各部众快速撤离。吐贺真大营的骚动让长孙那首先想到要防范偷袭。不过不见有柔然人出现，倒听得马蹄声远远而去。天明之后才发觉柔然人已撤离。

追，顺着草原上的马蹄印记、沿着一路上的大军痕迹，长孙那穷追不舍。连续跑了九天九夜。吐贺真看看追兵将近，抛下辎重越过穹隆岭，又不见了踪迹。长孙那连续作战这么多天了，远远望见吐贺真就在前面，却又不知去向，只看到满山遍野的牛、羊、马匹，人困马乏，长孙那见好就收，收下吐贺真给他的大礼——无数牛马辎重，打道回府。而且有传言说吐贺真死了。

还有另一说法：听到长孙那被围，拓跋焘派鲁秀率领军队前往救援，自己率大军紧跟其后。拓跋焘军队还未抵达，鲁秀已经先突破包围圈，将长孙那救出。吐贺真认为北魏大军将至，不断向漠北深处引兵退守，长孙那率军队紧跟追击，总共追击了九天九夜。吐贺真没能抓住机会一举歼灭长孙那的追击军队，不得已放弃了粮草装备。长孙那则收其辎重而还。

此次北魏主力大军西征，虽然没有与柔然主力交锋，但柔然的势力也由于西征向北撤离而大减，大量的百姓、牲畜被俘获，控制的区域也在不断缩减。吐贺真再率大军杀个回马枪与北魏决战已不可能，眼前唯一的希望和出路就是保存实力。

而拓跋焘则胜利班师，认为柔然军队的主力已被打垮吓跑，失去战斗力，对北魏国已经不再构成严重的威胁，可以不再作为重点防御，故决定准备大举南征刘宋，以图拿下整个中原。

2. 南北朝的乌龙闹剧

公元450年二月，拓跋焘听说柔然可汗吐贺真已死，判断柔然军队暂时不会南下，于是立即率军向南宋进攻。前脚刚走，他最信任的大臣崔浩心怀叵测，乘大王不在家密谋发动政变，同时，还秘密地向柔然吐贺真可汗求援，以便里应外合。吐贺真当然还活着，更不像传说的那样不敢再次南下进犯。柔然军队于是应邀前往，直逼北魏首都平城。崔浩这个小人，先前一直鼓动拓跋焘伐柔然，现在又要联合柔然灭北魏，真是翻手为云，覆手为雨，政客将君王玩弄于股掌之上。

拓跋焘留太子拓跋晃和崔浩等人驻守平城，亲自南征围攻刘宋的悬瓠城。城内的僧人因为对拓跋焘灭佛刻骨铭心，积极帮助守军设计守城的防御器械，北魏军久攻不下，但宋军也无法解围。4月正在围攻悬瓠城（河南汝南）的拓跋焘得到密报，柔然军南下逼近平城，老臣崔浩搞政变。他急忙撤围北还，并不忘写信威胁刘义隆说："你往日北通芮芮，西结赫连、蒙逊、吐谷浑，东联冯弘、高丽，这些国家我都灭了，如此看，你怎么还能独存！柔然可汗吴提已经死了，其子吐贺真继续像他爹一样胡作非为，我现在北伐，先除了这个长着马蹄的对手……因为你没有马蹄，所以我先不去管你……"

六月，拓跋焘及时返回平城，将兵临城下的柔然军击溃，迫使其向北返

回阴山，从而解了平城之围。同时，拓跋焘将背叛朝廷的崔浩灭门，但崔的亲家及同伙柳光世逃脱。

崔浩，历仕北魏道武、明元、太武三帝，后官至司徒。无论是平定北方诸国还是对南朝作战，崔浩的谋策都对北魏军队的胜利起到了决定性的作用。这个三代老臣为什么会谋反呢？后世许多作者给出许多不同的解释，其中最多的是大汉的民族复兴说，将崔浩称为汉族大英雄，真是狭隘的可笑之极。从崔浩干的许多事情上分析，崔浩只是个没有头脑的弄臣而已。他做的很多事在当时很不得人心，加之拓跋焘又是个疑心很重的人，当崔浩感到将要大难临头混不下去的时候，他只有造反放手一搏了。

他自己笃信道教，就力劝太武帝灭佛。拓跋焘言听计从，寻个机会在全国大杀和尚，毁灭佛寺，成为灭佛帝王中最有名的一位。而当时北魏上至太子、公卿，下至庶民百姓，信佛的人不计其数，崔浩此举得罪了一大批鲜卑贵族。崔浩女婿魏收在魏书中说，崔浩主修国史时，直书其原，不避忌讳，内容涉及魏王朝先辈许多同族杀戮、荒暴淫乱的史实。文人喜功，崔浩还把国史铭刻于石碑上，想使内容万代流传。石碑方一百三十步，费银三百万。崔浩此举惹得鲜卑贵族、诸王以及嫉恨崔浩的群臣纷纷上言。这样一个善于谋略的大臣，却不善自谋，惹得太武帝拓跋焘怒不可遏。拓跋焘不仅尽诛崔浩全族，又族诛与崔浩有姻亲关系的范阳卢氏、河东柳氏以及太原郭氏。太武帝拓跋焘中年，征伐四克，感觉自己就是万能的天下大帝；加上多年酗酒成性，以及吃丹药后性情喜怒无常，变得想杀谁就杀谁，处于丧心病狂的状态。

《宋书》将崔浩的真正死因大白于天下。按照《宋书》、《柳元景列传》和《索虏列传》记载，在崔浩被杀后，他的姻亲河北太守柳光世逃脱，南奔刘宋向宋文帝刘义隆报告说：当拓跋焘南下时，留守北方的崔浩"密有异图"，柳光世也组织了"河北义士为浩应"，结果崔浩"谋泄，被诛"。

北朝出了乌龙，南朝也搞了个自毁长城。南朝宋皇帝刘裕死后，儿子刘义隆继位，称宋文帝。他听说北魏内乱，拓跋焘杀了军师崔浩，即下令全国总动员，大举北伐。诏书说："近日，朕得到河朔、秦、雍各地华人和戎人的上书陈词，说他们已经全部组织起来，正准备迎接王师。"还有报告说，柔然军今年春季南下，袭击了拓跋鲜卑的老巢，使他们的百姓和牲畜损失大半。两军长期拉锯相持，至今尚未决出胜负。柔然使者也刚刚抵达，报告了相同的事件，并表示他们将会尽力配合宋军的行动。这说明这些盟友都是诚实可信的。拓跋焘又心生猜忌，屠杀自己的亲戚和党羽，亲手毁掉了他的根基。现在降雨充沛，水上交通便利，光复失地的大好时机就在今年……。七月，柳光世抵达建康，刘义隆从他口中了解到北魏内乱的情况，又根据细作和柔然使者的报告，认为拓跋焘正在长城脚下与柔然军相持，北魏军主力肯定无法南下。公元450年秋，时年四十三岁的刘义隆决意北伐，自以为会像乃父刘裕一样，扫荡天下无敌手。他声称："闻王玄谟陈说，使人有封狼居胥意。"但他这话说得实在没头脑，因为狼居胥山即蒙古肯特山脉，当时属于柔然国的领土。当时身在建康的柔然使者闻听此言，误以为刘义隆想连柔然一起消灭，勃然大怒当即拂袖而去，回去报告吐贺真可汗，说刘义隆对我国领土有野心，不可信任。此前，南朝刘宋与柔然一直保持着友好往来，都有共同抗击北魏的意愿。这次吐贺真信以为真，不再与拓跋焘纠缠，撒手不管撤回漠北。这下南朝百姓倒霉了，拓跋焘一直打到长江北岸，江淮之间的居民几乎被杀光，而没头脑的刘义隆只能站在京口（江苏镇江西北）的一座凉亭里，恐惧地向北方眺望。这座亭子因而被叫做"北顾亭"，后来变成了辛弃疾笔下的"北固亭"。纵观整场灾难，根源都在于没头脑刘义隆一时发昏，胡吹乱喊"封狼居胥"的口号，从而得罪了最重要的盟友柔然。

从此，南宋再也无力对北朝形成威胁了。南北朝的历史，其实更多是南、北朝与柔然的三国的关系史。

3. 太武帝的人生悲剧

北魏太武帝拓跋焘，虽然终结了自公元308年匈奴人刘渊称帝以来一百四十多年北方分裂的局面，但也被一连串政治和军事挫折搞得焦头烂额。北方各民族蠢蠢欲动，稍有差池，苦心经营数十年的基业将毁于一旦。

太武帝拓跋焘的太武作风，把鲜卑贵族和亲信大臣得罪个遍，在刘洁和崔浩事件发生之后,他真正尝到了孤家寡人的滋味。于是太监成为亲近可信的人,许多军政事务会交给他们去办。有个太监是拓跋焘近前最宠信的,名叫宗爱。他出身低贱,来历不详,不知是从哪里冒出来的人,因为犯罪给阉了。宗爱为人机灵,八面玲珑,干活麻利,不断得到升迁,做到中常侍,伺候拓跋焘南征时的起居。武帝曾经大赏群臣,宗爱被封为秦郡公。北魏对待宦官和常人一样,既可做京官,又可外出做地方官。

宗爱在他耳边添油加醋地诉说着太子傅仇尼道盛和任平城二人的不法罪行,拓跋焘听得勃然大怒,猛地将酒杯恶狠狠摔到地下,大吼道:"太子整天在想些什么!聚货敛财那是太子该干的事?如今四海不靖,文教不兴,国家若亡了,庄园珠宝会有吗?仇、任二人不知辅教太子修身治国,偏偏教唆他干些富家翁的勾当,是活得不厌烦了。拟诏,将二人斩首,彻查此事,凡参与的东宫官员,不论官职大小,一并处死!"

拓跋焘的盛怒又引起一场大狱,太子傅仇尼道盛、任平城斩首于闹市,此事牵连得大批东宫官属被杀。太子拓跋晃整日提心吊胆,害怕受到牵连,忧虑恐惧得竟然病死了,时年才二十四岁。这件事,只能怨太子用人不当。太子死后,拓跋焘深受触动,后悔不已,不该发这么大的火。晚了,他就是好冲动,过于武断。崔浩死了,太子死了!拓跋焘变得更加心烦气躁,终日饮酒不断。

望着空旷旷的大殿,拓跋焘猛地想起一个人来,乜斜一双醉眼道:"高允呢?怎么没有看到他!"宗爱略有不满地道:"高允好长一段时间没进宫了,当值不来,不当值也不来!"

皇帝有诏,时间不大,高允步入大殿,边走边哭,歔欷落泪,悲不能止。拓跋焘长叹一声,放下酒杯泪流满面,一句话没说,摆摆手让他出宫。左右侍从奇怪地问道:"高允无言而泣,陛下因何为之悲伤"?拓跋焘叹息道:"崔浩被杀时,高允应该死。太子苦谏,才得以幸免。今无东宫,所以高允见朕悲伤"。

宗爱此时此刻后怕起来。拓跋焘喜怒无常,性情不定,说不定哪一天想起儿子的好处来,把自己给喀嚓了。干脆一不做,二不休,一个邪恶的念头涌上他的心头。

第五章 一代欧亚霸主吐贺真和他的儿子们

公元451年春，宫里传出拓跋焘驾崩的死讯。宗爱谋杀了拓跋焘，谋杀过程过于机密，史书没有载明用什么手段（电视剧里是被剑刺死）。可怜一统北方的一代勇武之君没能马革裹尸，战死疆场，却死在无耻的阉宦小人之手。世事无常，谁又能预料呢？拓跋焘驾崩，留下一个版图虽有所扩大，但内部却千疮百孔的北魏帝国。由于他已经把本家族的人杀得人口凋零，继位之人所剩无几，拓跋皇室家族被别人取而代之，只是一个时间问题了。

拓跋焘15岁登基，在位30年，45岁去世，虽然命也不长，但他却面对了柔然的三位君主，即大檀、吴提和吐贺真，这只能说明柔然人命更短，虽然大檀、吴提和吐贺真都很英明神武，但无奈命不好，碰上了这位更能打的主。

自从拓跋焘坐上王位的那一刻起，这个当年15岁的少年就挥舞着刀枪，一刻也没能停歇，一直从杀人到被杀。他从小便继承了他爷爷和父亲的穷兵尚武的性格，纵观一生，何等辉煌，攻打柔然，灭北燕，灭大夏，攻南宋，灭北凉，将北魏的面积从黄河中东北的一角，扩展到几乎整个北方，可谓战功卓绝。但在一个阴谋家崔浩的怂恿与帮助下，最终控制不了自己，连太子，兄弟，大臣，属下一起杀，杀了个昏天黑地，终于被别人杀，结束了可悲可叹的一生。谁能说得清在他们祖孙三代手中灭了多少中国人，后燕在参合坡被坑杀的几万人马，刘卫辰等被填黄河的5000将士，江淮之间、黄河北岸，多不胜数。

刚愎自用尚武的太武帝最终输给了自己！

短暂的内乱之后，拓跋晃与郁久闾氏所生的皇子拓跋濬（浚）登基，史称北魏文成帝。从此以后，多数北魏皇帝都有了柔然血统。郁久闾氏是中山王郁久闾辰的女儿，当年拓跋焘娶柔然吴提可汗的妹妹时，郁久闾氏同时也嫁给了太子拓跋晃，可谓家族联姻，亲上加亲。

这个柔然人的外孙，上台后便在公元458年底率十万骑兵北伐柔然。起因是公元456年厌哒使者访问北魏，试图阻挠北魏与波斯结盟。拓跋濬权衡利弊，认为，厌哒是柔然的盟友，阻止我们结盟无非是加强他们的联盟。依照大臣们的建议，决定先抑制柔然——厌哒联盟势力的增长。由于是冬季出征，北魏军很快就受到冰雪的困扰，拓跋濬本来就对这次远征兴趣不大，于

151

是准备以此为借口撤兵。老将尉眷劝他说，出兵不久就撤退，敌人会认为我方出了内乱，必定会追杀过来，不如再继续挺进一段距离。拓跋濬于是勉强穿越戈壁，接受了一些柔然部落的归附，但还没等到与吐贺真主力正面交锋，就匆匆撤兵了。

这时的柔然可汗另有打算，双方既然不愿交锋，不如就此休战，便借此派遣使者与北魏和解。其后，吐贺真可汗借休战之机，以摧枯拉朽之势，突击横扫西域，重新收复诸国。

公元460年，为打通西域通道，吐贺真决定攻打高昌，将占据高昌赶走了阚爽的北凉王沮渠安周杀掉，诛灭沮渠全族，消灭了盘踞高昌的北凉沮渠氏流亡政权，并重封阚爽之子阚伯周为高昌王。高昌再次成为柔然的附属国。由此开始。柔然从此派遣官员前往高昌进行严密的监管，并通过高昌控制丝路交通及统治西域诸国。《北史》卷97《西域传·高昌》称"其（高昌）称王自此始也"。该地出土的文书表明，阚氏王朝当年使用的是柔然的年号"永康"。

北凉国从沮渠蒙逊拥立段业起，自公元401年建立到公元439年臣伏北魏拓跋，直至公元460年被柔然吐贺真可汗打败，北凉国彻底灭亡，历时64年。

4. 柔然人忠实的铁匠——阿史那氏

北凉国灭亡，沮渠安周的旧部由此转而臣服于柔然。这其中就包括当年被北魏打败后，随沮渠安周残部西逃的阿史那、阿史德兄弟部族及其五百户属民。这批北凉难民当时叫做"屠各"，也就是后来柔然人的铁匠。在这个时期，随着北凉国的灭亡，沮渠氏原属的部落阿史那氏部分人员再度迁徙，亡匿于高昌北山，即"贪汗山"（《隋书·高昌传》）。另外，这个时期还有唐朝皇室李渊家族的一些成员，即西凉李氏、唐氏，也在西迁的难民之中。

公元前3世纪，西海塞人阿史那氏部落族灭国亡，遗众由西向东迁徙到漠北，建立索国。此时漠北塞裔广布，北据乌孙，南抵大宛，东逼汉境。索国即我国史书中的呼揭、乌揭、呼得。此地也是史料所说匈奴之兴起地。叶尼塞河上游一带地属索国，人为塞种。故时至我国南北朝时代，凡对来自这一地区的部落，皆冠以"索"字，不复区分其种族所出。例如鲜卑拓跋氏乃东胡的一支，因一度寄居索国地，故其南下时，我国习惯上也呼之为"索虏"或"索头部"。其实此乃译音而非译义，"索虏"指源出索国的北方民族，古索国旧名在历史上残存了很长时间。

公元前176年匈奴冒顿单于遣右贤王大举西征北讨，索国（呼揭）属匈奴。之后呼揭又复兴。早期他们与铁勒、坚昆一起生活在今叶尼塞河的上游，并学习冶炼技法，这是初期的基础，也正是他们后来成为柔然锻奴的由来。这期间，他们又与丁零部落阿史德氏结为姻亲，这对于阿史那氏部族后来的发展起到了很好的推动作用。由此，三国常常联名并称，从而形成反匈奴的部落联盟。

公元49年，匈奴郅支单于再破三国联盟，部分呼揭人沦为赀虏。（"赀"为匈奴语奴隶，"虏"为汉语匈奴，"赀虏"这一汉匈混合语意即匈奴奴婢。）

公元3世纪末，南匈奴南徙归附晋朝。匈奴衰落之后，奴隶大批逃亡，散匿汉地。阿史那氏自此由漠北随之南迁河西一带，成为中原汉地平凉杂胡的一部分。杂胡实即为匈奴的奴隶，即"赀虏"。"杂胡"一词始见于曹魏末晋初。当时"杂胡"人已经为数不少，遍布"西北边郡"。若再细分则有：河东（平阳、上党、弘农、魏郡）、河西（大水、塞泥、黑难等部落）两大支。平凉杂胡似由其西支演变而成。

公元4世纪初，晋朝政权倾覆，中原大乱，这就为胡的崛起创造了有利条件。胡先后参与地方割据势力，且建立政权。当然，这一时期又以地方政权变更交替频繁为特征，前秦苻坚、赫连夏、北凉沮渠等即为例证。这种环境又迫使阿史那氏再一次迁徙。

始于公元439—441年阿史那氏由中原向西域迁徙，这是一次极其特殊且有历史意义的迁徙。其特点在于，一是较以前相反，自东而西的逆方向回迁。二是以往东迁相伴的是狄人的塞种化，而此次向西回迁的结局则是塞种的铁勒化。

前已提到，平凉为当时的北凉国管辖，名为阿史那氏的"杂胡"即为北凉国的臣民。当北凉都城姑臧陷没，河西失据，沮渠茂虔投降北魏后，其余

柔然传奇

裔包括阿史那氏开始西渡流沙（塔里木盆地东部沙漠），进据今新疆东部鄯善、高昌一带。该地区自前凉以来就是河西政权控制领域的一部分，之后，北凉余裔一度控制了天山南麓。

公元460年柔然可汗吐贺真攻打高昌，杀灭沮渠氏后，迫使作为北凉属下的阿史那氏再度迁徙，亡匿于高昌北山。对于这一阶段的历史，史书《隋书·高昌传》明确记载，按书中的说法，此高昌北山当即贪汗山，"高昌北瓦赤石山，山北七十里贪汗山，夏积雪，此山北，铁勒界也"。关于此山的属地问题早就引起中外学者的注目：《皇舆西域图志》认为它就是天山北侧主峰博格达山；李光廷《汉西域图考》则认为应是今吉木萨尔县南山；日本学者松田寿男经过详细考证，肯定李光廷的说法是正确的，并进而明确判断为今吉木萨尔县南山之水西沟。实考可知，该地恰恰为群山环绕的峡谷，峡谷中又出现一片茂草丛生、清流纡迴的平原，其地貌特色与史记中高昌北山说所叙之洞内桃源吻合无间。所谓"洞穴"实指峡谷高耸的石壁好似"洞口"，穿过峡谷便是山间盆地，可以确认，阿史那氏的隐匿地即今吉木萨尔县水西沟。

阿尔泰山脉似头盔的"钟山"图

据记载，匈奴很早就自己可以铸造祭天金人，即金属制偶像。乌桓、鲜卑也自己锻造金属兵器，另在占卜时，也铸造自己的肖像。阿史那氏与他们生活在一起，在此环境熏陶下向他们学习冶炼技法。之后这种冶炼技术的提高主要源自平凉"杂胡"。一是平凉曾为赫连夏都城，而赫连夏恰以军械精良著称，素重铁冶。史载赫连勃勃任用叱干阿利为将作大匠，"使造五兵之器，锋利尤甚，仍咸百炼。既成呈之，工匠必有死者，射甲不入，即斩弓人，如其入也，则斩铠匠。又造百炼钢刀，凡杀工匠数千人，是以器物靡不精丽"。这段史料说明，大夏国非常重视冶铁技术，并已达到相当高的水平。传说，赫连勃勃曾花费大量金属打造了传世的镇国之刀"龙雀"；二是其所制铁器除少量民用外，皆同军事有关；三是平凉高手工匠极多，杀数千人仍能生产优质兵器。阿史那氏从汉人工匠那里学到一些冶铁技术，并保留了此一传统，以至后来有能力成为柔然的铁匠。

灭了北凉后，阿史那氏家族部分人员被吐贺真可汗安置到阿尔泰山南麓，负责给柔然人炼铁（铁匠），打造武器。从此，他们成为了柔然属下的一个部落，并委以重任——看守金山，更创建了柔然人的"武器库"。"阿尔泰山"的意思就是"金山"，因为当地矿藏丰富，盛产黄金、宝石和铁矿石。

唐代大诗人李白就出生在碎叶（今吉尔吉斯斯坦托克马克），又和李唐皇室沾亲，很可能与这些人有渊源。后来唐朝之所以能够在西域取得巨大成就，与李家成员曾长期在西域生活，熟悉当地情况有关。

阿尔泰西望准噶尔盆地

平定高昌之后，其原属地准噶尔盆地以西广阔区域，则成了厌哒人和高

柔然传奇

车人角逐的场所。柔然—厌哒联盟的一连串胜利，给邻国越来越大的压力，也迫使他们结成同盟。公元462年，波斯使者又来到北魏，以后来得就更勤了。

收复西域之后，吐贺真为了完成乃父吴提的遗志，挥鞭西指，目标中亚及欧洲，继续其史诗般的远征，以至于深入欧洲腹地。欧洲本来就是亚洲大陆的一个半岛，亚欧之间的边界长期难以划分。从额尔齐斯河到乌拉尔河的距离并不遥远，而且全部是一马平川的大草原，十分便于草原骑士纵横驰骋。当时阿提拉已死，欧洲匈奴帝国随之崩溃，实在是柔然在欧亚大陆腹地扩张的上佳时机。

5. 罗荒野的新主人

吐贺真大军摆脱了拓跋焘的追击，离开蒙古草原一路向北。世界很大，干吗老要窝里斗呢，西伯利亚的广袤大地是柔然人未来的家园。于是柔然人又扛着圆圙的大旗，唱着柔然军歌，再次向西北挺进，发誓一统天下！让世界成为一个大圆圙。

"圆圙"是什么？"圆圙"就是家！

在中国古地图上，西伯利亚被称为"罗荒野"。"西伯利亚"这个名称来自于蒙古语"西波尔（xabar）"，意为"泥土、泥泞的地方"。古时，西伯利亚就是一片泥泞的地方。住在这里的蒙古先民以地形为这个地方取了名字。俄罗斯人来到这里，将此音译为"西伯利亚"。"西伯利亚"这个名称意思就是"宁静的土地"。也有说法说是"锡伯利亚"，她来自鲜卑民族的直系后裔——锡伯族。西伯利亚亦是古代不少强悍民族的摇篮。匈奴、鲜卑、契丹、蒙古及女真等等各民族都是从西伯利亚这快土地上崛起的。

西伯利亚（Siberia）是现今俄罗斯境内北亚地区的一片广阔地带。西起乌拉尔山脉，东迄太平洋（也有人将北冰洋同太平洋水系分水岭白令海峡作为其东界），北临北冰洋，西南抵哈萨克斯坦中北部山地，南与中国、蒙古和朝鲜等国为邻，面积约1270万平方千米。

这里有大片肥沃的黑土地、黑森林，它们覆盖了西伯利亚地区的辽阔地域。

第五章　一代欧亚霸主吐贺真和他的儿子们

星罗棋布的大小湖泊以及数以千计的大小河流使西伯利亚地区拥有世界上最美草原的声誉。东西伯利亚地区的贝加尔湖和叶尼塞河、勒拿河流域，有取之不尽、用之不竭的财富。在广阔的原始森林里隐藏着神秘的普托兰纳高原——中西伯利亚高原最高的部分。"普托兰"在当地居民——埃文基人的语言里意为"峭岸湖王国"。深达1000米的谷地截断高原形成了湖泊。站在最高点——卡缅山上，方圆几百公里尽收眼底。水流沿着陡峭的谷壁倾泻而下，形成串串瀑布。这一切，对于北方的游牧民族来讲，正是上天赐予的宝地。动物是陪伴大森林的保护神，而鹿则永远是牧人最珍贵的财产。可以骑着鹿或者鹿拉雪橇行路，可以用鹿的皮毛缝制衣服和鞋，也可用鹿皮搭盖帐篷——当地居民的房子，而鹿肉千百年来一直是当地北方游牧人的主要食物。

早在石器时代以前，西伯利亚已经有人居住。当时西伯利亚的气候比现在温和得多，而且当时的水位比较低。现在的白令海峡，当年有一条陆桥连接西伯利亚和阿拉斯加。后来美洲原住民的大多数人口都是通过这条陆桥从西伯利亚来到美洲的。

到了汉代，大将霍去病曾亲自率大军至翰海（翰海指北海，今贝加尔湖），登临贝加尔湖沿岸的山峰。此地为东北亚雅库特地区之南，由此可见，雅库特南面地域早在汉代即已被汉朝大军所至。

由叶尼塞河流域东面到勒拿河流域的广大林木中有百姓部落。这一地带西起贝加尔湖周围山地，东北至大兴安山、外兴安岭及外兴安岭北支诺斯山，全是深林密植，这里人口稀疏、路途艰难。据考古发现："在查库尔河谷和克木池克河之间，相距约五十英里，有一条铺设得很好的古路，宽六码，路面高出周围草原的地平面之上，路两边都有壕沟。道路经过的地方不需筑路就能运输。这里土地是坚硬的草原，适宜于任何交通运输；所以这条路是谁修建的呢？以它的现状我们所能推测的是，这个地区必定曾一度非常重要，有更多的旅行队习惯使用这条大道，以至于修建得如此之好，在蒙古和西伯利亚之间，曾一定存在一种更大的交通量，古道的大部分能适用于车辆运输。"

吐贺真在位时屡次发动远征，柔然人西征进入了西伯利亚及欧洲境内。公元463年欧洲民族大迁徙的动因就是吐贺真的西征。西史记载，萨比尔

157

柔然传奇

人西迁的原因，是由于受到东方更强大的民族阿瓦尔（Avar）人之压迫，此 Avar 即是中国史籍中的柔然。此时阿提拉之匈人（Hun）部落联盟瓦解后，这些部落退回黑海、高加索、伏尔加之故地。从有关记载中可以推知，柔然的骑兵军团少则数千骑，多则达十余万骑，其中多半是隶属于柔然的精锐部队—铁勒族，即高车族的车兵。此外，还有武装着"马铠"的戎马和装束着"黄金马勒"的骑兵，即马勒是黄金制的。吐贺真靠着柔然祖先留下的金洞以及战争猎取，已积蓄了相当数量的金银。上述密林中的古道，有可能就是柔然人西征时创建的。

吐贺真轻松拿下欧洲可能与他们的轻敌有关。想要阻止吐贺真的扫荡，光靠某个国家的精锐部队已经是不够了，必须组建一个由经验丰富的将军率领，兵种搭配合理的联合军队。各国的将领们对于集结如此雄厚的兵力，几近倾巢出动的军事行动很不以为然。认为对于这个名不见经传来自东方的游牧部族用不着兴师动众，因为消息阻塞，对于乌拉尔河被突破的消息并不知情。吐贺真已率领着他的全部军队进入了巴尔干半岛。

行进在巴尔干半岛平原的土地上，呼吸着地中海带着腥辣与炽热的风，吐贺真感到身体深处属于郁久间·柔然的血脉在隐隐欢呼。那是爆烈、博大、彪悍的血脉呼唤着吐贺真大汗，鼓惑他以雷霆般的打击毁灭在前进道路上的一切敌人。终于，在巴尔干半岛平坦的原野上，柔然军与联军相遇了，面对数量上远远超过自己的诸多神氏部落的后裔们，柔然人更像是神，在战斗力上完全没有可比性，只能说像是虎入羊群，比阿提拉有过之而无不及。这中间除了柔然骑兵的灵活矫健外，更多的是武器装备上的优势及智慧。战车与连发弩的完美配合，投掷兵的精准与势不可挡的气势，加之精锐部队的锐不可当，让柔然人像秋风扫落叶一样，席卷了整个欧洲大陆，让骄傲的贵族们惊呼连连，望风披靡。

巴尔干半岛一战，联军和他的骑士们全军覆没，但战斗的详情却没多少人知道。至于联军的失败，显然是因为他们太过无能所至。因此人们自然而然地认识到了柔然人的可怕。

有一种说法认为吐贺真就是阿波罗神的原型，这种说法可能有些牵强附会,但也有一定道理。阿波罗神,有关吐贺真的神话十分丰富,传说他司掌光明、青春、医药、畜牧、音乐等,是光明之神、预言之神、医神以及消灾弥难之神、迁徙和航海者的保护神。驾驭着太阳战车的阿波罗是东方草原文化的产物。阿波罗的战车前面是几匹全身发出金光的马,车身是黄金打造,马和车发出金色的光和热量(这与柔然时期来自金山的富足的黄金装备和高大的马车相符,郁久闾家族又被称为黄金家族)。通常阿波罗作为太阳神为人们所接受。而柔然的图腾正是太阳。

威尼斯的狮鹫雕塑

公元463年,拜占庭历史学家普里斯库斯就在他的著作中谈到,Avar人原先住在离中国洋(Oceananus Sericus)不远的地方,他们之所以向西扩张,是因为当地气候恶化,并时常遭到猛兽"格里芬"的袭击。"格里芬"是长着鹰头狮身的怪兽,负责看守遥远北方山林的黄金宝藏(指的大概就是盛产黄金的阿尔泰山)。格里芬出没的地区,有一位魔法师Abaris(阿波罗。)另外,《山海经》《神异经》记载有怪兽"穷奇",说它长相有一点像老虎,肋下有一对翅膀,能够在天空自由地翱翔。而且他有一个奇异的本领,就是能够听懂天下各地的语言。他看见两个人打架,就把正直有理的那个人吃掉,而让凶恶闹事的无赖逍遥法外。《左传·文公十年》说少昊有一个儿子,是个颠倒黑白、是非不分的家伙,而且喜欢恶作剧,故"天下之民谓之穷奇"。

柔然传奇

不过《后汉书·礼仪志》说他有时候也做好事，比如每年十二月初八，他和他的伙伴们就到处寻找吃人的害虫，把他们赶跑或吃掉。这"穷奇"与猛兽"格里芬"应为同一个神。

公元464年二月，一代霸主吐贺真可汗在位17年后，英年早逝。

柔然远征军停止西进，战争的烟火逐渐熄灭。这才让欧洲人多过了一个世纪的好日子。吐贺真可汗的一生的业绩，是值得柔然人为之骄傲的。他率领大军东伐西征，历经百战，出生入死。去世前，吐贺真已经将柔然帝国的疆土扩展到大兴安岭以西、长城以北、北极圈以南的地区，尤其是对中欧地区所进行的征战，把柔然国的国土从蒙古高原向西一直扩展到欧亚的地中海。面积超过两千万平方公里，成为当时地球上最大的国家。后来的蒙古帝国版图与它几乎一模一样，只可惜没有相应的史籍来记述他的功绩。（参见《中国通史简编》，范文澜）

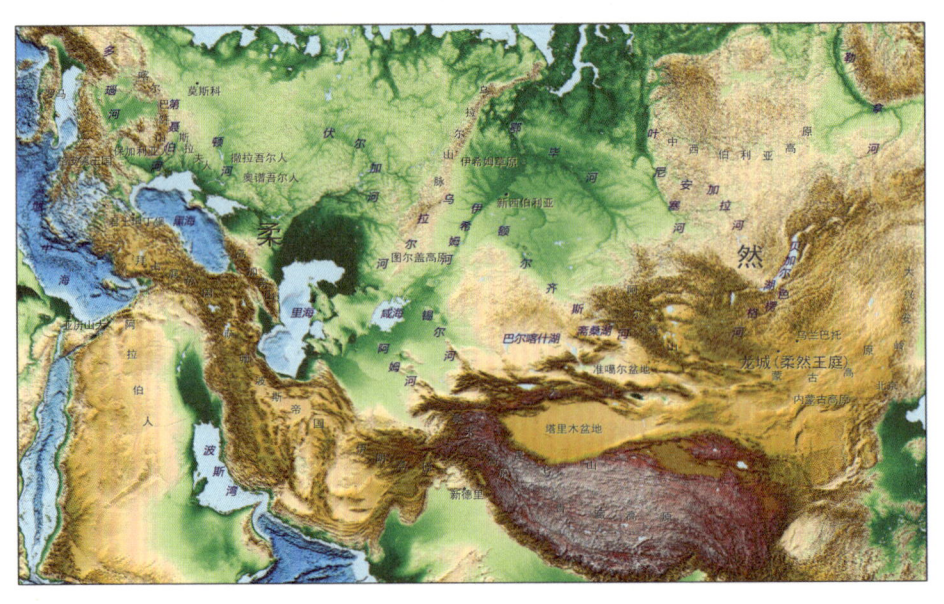

吐贺真时代柔然汗国版图

公元464年处可汗吐贺真死后，他的太子予成登基，称"受罗部真可汗"，相当于汉语中的"惠帝"。予成还有两个兄弟，那盖和吐豆发。予成被描写为是一个缺乏游牧民族野性、喜爱汉文化的年轻人。因之继位后，他就按照中原政权的习惯建立年号，以公元464年为"永康"元年，并将它推广到臣服于柔然的西域各城邦内。值得注意的是，"永康"是予成可汗首次采用的汉式年号，他开创了一个先例。这也成为柔然在历史上即为华夏一族的史实。

6. 温柔可汗时代的三国鼎立

打江山容易守江山难。柔然帝国一个从蒙古高原到地中海，长城脚下到西伯利亚的辽阔国土等着予成可汗去管理。由于缺乏足够的文化凝聚力，在柔然汗国空前辽阔的版图下，分裂的暗流已经渐渐显露出来。公元465年是历史上南朝、北朝及柔然三国鼎立的重要一年，各国君王大换届也在同一年展开。那个时代的君主基本都是在盛年就过世了，这与环境、习俗、长年的征战，尤其是部落宗族内的权力争斗息息相关。

这一年北魏也是多事之秋，年轻的文成帝拓跋濬病逝。时年二十六岁，只比他父亲拓跋晃寿长2年。拓跋濬在位期间作了两件大事：第一件大事是诛杀了宗爱。当初在公元452年三月，宗爱弑杀北魏太武帝拓跋焘后，立南安王拓跋余为帝。十月，宗爱又弑杀拓跋余。但王室不会一直由宦官把持。后来尚书陆丽等大臣拥立拓跋濬即位后，宗爱这个无耻小人得到了他应有的下场。电视连续剧《锦绣未央》就涉及了这段历史。第二件事是他大力恢复佛教。他在位期间，一反乃祖父灭佛之举，大兴佛教，任用高僧昙曜大举开凿云冈石窟，"凿石开山，因岩结构，真容巨壮，世法所希。山堂水殿，烟寺相望，林渊锦镜，缀日新眺"。

伴随一座座高大奇伟的佛像出现在世人面前，佛教信仰日渐深入人心。从此，北魏人把无限的热情投入到佛教造像之中。始建于山西平城（大同）西郊河谷里的云冈石窟，是文成帝拓跋濬弘扬佛教文化的存世杰作。他将先辈拓跋珪、拓跋嗣、拓跋焘、拓跋晃及他自己的面孔一并塑成神像放入云岗石窟中（即现今第20、19、18、17、16窟），它们构成了云冈石窟群的核心，让后人供奉。石刻艺术是他留给世人的最大贡献，直至在1600多年后的今天，云冈石窟依然作为世界文化遗产为世人敬仰。当时柔然贵族在两国关系缓和

柔然传奇

的时期，还曾到大同云岗石窟去拜佛，并在一个石窟的西壁上刻石题记，被称为"茹茹题记"，祈求佛祖保佑平安，降福柔然。另外，还有一件事值得提及，对北魏称为贡献也好灾难也罢，拓跋濬娶了一个很强势的老婆冯氏，她后来对北魏历史产生了巨大影响。

云冈高僧昙曜像

拓跋濬死后，葬于金陵。这个金陵可不是南京，而是北魏的金陵。在1962年中国科学院历史研究所出的一本《柔然资料辑录》中称，即云中金陵，在现今内蒙古托克托县境内。

公元465年（北魏和平六年）5月，12岁的拓跋弘（拓跋濬长子）在父亲拓跋濬去世后继承了皇位，称献文帝。他继位后宣布大赦天下，尊母后冯氏为皇太后。据史书记载，拓跋弘从小聪慧机智，勤奋好学，很小的时候就懂得"济民神武之规""治国安邦之道"，为北魏王朝第五代帝王，也是一个短命的悲情皇帝。

且说，公元465年南朝的孝武帝也去世了。孝武帝刘骏虽然很荒淫，但为人机警、果断、迅速。他学问渊博，文章写得敏捷华丽，阅读书信或奏章能一目七行。同时，他又善于骑马和射箭。但是，他奢侈，纵欲没有节制。他晚年更是贪财好利，凡是刺史、二千石官员免官回京时，一定限令他们进献贡奉。同时，还和他们一块儿赌博，直到把他们的钱赢光才停止。他整天都是开怀畅饮，很少有清醒的时候，经常是伏在案几上昏睡过去，然一旦外面有急事呈奏，他马上抖擞精神，整理好容装，一点酒意都没有了。因此，内臣外属们，对他都十分畏惧，没有一个人敢做事懈怠。庚申（二十三日），孝武帝在玉烛殿去世。这一天，太子刘子业登基即位，时年十六岁，下令大赦。吏部尚书蔡兴宗亲自将玉玺捧上来，交给刘子业。刘子业接了过来，可他态度懈怠无礼，脸上一点悲哀的样子都没有。蔡兴宗退出来后，对人说："从前，鲁昭公即位时，毫无悲伤之色，叔孙穆子就知道他不会有什么好结果。如今，刘宋国家的灾祸，莫非就要在他身上出现吗？"果然，这个后来被称为废帝的家伙，荒淫无道，杀人无数，最终被臣下所杀。

柔然、北魏、南宋三国国君的换届交班均已完成，三架马车又摆开了争战的架势。

云冈石窟雕像（第 20 窟）

早在社仑时代西域就已归属于柔然，后来由于吐贺真西征转战欧洲，北魏趁机夺取了西域的很多属于柔然的领地。北魏觊觎柔然的国土已非一日。

当年，拓跋焘攻下统万城以及秦、凉等地，由于河西之地水草丰美，就开辟为牧地，牲畜繁殖甚为兴旺。马匹多至二百万余匹，骆驼一百多万匹，牛羊则多至无以计数。到孝文帝时，又设河阳场牧，时常蓄养战马十万匹。因此，尝到了甜头的北魏，更加对柔然的西域领土存在贪念，乘机出关大肆掠夺，希望在西域再插上一只脚。

公元465年予成继位后开始着手料理西域事物，吐贺真可汗留下的广袤地域，需要他来管理。予成很快恢复了柔然对西域的统治。龟兹、焉耆等天山南麓诸国又全部中断对北魏的朝贡，归附了柔然。只有于阗、鄯善仍臣于北魏。

"于阗"的名字最早见于《史记》。西域古王国名。即今新疆和阗（和田）市，又作于填、于置、于殿等。公元前2世纪（西汉时代），尉迟氏在此建立于阗国，是西域36国之一，统领有精绝国（今民丰县北）、扜弥国（今于田县）、戎卢国（今于田县南）、渠勒国（今策勒县）、皮山国等六国，是国势最强的国家之一。它居西域南道，是丝路贸易的重要据点，且为西方贸易商旅的集散地，东西文化之要冲，故而繁荣一时。西域南道诸国，唯于阗、鄯善强大。于阗国以农业、种植业为主，是西域诸国中最早获得中原养蚕技术的国家，故手工纺织发达，至今仍是丝绸的重要产地，特产以羊脂玉石最有名。于阗人民喜爱音乐、戏剧，在绘画方面具有印度、伊朗的混合风格。

于阗自1世纪左右，佛教由克什米尔向东越过葱岭传入后，逐渐成为佛教东传中原的一个重要中转站。魏晋至隋唐，于阗国一直是中原佛教的源泉之一。它与龟兹、高昌，被誉为西域三大佛教文化中心。

公元5世纪初，社仑西征时，鄯善、焉耆、龟兹、疏勒、于阗都为柔然属国。之后，又臣服北魏。予成可汗继位后不久，心想做吐贺真的儿子不能太窝囊，打算收回被北魏夺取的于阗。公元466年三月，可汗率军进攻于阗，于阗王尉迟秋仁得知柔然大军袭来，便派使者到北魏求救。其时鄯善有魏军屯驻，守军将领紧急召集会议，但却廷议不决，令其坚守待援，驻军实未出师援助。根源在于北魏不想出兵，说："柔然军队擅长野战，但不会攻城，一旦遭到顽强抵抗，就会撤兵。于阗离京师有万里之遥，我们即便派出援军，也来不及了。"拓跋弘于是给于阗王回信，玩了个画饼充饥，许诺一两年内将亲征柔然。柔然军队轻松攻破于阗城，于阗自然改附柔然。柔然总算又收回了对于阗控制权，一直到高车反叛，于阗都在柔然控制中。

公元470年秋，予成可汗率军在女水河畔与北魏对阵。这也是他继位后与北魏的首战。北魏国主率军分两路迎战，结果柔然军被打败。北魏军乘机缴获大批战马、武器等。女水从此更名为武川。

与北魏之战失利后，延兴元年（公元471年），西部柔然又从于阗推进至鄯善，鄯善的控制权也被柔然收回。宋元徽三年（公元475）释法献西行求法，"路出河南，途经芮芮，既到于阗"，由吐谷浑（即史料中之"河南"）至于阗，途中必经鄯善、且末。这足以确证予成之世确又收复西域南道。

于阗国没有得到北魏的救援，拓跋弘也没有像他承诺的那样北伐，但却在次年派兵袭击了山东半岛，俘虏了崔光、崔穆等南朝崔氏家族成员。这些当年未被杀掉的崔浩亲戚们并没有大难临头，反而被委以重要的文化工作。崔光还主持了《魏书》的编纂。后来到东魏时期，崔光的女婿魏收在崔浩撰的《国书》基础上，完成了二十四史之一的《魏书》，这也是现存有关柔然汉文史料的主要来源。魏收完全继承了崔浩的思想，对柔然极尽侮辱、颠倒黑白之能事，而对崔浩等崔家成员推崇备至。

柔然人从社仑可汗建国起就开始了对西域的征伐，战果可谓辉煌。然而，柔然对该区域的控制权也曾多次失而复得。历经几代可汗的努力，尤其是予成可汗继位，继承了祖辈的传承，基本掌控了天山南北、准噶尔、塔里木盆地及西部周边的诸国家，重新使其臣服于柔然。更重要的是控制了中原与西方经济贸易、文化交流的通道。当然，西域由于战略地位的重要性，随着历史车轮的不断向前推进，西域势必成为各国兵家的必争之地。谁都不是永远的赢家。之后，北魏、悦般和厌哒乃至后期的高车国，都围绕西域与柔然展开了多年的争战，付出了极大的流血和牺牲。

7. 礼佛外衣下的浊流

拓跋弘当太子时就一直由冯太后抚养（生母李贵人按惯例被赐死）。冯太后可是北魏历史上最有名的太后。香港40集长篇历史剧《北魏冯太后》，将冯太后称为："这段历史上最杰出的女政治家、改革家、无冕女皇"。

冯太后塑像

据史书记载，拓跋弘因为年幼，上台后虽然对朝廷的事情略知一些，但毕竟只有12岁，没有直接上朝处理军国大政的经验，乃由冯太后临朝称制。和平六年七月，太尉乙浑担任了丞相，位居诸王之上，事无大小都由他来决断。但后来，乙浑图谋篡位，拓跋弘无计可施，冯太后于天安元年（公元466年）二月，设计把乙浑逮捕处死。天安二年（公元467年）皇子拓跋宏出生，拓跋弘14岁就当了父亲，冯太后和拓跋弘都很高兴，大赦天下，改元皇兴。不久，拓跋宏被立为太子，冯太后将主要精力投入到抚育皇太子之中，把执政大权交还给拓跋弘。

亲政后的献文帝拓跋弘雄心勃勃，勤奋努力，一段时期以来，使得北朝政权更加欣欣向荣，皇帝的威望也不断得以提升。可惜拓跋弘命不好，遇上了一个比后来的武则天还厉害的后妈。冯太后生性聪慧，洞察细密，读过书，会算术，通晓政务，但生性猜疑残忍，工于权术。冯太后把执政大权交给献文帝后，虽不听政事，但她从没有完全放弃权力。后来她看到拓跋弘气势越来越强，已经威胁到她在朝中的声望，就安排自己的哥哥冯熙为太傅，以控制拓跋弘势力的进一步壮大。

冯太后年轻守寡，耐不住寂寞。"太后行不正，内宠李弈"的行为，使得献文帝拓跋弘深以为耻，便找机会杀了太后的面首李弈，这让冯太后很不高兴。于是双方矛盾不断加深，致使献文帝"雅薄时务，常有遗世之心，欲禅位于叔父京兆王子推……群臣固请，帝乃止"。迫于无奈，拓跋弘于皇兴五年（公元471年），把5岁的太子拓跋宏（孝文帝）扶上帝位，自己被群臣尊为太上皇，移居到崇光宫养老。

由于文帝还小，太后又不可能事事操心。而拓跋弘也并不甘心19岁就当太上皇，依然"国之大事咸以闻"，并把更多的时间投入到军事行动中。

公元472年二月，东部敕勒回归柔然，北部柔然部落南下策应，再次与北魏交战。太上皇拓跋弘亲自披挂，由平城北郊点将出征。两军交战，柔然部落兵败，部帅阿大干率1千余户来降。十月，柔然进攻五原（今内蒙古乌拉特前旗）。十一月，拓跋弘亲率大军征讨，柔然北走数千里。延兴三年（公元473年）八月，在上党王长孙观等征讨吐谷浑拾寅获胜的基础上，拓跋弘带着儿子孝文帝拓跋宏一道巡幸河西（古指青海、甘肃黄河以西地区），吐谷浑国王拾寅谢罪请降。这年十月，拓跋弘又亲自率军南征。十一月到达河南后，他对河南7州官员违法乱纪表示了极大的愤慨，要求朝廷派员进行严肃查处。在怀州（今河南沁阳）他还亲自问民疾苦，赐给老年人和孝子耕地及布帛，可见太上皇很忙。视察民情、率大军征讨本是皇帝的职责，对百姓可谓好事，但这势必引起冯太后的更大不满。拓跋弘没有意识到，他勤政的作为，已让他陷入灭顶的危机中。

正当北魏母子在窝里争斗时，予成可汗这时正在进行国土保卫战，希望将北魏的势力全部赶出西域。他两次派兵进攻敦煌，虽然都被击退，但北魏在西域凉州的统治已经岌岌可危。双方处于僵持阶段。北魏此时已无暇西顾，作为太上皇的献文帝拓跋弘又遇到了大麻烦。

敦煌自西汉起即为西域重镇，"丝绸之路"的畅通也使得中国和中亚及西方诸国的商业、文化交流得以发展。佛教和佛教艺术即是循此路线，经敦煌传入中国的。公元4世纪中后期，中原战火不断，河西地区则相对安定。

开凿第一个敦煌石窟的和尚叫乐尊，他是一位对佛教颇有修养的人。在

柔然传奇

公元366年，大约在前秦苻坚大帝时代，乐尊云游到敦煌城南的三危山脚下。时间已至傍晚，太阳快要沉入海洋般的大漠，四野茫茫，和尚还没有找到住宿的地方。他失望地抬头四处张望，这时突然间出现了奇景。在夕阳余晖映照下，三危山峰发出了万道金光，灿烂庄严。这一奇特的自然景观，在和尚看来是佛祖神灵显世了，他感到"佛"的真实存在。同时，这也给了和尚一种暗示：这里是块圣地！虔诚的和尚便顶礼膜拜，随之许下了要在这里造窟的誓愿。从此，他四乡化缘八村募集，并请来工匠，在这茫茫戈壁腹地的峭壁上开凿起洞窟来。就这样，在距今1700多年前，第一座石窟在敦煌这块圣地上出现了。远远近近的人们都哄传着这件事，虔诚的善男信女也来到这里瞻仰朝拜。敦煌壁画中反映了许多当时的历史场景。柔然与北魏的战斗场景与重甲骑士也都出现在壁画中。

当柔然与北魏为争夺敦煌而打得不可开交时，北魏有些官员建议拓跋弘说，敦煌离别的城镇太远，是敌人重点攻击的对象。柔然已多次攻城，城墙破损严重，恐怕支撑不了多久，最好干脆放弃，将当地的军民和物资迁往内地。满朝文武都赞成这一建议，只有大臣韩秀反对说："敦煌城建立已久，虽然强敌环伺，但却一直坚持至今，说明当地军民忠勇善战，足以自保。当地位于河西要冲，进可以断北狄（柔然）南侵之路，退可以断西夷（厌哒）东窥之道。如果强制他们迁往姑臧，恐怕不符合民意，会引发动乱。更何况主动示弱于敌，北狄和西夷必将会加强与吐谷浑的联系，那样整个关中地区都将永无宁日！"

敦煌壁画中柔然与北魏的战斗场景与重甲骑士

拓跋弘听韩秀说得有理，便驳回了放弃敦煌的提案。但柔然后来也放弃了收复该地的计划。柔然也不再进攻敦煌，而返回大漠。其原因是皇室内部出了乱子，可汗要急于回去处理。正因为如此，西域又得以暂时安定。

在拓跋弘时期，在冯太后大力倡导下整个社会都崇尚汉文化。同样喜欢汉文化的予成可汗即位之初，就表现出对中原文化的仰慕，不想和北魏大动干戈。公元474年–485年，年幼的北魏皇上拓跋宏在位的十余年间，予成可汗连年向魏国派出和平使节。

公元475年，予成可汗派使者到平城，请求迎娶北魏公主。太上皇拓跋弘虽然嘴上同意，但并无诚意，狮子大张口开出了巨额聘礼，所以和亲的条件一直无法谈妥。为了显示柔然和解的诚意，予成可汗之后又接连派高官出使北魏，表达了和亲的愿望，也希望他们能降低聘礼的报价。但冯太后不愿让步，双方来回扯皮，始终没有结果。至此，与北魏和解只是柔然的一厢情愿罢了。可以看出惠帝予成是一个平和仁慈的君主，他希望和平惠泽百姓，希望与邻国和平相处。予成可汗还调解了柔然贵族与高车部族上层酋长以及部帅之间的关系。其中最明显的例子就是予成可汗同意副伏罗部部帅阿伏至罗，对部落内十余万落（户）的自治权利，以及对汗国重大事务的议政权。自公元471年起，被北魏国胁迫利诱至漠南的高车部属，连续三年回归柔然。之后，予成可汗甚至允许阿伏至罗率高车骑兵（公元481年）对高昌国的内部事务进行干预。这一切，在以前是不可想象的。新政起到了一定的效果，但也埋下了隐患。

柔然这个世界第一大国的领土实在过于辽阔，民族人口实在过于繁多，然而惠帝予成的管理能力又实在有限，导致各部落首领开始同床异梦。在这种局势下，近百年来一直忠实追随柔然的高车人也准备自立门户了。

那时高车人中有一个副伏罗部落，又称覆罗。覆罗既是部落名，也是其酋长的姓氏。副伏罗部首领阿伏至罗智勇双全且勇猛善战，很受其他高车部落的尊敬。社仑可汗西征胜利后，高车诸部就被留居西域驻守。后来他认为予成可汗软弱可欺，便迅速把部属扩编到十余万帐，从而渐渐具备了与柔然中央政府抗衡的力量。据《魏书·高车传》记载，阿伏至罗将高车五个部落

聚集在一起，举行五部祭天仪式，人数达数万之多。同时恭请北魏皇帝驾临。北魏拓跋弘亲自前往观看，高车人极为高兴。这种暗地里背叛主子的行为，预示着危机即将爆发！而柔然予成可汗对此却浑然不觉，蒙在鼓里。开国帝王的子孙们，一代不如一代，看来都是如此。坐享其成的后代们，欠缺文攻武略的气度、经验与洞察世界的敏锐智慧。

　　名义上做了太上皇帝，而实际上与皇帝并没有太多区别的拓跋弘，依旧操心着朝政大事。但他却不知升任太皇太后的冯太后，对他的嫉恨则愈来愈强烈。冯太后看到拓跋弘除了国家大事要由朱批外，还牢牢把持着军权不肯放手，特别是拓跋弘还不断注视着她的私生活。这使得冯太后感到莫大的不安和威胁。于是，承明元年（公元476年）六月辛未这一天，冯太后派人秘密毒死了拓跋弘。年轻的太上皇拓跋弘死于一个妇人（后妈）之手，除了说明宫廷斗争的险恶外，归根结底还是他缺乏做皇帝的智慧和魄力。

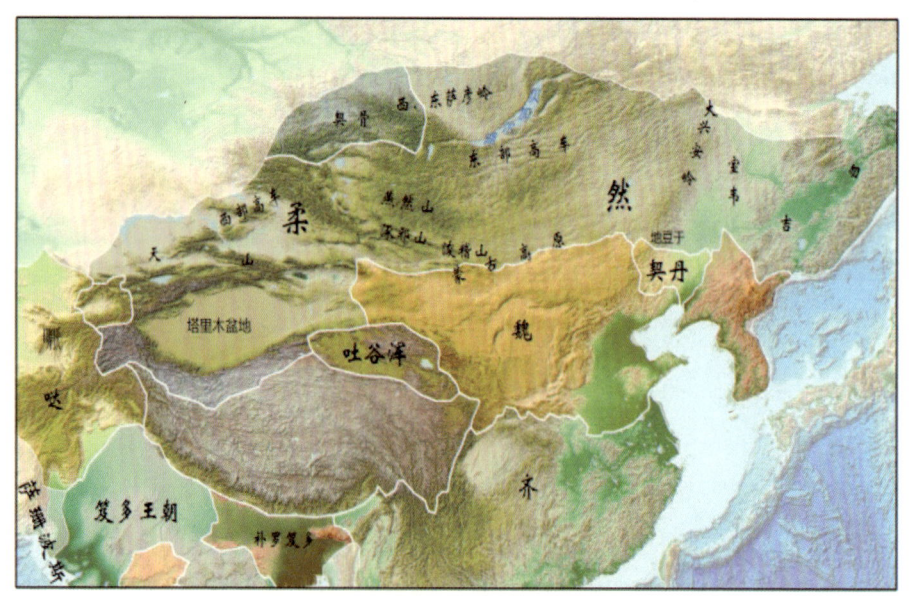

公元479年柔然及其邻国分布图

　　献文帝拓跋弘生前，"敦信尤深，览诸经论"，实行崇佛政策。在他和冯太后的影响下，孝文帝拓跋宏自幼信奉佛法。亲政之后，他深研佛教义理，与高僧交往密切，后来在平城和洛阳兴造佛寺，招揽高僧，全面制定僧制，促进佛教有序传播，使平城和洛阳先后成为佛教中心。

孝文帝继文成帝之后又一创举，是公元493年北魏迁都洛阳之后，下令在洛阳伊阙开凿古阳洞。后来北魏皇帝、大臣在这里大举开山造像，这里就是著名的龙门石窟。

迁都洛阳时，著名的印度和尚佛陀也在其中，他大概是孝文帝请来的客人。佛陀喜欢安静，嫌洛阳太吵闹，于是孝文帝下令特别为他在少室山建造了一座寺庙供其修行，因位于少室山下密林中，名之为"少林"，此即今天的少林寺。

南朝宋、齐、梁、陈各代帝王大都崇信佛教。梁武帝笃信佛教，自称"三宝奴"，四次舍身入寺，皆由国家出钱赎回。他建立了大批佛寺，亲自讲经说法，举行盛大斋会。梁朝有寺2846座，僧尼82700余人，在建康（今江苏南京）就有大寺700余所，僧尼信众常有万人。北朝虽然在北魏太武帝和北周武帝时发生过禁佛事件，但总的说来，历代帝王都扶植佛教。北魏末，流通佛经共计415部，1919卷，有寺院约3万余座，僧尼约200余万人。北齐僧官管辖下的僧尼有400余万人，寺庙4万余座。在南北朝，有大批外国僧人到中国弘法，其中著名的有求那跋摩、求那跋陀罗、真谛、菩提流支、勒那摩提等（《中国佛教史》）。中国也有一批信徒去印度游学，如著名的法显、智猛、宋云、惠生等曾去北印度巡礼，携回大批佛经。

洛阳奉先寺佛祖石雕像

两晋南北朝时期的佛教有了极大的发展。以东晋戴逵为代表的佛像雕塑家的出现，标志着中国佛教艺术发展到了一个新的水平。戴逵的创作态度认真，据说有一次他为了制作一尊佛像，曾潜藏在帐中，倾听众人的褒贬议论，然后加以详细研究，积思三年，才得以完成。因此他所作的佛像，使"道俗瞻仰，忽若亲遇"。这一时期出现的各种佛像，包括塑像和画像，已经不再是单纯地模仿西方传来的佛像图样，而是融合了中国的民族风格，开始走上了独立的发展道路。南朝时期佛教，传世遗物较少。但从现在仅有的一些造像来看，其风格有着明显的特点。例如宋文帝元嘉十四年（公元437）所造的佛坐像，其衣纹、手印、背饰等基本上还保留着较早的传统手法，但其面部表情则安详柔和，与其它一些显得强有力而充满感情色彩的佛像相比，尤为幽雅静温，具有更多的中国传统色彩。

由北魏政权所主持开凿的闻名于世的大同云冈、洛阳龙门两大石窟，按照今天的话说就是国家项目，所以规模巨大，空前绝后，显示了非同凡响的宏伟气势。这一时期留传下来的金铜佛像数量也很多。大同作为当时北方的政治、经济中心，在佛教艺术发展过程中，还形成了被称为"平城模式"的艺术风格，对当时中原地区佛教艺术的发展起着指导性的作用。

当时，中亚地区的居民大多已经皈依佛教。历代厌哒可汗虽然不信仰佛教，但也不像拓跋焘那样灭佛，除了少数几次在战争中破坏佛寺之外，对佛教都持宽容的态度，任其发展。正是在厌哒人统治期间，中亚人民建造了伟大的世界奇观——巴米扬石窟（Bamiyan，阿富汗喀布尔西北）。可惜被塔利班分子给毁坏了。

回顾北魏拓跋氏的历史，从拓跋穆皇帝猗卢公元316年到公元376年拓跋昭成帝什翼犍的六十年间，拓跋国主换易极为频繁。猗卢之后，有郁律、贺傉、纥那、翳槐、什翼犍。王位五易，主因是内乱，其中二主，史书明载被杀，另三主则为"崩"字。到献文帝弘也是类同，杀比逝的比例更高。由此可见，皇室的更替，内讧亦是主因。

魏晋时期最具（服饰）特色的佛像

拓跋弘被冯太后毒死次年，北魏再次发生内乱。北魏怀州平民伊祁苟自称尧的后裔，在重山聚众起兵制造叛乱，洛州刺史出兵将他们击败。冯太后打算屠杀全城的百姓，雍州刺史张白泽劝阻说："凶恶的叛党，已经杀光，城里难道没有一个忠良仁义之士？怎么可以不分青红皂白全部诛杀！"冯太后这才打消念头。冯太后猜忌青州刺史南郡王李惠与叛乱有染，于是诬陷李惠将投南朝。十二月，癸巳（二十日），诛杀李惠和他的妻子以及弟弟、儿子，并因猜疑而屠杀相关的十余家。李惠历任官职，每每都有成绩，口碑很好，北魏的百姓由此而悲愤，为他呼冤痛惜。

献文帝拓跋弘是北魏封建化进程中一位承前启后，且较有作为的年轻皇帝。他的一系列改革措施把他父亲拓跋濬留下来的北魏进一步推向繁荣。如果不是23岁就被冯太后毒死，相信拓跋弘创下的伟业肯定不会比冯太后和拓跋宏共同创下的北魏鼎盛时期差多少。这位年轻的皇帝没有实现他的夙愿，也不免为后人留下深深的遗憾。

而这个阴险狡诈的冯太后却成为后世歌功颂德的对象，长篇历史剧《北魏冯太后》，将她描述成一个"卓有成效的改革家，使北魏国富民强，百姓安居乐业。一生中历尽坎坷无数，她曾沦为奴婢，历经生死，她的人生经历

与她所生活的朝代一样充满了传奇色彩"。对于这样一个为了权力而亲手毒死儿子，心狠手辣的太后，后世将她粉饰成一个文明的济世菩萨，雄才大略的伟人，到底是为什么呢？大约是她的汉化政策赢得了人心吧。

汉化，是冯太后的功劳之一。之所以如此，其重要原因是，北魏开国皇帝道武帝拓跋珪从公元386年建国之初，就非常重视汉文化。希望借助汉文化巩固北魏的统治。后来孝文帝下令鲜卑人改穿汉人服装、禁止说鲜卑话，废除了鲜卑族的种种特权。再后来又将鲜卑诸姓改为汉姓，其中拓跋改作"元"姓，另外还有一些鲜卑姓氏都改为长孙、穆、奚、陆、贺等汉族姓氏。孝文帝还通过婚姻方式来加强鲜卑同汉族的关系，同时在政治上大力重用汉族官员，以汉民族的传统习惯进行治理。孝文帝的一系列改革，使得汉族的先进文化及先进的政治制度完全融入了北魏的统治中，中原百姓民心也倾向于北魏。由此可以看出，从文成帝、献文帝到孝文帝，三代皇帝为"汉化"的推进做出了极大的贡献。

北朝在统一北方之后，黄河流域形成了民族大融合。这在中国历史上是史无前例的，为将来中国成为统一国家打下了良好的基础。可以说，南北朝时期，对加速日后的中原各民族统一起到了极其重要的作用。

予成可汗即位后，就表现出对南方先进的物质文化生活的兴趣。永明初年予成派使者前往南齐，向南齐"求医工等物"，要求南齐提供中医药、织锦工匠、指南车、漏刻等。这些物品都代表了当时南朝科学技术的精华。其中，指南车按照《宋书·礼志五》所记的形制为，"其制如鼓车，设木人于车上，举手指南，车虽回转，所指不移"。祖冲之还对其进行了改良，"冲之改造（指南车之）铜机，圆转不穷而司方如一"。足以看出柔然国当时的社会总体发展水平也是很高的。

柔然与南朝建立联系的重要原因，在于南北朝与柔然特殊的政治地理格局。在柔然、北魏、南朝三者的对立中，北魏始终是南朝政权安全和发展的威胁，是来自北方异族的高压；柔然与北魏之间则上演着传统中国游牧与农耕政权间的斗争游戏。基于各自实力与利益，柔然和南朝自然形成了这种"远交近攻"的关系。同样也导致北魏结盟高车、悦般以掣肘柔然的局面。

其次，柔然与南朝交往的陆路交通线极大地推动了青海丝绸之路的兴旺。然而，由于此时正值南朝政局不稳，加之相互交流的限制，予成可汗联合南朝的策略成效不大，与南朝夹击北魏的计划也未能得以实现。

1925年苏联早期考古学家波罗夫卡（r.川·Bopobxa）在蒙古土拉河畔的诺颜罗·斯穆发掘的一座属于公元4—5世纪的柔然贵族墓葬中，就有一些汉式铜镜残片和汉式丝织品，还有一些中亚波斯萨珊王朝式的丝织品。这些丝织品明显是丝绸之路贸易的结果。

柔然与南朝关系的发展来自于双方共同的政治利益。但由于地理位置原因，两国交往都要绕过北魏，途经吐谷浑。吐谷浑比较注意利用过境商贾所带来的经济利益。随着吐谷浑统治区域的扩大，这一特殊地理位置成为连接北魏、南朝、柔然、西域诸国以及西南羌部的交通中心。吐谷浑历代国君接受南朝遣使册封，又与柔然保持传统的密切关系。随着柔然遣使南朝数量增加，南朝回访柔然渐多，南朝和柔然双方民间交往不断。这也进一步显示了吐谷浑国政治、经济、文化的重要性。

南朝指南车模型

柔然与南朝相互间相距约三万里，往返一次的时间在数月乃至一年之久，这使得相互联系难以快速、连贯。后来又由于吐谷浑杀了南朝傲慢无礼的使者，从而使这一通道关闭，也使柔然与南朝相互间的交流中断。但是，西北各族政权在中原分裂内乱、南北对峙拉锯的情况下，却始终与南方各朝保持着较

175

为稳定的政治关系。

8. 动乱的年代

那个时代太依赖英雄了，可汗吐贺真的去世，使柔然人打下的欧洲广阔地域转眼就又失去了。

公元 5 世纪中后期，中原大地乃至中欧都处于一个动乱时期。公元 476 年北魏拓跋弘被其母冯太后下毒害死，登基小皇帝年幼由冯太后把持朝政。南朝也由于内乱导致刘宋政权过渡到南齐。

南朝前后共经历了（宋、齐、梁、陈）四个朝代（公元 420—589 年），历经 169 年。

南朝四个朝代虽然存在都不过几十年，但如果没有它的存在，中原汉文化没能保存和发展，那么，华夏文明或许就此终结消亡。所以，南朝在中国历史上，有着极其重要的地位。

把眼光转向欧洲。就在这一年，欧洲的西罗马帝国被匈奴血统的日耳曼雇佣军灭亡了。以君士坦丁堡（现称伊斯兰堡）为首都的东罗马帝国被后人称为"拜占庭帝国"，虽然还扛着罗马的大旗，但却连罗马城都统治不了，欧洲从此分裂成许多中小国家。它们之间的战争无休无止地延续到 20 世纪。吐贺真在位时屡次发动远征，柔然人西征进入了西伯利亚及欧洲境内。公元 463 年欧洲民族大迁徙，其动因就是吐贺真的西征。《西史》记载，萨比尔人西迁的原因，是由于受到东方更强大的民族阿瓦尔（Avar）人之压迫，此 Avar 即是中国史籍中的柔然。此时，阿提拉之匈人（Hun）部落联盟瓦解后，这些部落退回黑海、高加索、伏尔加之故地。从有关记载中可以推知，柔然的骑兵军团少则数千骑，多则达十余万骑，其中多半是隶属于柔然的精锐部队——铁勒族，即高车族的车兵。此外，还有武装着"马恺"的戎马和装束着"黄金马勒"的骑兵，即马勒是黄金制的。吐贺真靠着柔然祖先留下的金洞以及战争猎取，已积蓄了相当数量的金银。上述密林中的古道，有可能就是柔然人西征时创建的。

第五章 一代欧亚霸主吐贺真和他的儿子们

北魏由于内乱而国力减退，南朝借机讨伐北魏，希望一统南北方。而北魏在不断扩张的同时，也吸取学习汉文化，照搬南朝一些社会制度，同时也学来了奢靡无耻的私生活。与北朝热火朝天地汉化，学孔孟之道、仰慕汉文化的同时，南朝政权腐败及糜烂之风盛行，甚至到了无可救药的地步。这真是莫大的讽刺。

南朝政权前后共有24个皇帝。仁慈的明君不多，多数有一个共同点，就是性情残暴。他们的残暴程度连五胡中的暴君们都相形见绌。南宋刘子业就是其中的典型代表。他16岁就继位。别看年纪小，残暴和淫乱大大胜过成年帝王，也远超乎人们的想象。刘子业继位以后，疑心重重，认为他的叔祖刘义恭会谋夺他的皇位。于是，就亲自率军，把刘义恭和他的四个儿子一齐杀死了。杀死还不解气，又对他们进行肢解：剜出内脏，挖掉双眼，还把这些零碎的器官泡在蜂蜜里，取名叫"鬼目粽"。

刘子业不光是对刘义恭不放心，其实，他对所有叔父都不放心。干脆一网打尽。刘子业索性把叔父们全部囚禁在宫中。刘子业毫无来由，随心所欲地对他们进行殴打。兴致来了，把他们当墩布，在地上拖来拖去。刘子业的暴虐触目惊心，而他的荒淫却更胜一筹。他把姐夫杀掉，将自己的姐姐山阴公主刘楚玉召入宫中，与之同宿。刘子业的荒淫残暴终于激起了众怒，即位一年后就在政变中被杀，死时十七岁。凶暴的小皇帝死了，换了一个新皇帝，群臣们都松了一口气。但他们高兴得太早了，这个差点被刘子业当猪杀害的新皇帝刘彧也不是一只好鸟。虽然他在登基前表现不错，很得人心，但做了皇帝后居然也变得残忍无比，比起小皇帝来有过之而无不及。后来刘彧死了，他的儿子，十岁的刘昱即位为帝。这个小皇帝更是个混世小魔王，在位期间的种种荒唐暴虐，罄竹难书。后来，小皇帝被手下人杀死，此被称为"废帝"。后人为了区别，就把刘子业叫做"前废帝"，刘昱被杀叫做"后废帝"。

南朝已烂进骨头里。南朝的荒唐暴虐，激起了部下的造反。同年，萧道成控制了南朝的刘宋政权。此前，柔然国相希利垔曾经多次预言，齐将代宋。萧道成原本是南宋很有才能和势力的将领，后见昏君无能，皇室成员自相残杀，便买通皇帝侍从刺杀了皇帝刘昱，改立刘准（刘昱弟）为顺帝，他本人

177

升任为相国。期间，柔然新任国相刑基祇罗也曾托信使鼓动萧道成称帝，萧道成拿到柔然的劝进表后，认为自己真的是四海归心，有了柔然可汗的支持，底气足了。于是，公元479年，让宋顺帝颁诏，将帝位禅让给齐王萧道成他。萧道成于是登基称帝，国号齐，是为齐高帝。改元建元，史称南齐，南宋朝宣告灭亡。萧道成革除暴政，清明政治，精于军事，博学有才，他还是历史上著名的书法家，是南朝时期少有的好皇帝，一直与柔然保持良好关系。

萧道成称帝后，曾随即派亲信王洪轨出使柔然，商议伐魏，希望予成可汗能够与自己联手，从南北两面夹攻北魏。这一计划恰与柔然奉行的反魏政策相契合。齐与柔然远隔万里，信使王洪轨只好逆长江而上，然后爬雪山，过草地，绕道吐谷浑和西域各国，经过一年的艰苦跋涉，才到达柔然可汗庭。

公元479年，齐高帝萧道成派使者与予成可汗来往的消息传到平城，冯太后觉得大事不妙，决定先下手为强，就在当年十一月集中兵力攻打南齐，占领了多座要塞。次月，予成可汗率领十余万骑兵（号称三十万），从燕然山南下，长驱三千余里，扫荡了北魏的塞外各镇，直至长城脚下。史载"建元元年八月，芮芮主发三十万骑南侵，去平城七百里，魏房拒守不敢战，芮芮主于燕然山下纵猎而归。上初践诈，不遑出师"。《梁书》也说479年"（柔然）国王率三十万骑，出燕然山东南三千余里，魏人闭关不敢战"。予成可汗按照盟约等待南齐军队与自己合击北魏。此前柔然与北魏已经和好多年，北魏府兵对柔然这么大规模的突然行动缺乏准备，全部高挂免战牌。但萧道成对北魏的进攻自顾不暇，不仅没有北伐的意思，反而疲于招架北魏的攻势。予成的柔然大军在塞外打了几十天猎，联盟的第二次计划又如此不了了之。无奈之下，予成觉得南征孤掌难鸣，但又不想白来一趟，就想向东进击，打开通向海洋的大门。当年底，予成开始进攻东方的地豆于、库莫奚和契丹。

第五章　一代欧亚霸主吐贺真和他的儿子们

北魏时期释迦牟尼佛塑像

这三个民族原先居住在今蒙古土拉河流域，公元391年被北魏拓跋珪击败，逃到今吉林一带。听说强大的柔然要来攻打自己，契丹首领勿于十分害怕，率部向南跑到白狼水（大凌河）东岸，请求到西岸的北魏营州境内避难。营州都领没有答应。后契丹人在辽河上游定居下来，从此与"辽"字结下了不解之缘。

契丹源自宇文鲜卑，金庸小说天龙八部中的武侠大哥萧峰，就是契丹人也。契丹族也因这部小说而家喻户晓。契丹族所建立的辽国持续近二个世纪，亡于属部女真族反叛所建立大金国，后进而西迁建立西辽国，直至被蒙古汗国所灭，又持续近一个世纪。

几年后，地豆于和库莫奚也渐渐南下，开始给北魏的东北边疆制造麻烦。

予成可汗励精图治，进行了一系列的改革，重新控制葱岭以东天山南道诸国，实力增强，当然也与之前吐贺真对欧洲及整个西方的征战分不开。公元479年予成可汗率骑十余万逾漠南下，比大檀可汗时期（公元424年）的六万铁骑多出差不多一倍。这充分显示予成可汗新政的成果，同时也和柔然控制了西域，没有后顾之忧有关。然而，打仗就必有牺牲，自然也就要征兵

179

补充，予成的反魏政策也导致军役繁兴，赋役苛重，引起属部的不满，从而为柔然的统治埋下了危险的火种。

在公元460年时吐贺真可汗曾攻打高昌，将占据了高昌赶走阚爽的沮渠安周杀掉，一举消灭了盘踞高昌的北凉沮渠氏流亡政权，并重封阚爽之子阚伯周为高昌王，北魏孝文帝延太和元年（公元477年），高昌王阚伯周去世，他的儿子阚义成接替了王位。第二年，阚义成被他的哥哥阚首归杀害，阚首归自立为王。

高车王阿伏至罗随即在公元481年攻占高昌，杀死阚首归，改立张孟明为王。阚家一直忠于柔然，出土的高昌文献沿用予成可汗的永康年号，可资证明。阿伏至罗攻打高昌之举，很可能是来自予成可汗的命令，意在惩办篡位者，维护属国的政治稳定。但此举客观上也提升了阿伏至罗的威望和野心，为柔然汗国日后的分裂埋下了伏笔。去阚立张，也预示着未来高昌被高车控制的事实。

一直以来，柔然与南朝保持着友好关系。萧道成称帝后，柔然多次派使者出使南齐，希望得到一些南朝的织锦工、漏刻（显示时间的沙漏）和医生等那时较为先进的技术。只是萧道成位子还没坐热，称帝仅3年多（公元482年）病逝。他的继承人萧赜缺乏长远目光，害怕本国技术外泄，婉言回绝说："南方与北方水土差异太大，医术和药材都不相同，我们的医生对你们未必有用。织锦工都是女人，身体柔弱，无法跋涉数万里路去贵国。指南车、漏刻这些机械倒还在，但现在已经无人知道操作的方法。"就这样，予成可汗的学习计划以失败告终。这个温柔可汗四处碰壁，他想用仁义来换和平的主意行不通，与南朝通好的美好愿望也仅仅是一点曙光，与北魏的和亲计划也看不到诚意，他感觉很郁闷。

公元485年，予成可汗因病去世，他的不成器的太子豆仑（Turum）继位，号称"伏古敦可汗"，相当于汉语中的"恒帝"，并改年号为"太平"。

太平年间并不太平。豆仑上台后，立即废除予成可汗一系列温和新政，多次南下攻打北魏，重新燃起与拓跋魏之间的战争，大臣石洛候表示反对，豆仑大怒，以谋反罪名处死石洛候全家，部下因此人心离散。

这时的柔然和北魏这一对冤家,都进入分崩离析、乱象丛生的前夜,新的朝代正在酝酿中。

9. 反叛的阿伏至罗—高车

5世纪末,柔然在内忧外困下国力已经开始趋于衰落,出现了属部分离的局面。而此时的高车阿伏至罗部已经是一个"统领高车十余万落(户)"的大部落联盟。蒙古草原形成了柔然衰微,属部高车强盛的局面。因而,高车独立是迟早的事。在这种情形下,豆仑可汗不是采取适应形势的对内、外政策,而是不顾本身政治、经济的衰败和军力的衰弱,继续盲目地不断与北魏抗争。

公元487年(北魏太和十一年),豆仑可汗又准备大举进犯北魏。但此时柔然因军力不足,便大批地征发高车人。高车眼看牛羊无人放牧,似有家破族灭的危险,于是,高车部族首领阿伏至罗便挺身而出,向豆仑可汗提出劝谏。豆仑可汗连自己亲信大臣的话都不听,怎肯采纳番属的意见。恒帝豆仑的强势让附属部族感到不安,早有独立预谋的高车王阿伏至罗乘机率部开溜。阿伏至罗之前就已有了反叛之心,他乘当朝柔然可汗的暴躁与失信于众,私下里偷偷扩充发展了自己的力量。当年,柔然可汗在与悦般、北魏的西征战役中,高车(十二姓)被柔然派遣到西域参加了此役。其后悦般国战败并消失于史册,而高车作为守军留守当地(西部高车)。之后,高车之势力日盛,逐渐不理会柔然号令。高车与厌哒为邻,在其影响下渐亦桀骜不驯。这次不过是借拒受征伐北魏事件向可汗发难而已。

这次征兵正好是个机会。为了部族的独立,阿伏至罗在堂弟穷奇的支持下奋起反抗,毅然脱离柔然。他们带领10多万户高车人,分作两路,一路由阿伏至罗率领,经过蒙古高原西南部的浚稽山向南;一路由穷奇率领,经过蒙古高原西方的金山(阿尔泰山),向西域迁徙。豆仑可汗听到消息后怒发冲冠,怎能容忍高车做出此等叛逆之举,便亲自带兵向浚稽山追击阿伏至罗,同时派遣他的叔父那盖率军向金山追击穷奇。穷奇率领的高车人因为走的是阿尔泰山，溪深崖陡，道路崎岖，多次被那盖追杀，损失很大。阿伏至罗率领的高车人走的是海拔不高的浚稽山和平坦的戈壁。他机智勇敢，富有军事才能，屡次在险要的地段设置伏兵，击退了豆仑的追兵，率军进入天山北麓、准噶尔盆地。阿伏至罗背叛柔然后，很快就与北魏结盟，并得到了北魏的支持。最后，阿伏至罗和穷奇在（在今新疆吐鲁番）西北，筑起了彰八拉城（在今新疆昌吉一带）。

副伏罗酋长阿伏至罗是高车国的创立者，建国后自称侯娑匐勒，即"大天子"、大伯克或大甸国王。而以其弟穷奇为侯倍，即王储副王、伯克或甸，实行双王南北分治制度。副伏罗氏乃西部高车的十二姓中主要种姓，历代高车国主都出身于此姓，阿伏至罗也出身此部。

两兄弟分部而立，以天山山脉为界，阿伏至罗统治山北的准噶尔盆地、蒙古高原西北部和唐努乌梁海一带；穷奇统治山南的塔里木盆地北部。北魏称这一新兴国家为高车或西部高车，又因为开国元首名叫阿伏至罗，亦称之为阿伏至罗国。南齐当局则沿用高车（乃高车丁零的简称）民族的古名，称它为丁零。

车师与高昌是这一地区两个不同时代的王国。他们虽都在吐鲁番盆地立国，相互之间却没有继承关系。车师国大约是在秦末汉初，由土著的欧罗巴人种民族建立，都城就是现今吐鲁番西南的交河古城遗址。车师国在西汉宣帝时期又分为车师前部、后部（即车师前、后两个王国）。交河古城是前王国都。《汉书·西域传》载："车师前国，王治交河城……去长安八千一百五十里。……车师后国，王治务涂谷，去长安八千九百五十里。"务涂谷在今吉木萨尔县南山泉子街镇一带。车师前后国分别位于天山两侧，其间的交通往来就是通过穿越天山琼达坂的车师古道连接的。车师国是早期西域36国之一。车师当年夹在汉匈两大政权之间，成为了争夺的热点。

交河古城现存遗址的面积不大，但是地理环境十分奇特。他坐落在一个高土坡上，四面环水，恰似一座孤岛，易守难攻。房屋除了地面一二层外，大多数开挖建在地下，冬暖夏凉，适合当地人生活，也利于战争。这一带还是通往西域的交通要道。

第五章　一代欧亚霸主吐贺真和他的儿子们

早在公元450年，北凉沮渠王被北魏打败后，向西迁移，后攻灭车师国，建高昌北凉。车师王国灭亡后，吐鲁番盆地的政治经济和文化中心由交河城移到高昌城，盆地内全部实行郡县制。

根据史书记载，当时高昌的管辖区域西境至焉耆，东境起白苏城（今吐鲁番辟展乡），东南隔莫贺延碛与敦煌遥相为邻，北境界天山与铁勒境接，南境接鄯善、蒲昌海与吐谷浑为界。可见，高昌不仅东通中原，西接中亚，乃是交通贸易的要冲之地，通过这里来往于中亚和中国的商旅、使团络绎不绝。因此，对于任何一个国家和王朝政权来讲，控制高昌都有着特别重要的经济意义。

交河古城遗址

公元487年高车建国后，根据形势的需要，为了能与柔然相抗衡，便采取积极联络北魏抗击柔然的政策。公元490年（太和十四年），阿伏至罗就派商人到北魏朝贡，并对北魏统治者说，"蠕蠕为天子之贼，臣谏之不从，遂叛来至此而目竖立。当为天子讨除蠕蠕"。高车的这一提议很快得到了北魏朝的支持。不久高车与北魏就缔结了共同对抗柔然的联盟，并连续挫败了柔然的多次进攻。公元488年十二月，柔然伊吾主高羔子率众三千，投靠高车。自后西凉臣服于大檀可汗算起，柔然控制伊吾已达66年（公元422-488年），至此丧失。高车立敦煌人张孟明为高昌王后，实现了对高昌的控制。并乘势

183

向西驱逐了柔然在焉耆和鄯善的势力，控制了丝路贸易的门户。原为柔然属国的焉耆和鄯善、龟兹等城邦部纷纷叛离柔然，改附于副伏罗（高车）。此时，高车国力已达到了极盛时期，控制了东邻北魏、西接悦般、北达阿尔泰山，南服高昌、焉耆、鄯善的广大地区。而柔然此时却由于上层集团的相互倾轧而国力逐渐衰败，控制区域大幅缩减。

张孟明是高车扶植的傀儡政权，随后，当高车遭到厌哒人攻击后，因高车王无暇顾及高昌，便乘机独立自建年号"建初"，这可能是高昌国时期第一个自建的年号。即使这样，张氏高昌王朝在名义上仍然是高车国扶植的傀儡政权，在暂时脱离高车控制的同时也就失去了高车的庇护。在此背景下，高昌国于太和二十年（公元496）发生内乱，高车扶植的张孟明为国人所杀。柔然借此机会夺回高昌，并将其控制在自己的门下。之后，柔然扶立马儒为高昌王。但好景不长，厌哒势力很快进至焉耆，这引起高昌王马儒的震惧。马儒是一个保守且胆小之人，由于处境凶险且有性命之忧，因而滋生叛附北魏之意，并私下发出求援，意东迁归附北魏朝。北魏文帝元宏接受了马儒的请求，并派遣使者前往商议相关事宜。由于马儒的投魏没能得到大家的同意，故他被国内"旧人"所杀。其理由是"而高昌人情恋本土，不愿东迁，相与杀儒而立鞠嘉氏为王"。当然，这只是说辞，更深层的原因在于，其实北凉政权中有大批金城、西平卢水胡人，早在沮渠牧犍降北魏后，有的随沮渠无讳、安周西移至高昌，在北凉高昌政权中担任要职，他们仍是高昌地区势力最大的望族。正是这支力量在起作用，马儒投降北魏是他们不愿看到的。马儒被杀，鞠嘉被众人推为高昌王。

不明智的豆仑可汗不顾柔然本身政治、经济衰败和军力的减弱，继续盲目地不断与北魏抗争，又没有什么谋略和实战经验。在追击高车失败后，军队伤亡惨重，豆仑威信丧尽，已无继续统领柔然人的召唤能力。回国后他就被柔然贵族密谋杀害了。臣下竟然可以随意杀害君主？柔然由此开始了乱象！

那盖因战功卓著被拥立为新可汗。郁久闾那盖（？—506年）予成可汗弟，豆仑可汗的叔叔，汗位又传回到了上一辈。豆仑在位时，因为豆仑所推行的治国方略存在问题，加上他的脾气暴躁，引起柔然国内部众极大不满。

当时贵族联合欲杀豆仑改立那盖为汗。那盖不是个有野心的人，拒不同意。通过这次契机，部众还是哗变，杀伏名敦可汗豆仑，示尸于他。《魏书．蠕蠕传》卷103记："国人咸以那盖为天所助，欲推那盖为主，那盖不从，众强之"，后"众乃杀豆仑母子，以尸示那盖，那盖袭位"。这可真是黄袍加身，不同意也不行。那盖继位后，改年号为"太安"，称"候其伏代库者"可汗（意为快乐之王）。在位15年。

那盖在位的这十来年里，历史记载中几乎无所著录。然而参考其它数据可知，由于周边政治形势的大变动，柔然与周围的国家和多战少，柔然得到了一个短暂恢复发展、休养生息的机遇。当然，这与北魏孝文帝正忙于全力推行汉化政策，无暇北顾也有关。公元493年北魏迁都洛阳，后改皇族拓跋氏为元氏，其余鲜卑大族悉改汉族姓氏。这个改革一度引起了北魏政权内部的不满和尖锐斗争，无疑这也减轻了对柔然的威胁。草原民族一旦生活有了安定和保障，自然就忘了其它。战争少了，日子好了，留给世人的可怕记忆和记载也就没有了。

那盖依照柔然人传统的嫂婚习俗，即兄死弟娶寡嫂，让儿子伏图娶了豆仑的妻子侯吕陵氏，后来生了丑奴和阿那瑰等6个儿子，这可谓是侯吕陵氏的最大贡献。

那盖不甘心曾经的部属高车人摆脱自己的统治，率大军出兵攻打高车，当那盖可汗的大军来到高昌时，高昌王鞠嘉随即向柔然可汗称臣。

高车国土在短短的几年中，得到极大拓展。阿伏至罗以其卓越的军事才能，使高车国达到鼎盛时期。其疆域东到蒲类海（今新疆巴里坤湖），西与焉耆以西巴音布鲁克草原的悦般国接壤，南到于阗，北至阿尔泰山，成为西域的泱泱大国。就在阿伏至罗对柔然的战争不断取得胜利的同时，却遭到了来自西面的柔然的故友厌哒的阻挠，随之与厌哒发生激烈冲突。

这时厌哒已经开始卷入西域争霸。但随着高车国之日益强盛，尤其是穷奇主持之天山南麓经略获取成功，先后控制了鄯善、高昌、车师前部、焉耆、龟兹等丝路中道之重要城邦，阻断了厌哒与北魏之贸易往来，双方因而反目成仇。高车国与厌哒多年的战争得不偿失，焉耆以及鄯善接连丢失，二十年

浴血奋战的成果转眼间化为乌有。同时，高车国还面临着极其严重的危机。像历史上经常看到的那样，高车国内出现内乱。

阿伏至罗由于屡遭战败而使天山以南的土地几乎丧失殆尽，他为此焦躁不安，开始对部众非常残暴。阿伏至罗诬称儿子与自己的妃子有染而杀之。他用过于残暴的手段镇压反对派，激化了矛盾，使部众对他丧失信心。很快，部众们联合起来杀死了阿伏至罗，推举跋利延为王。跋利延是其族人而非皇裔，名不正，言不顺，这对皇室来讲是不能容许的。一时间高车国出现了混乱，皇室成员与新王展开了激烈的争斗。这正好给厌哒人创造了机会。公元6世纪初，厌哒人由东侵葱岭，到争霸西域各地，不断向塔里木盆地发展自己的势力。此时见到高车国出现内乱，好机会自然不能放过。毕竟高昌是柔然、北魏、吐谷浑等诸国往来的必经之路，谁家都想将这一地区控制在自己的势力范围内。

柔然可汗那盖于公元506年病死。那盖子伏图继位，称佗汗可汗，"伏图"之名似即"佛陀"音转，或许他就认为自己是佛的转世。伏图很机灵，既然上天有此安排，就要充分利用起来。他继位后，企图利用这一城邦诸国共同信奉的宗教争取西域诸族的归心。伏图认为，与北魏为敌几十年，双方长期战争，都没有得到任何好处，弊大于利，故继位后一改与北魏为敌的策略，并于正始三年（公元506年）遣使北魏，"请求通和"。

高昌古城遗址

厌哒人因所处地理位置的缘故,以往主要以波斯为敌,柔然主要以魏国为敌,双方都不愿意在背后存在彼此的争夺。因此,厌哒与柔然一直保持友好关系。厌哒在社仑时期就曾作为柔然的属国代替柔然管理西域。

厌哒也可翻译为庵达(蒙语—安达),即朋友或兄弟之意。

自公元5世纪中叶开始,厌哒人南侵印度,形成了与印度寄多罗王朝长期对峙的局面。5世纪中后期,王朝内部分裂为两派,开始走向衰落,厌哒人伺机而行。5世纪末或6世纪初,厌哒人攻灭了兴都库什山以南及印度河流域的寄多罗王朝统治的诸小国。嗣后,又进一步向南入侵波斯、北印度,此后势力强大,威镇西域。之后,厌哒人又攻灭了粟特国,尽占其地域。此刻的厌哒已不是当年社仑可汗在位时的弱小部落,势力大了,翅膀硬了,从此不再向柔然称臣。

跋利延在位一年多,厌哒人乘机发动了对高车国的战争。与此同时,柔然也联合他的朋友吐谷浑,大举进攻高车国。公元508年,柔然可汗伏图率大军由东蒲类海出击,厌哒军从疏勒西进,吐谷浑军则从南青海直出阳关,三路大军同时扑向高车国周围。在强敌三面压境的情况下,跋利延被迫分兵抵抗。他率领精兵抵御柔然的军队,命穷奇守卫天山以南地区。跋利延虽然在蒲类海边遏止了柔然的进攻,而穷奇却在厌哒和吐谷浑的合击下节节失利。吐谷浑占领了鄯善,厌哒占领了于阗和龟兹。穷奇困守焉耆,终因寡不敌众而城池失陷,后为厌哒所杀,大儿子弥俄突、小儿子伊匐都成了厌哒人的俘虏。史载"初,高车侯倍穷奇为厌哒所杀,执其子弥俄突而去,部众分散,或奔魏,或奔柔然,魏主遣羽林监河南孟威抚纳降户,置于高平镇"。穷奇为高车国主持南方经略之雄主,他的败亡说明焉耆丢失和厌哒势力已进入到丝绸之路中道。

厌哒夺取焉耆后便乘机进攻高车国,并声称这次战争是为了黜废跋利延,以及护送穷奇之子弥俄突回国继承王位而进行的。在中亚古国史上,厌哒习惯于豢养落难的王子并寻找时机助其回国夺回王位,以捞到政治上和经济上的好处。如:厌哒人曾接受过著名的波斯王子飞勒斯(Firuz)避难,并派军队帮助夺回波斯王位。飞勒斯死后,其子库巴德(Kubasd)也曾经两次到厌

187

哒避难，后在厌哒帮助下重回波斯王座。据载，厌哒军队帮助飞勒斯和库巴德夺取王位后，每一个厌哒士兵都得到非常优厚的回报。厌哒人在得到报偿和向其交纳贡税的承诺后，即退回本国，并没有把波斯置于附庸国的地位。这次厌哒军队很快逼近高昌城下，强迫高车贵族按厌哒的意旨杀死跋利延王，拥立被俘虏的弥俄突王子为新国王。

据《魏书·高车传》载，厌哒凭着自己的强大势力，于公元507年（北魏正始四年）战败高车后，操纵了高车王位的废立，立弥俄突为王。与厌哒的多次交战，使得高车国的国力大为削弱。弥俄突称王标志着高车已归属厌哒，表面以龟兹为界，龟兹东北归高车管理，而西南则依附厌哒管辖。

厌哒击败高车，并未就此罢手，而是继续由北道自西向东推进。在北道，其势力抵达焉耆以东；在南道，则抵达于阗。疏勒、姑墨、龟兹等国，且均役属之，天山南北两侧也都成了他的势力范围。正如《梁书》记载，厌哒"征其旁国波斯、盘盘、罽宾、焉耆、龟兹、疏勒、姑墨、于阗、句盘等国，开地千余里"。中国僧人宋云从洛阳出发去西域取经，于（公元519年）路过厌哒国，宋云和惠生在其游记中记述：他们似乎起源于金山（即阿尔泰山），由此南下到今俄属突厥斯坦的草原上，仍属厌哒的领土，"南至牒罗，北尽敕勒，东被于阗，西及波斯"。至此，塔里木盆地除东部及东北部绿洲政权外，全部受控于厌哒，塔里木盆地诸国也成为属国。厌哒势力此时臻于极盛，在西域称强一时。

高车王弥俄突继承王位后，为表感谢和报答之情，千方百计加强与厌哒的关系，也得到了厌哒的大力支持；另一方面，他重新修复与北魏的关系。弥俄突就这样非常巧妙地利用大国之间在高昌问题上的矛盾，避免元气尚未恢复的高车国再受到侵入，使得高车国在四面受敌的困境中很快复兴起来。

同时，当国情有所好转后，他把主要矛头仍指向了柔然，并制定了与柔然为敌的国策。北魏之所以要扶持高车国，是因为整个西域地区各国，都不愿意看到一个强大的柔然汗国在该地域的存在。

同一时期（公元519年），吐谷浑又攻破鄯善，占有其地。这样，厌哒和吐谷浑在该区域有了各自一定的势力范围。至此大局已定，高车、厌哒、吐谷浑三国在这一地区形成了相互对峙的三角平衡关系。

厌哒在西域的强大势力至少维持到了公元520年左右。到6世纪中叶，厌哒势力开始迅速走向没落，至6世纪60年代（公元562年—567年）最终灭亡。

10. 毁灭了柔然的两个女人

候吕陵氏是豆仑可汗的妻子。一个女人能作为可贺敦即皇后，实为一生的荣耀。但她也很不幸，嫁给豆仑作了皇后没过几年好日子，豆仑就因为兵败被部下所杀。叔叔那盖的儿子堂兄弟伏图又迎娶了她，她与伏图生下了丑奴、俟匿伐、阿那瑰、乙居伐、突图佳、塔寒六个儿子。这是她唯一的资本，生有六个王子不管在哪个朝代都是值的自豪的。柔然的女人从不干政，候吕陵氏本来安分守己地做她的太后，抚养六个孩子，但北魏冯太后独掌大权后的风流韵事，以及毒杀了皇上的事也传到她的耳朵里，她心想原来太后也可以这样当。

柔然可汗在继承问题上很重视诸王子的嫡庶，在婚姻中也很重视氏族的尊卑。郁久闾氏可汗之妻为可贺敦，其氏族拥有很高的政治地位。可以想象得到，当时侯吕陵氏可贺敦娘家的政治权力也是很大的。北魏拓跋氏族之所以建立杀太子之母的制度，大概是出于防止后妃及其氏族政治权力过大而干政的缘故。

公元508年伏图可汗乘弥俄突新立，便借机发大军西伐，企图一举消灭高车国。在蒲类海北（今新疆巴里坤县境巴里坤湖）与弥俄突的高车军展开激战，伏图可汗大胜。弥俄突向西逃窜，伏图可汗驻军于伊吾北山安营扎寨，正赶上高昌王鞠嘉请求内迁到北魏去，宣武帝派遣龙骧将军孟威带领三千凉州兵去迎接，碰巧这时到达伊吾。伏图见到孟威的军队，以为北魏与高车合兵谋其后路，就害怕得逃跑了。弥俄突得知伏图被吓跑了，立即又折返开始追击。丧失了斗志的逃兵，自然经不起追打，柔然大败。在蒲类海北边双方的混战中伏图可汗被杀，头发被割下送给孟威。弥俄突又派遣使者到北魏进贡:"献龙马五匹、金银貂皮及诸方物"。宣武帝指派东城子于亮接待使者,赐送特别丰厚。现今巴里坤县西郊古城楼上的馆藏中仍可见有关这次大战的记载。

本来孟威是来迎接高昌民众内迁的,高昌王鞠嘉没有在约定的时间到来,是因为高昌的民众不愿离开故土,没想到伏图误以为是高车和北魏来伏击他,反而送了性命。孟威无意中立了一功,带兵返回。

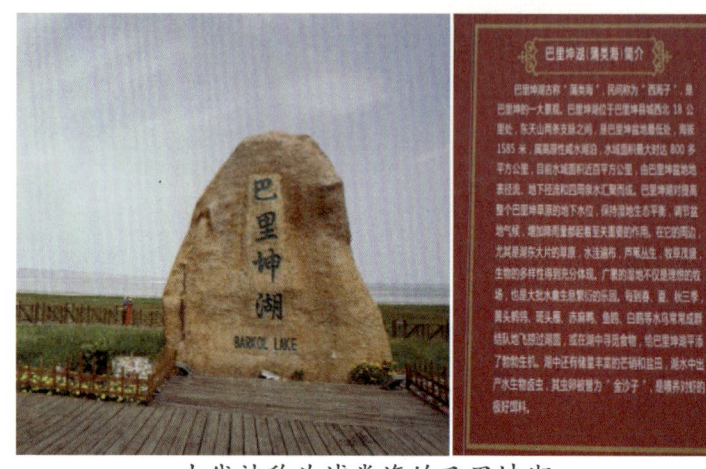

古代被称为浦类海的巴里坤湖

蒲类海大战,高车先败后胜,实力大振。柔然伏图可汗被杀,东天山重新回到高车的手中,这一地区柔然势力被清除。由于高昌人不愿意离开他们世代居住的地方,"恶徙重迁,人怀恋旧",北魏国由此不再支持鞠嘉离开高昌这块战略要地。随着高车在此地实力的大增,高昌王鞠嘉为了依附一个靠山,无奈之下不得不臣服于高车国。高昌又为高车所控制。可见鞠嘉王随风变化之迅速。

蒲类海(伊吾)大战,是柔然与高车人为争夺丝绸之路东段重镇高昌控制权的又一次大战,其结果是可汗阵亡柔然战败退出。自从伏图被杀,高昌臣于高车以后,柔然已无法"路由高昌"。这是柔然在公元488年失去伊吾以来,在西域的又一重大挫折。至于高昌以西的焉耆,在伏图死后不久,就落入厌哒的势力范围之内。《魏书·高昌传》载:"焉耆又为厌哒所破灭,国人分散,众不自立,请王于嘉。嘉遣第二子为焉耆王以主之。"焉耆既破,可知焉耆

第五章　一代欧亚霸主吐贺真和他的儿子们

以西均已役属于厌哒。一度因战乱被中断的中西交通又出现了繁忙兴旺的景象。龟兹、疏勒、于阗、波斯、南天竺等国，又恢复了通商往来。

伏图是第一个死在战场上的柔然可汗，他的阵亡是对柔然中兴大业的沉重打击。伏图死后，伏图的儿子丑奴继位，自称"豆罗伏跋豆伐可汗"（公元508年—520年），相当于汉语中的"烈帝"，改年号为"建昌"。柔然人不甘心于失败。豆罗伏跋豆伐可汗丑奴是一位力挽狂澜的柔然英主。他厉兵秣马，准备为父亲报仇。为此，他巧妙地推行一系列政策，孤立和对付高车：一是继续坚持使用汉式年号，以争取广大汉人的支持；二是继续倡导佛教（如遣沙门洪宣奉献珠象于北魏），以争取信仰佛教的北魏与西域诸族的支持；三是同时结好南梁、北魏，旨在缓和东线形势（如公元515年四月通梁，七月贡魏）。这时北魏也担心"蠕蠕全灭"之后，"高车跋扈之计，岂易可知？"北魏态度的转变，也解除了柔然的后顾之忧。

巴里坤博物馆藏图

熙平元年（公元516年），柔然可汗丑奴倾师大举西攻，再次与高车发生战争，大破高车，俘虏了高车主弥俄突。弥俄突死状甚惨，他的双脚被拴在马镫上，在沙漠中活活拖死。丑奴为父报了仇，又遵循古老的草原民族复仇风俗，将弥俄突的头骨刷上漆，做成酒杯。《册府元龟》卷995亦记："熙平元年（公元516年）西征高车，大破之，擒其王弥俄突，杀之，尽并其众，国遂强盛"。随后，丑奴继续完成了伏图在世时还没有建完的可汗浮图城（又

称金满城）的修建。作为柔然汗国在西域的行宫。

"金满城（又称作金蒲城）"，顾名思义，堆满金子的城。现今新疆吉木萨尔就是"金满"的缓读音。它的历史很悠久。

汉朝时，为金满县，属西域三十六国之一的车师（亦称姑师）后国管辖。从公元75年到89年为抗击匈奴，汉朝曾派遣军队在此地屯垦，修建城池，汉代名将戊已校尉耿恭就率屯田驻军与匈奴大战，创造了奇迹名垂千古。南北朝早期，柔然可汗社仑西征，占领了天山北路包括车师国，后建"可汗浮图"城（北庭故城的前身）。此后，这座历史古城就巍然矗立于此。它先后是柔然汗国、铁勒汗国治下的重镇。北庭故城是西域仅次于高昌古城的第二大古城，其次是龟兹古城。唐贞观二十三年（公元649年），设置为庭州。长安三年（公元703年），武则天设立北庭（当时南庭为今吐鲁番）大都护府，主管天山北麓。至唐玄宗朝，改为主管伊犁、安西、北庭三州及瀚海、天山、伊吾三军所控制的今新疆东部地区。城西高台上的"千佛洞"（高台寺遗址），即是唐时遗建。有"敦煌秘洞藏经，北庭秘洞藏佛"的名气。"明月出天山，苍茫云海间，长风几万里，吹度玉门关，……。就是当年唐代大诗人李白旅居此地品酒赏月时的杰作。唐末，国势日衰，边防空虚，吐蕃借机进犯。唐与吐蕃通过十几年的拉锯战，最终占据北庭。之后，漠北回纥汗国被黠嘎斯打败后西迁，其中一支迁至北庭定居，双方由此战事不断。北庭西寺据考证是高昌回鹘国的王室寺院。唐朝灭亡以后，契丹人被大金国的女真人打败西逃，占据了可汗浮图城，成为了西辽政权的领地。蒙元时期，这一地区继续保持着繁荣，称别失八里或别失巴里（五城之意），由成吉思汗的三子窝阔台管辖，设尚书省，管理天山南北军政事务。直到明朝初年，东察合台汗国王歪思汗西迁伊犁河（亦力八里），这座城才逐渐衰落荒废。清代初年，为征服准噶尔贵族叛乱，先后经历数十年的拉锯战，该城遭严重毁坏，化为一片荒草之中的废墟。该城又名"破城子"。从汉朝金满城、唐朝北庭府、元时期别失八里，到清光绪时改名孚远城，它走过了千年的历程。

考古研究资料显示，该区域早期的城堡都分布在天山山前地带，主要作为驿站。之后逐渐偏向盆地，后期的丝绸新路就是由此形成的。金满城东有"参

"天可汗大道",可直通唐国都长安,今天当地人称的"三道槽子(三厂槽子)"就是当年的古道遗址。清史学者徐松曾在此地发现唐金满城残碑。清朝年间,沙俄考古队在此地挖掘盗走唐北庭都护府衙署印。公元1771年,被流放到新疆的大学士纪晓岚,曾发现废弃的古城,在其"阅微草堂笔记"中记载:"城中皆黑煤,掘一二尺乃见。"推测毁于战火。中上世纪90年代,农民开地造田时,曾挖出尸骨、钱币等文物。

柔然人将高车人赶出塔里木盆地东部,迫使其撤退到焉耆以西地区。这次战争使得高车国处于"主丧民离,不绝如线"的残败境地。而柔然却因此"复其旧土",势力复振。

高车此战失败的原因除有"丑奴善用兵"之外,还有就是弥俄突骄兵轻敌。但更重要的则是,北魏国对上述二者的争夺抱以坐收渔人之利的想法,使得柔然不再担心北魏国的策应,后顾无忧,故可以全力以赴对付高车国。

关键时刻,厌哒再次进行武装干预,对老东家柔然毫不客气,采用护送"弥俄突弟伊匐还国"继位的方式,再次扶持一个傀儡政权来对付柔然。公元517年,高车人复立弥俄突弟伊匐为主,厌哒又一次操纵高车王位之废立。伊匐复国之后,在厌哒国的庇护支持下,经过几年的励精图治,高车势力复振,又一次向东北扩展,攻占了天山北麓的部分地域,包括柔然伏图可汗城。这是柔然可汗在西域的一个王庭行宫,伏图可汗在位时,没能全部建设完工,之后丑奴再次修建。伊匐王此次占领后则又继续施工,最终完成使其成为高车国的王城。

为何柔然的地域再次丢失?其原因是小弟厌哒不地道,柔然国内发生了动乱。善于用兵的丑奴可汗不小心在小河沟里翻了船。起因是可汗丑奴宠信的一名叫"地万"的女萨满自编自导了一场闹剧。柔然人原来信奉古老的萨满教,后来又开始信奉佛教。公元511年,丑奴曾遣沙门洪宣向北魏王朝奉献过佛教"珠像"。据此可以推测,可汗丑奴执政期间,可能正是巫教与佛教反复斗争最激烈的时期。有一天,丑奴爱子祖惠突然失踪,急得他四处寻找并悬赏,还请来佛僧祈祷,却总也找不到,后来女萨满地万对丑奴说:"这孩子目前在天上,我能叫他下来。"丑奴及其母后大喜,斋戒七日,请地万

在大帐中作法。地万身着五彩身裳，击鼓做法，口吐白沫，敬神请仙。一天之后，祖惠就出现在帐中。地万施展巫术，为丑奴找回所谓"失踪"的儿子，丑奴母子抱着孩子，悲喜交加，从此尊称地万为圣女。地万当年才二十几岁，不仅擅长巫术，人长得也很美丽。柔然人本来就信仰萨满教，丑奴母子对此深信不疑。于是在公元519年（北魏神龟二年）秋，丑奴下诏，"号地万为圣女，纳为可贺敦（相当于汉族皇帝之妃），授夫（授给其原来的丈夫）副升牟爵位，赐牛马羊三千头"。一个巫医摇身一变而成为柔然可汗的妃子。《魏书·蠕蠕传》载："地万既挟左道，亦有姿色，丑奴甚加重爱，信用其言，乱其国政。"

　　地万位在祖惠的母亲之上，丑奴对他极为宠爱，言听计从。但没过几年，祖惠的母亲突然向丑奴报告：孩子说，"他当年就一直住在地万家里，从来没上过天，那些话都是地万教他说的"，丑奴对此言不信。地万听说此事后却非常害怕隐匿祖惠的实情终会败露，就向丑奴进谗，说祖惠的坏话。此时的丑奴已完全被地万所迷，更是言听计从，就把爱子祖惠杀了。为了宠妃的谗言，不惜杀自己的亲骨肉，是何等的凶残和混乱。祖惠的母亲得知儿子被害，就跑去向婆婆候吕陵氏告状。公元520年，候吕陵氏派大臣李具列秘密地将地万绞死，于是这个玩弄玄虚的萨满女巫地万之死成了柔然国灭亡的导火索。

蒲类后国故地

第五章 一代欧亚霸主吐贺真和他的儿子们

丑奴发现最心爱的可贺敦、大萨满女巫竟然在自己的王国中被暗杀后大怒，立即开始调查，准备将涉案人员全部处死。偏偏就在此时，高车王伊匐在厌哒的支持下，巩固了自己在西域的统治地位后，统军向柔然发动了进攻。丑奴被迫停止了审讯，带兵迎战，结果因准备仓促而战败，带残部逃回国。丑奴这次失败，威信荡然无存，加上之前的那些事，母亲候吕陵氏因为孙儿祖惠的事至今气愤难消，借此机会，竟然指使李具列等官员杀了丑奴。老子杀儿子，奶奶为孙杀儿子，王室竟然乱到了这种地步，离灭亡就不远了。

柔然王室自相残杀让高车人开心极了，柔然人自己为高车王弥俄突报了仇。丑奴可汗没有被高车人所杀，却被母后及大臣所杀。

丑奴可汗死后，他的弟弟阿那瑰被立为可汗。阿那瑰被立为柔然可汗仅十天，他的族兄俟力发（官号）示发便率领几万人攻打他。这位示发族兄是豆仑可汗的长子，阿那瑰的堂兄。他已经憋气很久了，本来按理是要接替王位的，没想到父皇豆仑被杀，叔爷那盖被推上王位，母妃又嫁给了叔父伏图，他又成了一个没人疼的孩子。他与王位将再也无缘。没想到王庭内乱给了他这个机会，他心想："好，你们可以杀丑奴，我也可以替天行道。"同年9月，示发率军攻入王宫，杀了候吕陵氏和阿那瑰的两个弟弟。阿那瑰可汗因事发突然，无力抵抗，只得同他的另一个弟弟乙居伐轻骑逃往北魏。

阿那瑰投奔了北魏，按理说示发应该可以继汗位，但示发也没有取得王位。原来，在阿那瑰投奔北魏的时候，示发的兄弟婆罗门率领几万人入朝讨伐示发，认为示发叛乱篡位，理应受到讨伐，结果他被其兄弟打败了。示发只得投奔到了东部的邻居地豆于国。该国之前为柔然属国，可以信赖，岂不知经过这几年北魏讨伐之后，情况变了，地豆于已臣服北魏。示发仓促逃亡却被其抓住，地豆于人杀了他。

回顾柔然历代可汗的传承，与宿敌北魏如出一辙，可谓"颇多家庭之变"，"子杀父，母杀子"。社仑起兵杀死伯父匹候跋；悦伐大那又阴谋弑杀从兄社仑；斛律被挤出国门，被杀；豆仑被"国人"杀死；丑奴又被母弑杀；堂兄示发杀弟夺位，未成逃亡，被杀。可汗都因王室内斗而惨死，真是乱世悲剧！由此可以看到，在帝王家族里，王权的欲望远胜于亲情的友爱。

柔然传奇

短命的示发死后,可汗阿那瑰又逃亡在外,国内一时无主。柔然贵族又拥立豆仑的另一个儿子,示发的兄弟婆罗门为汗王,即"弥偶可社句"可汗。可汗在位时间越来越短,而可汗易位则越发快了。至此,一国二主的局面形成。柔然国走到这一步,似乎可以看出,柔然氏族的子孙们已没有祖辈们所具备的英武、睿智、和王者之气,一代不如一代。上述两位可汗的年号,从此史书不载。柔然国实行的年号之制,可能就在这个时期中断了。

婆罗门身世也很暧昧。他是阿那瑰的堂兄,"婆罗门"一词并非柔然语,这个名字据说是他自己取的,带有明显的佛教因素,应当别有隐喻。他的被举继位或许不是偶然的。丑奴可汗信奉佛教,但同时也崇信巫人,这就使得部族内部产生矛盾。婆罗门正好借此宗教的外衣实现上位。另外几位可汗名字如:伏图、俟力发等也带有佛教的影响,可见印度系宗教思想当年已渗透于柔然国内部。柔然分裂成婆罗门可汗与阿那瑰可汗两派,他们虽分属上辈豆仑、伏图俩兄弟的裔支,但他们有一个共同的母亲侯吕陵氏。同母异父的两兄弟相互争斗攻击,柔然由此大乱。从此,柔然帝国在两个愚蠢女人引起的闹剧中开始走向灭亡。

前面讲到在公元460年,北凉政权灭亡后,阿史那氏的主要部族随其北凉残部一同西迁,后隐匿在天山北麓的今吉木萨尔南山水西沟定居。他们在阿伏至罗统治时期又臣属于高车。据载,阿史那氏初隐高昌北山时,人仅五百家,以一家五口计,仅二千五百人。按三世出山,以每世人口增长以等比级数计,则此时人口已增至数万人,这的确是一支可观的力量了。当年丑奴可汗打败高车后,高车残余大都已败退到南天山的焉耆以西地域,柔然尽占其北天山地区。而此刻的阿史那氏在高车被灭后,迫于当时的形势及柔然的政治压力,开始走出深山,"经数世出山"。即公元约516—520年间,阿史那氏率部离开高昌北山,进徙金山(阿尔泰山)定居。很显然,这时的阿史那氏已归属柔然。柔然将此部安置于金山,其目的,一是利用这支力量助其守边,防止高车卷土重来;二是充分利用和发挥他们的锻造技能。

柔然人既有金山作为本钱,再加上阿史那氏冶炼打造兵器的技术,很快一支武装精良的军队就出现在世人面前。这在当时来讲,对于任何一个国家都是国之盾力、胜利的保障！

定居金山之后，阿史那氏与高车等残余部众，包括早先居住此地的各部以及该区域周边的铁勒各部融为一体，不断发展壮大。

柔然曾仿照中原模式建立自己的年号。《魏书·蠕蠕传》记载了柔然可汗使用过的五个年号，分别为北魏和平五年（公元464年）受罗部真可汗予成，称"永康"元年，共22年；北魏太和九年（公元485年）伏古敦可汗豆仑立，称"太平"元年，共8年；北魏太和十六年（公元492年）侯其伏代库者可汗那盖立，称"太安"元年，共11年；北魏正始三年（公元506年），陀汗可汗伏图立，称"始平"元年，共3年；北魏永平元年（公元508年），豆罗伏跋豆伐可汗丑奴立，称"建昌"元年，共13年。

第六章
柔然的沦落与覆灭

第六章　柔然的沦落与覆灭

柔然的复兴让丑奴的刚愎自用搞砸了。丑奴的被杀，开始了柔然的衰败与沦落。被立为可汗仅十天的丑奴兄弟阿那瑰被族兄示发打败后，又出了个堂兄婆罗门和他争夺汗位。在对手的强势面前，他没有选择硬拼。此刻，他做出了一个惊世之举：投降世敌北魏。柔然过去在不同时期虽然都有叛逃北魏的贵族，但从来没有一个柔然可汗王来投靠的。阿那瑰投降北魏成了当时轰动一时的大事。

1. 韬晦之计

阿那瑰这样做是因为他清楚地认识到，北魏绝不可能让柔然垮掉使高车独大。他只有借助北魏的力量，才能挽回败局，重新确立他的可汗地位，从而开启光复柔然的局面。

北魏当年也正饱受内乱之苦。就在阿那瑰抵达洛阳前三个月（公元520年7月），胡太后的妹夫兼面首元义突然发动政变，囚禁了北魏实际的掌权者胡太后，处死太傅元怿，并以年仅10岁的孝明帝元诩的名义控制了国家。

阿那瑰投靠北魏，对北魏来讲是连做梦都不曾想过的大好事。多年的宿敌柔然可汗竟投靠到自己的麾下，真是得来全不费工夫。阿那瑰的来降使北魏少了一个敌人，又扩充了自己的实力，故北魏对阿那瑰的来降高度重视。为摸清他此行来降的真实目的，以及如何安排他在朝廷中所处的位置，北魏满朝文武吵得沸反盈天。最后，借鉴西晋朝曾经接待南匈奴单于的待遇，把阿那瑰的位置定在藩王之下。

当时洛阳城已颇具规模，北魏经过几代人的努力，物质文化已很繁荣。阿那瑰一行抵达洛阳时，进城场面极为排场，全城轰动，数万居民从大街小

巷蜂拥而出来观看。当时出现了一首流行诗歌《阿那瓌》，描写这番盛况："闻有匈奴主，杂骑起尘埃。列观长平坂，驱马渭桥来。" 世间再也找不出如此轰轰烈烈、有声有势的投降了。

来到洛阳之后，北魏孝明帝派司空京兆王元继、侍中崔光等相当于部长级的官员依次欢迎接待阿那瓌，给予他十分优厚的赏赐。然后，孝明帝在显阳殿接见了阿那瓌，备加优隆，并设置宴席，把阿那瓌的座位排在亲王之下，宴饮场面宏大热烈。席间孝明帝还特意安排了他非常喜爱的少数民族舞蹈。据记载"然吹笛、弹琵琶、五弦及歌舞之伎，传及尤盛"。而宫廷乐舞主要有《西凉鼙舞》（即《西凉乐》）、《龟兹》（即《龟兹乐》），还出现了假面舞，后被称为《大面舞》，此舞当为鲜卑舞。同时还增加了《高昌乐》《康国乐》，此二乐都由西域传入。《城舞》最为典型，其"舞者八十人，刻木为面，舞蹈姿制，犹作羌胡状"。很显然，《城舞》属于假面舞，并来源于鲜卑。阿那瓌以柔然王的身份受到了热情友好的接待。阿那瓌思想慎密，绝顶聪明，审时度势，此番来降是做好了充分准备和考虑的。他认为大丈夫当能屈能伸，决心暂且蛰伏以待东山再起。

宴会即将结束时，阿那瓌手执书信站在座位后面。孝明帝命人把他引到御座之前，阿那瓌拜了几拜说道："为臣我因为家中有难，只身前来朝拜陛下。我国的臣民，全都逃散了。陛下的恩情比天高，比地厚。请陛下派兵把我送回本国，诛灭造反的逆贼，收集起逃散的人马。我一定会统率我的百姓，竭心侍奉陛下。我的话难以表达全面，这里还另外有封信向陛下陈述。"于是就把书信交给中书舍人常景呈给孝明帝。

北魏之所以对阿那瓌如此隆重地接待并赠予厚礼，自是有他不得已的苦衷，有三个重要原因使得它不得不如此。其一，长期以来，柔然雄居塞北，不断南下侵扰北魏边境，为北魏一大外患。因此，这次因内讧阿那瓌失势来归，北魏意图乘此培植一个依附于自己的藩属政权，从而解决来自北方的边患。其二，丑奴被杀后，西部的高车乘机而起，这又是北魏朝廷所不愿意看到的。他们对高车这个以厌哒为后盾的新兴部族势力心怀畏忌。北魏统治者希望柔然作为北魏藩篱保有一定的力量，借以遏止高车东进。其三，朝中已被元义把持，皇上已成傀儡。周边藩王林立，拥兵自重。南朝更是时刻准备着攻克洛阳。柔然国这时出现内乱，可汗来投奔，对北魏来说的确是一件大好事。

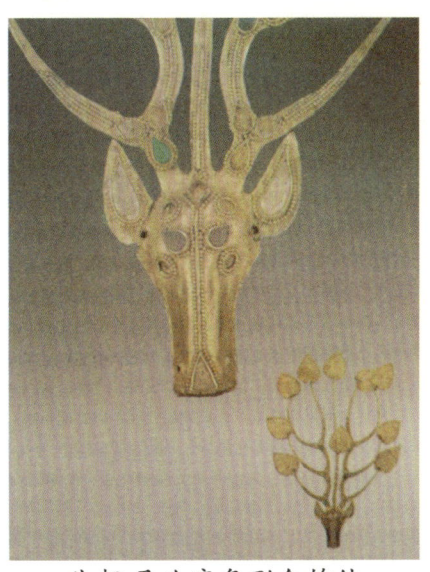

北朝 马头鹿角形金饰件

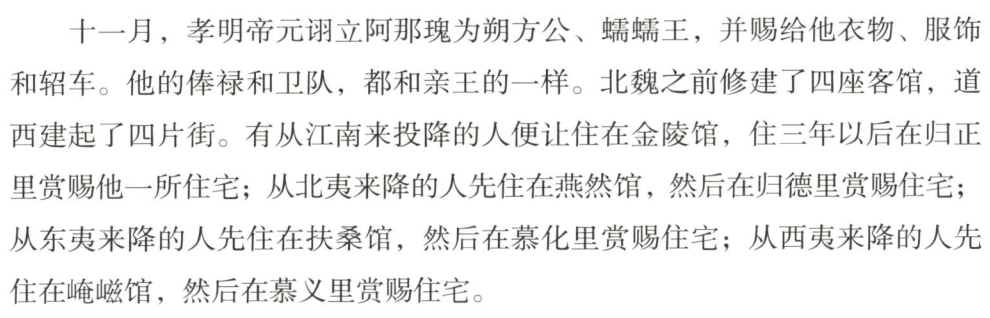

十一月，孝明帝元诩立阿那瓌为朔方公、蠕蠕王，并赐给他衣物、服饰和轺车。他的俸禄和卫队，都和亲王的一样。北魏之前修建了四座客馆，道西建起了四片街。有从江南来投降的人便让住在金陵馆，住三年以后在归正里赏赐他一所住宅；从北夷来降的人先住在燕然馆，然后在归德里赏赐住宅；从东夷来降的人先住在扶桑馆，然后在慕化里赏赐住宅；从西夷来降的人先住在崦嵫馆，然后在慕义里赏赐住宅。

阿那瓌归顺北魏后，住在燕然馆中，有吃有喝，生活过得很安逸。但阿那瓌并没有忘了自己的国家和使命，多次请求回国。他上表称："本国大乱，姓姓别居，迭相抄掠。当今北人鹄望待拯，乞依前恩，给臣精兵一万，送臣碛北，抚定荒民。"阿那瓌向北魏提出了"乞求兵马"支持他返国的要求。放虎归山？朝廷中对他上书一事的意见总是不一样，无法决定。于是阿那瓌用一百斤黄金贿赂元义。元义作为胡太后的妹夫及男宠，也算是皇室成员。皇上孝明帝元诩尚小由元义把持朝政，他有很大的权势；自古金钱又是万能之物，于是就允许阿那瓌回国了。

阿那瑰即将回归柔然国，同样又引起了不小的风波。尚书左丞张普惠很担忧，上书孝明帝道："蠕蠕国长期以来一直是我们边境上的祸患，现在老天给他们降下灾害、战乱，让他们心灵受苦，这大概是为了让他们懂得只有按天道行事才能安乐，让他们悔过自新、顺从规矩地来侍奉我们大魏朝呀。陛下应当安抚百姓，端正自身以使天下百姓心悦诚服。阿那瑰只身来投奔，安抚他就可以了，您却首先为此而劳扰天下，在京城内外兴师动众，把他们派到荒僻偏远之处，去救助几代以来都是我们的强敌之人，帮助连老天爷都要使他灭亡的丑恶的蛮虏，以臣之愚见实在看不出有这样做的必要。打仗，这不过是守边的将领贪图一时的功劳，却不去想想打仗是凶险的事，圣王不得已时才会使用。何况现在干旱正厉害，圣上出于慈心减少了自己的膳食，却让杨钧带着一万五千人去安定蠕蠕，违背时势而贸然行动，怎么能够成功呢？如果万一发生不测之变，有人颠覆国家发动战乱，即使到时把杨钧杀了吃掉，又有什么用！宰相大臣们专门喜欢个人的名声，不替国家的安危着想，这正是小臣我感到寒心之处。何况即使阿那瑰不能回国，我们有何辜负信义之处。我官职低贱不够评议的资格，但是文书都从我手上经过，因此我不敢不说出我的意见。"大臣杨钧上书说："柔然国已经设立了国君，恐怕不会有哪个杀死人家兄长的人又在郊外迎接死者的弟弟。如此轻率前往，徒劳而返，将白白地损害国家的威望。因此，如果不大举发兵，就没办法送阿那瑰北返。"孝明帝在元义的左右下并没有听取他们的意见。阿那瑰在西堂辞行，孝明帝下令赐给他军器、衣被、杂物、粮畜，以及粟二十万石等，样样都很优厚，还命令侍中崔光等人在外城为他饯行送别。孝明帝此时还是个孩子，一切都得听摄政王元义的，当然这一切也与阿那瑰的暗箱运作有关。

同年十二月，北魏帝命令怀朔都督挑选二千精锐骑兵护送阿那瑰到达怀朔镇，在国境边上伺机而行。如果柔然国迎候阿那瑰，就赐给他丝绸布匹、车马，按礼节给他饯行，送他回去；如果柔然不接受他，仍允许他回到朝中来。另外，北魏征调附近郡县的一万五千多兵力，由怀朔镇将杨钧统率，护送柔然可汗阿那瑰回国。

为了确保阿那瑰能够顺利回国，次年二月，北魏皇帝元诩派原来曾出使柔然国的使臣牒云具仁前去晓谕婆罗门谈判，讲明形势和理由，让他迎接阿那瓌回国。北魏的牒云具仁来到柔然国，婆罗门对魏使非常傲慢，没有谦逊礼让的意思，却让牒云具仁对他行礼。牒云不肯屈从，并出言威胁恐吓。婆罗门见势不利，不得已派大臣丘升头等人率领二千人随牒云具仁一同去迎接阿那瓌。五月，牒云具仁回到怀朔镇，把这种情况向阿那瓌作了通报。阿那瓌听后很害怕，担心婆罗门不能容纳自己，反而加害而不敢回去，上表给孝明帝请求回到洛阳。

柔然人在互相攻杀，高车趁机收复旧土。高车王伊匐复国后，与北魏重修旧好。此时，伊匐听说柔然发生内乱而分成两派，便乘机东侵。公元520年伊匐率高车军队攻击柔然，破之，大获全胜，迫使柔然北迁。公元521年（魏正光二年），伊匐趁势再次攻之，率高车大军深入柔然腹地。婆罗门可汗初登王位，就被打得毫无还手之力，最后，在走投无路的情形下，迫不得已率十部落也来到凉州境内，投降北魏，寻求北魏的保护。《魏书·袁翻传》载："今蠕蠕为高车军所灭，外凭大国之灵威，两主（阿那瓌、婆罗门）投身，一期而至，百姓归附，万里相属。"这样，柔然出现了无主混乱的状况。

高车军队在逼使婆罗门投向北魏后便停止了行动。公元521年的这场战争，高车几乎让柔然亡国。虽然没有完全占领漠北地区，但是这个空前的胜利，已经使得高车国成为当时西北地域最为强大的国家之一。为了抑制高车势力，在西北地区保持一个稳定的的局面，北魏孝明帝对濒于灭亡的柔然采取了"纳亡兴衰"的对策。因此，在与高车保持友好的同时，却大力接纳柔然降主，妥善安置柔然人，旨在扶植柔然，以便日后利用。从而防备和遏制高车势力的东进。

阿那瓌和婆罗门两位柔然可汗在短期内相继来投奔北魏，令北魏元诩帝颇为头痛，从没见过一个国家两个君主投奔另一个国家的事，不知如何处理为好，便向凉州刺史袁翻咨询。袁翻说：如果柔然国真的就这么灭亡了，高车独吞漠北，那么西部就危险了。他认为，柔然这两位君主，应当并存为宜，让阿那瓌住在东方，婆罗门可以屯驻西海郡（甘肃酒泉），以此扼守河西走廊门户，共同与高车抗衡。

柔然传奇

对于北魏接纳的两位柔然可汗安置问题，以北魏高阳王元雍等十多位大臣联名上奏，说：怀朔镇北的吐若奚泉（内蒙古锡拉木伦河）和敦煌镇北的西海郡地形宽阔，土地肥沃，可用以安置柔然人。阿那瑰可以屯驻在吐若奚泉，婆罗门可以屯驻在西海郡，各自统率旧部，收纳难民。吐若奚泉流域本来就属于柔然，不是我国领土，所以阿那瑰的地位应当更高一些，在婆罗门南下之前来降的柔然人一律拨给阿那瑰统领；婆罗门屯驻的西海郡本属我国境内，是朝廷借给他暂住的，地位和待遇当然不能与阿那瑰相当。可见，北魏政权对待柔然两可汗的态度是不一样的，其目的是制造矛盾相互制约。

这次元诩帝采纳了大臣们的意见，将阿那瑰安置于怀朔镇以北之吐奚若泉一带，将婆罗门安置于北魏境敦煌以北的西海郡，"各令总率部落，收聚离散"。显然，北魏是吸取了汉、晋处置匈奴的历史经验，把柔然分割成两部分。此次安置柔然两个可汗东、西各据一方，成为北魏面对西部屏障的藩口。同时，使他们二者相互牵制，分而治之。当然，他们在经济上可能都得到了北魏朝廷的资助。

上述安排对可汗婆罗门来讲，不由得心中勃然大怒，感觉自己的地位和待遇都不如阿那瑰，寄人篱下又能怎样，先暂时委曲求全，待日后找机会再准备率部西逃，投奔厌哒，寻求自己姐夫的支持，这是因厌哒可汗的三位妻子都是婆罗门的姐妹。此主意不错，也不失为一策略。次年初，婆罗门叛离北魏，抢掠凉州，拟向西投奔厌哒。北魏得知后，便派军镇压打击，婆罗门被北魏骑军追赶逮捕，后抓到洛阳软禁起来，于公元524年莫名死于洛阳燕然馆。说来，婆罗门也太没头脑，过于急躁，加之部下又办事不利，而自己又没有独立抗争的能力，结果只能落此下场。

而阿那瑰则恭顺地听从安排，去了美丽富饶的西拉木伦河流域。留得青山在，不怕没柴烧。柔然军民数万人一同前往。据《蠕蠕传》记载，北魏帝为阿那瑰北归饯行时，送明光人马铠二具、铁人马六具、赤漆架十张并白联、黑漆架十张、朱漆拓弓六张、黑漆弓十张以及相应数量的箭和五色锦被二领、杂彩千段、百子帐十八具、铜乌盂四枚、柔铁乌盂二枚（各容量为二解）、朱画盘器十合等。这些精巧华丽的武具、绢织品以及漆器类，同上述器械类一样，都是当时游牧民族自己不能制作、为他们所珍视的财物。这里提到的"百子帐"，也就是当时北方民族用的大毡房。

阿那瑰后来返回漠北，顺理成章地统一了柔然各部，在北魏的扶持下，势力逐渐又恢复强大起来。

此次阿那瑰投归北魏，不仅促成了柔然一次短暂的复兴，而且也成为北魏与柔然关系缓和的一大转折点。此后，柔然与北魏有"塞外无尘"之说，也有效地压制了高车势力。

公元522年（正光三年），是历史上气候最恶劣的年份。北方草原寒冷、干旱，阿那瑰的旧部陆续回归，数量至三十万，却遭遇严重的饥荒。十二月，阿那瑰上表北魏求援。元诩只拨给他一万石粟，说是作为来年播种的种子。这对解决柔然人的粮食危机真是杯水车薪。民以食为天，得不到粮食，饿着肚子怎么能行。于是这些饿得两眼发青的牧民只好在三个月后冲过长城，开始了四处抢劫。元诩闻讯后，为稳定局势，派皇族尚书左丞相元孚为北道行台特使，持白虎幡慰劳阿那瑰于柔玄、怀荒二镇间、蒙古营（今四台、五台）一带，为阿那瑰赈灾。阿那瑰特别尊敬元孚，请他住在自己的"卧车"之中，实为拘留元孚。阿那瑰每次集合他的部下，都让元孚坐在车厢中，称他为行台。

为阻止柔然人的抢掠，北魏派骠骑大将军李崇、左仆射元纂统率十万骑兵阻止和打击柔然。阿那瑰听到消息，抓走北魏二千百姓，驱赶了几十万头马牛羊，向北方草原而去。李崇追赶了三千多里，没有追上，只好撤回。

元诩帝又命骠骑大将军李崇和秀容酋长尔朱荣等将领率领十万骑兵、五万步兵去追击。北魏军进入戈壁滩后，不敢继续推进，或者也不想追，很快撤了回来。"十五万众度沙漠，不日而还"，成为北魏军民的笑柄。四月阿那瑰率兵向南开进，所过之处饥兵抢掠，到了平城，才送元孚回去。尽管如此，阿那瑰"后遣孚等还，因上表谢罪"。恭顺的姿态还要作一下。元孚由于没能有效地对柔然人的掠抢加以制约，回去后受到谴责。当地的敕勒等游牧民族本来就对北魏统治很不满，现在看到北魏军队战斗力如此低下，纷纷产生了反抗的念头。此后，柔然人在阿那瑰的领导下逐渐复兴。

2. 胡汉矛盾

北魏时期所谓的鲜卑人和汉人并非专指民族，而是指汉化与鲜卑化，即汉人中有鲜卑人，鲜卑人中有汉人。比如，高欢是汉人血统，但他却是鲜卑人，而南迁洛阳的鲜卑人原本是正宗的鲜卑人，汉化后却被叫做汉人。也就是说，不管你身上流淌的是何种民族的血液，接受鲜卑文化就是鲜卑人，接受汉文化就是汉人。北魏孝文帝拓跋宏在位期间，都城由平城迁到洛阳，鲜卑人全盘汉化，改汉名、说汉话、穿汉服、与汉人通婚，并且恢复魏晋以来的门阀制度。

而原来的平城和六镇聚集了各个民族的人群，都自称是鲜卑人。同样，左右了北魏的尔朱家族也把自己定位于鲜卑人，属于鲜卑武人集团。

孝文帝元宏在迁都六年后去世。他生前极力推行的汉化改革虽然有了明显的成效，但还未能普及全国。这就造成了不均衡和两极分化，即以洛阳为中心的汉化区和以平城、六镇为中心的鲜卑化区，两个地区的差异相当显著。经济上，一边是畜牧业，一边是种植业；文化上，一边是鲜卑化，一边是汉化。体现在政治上，门阀制度则是双方争斗的焦点。

门阀制度即九品中正制，说白了就是等级接班制，当然也针对各级官员。早先东汉已经完成了由平民国家向贵族国家的转型，到魏晋时门阀制度基本形成。这种制度在汉人区适合，而从部族制演变而来的鲜卑人却不习惯等级制度。

北魏迁都后，南迁的鲜卑贵族变成洛阳人，列入上品；留在平城和漠南的鲜卑贵族，划入下品。门阀制度还有一个特点，即重文轻武。于是书香门第属上品，武功世家属下品。鲜卑人以弓马称雄，除了部分鲜卑大贵族外，其余大多是武官，地位由此下降。另一方面，汉化后，在北魏生活的鲜卑平民和汉人平民基本没有区别，这就让打下了江山的鲜卑人很不爽。

洛阳发生的禁卫军火烧张宅事件，将两大阵营的矛盾暴露无遗。事件起因于一个没头脑的给事中张仲瑀向朝廷上书，请求修订选官规定，排抑武人，不让他们列入清品，即九品中的上品。不能列入清品，就不能做大官。如果朝廷采纳这种做法，就会以法律形式规定武人不能做大官。北魏国的武人当然指鲜卑人，此书一上，京都哗然。

洛阳禁卫军多是从平城跟随孝文帝南迁的鲜卑人，他们是武人，失去了升官晋级的机会，从过去"进仕路泰"到而今"进仕路难"。这些父祖追随北魏历代皇帝拓土开疆、流血流汗的军官子孙们，强烈不满的情绪集体爆发，近千名鲜卑军官聚集到尚书省闹事。愤怒的人群手执火把，拾起道边上的蒿草、树枝、握着石头、木棍攻入张家住宅，将张仲瑀父子打成重伤。父亲张彝不治而亡。军官们又放火焚烧张宅。

这仅仅是开始。很快，规模更大的武装冲突在鲜卑人的聚集地六镇爆发了。六镇兵变点燃了中国北方的遍地烽烟。六镇是平民对抗贵族的战斗。

骠骑大将军李崇当时在朝廷很有威望。他的长史魏兰根劝谏李崇说："从前沿着边境刚开始设置各镇时，地广人稀，于是征调中原豪强的子弟，或者派遣宗室贵戚前去居住镇守，为朝廷分忧。后来，他们的后代被当地官吏们称为'府户'（兵户），象对待奴隶那样役使他们，并采取按年龄给他们婚配，以致于使他们失去上等人的身份。然而当地原来的门族，各个都荣华显赫。比较一下，他们理应对此愤怨不满。因此，建议应当把镇改成州，分别设置郡和县。凡是府户都释放为平民，在入仕和升迁方面都和从前一样。文武手段并用，威严、慈恩并施。如果这种策略实行了，国家几乎就可以解除北方的忧患了。"李崇认为说得有道理，便写折子上奏孝明帝，望采纳建议，以此平息日渐喧嚣的局势。但朝廷拒绝放弃旧有利益，将此事搁置起来。于是，没有回音，错过了一次挽救乱局的机会。

公元523年，是个大饥荒年。怀荒镇民请求开仓放粮解救众百姓，遭镇将于景拒绝。

当时北魏孝明帝年幼，年轻的胡太后听政当家，对六镇问题，她只是简单地发放了一些赈恤粮款，没有解决根本问题。四月，怀荒镇军民强抢官府粮仓，并愤而杀掉怀荒镇镇将于景，举行起义，从而掀开了六镇起义的序幕。怀荒镇的暴乱事件引发了多米诺骨牌效应，也间接敲响了北魏帝国的丧钟。公元524年四月，沃野镇辖区的高阙戍兵匈奴人破六韩拔陵带着手下的兄弟

们起事，杀掉了戍主宣布起义。六镇军民纷纷响应，加入起义大军的行列。随后，破六韩拔陵的义军占领了沃野镇，而别帅卫可孤领导的义军则占领了怀朔镇。为统领起义队伍，破六韩拔陵自立为王，并改年号为"真元"，署官封爵，一时间成为六镇义军的领军人物。

北魏统治者曾先后三度易帅，分别以淮王元彧、骠骑大将军李崇、广阳王元渊为北征大都督，率军北进，镇压起义军，但与义军的交锋却一再失利。公元524年八月，六镇东西两部敕勒酋长皆归附于义军。义军完全控制了六镇地区，破六韩拔陵在沃野镇正式宣布反魏。

正光六年（公元525年），柔玄镇兵杜洛周在上谷（今河北怀来县大古城）也率众发动了反魏的河北起义。敕勒人胡琛、鲜于修礼以及羌人莫折太提、氐人王庆云等，也都陆续投入反抗北魏的浪潮。

3. 六镇兵变让阿那瑰成了救世主

前已提到，六镇在黄河河套地区北侧的今内蒙古中部，亦称塞北六镇。当时是北魏政权为了抵御柔然的进攻而设置的。居民多是牧民出身的兵户，世代当兵。早期的六镇居民都是鲜卑族的职业军人，有主将、参僚、豪强以及众多的镇民，政治地位及待遇很高。但是，后来北魏太武帝拓跋焘重创了柔然后，北方压力减轻，战争稀少，六镇的军事地位也就下降了，真应了那句话"狡兔死，走狗烹；飞鸟尽，良弓藏"。随着北魏疆域的扩大，当权者强制汉族及其它族的大族豪强等徙边，又不断发配囚犯戍边，镇民的地位更加低下。迁都洛阳后，政治、经济中心南移，朝中的权贵们由此看不起六镇的人，在政治前途生活待遇诸方面都相差很大，至使北镇与北魏中央政权的矛盾越来越加深。这种矛盾是非常复杂的，不仅有镇民对北魏王朝的不满，就连镇守将领也因地位及升迁等问题对北魏王朝不满，还有镇民与镇将之间的矛盾等等。这时期的六镇已经成了一个巨大的火药桶。

当柔然重整旗鼓之际，北疆战事再起，六镇府兵面临的形势和任务压力骤增。又要准备打仗了，可待遇却毫无提升。谁愿意为此卖命，六镇戍边人心存不满是必然的。

　　破六韩拔陵起兵反魏震惊朝廷。北魏政府先后调兵数十万去讨伐，却都被杀得惨败而归，皇上元诩的威信也因此坠入低谷。胡太后与元诩的矛盾由来已久，两人面和心不和。这次因镇压六镇失败，胡太后乘机发动政变，控制朝廷，重新垂帘听政。

　　在北魏六镇暴动的同时，阿那瑰西进大破高车。高车王伊匐惨败退回准噶尔盆地，之后被弟弟越居杀死。就这样，柔然人又夺回了整个西部，势力大增。

　　元诩倒台后，胡太后也无法收拾国内乱局。北魏在六镇暴动后国势大衰，情况危急，面对声势浩大的各地叛军，众臣们议论纷纷。将领尔朱荣则上书朝廷，说："官军士气低下，不堪重用，建议派使者请阿那瑰助阵。过去国家对阿那瑰有恩，应未忘报，请即遣发兵。"他的主意就是引进外援，而且请的是北魏的宿敌柔然。正光五年（公元524年），皇室不得不征召阿那瑰，请柔然人当雇佣军，以重金邀请柔然军队协助平叛。阿那瑰欣然同意。

　　六镇一直是柔然人眼中的障碍，更是柔然人南下的坎，早有剔除之愿，只是没有机缘，此次找上门来，乃大好时机。不久，阿那瑰率领十万骑兵，从武川西向沃野，配合广阳王元渊的魏军向六镇义军攻击。在两面夹击下，义军很快处于劣势，大将卫可孤战死。之后，元渊又分化了西敕勒酋长，削弱义军势力。六月，柔然军斩杀破六韩拔陵的部将孔雀。八月，柔然军与魏军会合，在五原大败义军主力，大破此前百战百胜的破六韩拔陵。一说还杀死了破六韩拔陵本人，义军被迫投降。

　　六镇平叛后，二十万被俘兵民被安置在河北三州。河北本来连年水旱灾害不断，本地人还不够吃呢，一下子又来了这么多"降户"，顿时矛盾激化。几个月后，二十万六镇军民再度起义，接连不断。不仅镇兵，就是镇将也加入了叛乱，而且相互兼并攻杀，乱成一团。关陇、河北等地各族人民也陆续起义。但在柔然与北魏军的联手打击下，起义军最终还是被镇压失败。此后再也未能成大气候，六镇暴动由此迎来了拐点。

　　实际这是一件非常可笑的事。当初北魏设置六镇是为了抵御柔然，而最后又是北魏请来柔然灭了六镇。北魏一百多年来与柔然为仇，两个老冤家最

后还是化干戈为玉帛了，但也都走到了命运的尽头。

阿那瑰讨伐攻破六韩拔陵期间，胡太后多次派官员携带重金去慰劳。汝阳王元暹也派幕僚淳于覃去巴结阿那瑰。淳于覃是中原汉人，阿那瑰见淳于覃足智多谋，就说服他留下来协助他日后成大事。战胜破六韩拔陵之后，阿那瑰威名大振，于是自称"敕连头兵豆伐可汗"，相当于汉语中的"圣景皇帝"。他按照北魏的制度设立了宦官，又拜淳于覃为秘书监、黄门郎，负责起草文件。这从一个侧面反映了柔然国也在学习汉人政权的管理。至此，柔然不仅完成了复兴大业，而且还进一步汉化。

六镇兵变被镇压，破六韩拔陵败亡以后，鲜卑人于修礼扛过了六镇暴动领袖的大旗，攻杀北魏的宁远将军杨祯（隋高祖杨坚的祖父）。公元526年，杨祯的同乡亲戚、右卫将军杨津设计招安了鲜卑人于修礼的部将元洪业。元洪业刺杀于修礼，准备投降北魏，但被同僚葛荣杀死。葛荣与杜洛周随后将杨津包围在营州。杨津向洛阳求救，胡太后却认为敌军实力有限，不必劳师动众。杨津在绝望之中，派长子杨遁突围北上柔然可汗庭，在阿那瑰面前日夜哭泣，求他出兵援救营州。他们也确实将阿那瑰当自己人了。公元527年4月，阿那瑰派一万骑兵去解营州之围，但这支部队看到杜洛周军已经控制了长城，而且兵力雄厚，由于不清楚北魏朝廷是否愿意合作，便犹豫观望，不再前进。阿那瑰一直对北魏的收留心存感激，希望能帮北魏平息暴乱，便派人去洛阳请示。好心未必好报，胡太后不领情，她担心柔然军越过长城入塞后，看到北魏的乱象，会产生野心，就婉言谢绝说："北方各镇的狄人不停地叛逆，柔然君主忠于朝廷，诚心协助诛讨，心意可嘉。听说你现在驻扎在河套一带，与车骑将军尔朱荣所部邻接，请严明军纪，不要相互争斗，掳掠百姓。你又来信要求为国东讨葛荣和杜洛周。但你长期居住在漠北，夏天眼看就要到了，营州那里会很炎热，恐怕贵部很难适应气候。可以先休整一阵，听候诏书调遣。"胡太后就此打发了柔然可汗阿那瑰的请求。柔然大军只好撤退，不久起义军在葛荣和杜洛周带领下势如破竹，很快攻陷营州，杨津被俘。攻陷中山、冀州和定州后，葛荣杀杜洛周，帅部渐渐逼近黄河下游。北魏的统治即将走到尽头。

直接导致北魏土崩瓦解的原因是胡太后的胡作非为干政。起初孝明帝新立，由于皇帝幼小，由母亲胡太后摄政。但胡太后是一个私生活放荡的女人，同时也是一个追求享乐、穷奢极欲的人。她想效仿冯太后，但只学了她的残忍暴虐、腐败堕落，而没有学会她玩弄权术的政治手腕及治国的本领。在胡太后的影响下，北魏各王公大臣纷纷效仿，生活糜烂奢侈，甚至互相攀比，由此北魏国政大大衰败。看来，北魏拓跋家族如果一直沿用老办法，在立儿子做太子的同时，杀掉太子的母亲，以此来防止汉吕后那样的悲剧重演。如果这个办法一直沿用，就不会导致胡太后乱政，也就不会直接导致北魏灭亡。

4. 混世魔王尔朱荣

尔朱荣是一个胡人，可能正是这个原因使他不能被中国历史重视。在今天的山西省忻县附近，有一片非常适于放牧的地方，叫做秀容川，尔朱荣就出生在这里。尔朱氏家族属契胡族（羯族的一支），尔朱氏世代为契胡部落酋长。尔朱荣长得非常英俊，《北史》《魏书》等史籍记载尔朱荣"洁白、美容貌，幼而神机明决"。但他还是一个杀人如麻不折不扣的混世魔王。他有一帮了不得的弟兄，在后来建立的西魏、北周、隋、唐四个朝代辉煌的历史中，各朝廷中都有来自他军事集团的兄弟。

魏末四方兵起，尔朱荣大散畜牧资财，招合骁勇，结交豪杰，训练出一支四千人的骑兵队伍。这是当时北魏国最勇猛的军队。尔朱荣外拒柔然，内平叛乱，先后镇压匈奴、敕勒人的武装起义，成为北魏国的救命稻草。

朝廷为笼络他，不断地给他加官进爵，最后做到车骑将军，并、肆、汾、广、恒、云六州大都督。各地豪杰纷纷投奔，贺拔兄弟、慕容绍宗、侯景、斛律金、司马子如、孙腾、刘贵、窦泰等人齐聚帐下。最后，乱世大英雄高欢也来到秀容，尔朱荣实力大增。他的部队善骑射，长期抵御柔然人南下侵扰，是北部边防的重要军事力量，也是当时最有实力的军事集团。此时，河北、关中、江淮战火不断，北魏帝国的大厦已摇摇欲坠。面对岌岌可危的形势，尔朱荣主动请缨，向朝廷上书，请求去河北讨伐由葛荣领导的六镇起义军。他的建议被拒绝了，因为北魏实际统治者胡太后认为尔朱荣是个比葛荣还要危险的人物。这一点胡太后倒没有说错。

当时北魏19岁的孝明帝元诩只是个傀儡，胡太后重掌大权以后肆意胡为，孝明帝长大了不甘心看着胡太后让国家陷入危险境地，便偷偷给尔朱荣下达密诏，让他率军入京，准备用武力胁迫胡太后退位。但是胡太后得知调兵的消息，便胁迫孝明帝再次下达停兵密诏。尔朱荣刚得到出兵密诏兵发洛阳，又接到孝明帝密旨勒令回师，尔朱荣一时糊涂不知道宫廷中发生了什么事。人说虎毒不食子，而生在帝王家，这条不成立。他亲妈胡太后秘密地将孝明帝毒死了。

尔朱荣得到孝明帝暴死的消息，便宣称自己要"匡扶朝廷"，铲除奸佞为孝明帝报仇。为了使自己的行动更加名正言顺，他谋划另立长乐王元子攸为新帝。尔朱荣从晋阳起兵，派人秘密到洛阳把元子攸接到军中。公元528年四月十一日，元子攸称帝，这就是历史上的孝庄帝。他继任后任命尔朱荣为都督中外诸军事、大将军、尚书令、太原王。尔朱荣由此而登相位。实际上孝庄帝还是个傀儡，大权由尔朱荣掌握。随后，尔朱荣率大军从孟津渡过黄河直逼洛阳。胡太后急忙调集大军与尔朱荣决战，结果还未交战京城洛阳就已失守。胡太后见大势已去，下令后宫嫔妃和她一道出家到永宁寺为尼，尔朱荣不许，胁迫胡太后、元钊和他一起退出洛阳。当大军行进到河阴时，尔朱荣下令将胡太后和元钊等人一起投入黄河。河阴之变时皇族元雍、元钦、元略、元祀等人也在这次杀戮中遇害。之后，尔朱荣又设计邀请朝中百官到河阴之陶渚（今孟津东）祭天。当朝中官员在孝庄帝元子攸带领下到达陶渚时，尔朱荣下令早已守候在此的士兵将文武百官两千余人全部杀害。真不知孝庄帝是否也参与此事，或者并不知情只是被尔朱荣利用。经过这次事变，尔朱荣把迁到洛阳的汉化鲜卑贵族和出仕北魏政权的汉族大家基本消灭殆尽。

尔朱荣是如何轻而易举拿下洛阳城，又做到兵不血刃的呢？因为他早年担任过禁卫军官，族弟尔朱世隆是现役禁卫军官。这些人都曾是他的旧识或部下，洛阳禁卫军官上千人，军队少说也有数万之众，与尔朱荣一仗未打，说明这帮军官早就在等这一天的到来。洛阳失陷、河阴之变是六镇兵变的延续。尔朱荣控制了北魏朝廷后，夏天，葛荣的军队三十万因为缺少粮食而南下，洛阳形势危急，尔朱荣上书请求北伐，孝庄帝批准。尔朱荣亲自率领精锐骑兵七千人，由侯景担任前锋，每骑另备有副马，日夜兼行，穿过滏口，进入河北大平原。葛荣自起事以来，横行河北，所向无敌。尔朱荣只有七千名骑兵，数量对比呈绝对劣势。所有人都认为战争胜负已成定局。尔朱荣率军秘密进入山谷，编成突击队，督将分配每三人为一组，每队有数百人马，命他们所到之处，扬起灰尘，擂鼓呐喊，使对手不知道究竟有多少人。他认为军队冲锋肉搏，人马相逼近，用刀不如用棒。遂密令战士，每人携带袖棒一根，安置在马鞍侧。考虑到战时士卒为了杀人争功，可能影响追逐，又令不准争砍人头，只要棒击。大战开始，尔朱荣身先士卒发动突击，葛荣措手不及，还没来得及命令两翼的军队回援，就被尔朱荣抓住了，其他人纷纷投降。七千人打败三十万人，可谓是历史战役之奇迹。当然，这里面有一个没有说破的秘密，就是早在攻打六镇时，尔朱荣就已经和阿那瑰联手了。这次也同样，他的身后有个强大的柔然，他的队伍里除了他自己的人员外，必定还有柔然的精锐部队。柔然人暗地里助威参战，葛荣惨败也就在情理之中了。如果尔朱荣打败的葛荣是一群乌合之众的话，那么被他打败的一代名将陈庆之，可不是等闲之辈。陈庆之以一介书生，一生身经数百战，没有一场败绩，而且没有一场不是在绝对的劣势中大胜敌军。他打得陈庆之只身一人化装成和尚逃回南梁。毛泽东在多次阅读《梁书·陈庆之列传》后，不禁感慨："再读此传，为之神往"。洛阳街头曾经流传着这样的一句童谣："名师大将莫自牢，千兵万马避白袍。"其意思是，任凭多么精锐的军队，或者多么出名的将领，见到穿"白袍"的陈庆之，都要望风而逃，避之惟恐不及。而这次白袍将领栽了，栽在了尔朱荣的手下。此时的尔朱荣几乎是百战百胜，就连后人最崇拜的将领陈庆之也栽在他的手里。

　　好景不长，将军的威望高了，皇帝的威信就低了。不甘受摆布的孝庄帝不甘心作傀儡，便暗地联合对尔朱荣不满的势力，借召见之名诛杀了尔朱荣。尔朱荣的弟弟尔朱兆得知哥哥惨死，起兵杀入京城，把孝庄帝连同殿内所有人等全部杀了，后又立了一个小皇帝（元晔）。这时的北魏朝廷已名存实亡。

孝庄帝元子攸原本是尔朱荣家族扶持的一个傀儡政权，在这场相互残杀中，尔朱荣家族虽然重新掌控朝政，殊不知螳螂捕蝉，黄雀在后。尔朱荣有两个非常得力的家将，即高欢、宇文泰二人。趁这混乱之际，他的好兄弟高欢出手，把尔朱氏灭门九族，把持了朝政大权。公元531年，立节闵帝元恭为帝。次年，闵帝就被高欢废黜后毒死了。公元532年，孝武帝元修被立为帝。孝武帝不甘心做傀儡，为摆脱高欢控制，被迫出走长安，投奔了与高欢始终明争暗斗的宇文泰。高欢之后又拥立北魏孝文帝的曾孙，年近十一岁的元善见为帝，即孝静帝。同时，于永熙三年（公元534年）迁都于邺城，建立东魏政权，史称东魏。东魏（公元534—550年），历一主16年。

再说尔朱荣的另一高徒宇文泰。孝武帝元修出走投奔了宇文泰被立为皇帝，但政权则由宇文泰把持。元修觉得自己虽为皇帝，但仍受制于宇文泰，心中极为不悦。时间长了便与宇文泰渐生嫌隙，不满之情溢于言表。在高欢毒死闵帝之后，宇文泰以毒酒害死了孝武帝。可怜的孝武帝元修，因不满高欢的欺侮胁迫而投靠宇文泰，殊不知天下乌鸦一般黑，结果都是一样。

次年（公元535年），宇文泰又立孝文帝元宏之孙元宝炬为文帝，是为魏文帝。次年正月，文帝于长安城即位，改元"大统"，任命宇文泰为丞相、都督中外诸军事、大行台。由此建立了西魏政权，史称西魏。西魏（公元535—556年）建都于长安，经3帝，共享国22年。

至此，长期称霸中国北方的北魏王朝灭亡了，被分为东、西魏两个势不两立的国家。

尔朱荣作为军事集团的老大，带出许多小弟，对他是毕恭毕敬。例如：西魏八柱国，分别为：宇文泰（李世民外曾祖父，后为北周文帝）、元欣、李虎（唐高祖李渊的爷爷，李氏家族第一个创业者）、李弼（李密曾祖父）、赵贵、于谨、独孤信（杨坚岳父，李渊外祖父）。还有北齐的高欢（北齐神武帝），隋朝建立者杨氏家族，也是跟随尔朱荣军事集团创业开基的。另外比较出名的有侯景（宇宙大将军）、贺拔岳（关西大行台）、贺拔胜（西魏太师）、贺拔允（大都督）、慕容绍宗（慕容恪之后）、杨忠（隋文帝杨坚的爹）等等。他们创造了后世的一段宏伟基业。可以说，尔朱荣军事集团是开创隋唐盛世的鼻祖。

北魏王朝在与柔然汗国一百多年的争斗中，不分胜负。但最终败在了王朝内部。中原地区由此分裂成为东魏和西魏两个政权。东魏在山西、陕西间，黄河以东，以邺城为都城，实权操在鲜卑化的汉人高欢父子手中。西魏在山西、陕西黄河以西，以长安为都城，实权操在鲜卑人宇文泰父子手中。从此，中国北方又陷入分裂战乱之中。

5. 和亲

许多年之后，东魏为北齐所代替。西魏为北周所代替。历史上把北方的这五个朝代（北魏、东魏、西魏、北齐、北周）总称为北朝。部分学者也把隋朝作为北朝的一个朝代。与南朝不同的是，北朝诸国的建立者大部分是北方少数民族，而并非汉族。北魏、东魏、西魏及北周均由鲜卑族建立，北齐则由胡化汉人所建。北朝崇尚汉族文化，为后世的隋唐盛世奠定了基础，在中国历史上，有着很重要的地位。

一个强大的北魏王朝分为两个国家。分裂后，东、西魏即刻反目成仇，水火不容。国力也大大减退。东、西魏这两个刚刚分裂建立的国家，国势都不强。都在相互兼并争夺地盘，为扩大势力而战争频繁。在那个强权动乱的年代，国力强盛才是唯一有发言权的保证。既然双方势均力敌，互不相让，唯有联合第三方才是上策。为此，东、西魏皆停止对抗，调整策略，以和亲为手段，伸出双手争相结交这时举足轻重的草原帝国柔然，希望成为其盟友。

中原地区形势的变化，大大有利于漠北柔然的复兴。可汗阿那瑰看到了这一点，腾出手来派遣大军向西部征讨高车。

西魏丞相宇文泰一方面将孝武帝时舍人元翌的女儿封为化政公主嫁给阿那瑰可汗的弟弟塔寒，另一方面又建议西魏文帝元宝炬将阿那瑰女儿娶为皇后，建立双边和亲关系，可谓双管齐下。文帝元宝炬已有皇后乙弗，但为了与柔然建立友好关系，确保国家利益，不得已答应废弃皇后乙弗。乙弗皇后原本是吐谷浑国可汗之女，西魏为结好柔然，竟废其皇后与柔然公主成婚，可见当时柔然国势之赫赫。文帝于大统初年（公元535年）与阿那瑰立约结盟"通好结亲"。阿那瑰决定让长女郁久闾氏出嫁。

阿那瑰可汗对这次和亲很重视，陪送了很多财物作为女儿的嫁妆。大同三年（公元537年），公主郁久闾氏（公元524年—540年）开始由漠北动身前往西魏，随带车驾七百辆，马一万匹，骆驼一千头。到达黑盐池（今陕西定边县西北）时，"魏朝卤簿文物始至"。迎亲使扶风王元孚在此恭候。迎接公主后，他请郁久闾氏面朝南方举行仪式，因柔然风俗以东为贵，所以公主对元孚说："我未见魏主，故蠕蠕女也，魏仗向南，我自东面。"

公主坚持此时自己还没有见到魏国的君主，还是柔然的女儿，所以不能改变仪式的朝向。你们魏国来的仪仗向南，我的仪仗队还是向东，各拜其主。元孚无话可答，只好迁就。路途行近一年的时间，于大同四年（公元538年）正月，郁久闾氏一行到达京师，当时公主年仅14岁，现在来说还是个孩子。阿那瑰之女到了京都，文帝不敢怠慢，绝不敢得罪柔然。文帝之前已经听说，这个柔然女子虽然年龄小，但很有主见，便不得已废掉心爱的乙弗皇后。现在一见，果真如此。于是，选良辰吉日，与柔然公主郁久闾氏举行成婚大典。之后，立郁久闾氏为皇后。

文帝原配乙弗氏是文帝大同元年（公元535年）在洛阳立的皇后，乙弗皇后节俭，仁慈、才貌出众，据说文帝和乙弗皇后恩爱很深，对废除皇后一时犹豫不决。阿那瑰知道情况后，便率兵渡过黄河，扬言文帝必须废掉乙弗皇后，否则，柔然大军将进驻长安。文帝迫于柔然的强势，只好将乙弗后废掉。文帝先让她逊居别宫，后让其出家为尼。但是，郁久闾氏仍对她猜忌不已，文帝又只好把她迁居秦州。文帝虽从国家大局考虑，一再迁就郁久闾氏，但对乙弗皇后仍念念不忘，密令她重新蓄发，待时机成熟，将重新接她回宫立为皇后。

大同六年（公元540年）春，柔然举部渡河。国人传言柔然是为了乙弗皇后才兴师动众的。文帝惧，只得赐乙弗后自杀，乙弗后挥泪说："愿至尊享千万岁，天下康宁，死无恨也。"随后悬梁自尽，留下千古爱情悲剧。

柔然公主由于离家千里，语言又不通，皇宫中本来就是一个充满阴谋诡计的地方，心里既害怕又厌恶。然而怀孕生产，更是让周边忌恨她的人必除之而后快。她紧张过度又经常发生错觉，总是说看到漂亮的妇人乙弗皇后来到她跟前，这或许就是有人吓唬她，装扮成乙弗皇后的阴魂，让她心里不安，而医巫对此一无所见，束手无策。宫廷之中很难说怎么回事，总之公主产后就死了，死时年仅16岁。可怜的青春女子，就这样早早离开人世。西魏王把她安葬在少陵原。后来又在永陵与文帝合葬。

阿那瑰的女儿郁久闾氏去世了，消失了西魏与柔然联盟的筹码，这在与东魏的对局中很不利。很快西魏文帝又派仆射赵善出使柔然，再次向阿那瑰求婚。赵善刚到夏州，就听说柔然已被东魏拉拢过去，双方已和好，并准备扣留西魏的求婚使者。赵善害怕从夏州折回。文帝只好又派能言善辩的杨荐带着十斤黄金、三百匹杂彩等贵重礼品出使柔然。杨荐一到柔然就展开三寸不烂之舌，大谈文帝是多么珍爱柔然公主，公主早逝举国哀痛云云，希望再娶一位柔然公主。一时间，柔然公主成了三国间联盟的砝码，似乎谁如果娶到柔然公主，谁就有了和柔然帝国结盟的资本，谁就取得了决胜权。

这时东魏高欢也派人到柔然劝说阿那瑰与东魏和亲，请求使其成为自己的盟友。阿那瑰虽开始有意向，但没有确定。此次东魏与阿那瑰的和亲是从离间西魏与阿那瑰的关系入手的。自听说柔然公主、西魏文帝郁久闾皇后死后，东魏高欢便乘机派相府功曹张徽纂出使柔然，离间西魏与阿那瑰的关系。张徽纂挑拨柔然说："可汗之女是被西魏文帝谋害的，并且把一个舍人的女儿冒充了公主嫁给你兄弟塔寒，你的女儿被害死了，还嫁给你们一个假公主。如此欺诈相待，不仁不信，还不讨伐更待何时。要为公主报仇呀！"。这些煽动性的语言果然奏效，阿那瑰和部众一致同意"结盟于东魏"。阿那瑰便派俟利、莫何、莫缘、游大力等向东魏纳聘，为长子庵罗辰请婚。同年八月，阿那瑰又派莫何、去折豆浑、十升等人到东魏求婚和亲。在高欢的奏请下，公元542年，静帝把常山王元骘（zhi）妹乐安公主改封为兰陵郡长公主嫁给阿那瑰的太子庵罗辰。同时庵罗辰女儿邻和公主许配于高欢第四子高湛。

对于这次和亲，柔然和东魏都很重视。阿那瑰特派吐豆登郁久闾譬浑、俟利莫何折豆浑侯烦等人带着一千匹马作为聘礼，到东魏迎亲。东魏静帝诏令兼宗正卿元寿、兼太常卿孟韶等人从晋阳北送公主出嫁。兰陵公主的嫁妆

及所用物品，全由宰相高欢亲自检查。在兰陵公主、送亲及迎亲使者离开京都后，阿那瑰就又派吐豆登郁久闾匿伏、俟利阿夷普掘、蒲提弃之伏等人到新城之南迎接公主。

兰陵公主已出发两个月，高欢怕阿那瑰那边情况有变，加上现在"国事加重，"他便赶上送亲队伍，亲自把兰陵公主送到楼烦之北，在此会见并慰问了柔然使者，并送上大量贵重物品做嫁妆。至此，兰陵公主顺利地嫁给了柔然太子庵罗辰。

公元545年，西魏对东魏拉拢柔然的行动非常忌惮，无奈公主已死，但只有万般辩解赔礼，并极力游说柔然，还要拉阿那瑰联兵讨伐东魏。而此时，东魏高欢已自立为洛阳王。高欢对当前的局势十分恐惧忧虑，不希望柔然与自己的对手联盟，于是，令杜弼出使柔然，为长子高澄求婚，以求亲上加亲避免战争。阿那瑰却对来使杜弼说："高王自娶则可。"就是说我的女儿只能嫁给真正掌权，将登上皇帝宝座的高欢当妻子，当儿媳可不行。历史上著名的"柔然公主"郁久闾氏，是阿那瑰最喜爱的小女儿。当时，高欢已经有了娄氏作皇后。史称娄氏年少时曾多家争聘，但都不喜欢，一日见高欢，惊叹道："此真吾夫也。"乃遣红娘使以聘己，父母不得已而许之，高欢在倾尽家产结交豪杰时，娄氏积极地为他出谋划策。高欢对她非常尊重，因此对废后娶蠕蠕公主的事举棋不定。在这关头，为了缓和危机，娄皇后出面劝说自己的丈夫高欢答应此婚约。"国家大计，愿不疑也"。高欢于是才决定娶蠕蠕公主。由此可见，历史上为了统治者的利益牺牲了多少女子的终身幸福。柔然国的强盛，让东西魏都不得已抛妻另娶。

武定三年（公元545年），高欢派慕容俨出使柔然，迎娶蠕蠕公主。八月，在阿那瑰弟秃突佳的陪同下公主顺利抵达，高欢到下榻宾馆亲自迎接。蠕蠕公主到了东魏，娄皇后把正宫让给为国家而政治联姻的蠕蠕公主，高欢觉得非常惭愧，跪在娄皇后面前拜谢。娄皇后说："彼将有觉，愿绝勿顾。"

阿那瑰弟秃突佳作为柔然送亲使者到达东魏后，终始处于居高临下的地位。鉴于西魏柔然公主生产中死去的教训，他警告高欢说："待见外孙，然后返国。"蠕蠕公主性格倔强，由于长期皇室生活的惯养，加之又嫁给了曾经为敌国的一个老汉，心情不舒畅，故而一生不肯学说一句汉话。

东、西魏冲突加剧，为阻止西魏与柔然联盟，高欢亲自挂帅，攻打西魏，但却被弩箭所伤。高欢有一段时间因病卧床不起，没有到公主的住处看望，秃突佳便对高欢极其不满。高欢不敢怠慢，只好抱病赶到公主的住所。高欢从没怕过谁，连不可一世的尔朱荣家族都让他修理得干干净净，唯独惹不起柔然。可见柔然在当时的国势锐不可当。

武定五年（公元547年），高欢去世，高欢的儿子高澄继位并随从鲜卑的婚俗，娶小妈蠕蠕公主为妻，蠕蠕公主也由此从太后降为皇后，她婚后生下一女。

这一时期的和亲所带来的影响是多方面的。从政治、经济、文化等方面来看，缓和了战局，有利于各民族之间的友好相处，和经济交流与发展；两个民族之间的人员往来频繁，这有利于民族的融合。

后来，高澄被家奴刺杀身亡。被压抑多年的孝静帝总算喘了一口气，认为高欢已死，儿子也被刺杀，已没了把持朝政的对手，自己可以亲政了。但高欢次子高洋继承了兄长的权势。公元550年，高洋一改过去父辈那种扶持傀儡政权的做法，废了孝静帝，篡位称帝，改国号齐，建元天保，建都邺城，史称"北齐"（公元550年—577年）。东魏只经历一帝，享国十六年，此后东魏便改称为北齐国，一个新的王朝开始了。

高洋比较明智，在其统治时期，与北周关系比较平稳，因而得以集中兵力出塞。他伐库莫奚，打败契丹；同时还与柔然进行争斗。北齐是鲜卑化汉人高氏所建的政权，立国28年，有3代6帝。北齐是在东魏的基础上建立起来的，其核心主要为六镇流民及关东世族，所以军力比较强盛。由于其源头六镇流民偏向鲜卑化，使得北齐主要提倡鲜卑文化。高洋在位期间，又进行了一系列改革，故而使北齐的国力优于北周。但自文帝以后，相继即位的孝昭帝、武成帝都是暴君。他们在位期间，大肆杀戮元姓（北魏皇室）与汉族官员，使得北齐失去了鲜卑族与汉族广大人民的支持，造成政权内部的混乱。

乱世造英雄，但也少不了殉葬品。高澄死后，柔然公主和小公主从此均不知去向（有一种说法，被高洋所害）。

北周　鎏金银壶

再看西魏。公元557年，宇文护得到将领的支持，迫使西魏恭帝禅让，西魏灭亡。宇文泰之子宇文觉代魏称帝，建立了周朝，史称"北周"孝闵帝（公元557年—581年），建都长安（今西安）。至此，西魏政权被宇文氏的北周所取代，又一个新的王朝诞生。北周是宇文家族（鲜卑人）统治的王朝，历24年。北周在立国时军力不如北齐，实力明显弱于北齐及南朝梁。但他们积极消除胡汉矛盾。汉族也逐渐成为北周军队的主力之一，最终得以战胜因政局混乱而衰退的北齐。

公元577年，北周灭北齐，北方重新统一。公元578年，周武帝宇文邕死后，北周的军政大权逐步落入了外戚杨坚的手中。公元581年，北周静帝被逼下诏，宣布禅让，杨坚成为建立起隋朝的开国皇帝隋文帝，定国号为大隋（原为随，后因有走车旁不吉利改为隋）。北周享国二十四年而亡。北朝政权也随着北周的灭亡而由此消亡。

隋朝最终又灭了南朝重新统一中国。南北朝时代至此完结，从而结束了中国长达160余年的南北分裂局面。

6. 高车国的衰亡

高车与柔然之间的战争，差不多进行了半个多世纪。这些战争无疑给双

第六章　柔然的沦落与覆灭

方乃至西北边疆地区的劳动人民带来巨大灾难，在使其生命财产遭受损失的同时，生产秩序和经济生活也都遭到一定程度的破坏。但这些战争，客观上，却为我国南北朝时期的民族大融合创造了一定条件。首先，它使大批游牧人口从草原迁到了内地，促进了高车、柔然等西北少数民族与中原汉族、鲜卑族等的融合。例如，早在公元429年，柔然由于遭到魏军和高车的联合夹击，溃败四散，归降北魏的就有数十万户。又如，公元521年，柔然可汗婆罗门被伊匐击败后，率十部落在凉州归降北魏，其部众中就有相当一部分人留在了中原。

由于东、西魏政权的互斗，使得柔然国四方来贺，嫁娶、盟约风光无限，可形势变化太快，转眼，大女儿在嫁给西魏后不明不白地死了，联姻的东魏已被北齐所代替，盟友不复存在。小女儿也在权利的旋涡中消失了。本是四面来巴结的柔然可汗，现在则是四面楚歌，阿那瑰处于悲痛之中。

正在此时，传来一个让他高兴的消息。公元546年，高车国主去宾再次发兵东攻柔然，企图从西域越过阿尔泰山进攻柔然王庭。而柔然的部属突厥就驻扎在此地，他正撞在枪口上。突厥首领土门得知此消息后率军伏击，大败高车军队，收降"五万余帐"达25万人。收降高车族人5万余帐，这是年轻的土门首领取得的一次重大战功，于是他成为崭露头角的统领。

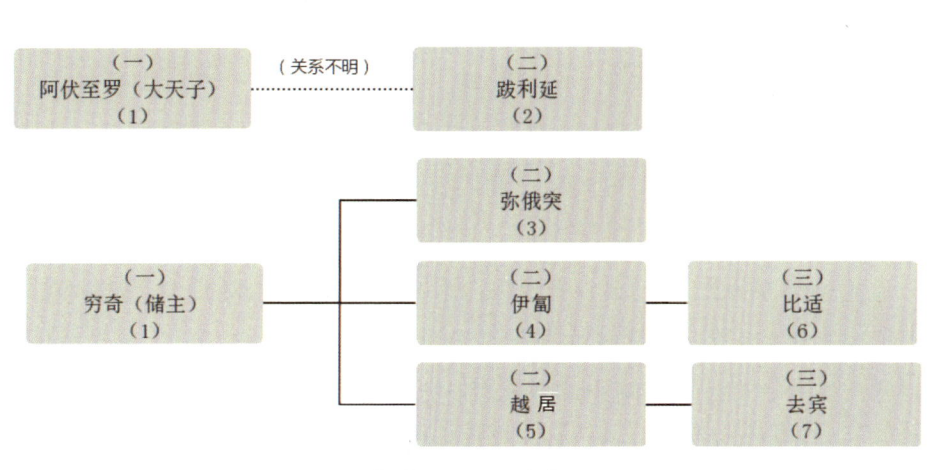

高车国主世系表

（一）阿伏至罗（大天子）(1) ——（关系不明）—— （二）跋利延(2)

（一）穷奇（储主）(1) ——
　（二）弥俄突(3)
　（二）伊匐(4) —— （三）比适(6)
　（二）越居(5) —— （三）去宾(7)

223

高车国主遭此失败后，主力军基本丧失，加之数十万人被降服，已无能力再撑起一个国家，他无奈只得率残众投奔东魏并受封爵。之后，去宾死于洛阳。作为一个政权就此告终，高车国灭亡，不复存在，从而结束了高车汗国的历史。高车对柔然从臣服，到被奴役至叛离对抗，再到建国独立，走过了一条曲折蜿蜒的道路。高车自公元487年创立，至公元546年灭亡，近六十年。高车国在西域存在了50余年（公元487～541年）。自阿伏至罗始，经跋利延、弥俄突、伊匐、越居、比适、去宾，传承七君。

高车被土门打败，这是令阿那瑰高兴的事，很快他又被另一件事搞得后悔莫及。从而兴奋的心情被打破。此次伏击高车，突厥首领土门自觉有功，便提出要娶柔然公主为妻。然而，此时的阿那瑰正在为女儿们的悲惨遭遇而伤心，闻听此言，勃然大怒。他出言不逊："你只是一个我柔然人的锻奴，有什么资格向我提这种要求！"精明一世的阿那瑰气糊涂了，他说此话时没过脑子，没思考当下的局势，更没想后果。今非昔比，突厥已不是当年自家的锻奴了，柔然的大势也已去。柔然与西魏本已反目成仇，又加上一个反叛的突厥，柔然的好日子到头了！

7. 乌图谷与金满城

贪汗山，在高昌国北部。山势险峻，沟深河宽。在茫茫的黑森林中，有一条山路将高昌国和后车师国相连。在一个叫做乌图谷的小山村里，住着阿史那氏部落。不知从什么时候起，他们就一直住在这个小山村里，以放牧、打铁为生。这里是柔然帝国的领地，就像大汉朝的郡一样。

这里山高林密，春天山谷里有粉红色的芍药花漫山遍野地开放，因此人们也把这里叫花儿谷。丛林中更有数不清的黑熊、野猪、麋鹿等。但最重要的是，这里盛产铁矿石和煤炭。阿史那部族以有众多会锻造的能工巧匠闻名。因此，在贪汗山下到处都可以看到炼铁炉和铁工匠。

这是一个普通的牧人家庭。不幸的是，孩子的父亲在早年征战时阵亡了，全家的生活重担都压在母亲身上。

小特蒙的父亲萨吾丁是这支阿史那家族最机敏、彪悍、勇敢善战的勇士。那时柔然帝国实行府兵制。平时大家是牧人、铁匠或农民，一旦有战争，可汗一道命令，每家出一个兵，大家立刻就是开拔前线的战士。特蒙的父亲是百夫长，带领一支人马随伏图可汗去蒲类海镇压反叛的铁勒部。本来铁勒部不堪一击，一个回合下来就溃不成军。但没想到的是，正在大家庆祝胜利的时候，突然杀出一队北魏的精锐重装骑兵，向毫无防备的柔然军发动了进攻，伏图可汗及萨吾丁一支人马全部阵亡。一个没了父亲的草原人家有多困难是可以想象得到的。

小特蒙有一个姐姐和一个弟弟。白天他去放家里少得可怜的几只羊，晚上一家人总是围坐在炉火旁，听母亲撒玛汗阿史那氏的往事，唱着悠远古老的史诗。特蒙记得母亲说，很早以前他们住在一个叫巳尼陂的地方，那里有一望无际的大草原和一个像月亮一样弯弯的湖泊。后来气候变得特别寒冷，他们向南迁徙到一个叫平凉的地方住了下来。不久，柔然和北魏为争夺西域连年打仗，他们500多户人投靠了柔然。由于他们的忠诚与守信，被大汗安置在北部一个叫金山的地方，一直在替柔然大汗守护着那里的金矿。他们家族以铸铁手工艺出名。汗国连年征战，需要大量的刀剑、护甲、战车、马镫等等。金山离丝绸之路太远，运输不方便。随着战争的加剧，人员不断流动，因此他们家族的一部分人，被迁徙到这个富含铁矿与煤矿的贪汗山下为帝国制作武器。

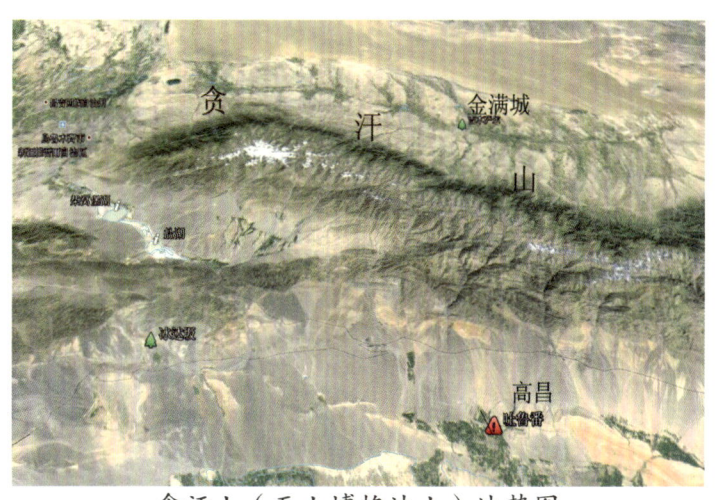

贪汗山（天山博格达山）地势图

225

柔然传奇

金满城在乌涂谷北面约60多公里的平原上，其时柔然的伏图可汗进行了扩建，成了当时丝绸之路上的一座重镇。特蒙听母亲说，那时他们还在金山守金库呢！听老辈人说，往这个当时称为大城的地方，光是拉金子就用了80辆牛车。后来人们就把这个地方叫做金满城。到吐贺真大汗时期，西征欧洲，这个城里的金子都被运往前线买了军粮和武器。再后来伏图可汗，为了镇压反叛的高车部，又重新扩建了这座古城，起名可汗伏图城。没想到，城还在建设中，伏图可汗就在蒲类海的战役中被高车王俄弥突杀了。虽然丑奴可汗不久就替父报了仇，但他又被他愚蠢的妈杀了。真是世事难料。小特蒙常听大人们念叨这些事。他只知道现在可汗伏图城由伏图可汗的儿子俟匿伐驻守，并住着一位柔然公主，她是阿那瑰可汗的女儿。

特蒙过早地担起了家庭的重担。像他这个年龄的孩子，正在打髀石、玩狗、淘气呢！谁让他是这一家最大的男子汉呢！特蒙有个小小愿望，长这么大从没离开过他出生的这个乌图谷，他希望能到山下的金满城去看看。春天来到了这个被世界忘却的地方。在战争的间隙中，金满城这个丝绸之路上的西域大城依然游人如织。叫卖声、西大寺的钟声让这个古城平添了许多热闹。突然一阵惊恐的叫喊，"快闪开！马惊了！"

一头健壮的公马被一个小子的小喇叭声吓到，突然发狂似地冲进了街市上的人群中，瞪着血红的眼睛一路撒野，撂着蹶子在人群中横冲直撞。女人小孩尖声惊叫，四下奔逃，跌倒相互践踏者不计其数，疯马眼看就撞上了一个姑娘。突然，一个矫健的少年冲出人群，几个兔起鹘落，转眼间便跳上了疯马背。疯马又惊又怒，一声狂嘶，四蹄翻飞，刚要死命向前冲去，却被拉得立了起来。特蒙眼睛紧盯着充血的马眼，浑身犹如绷紧的弓弦，嘴里却缓缓地说着马能听懂的语言。马渐渐地稳了下来，在原地转着圈子，打着响鼻，似乎很委屈、很纠结、很难过。从惊心动魄的一幕中清醒过来的人们大呼小叫，四下围了上来，纷纷啧啧称赞这个勇敢的少年。

第六章　柔然的沦落与覆灭

北庭"金满城"仿古门楼

可汗点兵，一般在秋季，羊肥马壮的时候是征战的好时机。但是今年情况有点不同，周围都不安宁。首先是柔然王廷起了内乱。因为太后杀了亲儿子丑奴，为争王位几个王子闹成一锅粥，最被众人看好的王子阿那瑰却投降了北魏国。高车人杀了伏图可汗，又占领了高昌城。要不是阿史那部落守住了贪汗山通往金满城的道路，情况还不知道怎么样呢！

不久又传来消息，北魏国的胡太后也杀了自己的亲儿子。阿那瑰带三十万人马返回了漠北王庭重登汗位。几天前他接到大汗命令，让他们赶造十万个弩，准备收拾高车人。乌图谷因为有贪汗山这个天然屏障，所以相对安全一点。在城中，有很多来自中原和西域的各族人，到这个几乎是世外桃源的地方躲避战火。

特蒙无意间救的姑娘叫娜拉，她是可汗阿那瑰最心爱的女儿，集惊人的美貌与过人的智慧于一身。她从小随母亲学习异术，加之天资秉异，懂鸟语，通鬼神。父母视若珍宝，将其藏匿于世外桃源金满城。由于有取之不竭用之不尽的金山做后盾，柔然的男子象征着财富，柔然的公主们则是异能者。她们是萨满师、医师也是预言家，是当时北方各个国家争相迎娶的对象。柔然的公主们并不像汉家女子那样从小要学习绣花女红，而是从小就要学习医、巫、咒语、预言等术，以期成为国家的术士，医生，并参与重大事件的决策。

227

"萨满"一词源自通古斯语 Jdamman，意指兴奋的人、激动的人或壮烈的人，为萨满教巫师即请神之人的专称，也被理解为这些氏族中萨满之神的代理人和化身。萨满一般分为职业萨满和家庭萨满。前者为整个部落萨满教的首领，负责全族祭祀活动；后者则是家庭中的女成员，主持家庭请神活动。萨满，被称为神与人之间的中介者。他可以将人的祈求、愿望转达给神，也可以将神的意志传达给人。萨满企图以各种精神方式掌握超级生命形态的秘密和能力，获取这些秘密和神灵力量是萨满的一种生命实践内容。

史官大多不用"萨满"这个名词，在文字上只称其为"巫"。北方民族的萨满，大不同于中原的巫。萨满必须具备许多常识或知识，能够观察事物的发展，预测未来，预言吉凶。在南北朝时代，萨满在政治、军事上都起着一定的作用，凡战争或其他处于犹豫状态的事件，最后要取决于萨满。

8. 多情却被无情恼

时间过得很快，在那个遥远的世外桃源中，特蒙与娜拉都成长为俊男美女。而柔然在阿那瑰的领导下也逐渐复苏，阿那瑰凭借过人的智慧利用东西魏之间的矛盾，使柔然逐渐摆脱了困境走向繁荣。

刚刚在金满城打了一场胜仗，让阿那瑰更是信心倍增，庆功会就在金满城的乌尔朵宫举行。在酒宴中，阿那瑰忽然听得一个声音很洪亮，注目一望，是一位年轻的军官，这军官身材矫健，目光深邃，容貌清秀，精制的链子甲罩在麻布衣裳外，雄健的臂上绣着一只狰狞的狼头。那野狼绣得活灵活现，尤其是那双绿幽幽的眼睛，随着身体的转动恶狠狠地瞪着四周。

"这是特蒙，"金满城都护介绍，"他就是打败高车人立了头功的突厥部阿史那百户"。

特蒙拱手行礼。在所有的突厥贵族中，可能没有哪个家族能够象阿史那家族那样博得柔然王庭的青睐了。阿史那家族无论是在西征或是在守卫金山等功绩上，其声望之甚，使得突厥几乎就等同于阿史那。

"原来是阿史那.土门巴图鲁，没有想到将军是如此年轻！"是阿那瑰没听清还是都护的口音太重，"特蒙"在阿那瑰的口中变成了"土门"。土门从此登上历史舞台，直到成为了伊利可汗，这是后话。

又是一个盛大的晚宴。繁星般密集的火把、灯笼和巨烛将乌尔朵行宫照得如同白昼。精美的地毯、华丽的酒具、丰盛的美食、欢快悠扬的乐曲、宾客们流光溢彩的服饰，让宴会充满迷人的味道。金满城地处西域三十六国交通要冲，饮食音乐博及众家，既有高昌、焉耆的拨弦乐器和鼓乐，也有波斯、大食，乃至天竺的舞蹈、丝竹和管弦器乐，又渗入了雄浑高亢的吐蕃乐章。可谓恬静秀永中不乏狂野奔放，古朴粗犷中尽显优雅柔媚。

特蒙不得不再次对阿那瑰超人的驭人手腕表示折服。他巧妙地借用宴会之机笼络了这些西域的城主和酋长们，用西域极为珍稀的金帛收买了他们虚荣和贪婪的心。西域的贵族们在都护卖力的带动下，纷纷向阿那瑰表示忠心和臣服，争先恐后地向可汗贡献各种特产宝物，甚至为谁的贡物珍贵而争执起来。

突厥人的图腾狼头

整个宴会热烈地洋溢着欢乐气氛。

娜拉坐在父汗下首，被欲说还休的心情包裹。纵有珍馐美味，好酒佳酿，却哪里吃得下一口！特蒙展眉一笑，刚想说什么，却感到阿那瑰的目光正转过来。他赶紧坐直身体，自顾端酒自饮。阿那瑰冲他微一点头，特蒙也举杯示意。

可汗阿那瑰最近觉得烦躁不已，怎么老有麻烦事萦绕身际！自从平定六镇战役之后，自己就身不由己地陷入说不清的势力旋涡。北魏分成东西魏水火不容，都极力争取与柔然联盟，争相与柔然和亲。先是西魏文帝娶了柔然的公主，娜拉的姐姐娜珠。可娜珠在一年后难产中死去。之后，又将娜兰嫁给东魏掌权人高欢，结果女儿又死活下落不明。就这样，阿那瑰为了国家的利益，牺牲了两个女儿的终身幸福，这也在一个父亲的心里埋下了愧疚与不安。

正当阿那瑰在心中烦恼，暗自神伤之际，讫突邻部的首领，举杯走向前来，高声道："伟大的汗王，我要为娜拉公主，我们国家最美丽、最智慧、最强大的，预知及治愈女神请功。她在我们讫突邻部最危险的时候救了我们，将我的族人从死神手中救了出来。是她冒着生命危险取来了奥斯曼草，让柔然的讫突邻部重现了他往日的辉煌，让汗国的光辉，又照在石水之上。让娜拉公主做我们讫突邻部的教母吧。我们每个新出生的孩子，都是她的孩子。汗王，我替我的族人们请求您的恩准。"讫突邻部首领的一番话，安慰了阿那瑰的心。他为有娜拉这样的好女儿而骄傲。"好，讫突邻部，本王准了。赐娜拉黄金1千两，晋升为柔然国巫医总管，管理汗国所有萨满、巫医，你看可好。"讫突邻部酋长三呼万岁退下。龟兹国王爷走上前来说："汗王，我们龟兹国缺医少药，也十分渴望娜拉公主亲临授课执导我们的医师们，请汗王恩准。"这个头起的，一瞬间，七八位王爷纷纷请命，要求派娜拉去他们那里。这时国师分开众人走了过来，按下手做了个安静的手势，朗声道："大家说得都对，连我这条老命，也是娜拉公主捡回来的。娜拉公主是我国的珍宝，这勿庸置疑。大家也许不知，东部高车已反叛了，西魏宇文泰亡我之心不死，而东魏的高欢两天前，又派人来要求将娜拉公主嫁给他的儿子高洋做联盟的条件。咱们周围虎视眈眈，想要灭我汗国的敌人还很多，联盟需要和亲。但我提议绝对不要再拿娜拉公主一生的幸福去做交易。我发誓，我绝不容许这样的事情发生，即使汗王同意也不行。大家一听，顿时喊声一片：不答应，绝不答应。"

阿那瑰在宝座上，面带微笑。臣下们的一番话，让他心里很舒坦。娜拉是他最心爱的女儿。美貌都是次要的了，她无与伦比的才华与智慧，让他这个父亲，也感到荣光。他正在陶醉中，忽听堂下有人禀报，"汗王陛下，臣下有事要说，但不知当不当说。"阿那瑰抬眼一望，是英气逼人的特蒙。"好！尽管说来，本王赦你无罪。"特蒙说："汗王，之所以有人要打娜拉公主的主意，是因为公主名花无主。如果公主已有所属，那一切都不是问题了。"阿那瑰心中一沉，暗自心想，难不成娜拉看上了这个小子？先沉住气，看他如何说。"那你认为公主应该嫁给什么人好呢？"

"汗王陛下，我族追随汗王南征北战。自社仑可汗起，就成为柔然汗国最忠诚的部属，替国守护金山宝藏，至今已逾百年，在开创柔然汗国的大业中，立下了汗马功劳。历代汗王也对我族另眼相看，恩信有加。请求汗王将娜拉公主下嫁于我，让我族做汗王的马前卒，永保汗国千秋万代安如泰山。"

安静，出奇的安静。所有的人都没想到，特蒙这个曾经的小小百户长竟然说出这样一番话来。如果他们知道特蒙和娜拉的经历和感情，就不会觉得突然了。听到土门的请求，阿那瑰被激怒了，大声喝道："你一个柔然的小小锻奴，竟敢在此胡说八道，来人！快快给我赶出大殿去！"屈辱，悲愤，特蒙的泪水一下涌了出来，愤然冲出大殿，上马疾驰而去，全然不顾后面追出的娜拉痛苦的呼喊。

"反叛，反叛，战斗，战斗，我要做汗王，让柔然成为我的奴隶，我要说到做到。"特蒙心中的愤怒，无以言表，反反复复地在心中对自己发誓。不幸的是，这些以后都成为了事实。

风华绝代的神女娜拉，像南安公主一样，跳入了月亮湖，做了月亮湖永远的祭祀和守护神。在情人和父汗的对决中，她没有第三条路可走。而为自己一句鲁莽的话，尝尽苦头的阿那瑰后来也自杀身亡，追随女儿去了。

9. 柔然汗国的掘墓人

阿史那氏家族的土门之所以在柔然可汗阿那瑰面前如此表现，是有内在缘由的。

柔然传奇

　　从吴提可汗起，阿史那氏部族就被柔然役属，成为柔然的臣民。后随北凉移居高昌，归附高车。柔然可汗击败高车国后，又迫使其西迁，"居金山之阳（阿尔泰山南麓），为芮芮（即柔然）铁工"。柔然可汗自高车副伏罗部叛离后，双方展开了三十多年持久战，这场战争长时间严重消耗了柔然的国力。就在柔然专心对付北魏王朝与高车之时，阿史那氏部族在偏居的大山中渐渐壮大了自己的力量。

　　土门原本抱着美好的愿望，却遭此辱骂。从此不再忍受柔然的统治，开始掀起了抗击柔然的战争。纵观世界，历史上有多少英雄豪杰，为了心爱的女人，族与族、国与国展开厮杀，演绎出多少爱情的悲喜剧。

　　苍蝇不叮无缝之蛋。西魏的宇文泰，听到突厥与老东家翻脸，高兴得难以言表。他立即派使官拜见土门，要求西魏文帝将长乐公主嫁给他。早在阿那瑰与东魏结好时，西魏就遣使暗地里与土门联系，游说鼓动土门与柔然分庭抗礼。这次西魏又找上门来，可谓恰逢时机。土门为加强实力，双方一拍即合。大统十七年（公元551年），西魏长乐公主嫁给土门为妻，双方成为亲家，并且签订了攻守同盟。西魏以金帛资之，准备南北夹击灭了柔然，以报土门被当众羞辱之恨。阿史那氏部族多年来看守金山、锻造兵器，参与柔然对外的各种战争。长期为柔然奴役，一旦揭竿而起，便一呼百应，很快聚集大批人马，开始了覆灭老东家的战斗。

　　公元552年正月，新婚燕尔的伊利可汗土门发动东征，在怀荒北大破柔然军队，阿那瑰战败自杀。土门由此创建汗国，建号伊利可汗。

　　土门击败阿那瑰的这场战役是一场空前激烈的恶战。土门满怀一腔复仇的怒气，加上西魏的支持，调拨五万人马予以配合。那是一年中最寒冷的一月，正值深冬，柔然人正处于休整期毫无防备，没有料到敌人敢于冒着严寒来突袭自己，而土门恰恰利用了这一点。阿那瑰虽也调兵抵抗，但柔然已是内忧外困，夕阳西下，势力大不如从前，最终柔然大军被土门军打败于弱洛水河畔，阿那瑰不愿成为战俘，故而自杀。

　　关于这场大战的记载非常少。《周书》中说，决战是在"怀荒北"进行，怀荒镇在河北张家口。由于阿那瑰投降北魏后被安置在西拉木伦河一带，游牧民族冬季会向南迁徙，土门偷袭的地点会选在这里，战场应是今日张北草原一带。

阿那瑰在位 32 年，他是柔然执政时间最长的可汗。他在柔然汗国处于最危难的时期，想通过卧薪尝胆与变革，带领柔然人走向复兴。又只因他一个念头、一句话，断送了柔然。就像那句名言说的："成也萧何，败也萧何。"他死得倒也坦然，只可惜无数浴血奋战的柔然将士们，魂归何处？

草原石人

10. 柔然汗国最后的日子

公元 552 年伊利可汗虽然击败了柔然，但本族的势力也受到了重创，可谓两败俱伤。毕竟曾经源出于一家，几十年的彼此了解，使他们对对方的军队配置、战术和素质了如指掌。取得胜利的土门并未感到喜悦，失去心爱的人，换来的是战争的创伤。他极度悲痛，心身俱衰，于建国一年后逝去。

阿那瓌死后，残存的柔然人一分为二，即太子庵罗辰和堂叔登注以及登注的长子库提等贵族南奔北齐。北齐方面则采取扶助柔然的政策，收容来奔的柔然汗室的庵罗辰、登注、库提等人。而留在蒙古高原东部的柔然人则拥立皇族登注的次子铁伐为可汗。

不久，柔然国东部的邻居契丹人落井下石，乘柔然惨败且国内混乱之机，偷袭柔然，杀死了铁伐可汗。漠北草原的柔然人又处于群龙无首一片混乱之中。但契丹的势力还无力征服整个柔然。之后，契丹人又越过长城南下侵略齐显祖高洋的地盘。但在高洋强大势力的反击下，不得不撤回。契丹人被赶回去了。也许是因为过于亲北齐的原因，登注刚刚登基几个月，就被族人头目阿富提杀死，国人又立库提接任可汗。历史上靠大国扶持做傀儡王国的比比皆是。按说，柔然都到了目前的状况，由齐国做后盾，应该借此休养整顿兵力，从整旗鼓。可现实并未如此。高洋对库提的继任并不看好，认为库提过于懦弱，不能担当大任，无法实现柔然的复兴。后又将他废黜，改立庵罗辰为柔然可汗。同时，将柔然人安置在马邑川（桑干河上游），也就是今山西大同盆地里。此地原本是北魏朝的根据地，现在却变成了柔然流亡分子的避难所，历史的演变实在令人匪夷所思。

在可汗阿那瓌死后的一年多时间里，柔然可汗换了四任，由此可见，柔然氏族上层已没有能全面把控局面的领袖人物，不停地更换将帅，只能说明柔然的政局不稳，国民已散。庵罗辰临危受命，他是阿那瓌的儿子，身体里流淌着父辈的血液，应该具有父辈的血气和大智慧。

庵罗辰继位后利用当地的环境及适宜的自然条件，修养生息，整顿兵马。

庵罗辰之前因为妹妹（柔然公主）之死极度愤慨，对高洋早已怀恨在心。他对登注、库提父子并不感冒，只是恨自己没有能力，一直默默地在等待机会。如今大权在握，就开始策划密谋报复。但此时的柔然今非昔比，大势已去，国势已不可收拾。漠北残部不断遭到攻击，形成大量南奔的难民，给北齐国带来巨大的政治和经济压力。加之庵罗辰部也是衣食无着，时有部众抢劫，由此造成双方矛盾的加剧。发展到后来，北齐急剧改变了对柔然政策，转而出兵开始剿杀柔然，双方战火又起。

为抗击北齐的攻打，公元554年三月，庵罗辰翻越恒山山脉，进攻北齐的肆州（山西忻县），高洋亲自迎战。双方在今山西北部反复鏖战了半年多。高洋一度被围，备受饥渴之苦，所幸突降大雨，这才反败为胜。此战北齐俘虏了兰陵公主及六万余名柔然军民。

公元555年底，可汗庵罗辰终于被北齐高洋赶出长城，返回了漠北蒙古高原。此时的柔然国已是落日前最后的一丝晚霞。鉴于形势，可汗庵罗辰决定放弃此地，转向东北发展。逃离本土可不是好的选择。一部分柔然人不愿意背井离乡，便拥立阿那瑰的叔父邓叔子为可汗，继续留守在漠北。本已很衰弱的柔然人又分成了两拨。庵罗辰率部进入辽河流域，直逼北齐的营州。但营州刺史王峻早有防备，庵罗辰抵达营州首府昌黎城（辽宁朝阳）西郊时遭遇埋伏，大败而逃，从此在中国古籍中消失。

可汗庵罗辰所率一支就此消失了。那另外留守在漠北草原的一支情况如何呢？

公元555年（北齐天保六年），邓叔子可汗在漠北遭到木杆可汗的攻击，部队大部分被消灭了，他无力坚守对抗，便带领最后一支数千人残众逃亡投奔西魏。早期柔然曾与西魏结盟友好，可当时形势已发生大变，柔然雄风已不再。还好，西魏王没有忘记朋友旧情，优待了邓叔子一行，"给前后部羽葆鼓吹，赐杂彩六千段"。日子不长，木杆可汗使者便到来，一再威逼，若不交出邓叔子众人，踏平城池。西魏方面迫于压力，遂将邓叔子可汗及以下三千余人交出，他们全部被屠杀于长安青门外。《北史·蠕蠕传》卷98载："是时蠕蠕累为突厥所破，以西魏恭帝二年（公元556年）遂率部千余家奔关中。突厥既恃兵强，又藉西魏通好，恐其遗类，依凭大国，使驿相继，请尽杀以甘心。周文议许之，遂收缚蠕蠕主以下三千余人，付突厥于青门外，斩之，中男以下免，并配王公。"至此，柔然汗国最后的一支势力也消亡了。

柔然传奇

北齐 陶牛马

柔然汗国就这样被彻底消灭了。部分残留的柔然余众辗转向西迁移（后叙）。留在漠北及中原地区的柔然人，逐渐与其他民族相融合，消失在历史中。

第七章
柔然人的去向之谜

第七章　柔然人的去向之谜

1. 柔然国破，众生何往？

一个政权的解体，并不意味着就是全民族的破灭。"族"的生命历来长于"国"的生命。柔然人远未消失！

柔然汗国从公元402年始，由开国君主社仑建立，到公元555年止，历经150余年。若以车鹿会"自号柔然"算起，则历经220多年。它是一个由北方草原游牧民族创立、生存了近两个世纪、地域广阔、影响深远的古老大国。当被突厥人打败后，柔然汗国的臣民们在失去汗王，群龙无首的形势下，"余部不知所属"，便四分五裂各寻出路。然而这个辖域广大的泱泱大国覆灭之后，原所属的残余部落并未就此湮灭。那么，他们的去向又如何呢？

翻检历史记载，我们可将国破家亡的柔然残余部属及先前散居的柔然人的去向，归纳成三个部分。

第一部分：遗留漠北，或融入中原。战败后离散在漠北故地的柔然残部的大部分，归属臣服于契丹等部落，后来融入到了这些民族中。这些成员后来的活动情况，很少见于文献。零星的记载有：

我国唐代慧琳撰《一切经音义》卷九一页的一段话曰："芮芮国，蒸锐反。亦名蝚国。北狄突屈中小国。"芮芮即柔然，蝚国即蠕蠕一词的转讹，突屈即突厥。另《续高僧传》有："……循路东指到芮国"一语。这些资料表明，自柔然灭亡后的近二百年里，即使至唐代，残余在漠北草原的部分柔然人仍聚集在一处，依旧保持其国号，在西域统治者的夹缝中倚天而立。这不能不表明一个族体的生命力之强。

至十二世纪初，新兴的女真人大金国十八部中有"王纪刺""乌古里"部，他们即为"翁吉刺""郁久闾"的转音，他们无疑都原属柔然人。而"翁吉刺"

239

部又是其后蒙古人时代最具声名的翁吉部。

有学者认为，今天的"裕固族"便是"郁久闾"。裕固族的自称，用汉文可写作"尧呼尔"，这与"裕固"声同而略"尔"音，他们都是"郁久闾"的异译与异写。据载，公元552年，柔然可汗婆罗门在西域凉州先是投靠北魏朝，后又"叛"魏，拟投奔西域厌哒。魏王得知派轻骑追击。可汗无力抵抗，终败于祁连山，婆罗门亦被俘遣送，后死于洛阳。他的部众被就地（西海郡、敦煌）分配给"镇府""军府"当户奴，充劳役。这部分"郁久闾"即演化为后来的"裕固族"。他们的历史及生活习俗等都与柔然相似。

另外，据史记统计。从公元4世纪末开始，至6世纪中叶柔然国亡的150多年间，由柔然与北魏战争造成的"投降"、"俘虏"、随员等而流亡南下的柔然人，多达数十批次，总数可达两百余万人，即使去掉夸大的因素，按百分之五十计，也有百万人之众。他们主要被移至中原内地的山西、河北、山东、内蒙一带安置。这些留在中原内地的柔然人，在历史的进程中，通过不同途径融合到了汉民族当中。

第二部分：东向而走，隐弥"消失"。庵罗辰可汗败落后率残部退出长城外东奔，遁入了大兴安岭，隐匿融入其他民族部落。关于他们后期的迹象，史记中略有微词：

柔然国东邻有乌洛侯、室韦、地豆于、库莫奚等国，其中最大为"失韦（室韦）国"。他们是早期活动在室建河（俄罗斯境内石勒喀河）、望（韦）建河（巳尼水或额尔古纳河）流域，来自各方、各姓、各族，且无以为名，而又较为复杂的群人，故而将他们以河流而约定俗称，称室韦。他们与柔然一直保持着友好的交往，与柔然相许："共相唇齿"，谋取拓跋。6世纪末7世纪初隋代，室韦分为五部，之后又分为九部。其中一个号称"如者（俞折）室韦"部，居住在毕拉河（今内蒙古境内）一带。后来的鞑靼应是其一部。据研究认为，"如者""俞折"应是"郁久闾"的音略或音讹。唐后期就有"俞折国"的报道。这表明柔然破败后，其残部向东进入大兴安岭室韦鞑靼人领地散居，并以柔然特征而生存。

历史进入到十世纪。五代时期，名为胡峤（随辽使节北归，入契丹，居七年）

第七章　柔然人的去向之谜

的人撰写《陷虏记》，书中记载："西北至妪厥律，其人长大，髡头，酋长全其发，盛以紫囊。地苦寒，水出大鱼，契丹仰食……。又其西，辖戛，又其北，单于突厥，皆于妪厥律略同……。水曰瓠（卢瓜）河……东北至鞠劫子。"这里的瓠（卢瓜）河即克鲁伦河，它注入呼伦湖。妪厥律亦省作于厥、羽厥。以为契丹的"次北至于厥国"。它在"蒙古里"（蒙兀室韦）西侧，两者习俗相同。由此可以确定妪厥律活动在兴安岭西侧，今呼伦湖、贝加尔湖一带，也正是柔然郁久闾氏的东部地区。《辽史》有"连破室韦、于厥及奚帅辖剌哥，俘获甚众"的记录。日本学者内田吟风引用胡峤文认为：妪厥律与柔然王族郁久闾氏音相近，此部可能是柔然的后裔。另前述，柔然余部北逃迁入契丹西北，后融入其中，也许是这部分人。回顾早期，柔然败北后立铁伐继位可汗（豆仑可汗孙），后曾遭契丹所杀，残部留居漠北当地，柔然国灭亡后，他们可能又辗转至此定居。上述这些可能性都是存在的。由此可见，在契丹国中的确存在这样柔然后裔的部族。

这些大山深处的隐匿人群，在历经数百年后，又走出深山密林，演变成为后世蒙古人的祖先。"柔然者，乃与蒙古极相近之民族也"；"古之蠕蠕，似亦属蒙古系"；"柔然一族，实蒙古种"；"柔然是蒙古孛尔只斤氏的先民"；"木骨闾为蒙豁勒的音谐"等等。

蒙古人自元朝灭亡后，根据历史记载分为喀尔喀蒙古、西蒙古两大部分。喀尔喀蒙古、西蒙古都与早先柔然部落的（Dobun Mergen）和（Dobun Sokhor）两兄弟有血缘关系。

另外，史学家那顺乌力吉在对《蒙古秘史》《史集》中关于蒙古族源的传说，与柔然族源的记载二者进行比较后认为，柔然被打败后（公元555年），其残余贵族迁徙到东北地区，这一历史事实与《蒙古秘史》中的关于成吉思汗的前22代（约公元600年）祖先迁徙到斡难河一带的传说相衔接，同《史集》中成吉思汗的祖先因战争迁徙到额尔古纳的传说内容相吻合。两者年代相近，事件相同，名称相同。因而可以推测，始祖尼鲁温蒙古与柔然木骨闾读音相似，成吉思汗的祖先孛儿帖赤那、豁埃马阑勒（苍狼与白鹿传说）可能就是柔然贵族的后裔。他们被打败后迁徙到了东北地区，后来逐渐繁盛不断强大，

最终统一了蒙古高原,建立了蒙古帝国。

上述各说词颇有差异,或说同"种"、同"系"或"源于"。可以说,柔然人兴起,随着历史的演变,它经历了氏族、部落、部族的全过程,其本民族的语言、习俗、特征等,虽有所保留,但无疑都发生了很大的变化。

第三部分:东而西走,西征欧亚。柔然人败北,待到突厥君临"匈奴故地——漠北高原",燕然山脉已经没有郁久闾氏插旗的余地。柔然人只有远迁它地,开辟新境,建功立业。柔然人开始了向西迁,进入欧亚地区,重走当年祖辈的西征之路。

而这些西迁的柔然人大部分应是在柔然兴盛时期,被派往亚欧大陆交界处驻守的柔然部落,包括向西域辖区派遣的柔然军队。他们在失去首领,国家即将灭亡的时刻,面对混乱的局面,审视北、东、南三方面的态势,为了生存,更为了柔然的光复,趁突厥人南下进攻厌哒汗国之际,与一些不愿臣服突厥人的中亚部落一起,转向西方再次开始了向西挺进。昔日,这条路曾留下了无数先人们的足迹,它充满着曲折与光明,对柔然人来讲,它是那么的熟悉,有多少往事勾起他们的回忆。当然,这条路更是让柔然人曾引以为自豪的希望和凯旋之路。但今天摆在柔然人面前的,却是一条无奈且更加充满艰辛、困苦、前途未卜的迷茫之路!

2. 公元 2—3 世纪欧亚地域的政治格局

世界五大洲的划分已是近代人所为。古代人们,尤其是草原民族,对外界的认知和判断,往往只是北方、南方、东方或西方而已。

边界是划分自然界地貌环境的标记,是一种设立地域指南的概念。对于人类来讲,这种划分是为自身生存繁衍,并针对多方利益点的平衡及其相互制约,而划分确立的。

翻开世界地图,欧洲和亚洲的分界,是以东经 60 度的乌拉尔山山脉为起点,向南,经乌拉尔河、里海、高加索山脉、穿黑海、地中海到红海,形成一条弯曲的折线。这条界线在地形地貌上似乎是上天所赐,形态非常独特且又十分的恰当。它在地势上有山、有河、有海，相互之间似锁扣环环相连，是欧亚大陆间的天然屏障，也是东方和西方自然生态环境的界线。千百年来，东西方各民族遵循着古老传统的生活方式，维护并固守着本民族部落的辖区地域。但是，这对于古老的草原民族来讲，这个边界，就是他们探索未知世界的引力和满足欲望的动力。当然，冲破这个屏障，无论进出，都将面对的是陡峭狭窄的甬道、奔腾湍急的江河、宽广辽阔的大海，且沿途地势易守难攻。即便如此，它也未能阻挡住——从阿提拉、吐贺真、阿瓦尔，到成吉思汗所率领的草原铁骑的足迹。

有史学家曾提出，"为什么大多数的游牧民族都是由东向西走上历史舞台"。看看地理分布或许就能回答这个问题。欧洲、西方，从地理学角度讲，它是蒙古高原的延伸。蒙古草原只是其东端部分。从蒙古高原——柔然领地向西直到欧洲的多瑙河，这是一个横向绵延二万余公里的被称为"欧亚草原带"的辽阔空间，这一地带地势缓平，水草丰美，其面积几乎占地球陆地面积的百分之五十。数百年来，游牧民族，为了生存，寻着同一路径，按照移徙规律西迁，跃马驰骋，涉猎草原，是他们的必然选择。早先西方的斯基泰人就曾经由此把他们的游牧文化带到东方，东方人同样循此道而长驱西去。

当我们追溯六世纪中叶，说到柔然人的西迁时，就不能不简要回顾欧洲历史，谈及曾与柔然同时代的古罗马。

罗马帝国是欧洲历史上最具影响力的帝国，古罗马作为世界四大文明古国的发祥地之一，曾在欧洲历史上留下过让世人惊叹且辉煌的篇章。可以毫不夸张地说，一部罗马史，就是半部欧洲史。

古罗马通常是指从公元前10世纪初，在意大利半岛中部兴起的人类文明。根据近代史的研究，公元前2000年左右，一些古老的讲印欧语的雅利安人部落，从多瑙河上游和喀尔巴阡山南下，越过阿尔卑斯山进入意大利，后来一部分人进入拉提乌姆平原，又移至帕拉提乌姆山区（后来罗马城所在地）。随着人员的不断聚集，人们就需要有一个统一的组织管理体系来维护相互间的利益。公元前7世纪，经部落间共同协商，联合组成了罗马人公社，并由此完成了由氏族部落公社到城市国家（城邦）的过渡，建立起了古罗马帝国。

这是早期的罗马雏形，后历经罗马王政时代、罗马共和国，并于 1 世纪前后扩张成为横跨欧洲、亚洲、非洲的庞大罗马帝国。

从公元前 27 年开始到公元 192 年这一阶段被称为前期罗马帝国（包括三个王朝）时期。这个时期罗马社会相对较稳定。到安东尼王朝的皇帝图拉真（公元 98 年—公元 117 年）在位统治时，罗马经济空前繁荣，帝国版图范围达到最大，即西起西班牙、不列颠，东到幼发拉底河上游，南有埃及、迦太基，北达莱茵河、多瑙河、地中海，控制了大约近 600 万平方公里的区域土地，是世界古代史上最大的国家之一。处于同一时期，在东方华夏大地上的汉王朝，事业也正兴盛，如日中天。这两个强国似两个巨人各霸一方，影响着东西方的历史进程。

公元 193 年塞维鲁王朝建立，到公元 235 年这段时期，称为后期罗马帝国时期。这一时期，罗马帝国出现了近百年的混乱。到公元 3 世纪中后期，罗马的奴隶制便出现了严重的危机，导致农业衰落、政局动荡，帝国的没落已成无可挽回之势。

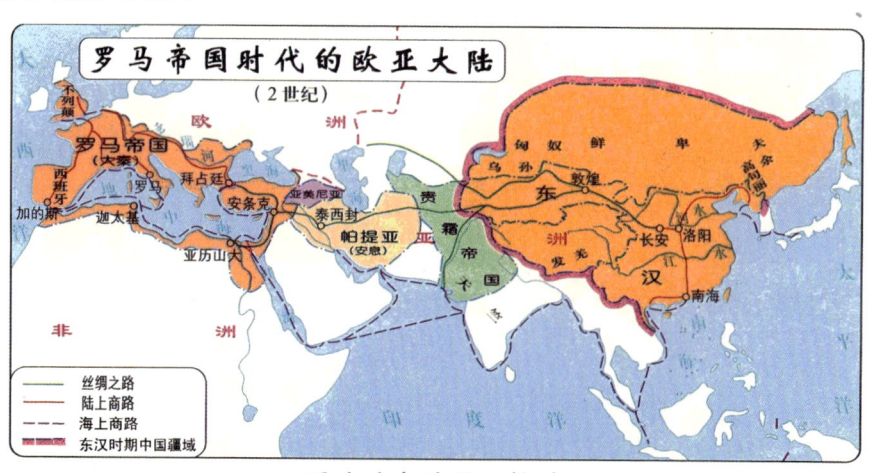

罗马时代的欧亚格局

公元 284 年，近卫军长官戴克里先由军人势力推举做了罗马皇帝，取得了对帝国政权的控制权，并改早期的元首制为多米那特制（即君主制），将国家政权一分为二，建立四帝共治制。同时开始实行了一系列改革。罗马从此开始有了东、西两部的概念。公元 324 年戴克里先退位，君士坦丁一世（西部帝国君士坦乌斯皇帝的儿子）继承帝位。称帝后，他凭借强权势力和镇压手段，废除先前的四帝共治制，重新统一了罗马帝国，成为唯一君主，从而使皇室集权得到进一步加强。公元330年罗马迁都拜占廷，更名为君士坦丁堡（今伊斯坦布尔），号称"新罗马"。这个时期是罗马帝国又一次得到快速强盛的发展阶段，为欧洲（西方）的近代演化发展奠定了基础。

拂菻国（即伊朗、波斯等音译）是中国古史籍中对拜占庭帝国的称谓，古代亦称大秦。随着公元前2世纪丝绸之路的开通，加速了东西方文明的交流。当时中亚、西亚人称中国为"秦"，认为罗马帝国就像中国一样物质丰富，拥有高度文明，且罗马正位于丝路贸易路线上的终点，因此把她命名为"大秦"或海西国。"是时，西胡致金胡饼皆拂菻，作奇状"，拂菻就是东罗马，奇怪的金饼就是指东罗马金币。这是记述中国西域凉州，中亚商人在当地进行买卖交易时使用罗马金币的情景。然而就在这个时期，罗马出现了所谓3世纪危机：粮食的匮乏，社会的动荡，帝国陷入几十年的内战。究其原因，这其中气候的巨变是这一切的根本缘由。

结合地理史的研究，人们会发现，3世纪时，罗马的温暖期结束，整个欧洲开始走向寒冷。在温暖时期，罗马领土上的粮食产出可以轻松供养罗马庞大的人口，而这个时间，也正是欧洲最大规模的民族迁徙开始的时间。整个欧洲气候变冷是从3世纪中期开始出现，后进入了寒冷而漫长的（200多年）中世纪，至5世纪中期达到顶峰。欧洲瑞典皇家科学院院士，维尔茨堡大学教授赫尔穆特研究认为，在公元250年之前，欧洲就已经进入寒冷潮湿的状态，中欧、北欧全年平均气温下降到只有1摄氏度上下的水平，冰川增加而森林线却后退了约200多米。

当然，气候恶化现象也出现在中国。在遥远的东方这一时期也发生着巨大的社会变动。

中国汉朝后期的混乱以及五胡乱华也发生在同一时期。根据《过去2000年中国气候变化研究的新进展》一文，过去2000年中，中国大致经历了4个寒冷时期，分别是公元210年～350年、420年～530年、780年～940年和公元1320年～1900年。其中前两个寒冷时期，就正好处于汉末到隋初建立之前这个民族大迁徙、大混乱阶段。很显然，因为气候变冷，导致北部广大地区生存状况恶化，这也正是北方民族南下的动力。而在战争中表现出的勇猛和凶残，也显然是激烈生存竞争下导致的必然结果。

3. 东方匈人入侵欧洲

生存的渴望，挑战家园的安宁。

柔然人的西进，并非毫无先例的首创。匈奴人在他们之前早已到达了这里。很早以前，匈奴人就统治了塞北的蒙古高原广大地区，并长期驻扎在鄂尔浑河畔。公元前44年，匈奴发生了第一次分裂，于是东匈奴与西匈奴出现了。前者驻扎在蒙古高原，后来成为入侵中原王朝的外敌。后者驻扎在巴尔喀什湖（哈萨克斯坦境内）与咸海草原。由于东匈奴呼韩邪单于归降附汉朝，并与大汉王朝结成联盟，联合攻击西匈奴，西匈奴抵挡不住联军的攻击，遭到惨败，迫于无奈只得向西方向逃窜。匈奴人曾一度是大汉王朝的宿敌，威震和胁迫着汉室政权的稳定，此次西匈奴败北西逃，了却了汉王朝多年来的一块心病，也使得漠北草原战火熄灭，社会的整体局面暂时平静稳定下来。

西逃的这部分匈奴人在几年后，到达了西域葱岭（今帕米尔高原）以西的粟特国。粟特国处于乌孙国的西侧，在中国历史上很早就有记载。在人们眼中这个国家就是一个遍地撒满黄金的国度。由于所处的关键地理位置，四方的商旅来往都要在这里歇脚，进行贸易与合作，粟特国一直掌握着东西方贸易、文化交流要道，由此使得国家财富大量积累。这样一个富裕的国家谁都会垂涎欲滴。为了得到更多的战利品以及更先进的文化，粟特国当然就是匈奴人的目标了。匈奴人联盟以其强大、优势的兵力，很快就打败了粟特国，占有了其国土，粟特国灭亡了。之后，匈奴人又继续不断入侵扩张。最终在咸海附近的土地上安居下来，休养生息。

粟特人的杯子

但好日子不长，汉帝为斩草除根彻底灭亡匈奴人，继而又派遣远征军继续追击攻打，结果郅支单于战败被杀。由此，从公元前35年以后史料文献中就不再见到有关西匈奴郅支单于部活动的踪迹，对匈奴人去向的历史记载几乎没有。原因或许是因为没有文化较高的邻邦记录他们的活动，而他们本身又处于战败，故隐秘对他们来讲则是最好的生存方式。后来他们的后裔子孙与当地部族融合联盟，就地安居繁衍了几个世纪。这段历史知者甚少。西迁去向成了个谜。

再回到中原大地。回顾公元48年，由早期分裂后的东匈奴，因部族内讧而再次分裂，形成了南、北两个相互对立的匈奴部落联盟。分裂后的南、北匈奴相互间战争不断。大约在公元2世纪中叶开始，汉王朝与南匈奴联合北伐。其结果是北匈奴惨败西逃。

同一时期，随着匈奴人的衰败，蒙古草原上一个新兴蓬勃的民族——鲜卑族开始崛起。原本残留在草原西部的小部分北匈奴，又再次遭此挤压而被迫西迁。蒙古草原上匈奴人的势力几乎丧失殆尽。没有了匈奴人的对抗，也使得汉王朝少了一块心病。

西去的路并非平坦，匈奴人在向西迁徙的过程中，不断受到沿途多国的阻击。早先他们进入伊犁河流域的乌孙地域。乌孙国的旧居在此地，他们盘踞西部多年，相对实力较强，不愿意让匈奴人挤进属于自己的地盘，更不愿匈奴人在自己身边再次强盛起来。他们联合其他力量极力打压外来的匈奴人。

247

双方多次进行了战争，结果匈奴人占据了部分地域，并迫使乌孙向西退缩，但匈奴人并未能完全征服他们。

东方早期先有大月氏、厌哒等族西迁中亚，后有匈奴族再次西迁欧洲。这些民族大迁移影响了世界历史和世界文明史，尤其是公元2—3世纪开始的北匈奴西迁，推动了欧洲社会的大变革，改变了整个欧洲社会的政治格局，是世界历史上的一件大事。

中亚锡尔河流域（今乌兹别克、哈萨克国一带）是康居国的地域。匈奴人西迁进入此地，必然遭到康居国的抗击。匈奴人虽说具有草原狼的凶残，但今非昔比，又是逃亡的残部，所以战争的结局可想而知。匈奴与康居相互间的战争由于缺乏史料记载，其真实结局就不得而知了。之后，他们的去向也成了一个迷。

由于数十年的东奔西击，匈奴人不断地吸收了大量其他部落加入，比如丁零人、康居人、伊列人、乌孙人等等，尽管他们还具有匈奴人的称号，不过大部分已是混血种。之后的数年中，匈奴人的联盟逐渐扩大，四面的部落都开始逐渐加入其联盟。可以说是那些不断加入进来的诸民族共同构成了2世纪末西迁的匈奴人的主力。

虽然后来我国史书上还零星地记载了他们西去的一些踪迹，但他们究竟走的什么路线，到了什么地方，仍是一个谜。在中国的史籍中，北匈奴自败北西迁后，就象断线西飞的风筝失去了踪迹，在中国历史上"消失"了。

到公元4世纪，亚洲北部广大区域以及东欧地区，天气突然变得异常寒冷。留居此地的匈奴人联盟遭此天灾，很多牲畜大批冻死，食物匮乏，人心不安。为了稳定人心，寻找到更好的牧场，这些匈奴人联盟只好又继续西进，一直抵达黑海东岸。这批被称为"浑"（阿提拉的祖先）的人群，后来成为了攻击罗马帝国的强敌。当中亚草原牧人的铁骑踏入欧洲，以飓风般侵入罗马世界时，世人才又谈论起他们，并将他们称为——匈人（Hun）。

匈人出现在欧洲时，也正值东方中原大地"五胡乱华"开始。东、西方社会出现动乱，群雄争霸、民不聊生。留居的匈奴人后裔也没有闲着。东汉末年南匈奴单于王于扶罗之孙刘渊起兵反抗西晋王朝，一场大战就此拉开序幕。

第七章　柔然人的去向之谜

欧洲人对这突如其来的骑兵，这从未见过的异族，茫无所知。他们来自何方，属于哪个种族？语言上的隔阂、文化上的差异这些都成了谜。之后，这个谜一直存在了1200多年而未有答案。

直到18世纪法国学者德经（De Guignes,J.），根据《通鉴纲目》《魏书·西域传》，并参照其他资料，著成《匈奴、突厥、蒙古和其他西鞑靼通史》一书，于公元1756—1758年在巴黎出版。书中详细叙述了匈奴人早期的历史，并首次论证了欧洲的匈人即中国历史上的匈奴。"匈奴与Huns（匈人）实为一体"，第一次提出"匈人来源于匈奴"的说法。6年后，英国历史学家吉本率撰《罗马帝国衰亡史》一书在伦敦出版。书中采用了德经关于匈人来源的说法。此后，英国伯克的《鞑靼千年史》、德国夏德的《伏尔加河流域的匈人和匈奴》等著作中都提出了匈人即匈奴之说的观点，并得到了认可。

由于中西文化交流上的闭塞封闭状况，中国学者直到近代才得知匈奴与欧洲历史有关。19世纪末，清代学者洪钧在出使俄国时，开始接触到西方史籍，后著《元史译文证补》一书，记叙了匈奴进入欧洲的过程。后来王先谦在注《后汉书集解》时，将洪钧的材料辑录入《后汉书·西域传》注解中。于是广大的中国学者开始知道匈奴进入欧洲的历史。1919年章太炎写了《匈奴始迁欧洲考》，梁启超在《中国历史研究法》一书中也注意到了北匈奴西迁的这段历史。

关于北匈奴西迁路线不少学者都在潜心研究。章太炎指出匈奴西迁的情形是"一出乌孙，一趣大秦。趣大秦者，所谓匈牙利矣"。后来丁谦又著《汉以后匈奴事迹考》一文，指出北匈奴被窦宪击败后，逾金微山，西走康居，建立悦般国，后又进入欧洲。近年来齐思和教授又发表《匈奴西迁及其在欧洲的活动》一文，将中西文献比较研究，考证出北匈奴西迁欧洲的具体过程分四个阶段：即悦般时期、康居时期、粟特时期、珂兰时期。基本上勾画出了一幅匈奴西迁的路线图。

有关欧洲人文献记载中的"匈人"的来源，以及与汉朝时西迁的匈奴人之间是否为同族同源，一直存在着不同的认识，也就是入侵的匈人与西迁的匈奴人二者的来源问题。这里争议的关键点及其根源在于时间段的把握，以

及我国境内的北匈奴是如何到达欧洲（路线图）的问题。这也是匈人是否是匈奴人的观点能否成立的关键所在。

我们认为，向西迁徙的第一拨匈奴人，是被西汉王朝打败后的早期西匈奴郅支单于残部，时间段在公元前35年前后；第二拨西迁的人则是东汉王朝后期，遭受王朝打击败落的北匈奴蒲奴单于的后裔残部，时间段在公元160年前后。这两拨人马从汉朝末被击溃西迁消亡，直到后来又在欧洲出现，这之间毕竟经历了百（数百）余年时间，期间他们是如何演变融合的不得其详。他们这段相当长且几乎消失的历史，对我们来说是混沌不清的。《后汉书·南匈奴传》载有，公元160年，北匈奴一部分老弱病残——不适于迁徙者留居西域，建立悦班国。悦班国"地方数千里，众可二十余万，凉州人犹谓之单于王"。《北史·西域传》载：另一部分西走康居，建立贵霜王国，并迫使当地塞人西迁，大月氏人南迁。

但不管怎样，东方的草原游牧民族最终踏入了欧洲这片土地。可以想像，当年他们相互帮衬，其中不乏老弱病残，靠双脚徒步以及吱哑的车轮，穿越多少陡峻的大山、沙漠、戈壁，跨过无数湍急的河流、湖沼，一段一段地向前撑挪，经过数年的跋涉，最终完成跨越洲际的大迁徙。也可以想像，路途的艰辛及战争厮杀和饥饿寒冷，又有多少将士、百姓把宝贵的生命和鲜血抛撒在了途中。

西迁的途中有一个故事可以反映出当年的艰辛：某年，有一群猎人，已经很久没有扑捉到猎物了。为了满足肉类食物的需求，他们远远走出部落领地，来到一片荒凉的沼泽地，大约是黑海这个区域吧。在那个时代这里要比现在大的多，住在两边的人类都把这里看作是大地的尽头。这些猎人到了这块沼泽地，看到不远处有一只银色的雄鹿，它正在沼泽地边吃草。已经饥肠辘辘的猎人发现它后立刻就追了上去，不料雄鹿便往沼泽地的方向逃之夭夭。猎人们跟着雄鹿进入沼泽地，并在一路上都插下标志，以防无法回到原地。他们拼命地追了一天，但总也追不上。等夜色慢慢降临时，他们突然发觉自己脚下的土地已经变得坚硬，而雄鹿也不知去向了。猎人们已经走出了沼泽地，前面是一片肥沃的土地，这个地方就是今天的俄罗斯南部草原。从此以后，这些猎人就沿着雄鹿所指的道路一个个越过沼泽，进入了这块"新大陆"。神鹿引路的故事，是多么美好的传说，为了生存，没有什么不能征服。不管怎样，这是人类历史上一次伟大的壮举。

在罗马史记中很早就有关于匈人的记载：公元 2 世纪左右曾有一个民族在黑海北岸出现，罗马人给这些人起名叫"Chonitae"（匈尼特）。这些人有显著的蒙古人特征，很可能是匈奴联盟的一部分。另在拉丁文中还有一个专指后来的匈人的"Hunni"这个词。很显然那些罗马人也知道上述这是两批不同的部族。草原游牧民族由于处于早期那种艰难环境，迫于生活的需要，民族、部落和种群间的相互联姻及交往是普遍正常的现象。这些匈人可能就是由多种民族混合汇集而形成的混合体。

神鹿引路画

据俄罗斯、土耳其、阿拉伯以及西方人史书资料得知，匈人早先在里海、黑海一带逗留了相当长的时间，后来由于土地的干旱盐碱及恶劣气候变化，使得他们不得不拔营再向西移。正如匈牙利诗人所言：我们光荣的祖先呐，你们如何在哪遥远的年代里，从东方，从里海、黑海迁徙到水草丰美的多瑙河边，建立起我们的公国。

匈人要在俄罗斯南方草原定居，必须应对和克服当地居民阿兰人的反抗。如果他们还想继续挺进欧洲，还必须冲破顿河以西的东哥特人以及多瑙河北面的西哥特人的阻挠。无论前进的路上多么千难万险，创造一个崭新的家园将是他们的目标。

柔然传奇

匈人向西挺进渡过伏尔加河下游，出现在顿河以东地带。这里是阿兰国的地域，遭遇第一个反攻的是阿兰人。阿兰人可能是哈萨克人的远源祖先，他们生活在黑海和里海之间的土地上，生息繁衍了数代，素来骁勇善战。但在匈人狼一般排山倒海的进攻面前却是一触即溃，举族投降。阿兰国被攻陷，国王被杀死。匈人征服了阿兰人，占据了该国广大的地域，从此他们又有了自己新的家园。这段历史在我国《北史·西域传》和罗马帝国的历史中都有记载。

随着阿兰国的灭亡以及匈人的出现，整个西方为之震动。

经过十几年的休整扩充，匈人又恢复了元气。约在公元374年，东欧地区迎来了百年不遇的寒冷天气，社会面临着重重危机。匈人的牛羊也遭遇同样的情形：大批冻死，无法生存，牧民的生活和食物的主要来源都出现了极度短缺。为渡过难关，匈人的眼睛开始盯上眼前的哥特人。这支凶猛的草原猛兽，在年迈的大单于巴兰姆贝尔（巴兰姆伯尔）的率领下，向西发动了大规模的挺进。他们强行渡过了顿河，然后向居住在第聂伯河一带的东哥特人发动了猛烈进攻。

东哥特人此时还处于部落联盟的早期，相对还很落后，军队以步兵为主，面对弯刀、弓箭的铁骑，结果不言而喻。匈人的骑兵所到之处如秋风扫落叶般，东哥特军队遭受惨败，国王在失望中自杀，继承人也被打败杀死。最终大部分部族人员归降臣服，少数惨败的东哥特人向西逃窜至西哥特人那里，以求得到保护。面对匈人大举压境，西哥特人凭借第聂伯河为险，布兵据守，以此对抗。可匈人没有被眼前的胜利冲昏头脑而就此停顿，而是宜将剩勇追穷寇，一鼓作气，趁夜色偷偷从河的上游抄袭，哥特人在毫无防备的情形下又遭惨败。兵败如山倒，西哥特人被彻底打垮了，迫使其残余军队向西渡过多瑙河逃窜到罗马帝国境内避难。

罗马引狼入室，接下来的数年里，西哥特人由于反抗苛捐杂税而群起造反，其后事态演变得无法控制。西罗马帝国建立之初主要对付的是北部哥特（日耳曼人）的入侵以及奴隶起义。这之后又加上难民闹事，便调集军队镇压。哥特人据说天性悍蛮强盛，虽说是来避难的，但也不示弱，由此也组建自己的军队进行抗击。之后数十年间，罗马城多次被蛮族哥特人、汪达尔人（后建立汪达尔~阿兰王国）攻占和血洗。公元378年哈德良堡战役（又译阿德里安堡），哥特重装骑兵使罗马军队几乎全军覆没，皇帝瓦伦斯及四万将士阵亡。罗马城遭到了严重的毁坏，到处断墙残垣；同时，又爆发了瘟疫，大量人员死亡，由此造成人口急剧减少。这个时期也被历史学家看做是罗马的古代帝国和中世纪帝国二者的分界线。其后的数年里，罗马人又重建军队与哥特人继续交战，结果仍是惨败。公元382年，双方签订合约，罗马人被迫同意哥特人、阿兰人在罗马境内割让土地，划地自治。公元394年，瓦伦斯的继承人狄奥多西一世凭借实力，又一次把摇摇欲坠的罗马帝国统一了起来，并自称为罗马皇帝。

皇帝位子还没有坐热，公元395年，狄奥多西一世就病入膏肓，在临终前，将帝国分为东、西两部，分别让他的两个儿子（阿尔卡狄乌斯、霍诺里乌斯）继承，自此，罗马帝国分裂为：以罗马城（也称梅蒂奥拉努，今米兰）为首都的西罗马，管辖西欧、北非区域；以君士坦丁堡为首都的拜占庭东罗马，管辖东欧、西亚地域。罗马帝国也由此而开始了衰败。

阿兰人与东哥特人的臣服和西哥特人的流亡离去，把乌拉尔山和喀尔巴阡山之间的整个草原留给了匈人。这是一片辽阔富饶、水土丰美的草原。早期，匈人并未介入罗马与日耳曼人之间的纠纷，而是在此地安居静养了二十多年，以图大业。战争少了，人口自然也就开始急剧增加。由于势力的逐渐增强，他们就不断地骚扰周边的邻国，这也是为下一步大规模西进而练兵和积蓄力量。

早期的匈人大单于巴兰姆贝尔已建立起了一个较稳固的军事集团，但没有形成一个统一的国家，而是拥有数量众多的隶属部落，乌尔丁是其中最为强大的部落。公元4世纪末，此时的匈人正处于乌尔丁（阿提拉祖父）大单于统治的旺盛时期，他们已做好了向西扩展的准备，开始了第一次大举入侵东罗马。匈人进入中亚及多瑙河流域，保加尔（保加利亚）人被最先征服，后来这些保加利亚人的绝大多数就跟随着匈人的脚步一起西进，一起奋勇征战。接着，他们又从色雷斯一直向北西，最后占领匈牙利平原。随后几年的征战，一举夺得了整个多瑙河盆地，他们被罗马人称为"多瑙河北所有蛮族的首领"。

匈人在占领了大面积土地后，便以匈牙利南部（当时称潘诺尼亚）地区为中心建立起了匈奴帝国。匈牙利这个名字可能来源于此。匈人所作的一切对东罗马帝国而言不堪回首，他们已经尝到了匈人所带来的苦头。

狄奥多西一世像

当匈人的攻势逼近多瑙河流域时，沿岸各部族为躲避锋芒只得向西罗马腹地逃亡。随着日耳曼部落往西驱赶，西罗马帝国的领地很快就被他们蹂躏得国不成国。在之后的短短几十年内，这个连锁反应的后果，就是导致大批日耳曼人向欧洲大迁徙，并且，这种压力不断影响着这些地区历史的发展。

公元5世纪开始的这一场大迁徙和中国南北朝时期所发生的动荡割据都在同一时期。

公元422年之后，乌尔丁大单于因入侵巴尔干战败，部族由此对他失去了信任，加之内讧等原因，单于后来被众人离弃。游牧民族似乎总是依赖英雄，英雄的出现，将会带来民族的荣光。之后匈人开始分裂成由三个首领统治下的三支部落，分别由卢噶斯（卢阿，阿提拉的叔父）、蒙祖克（阿提拉的父亲）和奥克塔（阿提拉的伯父）三兄弟（三君）同时掌权。据说，蒙祖克的血统可能追溯到祖辈的匈奴郅支单于。公元426年匈人曾两次蹂躏东罗马帝国的色雷斯和马其顿。大兵压境，形势严峻，迫使东罗马帝国皇帝不得不向匈人单于低头臣服，并向匈人帝国年贡350罗马磅黄金。匈人的威风及势力从此开始兴盛起来。

公元 430 年,奥克塔遭袭意外去世,大部人马归属卢噶斯。公元 432 年,匈人各部在卢噶斯的领导下又一次完成了统一。公元 434 年卢噶斯单于调集重兵入侵东罗马,在拜占庭使者面前重复着他父亲乌尔丁的那句豪言壮语:"日月所照,莫非匈土,普天之下,莫非匈臣。"不幸的是,他不久后却突然驾崩。拜占庭又避免了一场灾难。卢噶斯死后,他的这些部落由他的两个侄儿布列达(兄)和阿提拉(弟)共同继承王位,各掌管一部分领土。

4. 阿提拉兄弟时代

布列达是匈人王子蒙祖克之子(阿提拉的兄长)。布列达(古希腊语:Βλδα/λδα;英语:Bleda;又译为贝里达、布莱达,约生于公元 390 年,死于公元 445 年),公元 434 年至公元 445 年在位。其名字来源于突厥语,意思是"智慧的导师"。

兄弟两人继位之时,匈人正处在叔父率军与拜占庭皇帝狄奥多西二世交涉归还被拜占庭藏匿的匈人叛乱部落,为此,布列达和阿提拉便率兵攻打拜占庭,以强势逼迫就范。拜占庭无奈只得派使者前去谈判。布列达和阿提拉以匈人的礼节,在马背上接见了拜占庭使者。通过谈判,双方订立了一个条约:一是罗马人不仅同意归还叛乱部落,还要将之前许诺的黄金(350 罗马磅,约合今 114.5 千克)两倍奉上;二是允许市场向匈人开放;三是以每人 8 个苏勒德斯(罗马金币)的价格自匈人那里赎回罗马俘虏。对此布列达和阿提拉非常满意地撤军归国了。此后,布列达兄弟东征西讨,逐渐巩固自己在国内各部族中的统治地位,而拜占庭则以此为戒,开始加固君士坦丁堡的城防工事以及多瑙河沿岸的防御体系,增强拜占庭帝国的防御能力,以防患于未然。

在最初开始的几年里布列达和阿提拉兄弟两人通力合作,一举攻破多瑙河防线,获得了从伏尔加河到波罗的海的广阔土地,把南部边界推进到巴尔干山脉。布列达还用自己的名字建造了新城——布达佩斯。此时的哥特人、斯拉夫人、保加尔人及匈人各部落都归属他们两人所统领。

在以后的五年里,匈人开始大规模地入侵波斯的萨珊王朝,但在亚美尼

亚战败。于是匈人放弃了征服波斯的念头，将野心重新放回了欧洲。公元440年他再次把注意力放到了拜占庭帝国。狄奥多西二世自以为凭借防御工事能抵挡住匈奴人的进攻，便拒绝了匈人的要求。结果是，匈奴人的铁骑先后攻陷了多座城市。直到翌年，通过发行新金币，以此积累资金，而后从北非调遣军队，这才遏制住了匈人的攻势。从公元443年起，布列达兄弟俩再度南下，对多瑙河沿岸展开一系列战役，他们使用冲车、攻城槌等攻城武器围攻纳伊苏斯（今法国 尼斯）。随后沿着尼沙瓦河（Nishava）而下，攻陷了谢尔迪卡（今保加利亚首都索菲亚）、菲立普波里斯（今保加利亚城市普罗夫迪夫）、阿尔卡迪奥波利斯（Arcadiopolis，今土耳其境内城市）等大城市，并长驱直入围困君士坦丁堡。

狄奥多西二世面对匈人的入侵，在城堡被长期围困后，只得选择投降，便派遣亚纳多留斯为使者，前去向布列达兄弟求和。胜者为王，败者为寇。显然这次签订的和约比上一次更加苛刻。

这时两人各自占有一半的领土，形成了东、西两大帝国。不过这时的阿提拉只能算是布列达的助手，并不是唯一的领导者。一山难容二虎，之后，两人之间的隔阂越来越深，矛盾越来越大。

条约签订后不久，布列达兄弟便撤回到内陆地区。途中布列达突然死去。根据约尔达内斯在《哥特史》中的说法，布列达被阿提拉杀害。对于其死亡，历史上推测阿提拉在他们狩猎时谋杀了他。也有少数史料则称布列达试图谋杀阿提拉，败露后，阿提拉为了报复，便将布列达杀害了。总之，布列达死后，阿提拉成为统治匈人的唯一君主。

阿提拉纵横欧洲的时代到来了！

阿提拉是一个什么样的人物？为什么日后会对罗马和日耳曼世界产生巨大的恐惧感？

让我们来认识一下西方历史学家约尔达内斯给我们留下的一幅使人印象很深的阿提拉画像。他是位典型的匈人：矮个子、宽胸部、大头颅、小而深的眼睛、扁鼻梁，皮肤黝黑，几乎近于全黑，留着稀疏的胡须。他发怒时令人害怕，他用他给别人产生的这种恐惧作为政治武器。确实在他的身上有着与中国史学家们所描述的六朝时期的匈奴征服者一样的自私和狡猾。他更是一个野心勃勃的家伙，征战无数，杀戮成性，受他的影响整个欧洲都沉浸在对匈人的恐惧之中。

历史上被占领国的史学家本能地对入侵者进行丑化和蔑视是常有的事，对阿提拉更多的描述见诸在约尔达纳斯对敌人的叙述中。阿提拉以及其后的阿瓦尔人都被描写为形象猥琐的丑八怪，这一点，有点类似于今日中国百姓心目中和影视作品里的日本人。游牧民族在战争状态长途奔袭，和罗马人养尊处优、闲散优越的生活状态简直无法相比，基本无形象可言。但在欧洲的记载中也不得不承认，阿瓦尔人都体魄强健、相貌堂堂，甚至连他们的敌人都不忍心杀害这些美男子，更有一些贵族女人主动献城投靠。阿瓦尔人的王族更是俊美异常，这得益于民族融合后的人种进化。让人不由的想起大夏国的赫连勃勃、一代枭雄尔朱荣，以及拓跋家族的云冈石窟的4位王者。据史书记载他们各个都是美男子，以至于演化出大面舞，纪念在战场上因为太美，而不得已带上狰狞面具，以增加威猛气势的这些俊男们。

另有作者描绘：那些游牧人鹰一般的眼睛习惯于环视广阔的草原，能够分辨出远处地平线上的鹿群或野马群；他们像野兽般地生活，食生食，不调味，吃树根和放在他们马鞍下压碎的嫩肉；他们不知道犁的使用，不知道固定住处，无论是房屋，还是棚子；他们从小习惯了忍受寒冷、饥饿和干渴；其牧群随着他们迁徙，其中一些牲畜用来拉篷车，车内有其妻室儿女，妇女在车中纺线做衣，生儿育女，直到把他们抚养成人，如果你问他们来自何方，出生于何地，他们不可能告诉你；他们的服装是缝在一起的一件麻织内衣和一件鼠皮外套，内衣是深色，穿上后不再换下，直到在身上穿坏，头盔或帽子朝后戴在头上，多毛的腿部用羊皮裹住，是他们十足的盛装，他们的鞋子，无形状和尺码，使他们不宜行走，因此他们作为步兵是相当不适合的，但骑在马上，他们几乎像铆在他们的小马上一样，这些马不知疲乏，在奔驰时像闪电一样迅速；他们在马背上度过一生，有时跨在马上，有时像妇女一样侧坐在马上；他们在马背上商议事物、做买卖、吃喝甚至躺在马脖子上睡觉；在战斗中，他们扑向敌人，发出可怕的呐喊声，当他们受到阻挡时，他们分散，又以同

样的速度返回，砸碎和推翻沿路所见到的一切，他们的射箭技术是无与伦比的，他们能从惊人的距离射出他们的箭，其箭头上装有像铁一样硬的可以击穿人骨头的利器。有诗歌歌颂这些草原上永恒的牧人："当他们站在地上时，他们确实矮于一般人，当他们跨上骏马时，他们是世界上最伟大的人。"

阿提拉大约生于公元396年（又称406年），名字的来源，在哥特语中由"小父亲"演变而来，在阿尔泰语系中即是今日伏尔加河的名称。公元408年12岁的阿提拉被作为议和条件中的人质送往罗马宫廷。西罗马送往匈人的交换人质是贵族子弟埃提乌斯，此人后来很有作为。在之后的数年里，阿提拉在宫廷里接受了良好的教育，了解和学习了罗马政权的结构、军事、外交等知识，为后来的发展和积累奠定了基础。公元415年前后返回，后来他所在的部落遭袭，父亲被杀，他流落在草原上，后被其叔叔收留，生活相当坎坷。

当阿提拉大单于独自掌权并巩固权势之后，接下来年月里，开始了他大规模的征服行动。巧合的是，同在这一时期，一连串的灾难降临罗马大地：竞技场大暴动、瘟疫、饥荒和公元447年1月的大地震，使得君士坦丁堡成为了多难之地。阿提拉便伺机而入，再次大举进犯东罗马帝国。这次大军一路势不可挡挫败罗马守军，彻底铲平了色雷斯等70余座城池。次年，他们攻至拜占庭首都君士坦丁堡城下。可高大的城墙使得匈人一时束手无策，但匈人有着草原蛮人超长的勇猛和毅力，双方展开激烈的攻防战，城池几乎沦陷，双方消耗极为严重。最后，东罗马帝国皇帝西阿多修斯被迫讨饶求和。双方在公元448年签定了最屈辱条约，东罗马割让了多瑙河以南大片土地，并向阿提拉支付巨额赔款和年贡。

草原帝国传统的"暴力经济"需要不断的军事战果来维持发展。日后，大批日尔曼部落纷纷前来投奔，使其不断壮大。至此，匈奴帝国的疆域东起里海，北到北海，西到莱茵河，南到阿尔卑斯山，盛极一时。而东罗马帝国经过此战及匈人的长期劫掠和年贡的沉重负担，财富已基本耗尽。于是，阿提拉大单于又将目光投向了西罗马帝国。

罗马城鸟瞰图

公元450年，阿提拉大单于在完成了对东、北、南三个方向国家的征服后，便将矛头指向了西罗马帝国。阿提拉孩提时期就在此地作人质，与当时该国的大公埃提乌斯交情深厚，两人之前也多次合作对付叛乱，后来关系破裂。此次攻打西罗马帝国被认为是对此前受辱的复仇。先礼后兵，为了诚意，阿提拉首先派使者来到罗马，表示愿意与罗马帝国结盟。同时提出，愿娶西罗马皇帝的妹妹荷诺丽亚公主为妻，并要西罗马帝国拿一半的国土作为嫁妆。如此过分和羞辱的要求，自然遭到西罗马皇帝的拒绝。公主自幼便浪漫、热情富有野性，性生活放荡。之前，她私下里就曾派佣人与阿提拉有过联系，传说还送了一枚魔戒。为杜绝后患，摄政太后想出一计，将荷诺丽亚公主流放，实则是送到一个修道院做修女，想从此断了阿提拉的念头。阿提拉得知这一切后非常愤怒，于是，准备以此为借口发动对西罗马的战争。可这时出现了一幕戏剧性的小插曲。这是因为先前受辖统治的法兰克王国，在国王死后，他的两个儿子爆发了争夺王位的冲突，长子向阿提拉求救，希望得到支持。阿提拉认为这是向大西洋海岸扩张的好机会。在这同时，又遇上拜占庭帝国皇帝狄奥多西二世丧生，后继者停止了向阿提拉的纳贡。于是，阿提拉决定先放弃攻打东罗马拜占庭的计划，而改攻打高卢（今法国）。高卢是一个要塞，战略位置十分重要。他集结了阿兰人、萨克森人、东哥特人、勃艮第人等50万混合大军渡过莱茵河，直逼西罗马的领地高卢。

公元451年3月，阿提拉亲率大军（号称50万）渡过莱茵河，首先攻陷了高卢所辖最古老的都市梅兹城。7月，阿提拉军队抵达卢特提亚（后改名为巴黎）。据说，该城的教主派了一个7岁女孩去跟阿提拉谈判，或许是因为女孩纯真可爱的缘故，阿提拉放弃了攻城，从而使得这座城市免遭屠戮。当阿提拉的大军继续前进接近高卢，围攻重镇奥尔良时，面对共同的敌人，西罗马人和哥特人暂时放下他们相互间的隔阂与争斗，组成联军来对抗。罗马主将埃提乌斯，率联军抢先赶到奥尔良地区。以往匈人经常与哥特人、阿兰人结盟，由于存在一些争端，也出现过纷争。但这次在两军对持的重大关键时刻哥特人却倒向罗马，与敌人联盟，从而酿成匈人大败。苦果只能自己吃。阿提拉的军队被迫后撤，但又遭到袭击和围攻，使得阿提拉处于危险境地。好在当年的人质朋友埃提乌斯念旧情放了阿提拉一马。原因在于，此刻攻打阿提拉不是他的主要目的，更重要的是他要回去办理王位继承之事，这才是大事，故阿提拉才免此灾祸。

阿提拉并未因遭此败仗而服输，他认为胜败乃兵家常事。之后双方在马恩河畔沙隆镇爆发了著名的沙隆（又称卡塔隆）之战。这场战役被形容是欧洲两个联盟之间的对抗：一边是文明世界联盟（西罗马、西哥特人、法兰克人等）；另一边是部落联盟（匈人、东哥特人、勃艮第人等）。英国学者将此战役评为"世界史上最重要的15次会战之一"。对抗结果双方战死者达十几万人，最终两败俱伤，多个国王及贵族在战场上死亡。惨烈的战役，最后以联军保住城池的微弱优势打败如日中天的匈人而胜利结束。此战无明显的赢家。

这是关系到罗马人和日耳曼人生死存亡的一战，这场战役胜利的意义在于，成功地阻止了东、西罗马帝国的灭亡与基督教的覆灭。使欧洲逃脱了整个被匈人占领的命运。阿提拉的军队在此战受阻之后，离开了高卢，之后开始把目标指向意大利。

古罗马人在史前时期就已占据意大利。此地，东、西、南三面临海，其国土形状被形容为像一只踏进地中海的牛仔皮靴：尖跟、尖头、长筒。陆界北部以阿尔卑斯山为屏障与法国、瑞士、奥地利等国接壤，此地一直以来都是历代兵家必争之地。

两年后的公元452年，被称做"上帝之鞭"的阿提拉又卷土重来，拉开了对西罗马惩罚的序幕。之所以这样说，是因为："他们的到来、动机及消失似乎都是极难解释的，以致使今天的历史学家们还倾向于古代著作家们的结论，视他们为自称的"上帝之鞭"，他们是被派来惩罚所谓的"文明的"，因为古罗马的贵族与平民都有太多的丑恶与畸形心理，反映在他们对奴隶的残害和对斗兽场的狂热中"。据教会文献记载，阿提拉宣称自己是奉神谕来惩罚世上的罪人的。"上帝之鞭"，由此得名。在西方历史上通常有"上帝之鞭"的说法，后"上帝之鞭"成为阿提拉的绰号。

匈人军队的这次目标是翻过了阿尔卑斯山，侵入到了罗马的核心区域意大利本土，进攻其东北部首府阿奎利亚（Aquileia）。该城虽城池坚固，军队也奋力抵抗，但最终匈人还是摧毁了这座城市。幸而逃脱的罗马人，在亚得里亚海（地中海东岸）边的沼泽、丛林里开展游击战，躲避匈人的正规军。草原游牧骑兵无法应对"水兵"，任其生存发展。后来这些在沼泽及水中的零星建筑逐渐连片扩大，由此创建了一座新城（今威尼斯水城初期）。

此后，匈人又挥师直捣帝国的首都罗马城。西罗马皇帝万分惊恐，只得派罗马教皇利奥一世率高层使节团与匈人议和。匈人的大军在意大利北部的波河停止了进攻，阿提拉接见了由教皇利奥一世所率领的使节团。此时，匈人军中突发瘟疫，而罗马帝国的援军正从后方赶来，很快将抵达罗马城。因此，阿提拉审时度势，答应议和条件并撤军。利奥一世答应交纳贡赋，并把罗马皇族荷罗丽娅公主嫁给阿提拉，也许是这个女人挽救了罗马城。阿提拉胃口很大，并未就此满足，他还计划要在明年集中更大兵力进攻西罗马，临走时留下狠话——还要来！

匈奴人满载着抢夺来的财物兴高采烈地扬长而去，而罗马人则看着眼前的残垣断壁、满地的瓦片废墟痛哭。

公元453年初，据说，阿提拉大单于又娶了一名哥德（日尔曼）或勃艮

第裔的少女（公主）伊笛可（yildico）为妃。新婚之夜，阿提拉神秘地死在了婚床上（据普利斯库斯记载说是饮酒使血管爆裂窒息而死，也有说是毒害）。一个曾经狂言"被匈奴人铁蹄践踏过的土地，将寸草不生"的征服者，就这样怪异地在一个女人的怀抱中去了。阿提拉此刻正处于身体最强壮、帝国事业最强盛的时期。他的死，有多少人为之惋惜，又有多少人为之欢呼。

阿提拉死后，他的侍从和部下剪下自己的一撮头发，以及用剑在自己脸上刺破一个伤口来哀悼这位单于王。传说，葬礼非常隆重，他的遗体被安放在三个由金、银、铁所制成的棺木中，连同战利品，和那些现场负责挖埋后被杀的俘虏们一起埋葬在干河床上，然后放河水淹没。他的墓地至今未被发现。在他死后，他传奇的故事被后人传颂和演绎。例如："尼伯龙根之歌"、德国中世纪长篇史诗中的 Etzel 和"佛尔颂萨迦""冰岛史诗"等。

教皇利奥一世与阿提拉

阿提拉有多个妻子及许多儿子。阿提拉死后，他的指定继承人埃拉克、丹克兹克、埃尔纳克，三个儿子们各个野心勃勃，为取得大单于之位，争夺匈奴帝国的大权而互相攻伐打内战，使得阿提拉匈奴帝国的大厦在其死后，因他的子孙的内讧争斗，而轰然倒塌了。

公元 454 年底，分崩离析的帝国已摇摇欲坠，阿提拉的长子埃拉克惧怕自己的弟弟重蹈父亲的后辙，便狠心驱逐了兄弟邓尼茨克（也称成吉思）和埃尔纳克，使其远离到黑海东岸一带，退到多瑙河以南地区扎营，后来他们接受了罗马人的安置。

埃拉克独掌大权后，又率军与罗马联军在匈牙利的内德尔河畔展开了激战，结果埃拉克遭格庇德国王（东日尔曼哥特族部落）和东哥特国王联合攻击被打败杀害，军队被打得四分五裂，3万多将士喋血沙场。最后迫使残余匈人又退回到喀尔巴阡山东侧的南俄罗斯草原。曾经被认为可以征服世界的匈人，就这样在阿提拉死后一年便土崩瓦解，匈奴人创建的欧洲帝国就此灭亡了。

匈人阿提拉虽然拥有世上最强大的军队，征服了欧洲广大的土地，但失败的更快。后人评价阿提拉，说他是一流的组织者、二流的军事家、三流的战略家。

匈人除了本部族人的核心层外，还吸收和纳入了萨尔马特人、阿兰人、东哥特人、吉别达伊人和其它各族，这里面本身就存在着不稳定和衰亡的因素。由于匈奴帝国的内战，给了被奴役民族机会。阿提拉曾经最宠爱的格庇特人和东哥特人，率先起来反抗匈人的统治，隶属于他的其他外族也纷纷起义造反，组成反匈人联军。

阿提拉的另一儿子邓尼茨克试图重建霸权，恢复父亲的荣光，于公元461年，率部沿着多瑙河向西冒进。他首先与巴诺尼亚的东哥特人交战，双方相持数年，直到公元468年，他们才渡过多瑙河南下，开始进犯东罗马并与拜占庭军队开战，但他的能力不够，没有他父亲的勇猛和睿智，后被东罗马军战败杀害。他的首级作为战利品被拜占庭人带回了君士坦丁堡，并被悬挂在君士坦丁堡的马戏场里示众。另外，阿提拉的几个儿子如：恩勒德扎尔（额木尼查尔）、乌金都尔被安置在麦西亚地区，接受了罗马的封地，过起了安怡平稳的日子。他的其他子女，也都与当地部族融合了，从而逐渐地被历史彻底遗忘。

匈奴帝国崩溃后威胁消除了，日尔曼人和西罗马的矛盾又尖锐起来。西罗马这个深受匈人摧残、国库空虚、人心悖逆的欧洲帝国，也一步步走向了绝路。

公元455年汪达尔人再次攻陷罗马。

公元476年，日耳曼雇佣军攻占了罗马城，西罗马只有6岁的末代皇帝罗慕路斯·奥古斯都也被俘虏，并被雇佣兵西哥特人长官奥多亚克威迫退位废黜。至此，西罗马帝国不复存在，显赫一时、威风八面的帝国灭亡了。

威尼斯水城

罗马帝国在欧洲历史上的影响力是巨大的，是居有开创性的。西罗马帝国的灭亡，标志着古代欧洲"上古时代"（奴隶社会）终结，欧洲（西欧）开始进入了新的"中古时代"（封建社会）。有人认为，匈人消亡后有一小部分可能留了下来。后来建立了匈牙利，他们可能就是其后裔。另外，最大的一支退居到俄罗斯南部草原，这部分人其中的大部后来融入了斯拉夫族，而一部分则被之后的阿瓦尔人所收编。

就在匈人残部仍在与罗马人继续对抗时，公元463年柔然人也来到了欧洲凑热闹。柔然可汗吐贺真率大军西征，草原铁骑再一次横扫欧洲大地。吐贺真的到来使得欧洲人又一次被数十年前的噩梦惊醒。

5. "阿瓦尔人"就是柔然人

在欧洲的历史著作里,"阿瓦(哇)尔"(Avars)是否就是中国史籍中的柔然?这是一个长期有争议的问题。

欧洲最早出现"阿瓦尔"之名是在希腊史学家普利斯库斯(Priscus)的著作中,书中说:"在公元461年——465年,有一个居住在太平洋沿岸名叫阿哇尔的民族,因大洋雾气过重,龙蛇侵扰,加上其他民族的侵逼,遂向中亚一带迁徙,压迫Savirs族向西奔逃……"

自此之后的百余年间,阿瓦尔的名字再没有出现过。直到公元558年,欧洲一些历史文献又出现了阿瓦尔人之名。但记载大都残缺不全,来源颇多。

欧洲史学家德经(De Guignes,J.),在其出版的《匈奴、突厥、蒙古和其他西鞑靼通史》(共五卷)书中第一次提出柔然即阿瓦尔的论点。这一看法以后为许多欧亚学者所赞同,把欧洲史籍中的阿瓦尔人视为中国史籍中的柔然。法国学者勒内·格鲁塞在其《草原帝国》一书中即明确认为:"在匈人之后来的是阿瓦尔人,阿瓦尔人是在6世纪突厥人的压力之下从中亚逃出来的蒙古族部落,它先后统治着俄罗斯和匈牙利,即是西征后的柔然人"。目前国内外历史著作大都把欧洲史籍中的阿瓦尔人视为中国史籍中的柔然。

既有史料,那么就让我们看看上述说法是否与历史进程衔接吻合。

前述,公元463年,柔然可汗吐贺真的几万大军开始了西征。柔然骑兵推进的速度和威力,就像草原上的旋风一般,横扫中欧各国,势不可挡。

柔然可汗吐贺真之所以西征,是因为被北魏打败后追撵到西伯利亚的缘故。当时全球气候正处于寒冷期,而西伯利亚更是极度寒冷,对于靠居住帐篷、捕猎为生的游牧民族来讲,更是一道难渡的坎。向西到俄罗斯草原,再到里海、黑海,那是人间的天堂,更是生存的出路。

柔然传奇

2017年7月匈牙利首都布达佩斯英雄广场阿提拉雕像下的纪念活动

可汗吐贺真的大军首先到达乌拉尔河北部一带，但遭到了当地的吴提吾尔部和库提吾尔部的抵抗，他们虽说也是吃肉喝奶的草原民族，但他们的军力已远不如过去，凶猛顽强的草原蛮族的征战精神已荡然无存，结果被吐贺真打败征服，成为了属部。从字面上看"吴提"和"库提"两个名字正是柔然人的名字，如吴提可汗（吐贺真的父亲）以及后来库提可汗的名字，也许是巧合还是之间存在着渊源，不得而知。这两个部落归降后，可汗派遣库提吾尔和吴提吾尔两个部落作为西征欧洲的先锋。由于熟知当地的环境条件，他们身经百战，所向披靡。先是战胜居住在亚欧边境一带伊希姆河和乌拉尔河上游的萨比尔人，迫使其向西逃到高加索山区。之后，又驱逐奥吾尔人、撒拉乌尔人、奥诺吾尔人三个部族，使他们逃离家园向顿河流域迁移。他们为柔然可汗的西征和拓土开疆立下了汗马功劳。

柔然大军所到之处，吓得敌军丢盔弃甲，弃城逃逸；同时，大批的灾民逃亡，涌向欧洲中部。铁骑横扫数万里，使得沿途许多国家不战而降，由此占领和收罗了众多部落。他们被欧洲人称神兵，是骑着配备铁甲的战马、脚踏铁马镫、手握弯刀、身背弓箭的阿瓦尔人。

此刻，可汗吐贺真西征欧洲的西域疆土已经远达第聂伯河，控制了整个的俄罗斯南部草原，可谓战果辉煌，威名远扬。更让人可畏的是，"阿瓦尔人"的名声正在欧洲传扬。

根据时间推算，我们赞成这种说法，"阿瓦尔人"就是"柔然人"。

第七章　柔然人的去向之谜

柔然可汗车鹿会在自立门户时就号称"阿拔尔"。"阿瓦尔"的名字是由欧洲人最早叫响的，也有称他们为"哲欧根""欧伯尔"，或"瓦尔匈奴"的。斯拉夫人称阿瓦尔人为"欧伯尔人"。中国隋朝史书上称"阿拔"。有作者甚至认为，一千年后努尔哈赤的大妃"阿巴亥"、八子"阿拔嘎"的发音都源自"阿瓦尔"。就连成吉思汗先祖"吐贺真·伯颜"名字也都与柔然有关。为何叫"阿瓦尔"呢？这其中有何含义？

"阿瓦尔"这个古老神秘的名字与出自于亚欧大草原上的传奇英雄阿波罗有关。

按照罗马历史学家普里斯库德的说法：在猛兽格里芬看守阿尔泰山黄金宝库的森林里，有一位名叫"阿拔里斯"的魔法师。他在古希腊神话中，总是被描述为，驾着马车，背着弓箭、竖琴和笛子，他是太阳神阿波罗的祭司，能射出象征太阳万丈光芒的神箭。早期古希腊、古埃及在宗教祭祀时就已开始崇拜尊奉——太阳神阿顿（阿波罗）。这种阿波罗的原型其实就是一位游牧民族的武士。这与柔然人的形象及崇拜太阳一样。

岁月如梭，两千多年过去了。今天，在昔日柔然可汗浮图城（今新疆吉木萨尔县）人民广场上竖立的太阳神石雕，显示着这片土地上曾经拥有的辉煌。从东方升起的太阳以及混和了鹰、豹形体的怪兽是他们崇拜的对象。

公元5世纪中叶，吐贺真可汗西征后，柔然的势力达到了最强盛时期。疆域从纬度40度的天山山脉、蒙古高原直到其以北的亚洲北部区域，包括东欧，尽属柔然王国的版图。而在中亚区域，从印度、巴基斯坦、吉尔吉斯斯坦到里海东岸广大地域则都归属于柔然的盟友厌哒国。由此可见，柔然与其盟友厌哒瓜分了近一半的亚洲版图。公元469年，吐贺真病死在西征的途中。一代枭雄，壮年即逝，这也让欧洲人多过了几年安稳的好日子！为此，柔然西征的大军开始撤退，返回蒙古高原。由于可汗吐贺真从西征到去世只有短短几年时间，加之征战的速度极快，像一阵狂风席卷，很多时候人们似乎还没有反应过来，就已经过去了，故西方文献对这段历史留下的记录很少。

柔然大军撤离后，库提吾尔和吴提吾尔由于征战所处在西欧腹地，当时就被留守在了欧洲。后来，随着局势的不断变化，据称，他们两个部落都聚集到了阿提拉小儿子埃克纳尔德麾下，建立了早期的"保加利亚国"。

吉木萨尔县（金满城）太阳神石雕图

6. 新一代柔然君主——伯颜可汗

在欧洲东部，罗马人正在与哥特人、斯拉夫人为争抢土地而打得不可开交。公元527年，罗马皇帝查士丁一世去世，查士丁尼继位，成为唯一的君主。他是查士丁一世的侄儿，公元527年被授予奥古斯都尊号，与叔父共同执政。查士丁尼继位后，首先是与波斯开战，之后又集中兵力向西发动战争。先后灭汪达尔—阿兰王国，兼并北非；公元554年最终灭东哥特王国。然而，这一切的耗战，未能制止斯拉夫人、保加尔人、匈人残部以及后来的阿瓦尔人的不断入侵。

此时，中国北方的局势也发生了急剧的变化。公元555年，柔然战败，柔然可汗对该区域一百多年的统治宣告结束。虽然柔然可汗被杀了，国家灭亡了，但柔然人的实力并没有全部消亡，尤其是早先部署在西北部边境地带的部落和军队，他们还保留相当的实力，部落仍然拥有一定数量的马匹、军用器具。由于形势逼迫，柔然人不得已被迫背井离乡远走他乡，依靠现存的

第七章 柔然人的去向之谜

这些工具，向西方挺进，从此开始了又一次艰辛而残酷的西征。当然，他们迁徙的速度要比当年匈奴人的勒勒车要快得多。柔然人在可汗吐贺真之后，又一次来到欧洲。

柔然人穿过终年积雪的高加索山区进入东欧。据估计，进入东欧的这个时间段大约是在公元558年初。据西方文字记载，6世纪中叶，一支被称作"阿瓦尔"的亚洲流民进入欧洲，欧洲许多国家、城池接二连三地被阿瓦尔攻占，或遭袭劫。

战争出英雄，阿瓦尔人很幸运地拥有了一位出色的军事家、外交家，杰出的君主——伯颜（巴颜）可汗。"伯颜"写作"巴彦诺斯"（Baianos）。"伯颜"或"巴彦"是现今蒙古人中常见的一个名字，其悠久历史可追溯到千年，成吉思汗的先祖就叫"吐贺真·伯颜"。可汗的妻子称"哈屯"，地方长官称"吐屯""叶护""达干"。阿瓦尔人使用鲁尼文字，用以记录名字和咒语。据说这种文字也来自亚洲中部。

约在公元558年中，伯颜登可汗王位。伯颜可汗当时西征时带领的部队人数是不多的。据说柔然人逃离时只有约两万多人。进入欧洲之后，阿瓦尔人遭遇真空地带，兵威大振，势如破竹。

柔然人考虑到欧洲当时的局势，与敌人硬拼是不可取的，要想在异国他乡的欧洲打出一片地盘，也是极为困难的，要想生存并快速使自己壮大起来，最好、最现实的办法就是团结、联合一切可能的力量。伯颜可汗以他个人的魅力和才能，在这一时期收编并说服、拉拢了一批部落加入到柔然人的阵营。这包括：保加利亚部落以及斯拉夫人，毕竟他们在早期与柔然是一家人。认祖归宗，团结一致，有福同享，有难同当，并对阿瓦尔人宣誓效忠。此时的柔然人数已达二十万之众。

此时，世界局势发生了变化。拜占庭帝国查士丁二世的统治已到了末期，欧洲各国几乎都处在分崩离析之时：西部的法兰克王国（也是拜占庭最主要的强劲对手）已经分为四个国家；凯尔特人与盎格鲁——萨克逊人正在大不列颠岛上互相厮杀；伊比利亚半岛的西哥特和苏维汇人准备平分西班牙；莱茵河和多瑙河上游更是喊杀声不断。时不我待，乱中取胜。伯颜认为这个时

机进入欧洲可以说是最佳选择，于是就制定了他"二十年战争"的宏伟计划。

伯颜可汗决定先与罗马帝国保持友好关系，以稳定局势，扩大势力。于是，在公元558年12月，阿瓦尔派遣和平使团来到黑海北岸，传递出造访君士坦丁堡的信息。罗马皇帝查士丁尼得知消息后，很快调舰队将和平使团渡过黑海，送往帝国京城。

此刻，君士坦丁堡城内人山人海，这不是为了庆祝圣诞节，而是在迎接一支来自东方的奇异使团。在各个街头巷尾，市民们都在谈论着一个闻所未闻的名字：阿瓦尔人！乍看上去，这个游牧民族与阿提拉的胡人或辛尼昂的保加利亚人没有太大区别：一样的服装，类似的语言和风俗，相近的"秃顶+猪尾巴"的独特发型，只是多留了一些头发，并用彩色丝带扎成许多条辫子而已。从匈奴人开始直到满清时期，这样的大辫子始终与中华帝国如胶似漆，形影不离，真是剪不断，理还乱。不过在欧洲，人们对这样的装束还是很好奇的，更何况，阿瓦尔使团此行并没有任何恶意，而是来向东罗马帝国寻求友谊和帮助的。

当年，阿提拉人在欧洲人心中留下的残暴和恐惧还没有完全消失，今天阿瓦尔人又来了，即便是和平使团，这也不能不让罗马皇帝心里泛起疑惑。查士丁尼摆出了一幅隆重、豪华和威严的气势接待来访使团。

君士坦丁堡在当时的欧洲已是非常强大且富有的国家。查士丁发行了金币"索利得"（英语中的"先令"），并把自己的头像印在金币上。在6—8世纪时，金币"索利得"已遍布整个亚欧大陆，是最受国际市场欢迎的货币。

柔然人使团的到访，无疑也离不开金币"索利得"的诱惑。难怪，查士丁尼皇帝恼怒、感慨地说出，"又是一伙敲诈勒索之徒"！不管怎么想，现实即在眼前，阿提拉留给他们的记忆实在是太深了。建立友好关系，无非是花点银子而以，保住王位和维持稳定，不再发生战争，要用拜占庭的财宝把他们收买，作为自己守卫边防的雇佣军，才是当前的大事。于是，双方达成议和，作为联盟的条件，皇帝赏赐给他们大量的贵重礼物作为回报，但对阿瓦尔人提出准许他们进入帝国领地，所要土地的请求却避而不答，因为这些要求太过分了，只能用空洞的语句搪塞掉算了。

第七章 柔然人的去向之谜

对于阿瓦尔人来说，此行没有白来，虽然没有满足全部的愿望，但他们得到了想要的东西"岁赐贡品"。当然，这些贡品的获得是以阿瓦尔人同意和拜占庭帝国结盟，共同打击拜占庭的敌人为前提的。不幸的是拜占庭人的如意算盘打错了。

公元559年春，斯拉夫人在保加尔人首领扎伯干的率领下通过冰封的多瑙河，直接扑向巴尔干半岛腹地。他们的7000人铁骑长驱直入，君士坦丁堡危在旦夕。查士丁尼只得在这时重新起用年近古稀的老将贝利萨留率军迎战，姜还是老的辣，在不久后的战斗中拜占庭人获得全胜，暂时阻止了斯拉夫人前进的步伐。同时，查士丁尼又派出使者要求阿瓦尔人从背后袭击，双面夹击斯拉夫人。阿瓦尔人如约而至，把斯拉夫人打的惨败并驱赶远走，解除了拜占庭所受威胁。征服斯拉夫人，迫使其大军离开后，阿瓦尔人却不愿离开了。这次不只是同意拥有潘诺尼亚地区，而还要决心占领巴尔干地区的土地。土地的占有在当时来讲就是权力的象征。查士丁尼只得无奈答应，这就是实力的作用。

到公元560年，阿瓦尔人的版图已经从伏尔加河延伸到多瑙河（到喀尔巴阡山南部一带），阿瓦尔可汗已把他大军的篷车、蒙古包驻扎在了多瑙河北岸。他们将以此为基地，向北可以攻打斯拉夫各部；向西可出击日尔曼地区。当然，这一切并不是终极目标，他们的目标是将欧洲全部纳入到自己的势力范围。看来阿瓦尔人的胃口很大。但是，他们的计划受到了法兰克王国（Francia）的挫败和抑制。

金币"索利得"

柔然传奇

法兰克王国（Francia）是在公元486年，有日耳曼民族的一支法兰克人，在墨洛温王朝的国王克洛维的率领下，在巴黎地区彻底打败了罗马人后建立起来的，它是法国的前身。在古代欧洲，日耳曼人素有最凶暴、最野蛮称号。法兰克王国在克洛维一世去世后，王国就分成四个小国，分别由他的四个儿子统治。之后，这些小国经过不断的衰败变化，最终被加洛林王朝的查理大帝所统一，在其统治下，法兰克王国不断发展壮大，到公元800年时达到鼎盛，统辖了今法国、德国、荷兰、瑞士、北意大利、奥地利西部、西班牙东北角的领土。国王查理曼被教宗利奥三世加冕为罗马人的皇帝（也称神圣罗马帝国的崛起），史称查理曼大帝（扑克牌中的红桃K即是象征），以继承西罗马帝国。

伯颜可汗势力壮大后继续向西扩张，来势迅猛。公元562年，其势力已达易北河，并与当时的法兰克王国展开交战。首次交战，双方势力相当，战争不分胜负。在战场上，阿瓦尔常常以一种名叫"阿瓦尔环形阵法"（the avars ring）作战。该阵法是将众多的军帐摆成圆形，而把指挥总部和大本营置于其中。后来入侵的蒙古人也常常使用类似的阵法。伯颜可汗后来采用偷袭战略，因阿瓦尔骑兵对地形不适应，且无法施展骑兵优势，而法兰克人却在易北河畔的密林中设伏，结果偷袭失败，双方各有损失。最终，法兰克王奥斯特拉西亚（Austrasia）的西格伯特一世在图林几亚（Thuringia）战胜了阿瓦尔人。伯颜感觉对方势力较强，继续战下去可能会给自己带来不利，为保存实力，双方以易北河为界，握手言和。阿瓦尔人随后遂向黑海方向撤退。

经过几年的向西扩张，柔然人的势力已很强大，控制的地盘也很广阔了。此时的伯颜可汗在这个地区已占有绝对的军事优势。欧洲人对阿瓦尔（柔然人）的认识更加清楚了。

东欧及西亚地区历来就是蛮族人征战之地。斯拉夫人、保加利亚人、伦巴第人、格皮德人以及哥特人，他们都曾是该区域的入侵者、统治者，当然也是臣服者、奴役者。真所谓胜者为王，败者为寇。

西南多瑙河中下游，有两个相邻的日耳曼蛮族部落，即居于西边班诺尼的亚的伦巴第人和居于东边古达西亚地区的格皮德人。以前格皮德人曾归顺于匈人，后来又举起反旗，搞垮了匈人帝国。伦巴第人因曾经帮助过拜占廷对东哥特的战争，所以获得查士丁尼大帝默许进入多瑙河以南地区居住。这两个民族实力都不算强，但却互相敌视，加之在东罗马帝国的暗中挑唆指使下，时常挑起事端，发生争战。

鹬蚌相争渔翁得利。正当他们双方打得不可开交之时，柔然伯颜可汗的到来，成为了他们相互争宠的香饽饽。谁能与阿瓦尔人联盟，谁就能得以生存。这简直就是当年东西魏联姻柔然阿那瑰可汗时的翻版。因此，他们都派出使节团展开和谈外交，以游说拉拢阿瓦尔人建立联盟。

伦巴第人是一个新兴的日耳曼部族，具有凶悍强暴的性格。5世纪中期，伦巴第人由于受到柔然可汗吐贺真西征的影响开始向西迁徙，后在多瑙河平原统一了伦巴第各部落。6世纪初，他们到达潘诺尼亚（Pannonia），今日的匈牙利西部和捷克地区。公元546年，奥杜安（Audoin）创立了伦巴第新王朝。随着来自亚洲的强大游牧民族阿瓦尔人势力的不断扩张和影响，约在公元563年，国王阿尔博因派遣官员去与阿瓦尔人接触洽谈，以寻求支持和帮助。这对于伯颜可汗来讲，实在是难得的好机会。于是，为了获取更多的利益，伯颜可汗和伦巴第国王阿尔博因交涉谈判，最终相互建立起了联盟。联盟的建立使得伯颜与伦巴第人的势力大增。人算不如天算，好景不长。正当联军取得辉煌战果时，从东方传来了厌哒国被征服的消息。

7. 阿瓦尔人的新家园"圜城"

阿瓦尔人由此避开与东罗马人的正面接触，而开始把军事力量转向邻近的多瑙河流域的各国。从公元565年到公元572年这一时期，可谓战事不断。

公元566年冬季特别寒冷，东欧大雪纷飞，一连下了5个月。阿瓦尔人的牛羊大批冻饿而死，族人无以为生，唯有发动新的战争，才能度过灾难。伯颜可汗在大雪封山的情形下，趁着风雪弥漫的掩护，率骑兵越过冰封的易北河向当时的法兰克王国发起突然进攻。法兰克人没有料到盟友的来袭，毫无准备，匆忙应战。传说奥斯特拉西亚的军队被伯颜可汗诱入"魔法之圈"，

柔然传奇

当双方军队正在厮杀交战时,只听得天空中一声怪吼,随着一个长袍披发的异物飘然而来,战场上顿时狂风四起,雪花飞舞,眼前一片迷茫,什么都看不见。当士兵们再次看得见时,阿瓦尔人已在眼前,手起刀落,一个个法兰克人都归了西。这就是传说中阿瓦尔巫师的魔法,让欧洲人又一次见识了连北魏人都惧怕的柔然人的神技。

法兰克人这次是彻底地被打败了,也彻底地被臣服了,就连西格伯特(西吉贝尔特)国王也沦为阿瓦尔人的俘虏,伯颜可汗为4年前的失败报了仇。不过,他并无意处死这位克洛维的孙子,他需要的只是得到这个国家提供的补给。于是,西格伯特用大批物品及金钱赎回老命,获得自由,换来双方的和解,还与阿瓦尔人结成了同盟。识时务者为俊杰。阿瓦尔人也以此尽显了自身的才能和威风,从中捞取好处。

另外,阿瓦尔人也时刻不忘查士丁尼一世对他们的无理。在伯颜可汗的支持策划下,已经具有相当实力的伦巴第王国(从属国)开始了对东罗马帝国的南征。阿瓦尔人同时也予以配合南下攻击拜占庭。

当然,此刻的拜占庭帝国,已拥有自罗马帝国分裂以来最大的版图,军事实力也非常强大。可以想象,这必将是一场艰难、残酷和长期的战争。

拜占庭皇帝查士丁尼二世送给罗马教皇的十字架

果然不出所料,与意大利的战争打得很残酷,但意大利的军队最终不堪一击,节节败退,逐渐丧失了大面积的国土。几年后,伦巴第人建立了伦巴第大公国，定帕维亚（米兰）为首都，国王阿尔博因完成了他建国的功业。之后，长期与南方的拜占庭势力和罗马的教皇势力纠缠较量。

同盟军取得了辉煌的胜利，再来看阿瓦尔人的南下。公元565年查士丁尼一世去世后不久，曾被臣服管辖以及被征服的许多地区开始暴乱独立，为此国家的大片土地逐渐丧失。查士丁尼一世被看作是古典时代晚期一个明君，是古罗马帝国晚期影响较深远、统治时期较长、且最重要的皇帝之一。

查士丁尼去世后查士丁二世继皇帝位。意大利被伦巴第人占领后。阿瓦尔人也消灭了定居在匈牙利的一支日尔曼哥特人，攻占了匈牙利。期间斯拉夫人已经尽数投降阿瓦尔人，由此使得阿瓦尔人的实力再一次被扩充。在占居潘诺尼亚（匈牙利）后，他们终于获得了一个稳定的地盘和温暖的家，并在前辈阿提拉的都城附近建起了他的王庭，使匈牙利成为了伯颜汗国的腹地。此后的阿瓦尔骑兵凭借其强大的军事实力，正是从这个王庭基地出发袭扰整个欧洲的。

联盟使得双方都获得了很大的好处。这个世道，没有永远的朋友，也没有永远的敌人，有的只是利益。东罗马帝国昔日辽阔的疆域，此时，只保留了拉文纳一带狭长的地带。然而，就这么一丁点的地带也好景不长，公元751年，拉文纳被伦巴第人占领，东罗马帝国的版图尽归他人之手。

对土地的渴求成了伯颜的动力所在，他一点点地蚕食拜占庭帝国的土地。公元567年，阿瓦尔人派遣专使与新即位的拜占庭皇帝查士丁尼二世商讨土地问题，但却没有收到像查士丁尼一世在位时的那种礼遇。他希望在多瑙河下游拨一块领土给自己的要求，却遭到查士丁二世很干脆的拒绝。这是阿瓦尔人没有料到的，感到被羞辱的阿瓦尔人绝对不能容忍，立刻准备再次进攻拜占庭。

公元572年是一个不祥之年。西突厥可汗室点密和东突厥可汗木杆（室点密侄子）相继去世。这使得突厥汗国由此而产生内乱、分裂。昔日的对手，柔然人最大的死敌去了另一个世界，这对伯颜可汗来讲，无疑是一个天大的好消息。

伯颜可汗抓住眼前这个机会，又派遣使团再次前往君士坦丁堡，用意显

柔然传奇

而易见。当然，此刻的局势已完全倒向阿瓦尔人一边，查士丁尼二世无奈地接受了阿瓦尔人提出的高价"岁贡"。这无疑是个好的结果。战争多年，双方想的都是过一个安逸的生活。

许多学者认为，从这时起，欧洲史上曾开始的民族大迁徙，如：斯拉夫民族、日耳曼民族等，通过多年的战争，都已获得了比较稳固的土地，他们停止了迁徙，致力于建设自己的家园，渴望有一个稳定的生活和家庭。这也就是欧洲中世纪的开始，封建社会的到来。

阿瓦尔人也从此在东欧和中欧取得了霸主的地位。阿瓦尔人同样也期盼和平。柔然先人们创造的"圐圙"城，此刻它也出现在了欧洲，由于城堡外观呈圆形，欧洲人称它为"圜城"。

在以后的几年里，阿瓦尔人难得地过上和平安稳的生活。

在阿瓦尔人、伦巴第人等的联合围攻下，拜占庭人日子一天不如一天，昔日的强盛帝国，已日落西山。

波兰国克拉科夫的瓮城（"圜城"）及城池模型

同时，波斯和拜占庭的战争在这一年又开始了，拜占庭败多胜少，损失惨重。最后两家和谈，查士丁二世无奈地赔给了波斯大量黄金。公元574年，查士丁二世皇帝被迫从宝座上退下来，让位给索菲亚皇后的情夫（时任外交部长），史称提比略二世，让他来处理当前的乱局（自查士丁一世起，所有

第七章　柔然人的去向之谜

的查士丁尼王朝的皇帝均没有子嗣，堪称奇观。提比略以这点亲戚关系，得以继续维持查士丁尼王朝世系）。提比略即位后，改名拜占庭为君士坦丁，又与伯颜可汗签订了友好合约。皇位的血统都没了，这个国家的命运该是怎样？这时拜占庭人才真正意识到拿金钱换和平纯粹是与虎谋皮，得不偿失，遂决定对阿瓦尔人和斯拉夫人实行反抗，采取坚决剿灭的策略。

只过了没几年的好日子，战事就又重开。没有常胜将军，伯颜可汗在其晚期的征战中，才真正地遇到了挫折。公元587年，阿瓦尔人和斯拉夫人的军队在战役中损失殆尽，被迫撤到巴尔干山脉以北地区。

公元591年拜占庭和波斯人订立友好条约，双方联合对付共同的敌人阿瓦尔人。拜占庭皇帝莫里斯与将军普利斯克斯分别带领一个军团，实施两面夹击战略。两路大军迅速推进到多布罗加和多瑙河北部，这让阿瓦尔人不寒而栗。面对紧迫的形势，伯颜可汗意欲先发制人，擒贼先擒王，便率领大军攻打拜占庭城。可是，由于在皇帝直接指挥下的拜占庭军队气势高扬，阿瓦尔军队几乎到处都受到猛烈的回击。一个多月过去了，阿瓦尔人没有任何战果，控制的地域反倒迅速收缩。伯颜不敢硬碰硬，开始鸣金收兵，仓促撤军。

公元593年，拜占庭军队再次进攻阿瓦尔人。这次由普利斯克斯将军带队，他们从多瑙河下游北进，迎面碰上了保加尔人的军队，两军厮杀很久，也没有分出胜负。

公元597年，伯颜再次出击，拜占庭塞萨洛尼基城被阿瓦尔人团团围困，拜占庭人即将丢失巴尔干半岛最后一座堡垒。在这紧急关头，普利斯克斯指挥的军队实施援救，一路杀来，所向披靡，很快便为城市解围。在之后一年的战争里，拜占庭军队始终都处于绝对优势中，阿瓦尔人节节败退，最后彻底让出多瑙河以南的巴尔干地区。伯颜率军北撤，普利斯克斯没有放过这个机会，率军队乘胜追击，两年后阿瓦尔人于提萨河（Tisza）河畔被普利斯克斯率领的军队彻底击败。

公元600年，年迈的伯颜可汗与普利斯克斯将军签订合约，重新承认拜占庭帝国对于多瑙河地区的主权，阿瓦尔人撤出该区域。

公元601年，拜占庭将军普利斯克斯又率领大军渡过多瑙河，一直打到

阿瓦尔人帝国腹地，追击到了匈牙利草原，彻底打败了伯颜，又一次取得决战胜利，并在战争中杀死了可汗的四个儿子。

逝去四个儿子给可汗以沉重打击，老来丧子，白发人送黑发人乃人间最大的痛苦。伯颜可汗于这次灾难后的次年（公元602年）去世。阿瓦尔人的征战暂时告一段落。

伯颜可汗去世后，他的长子继位，称"阿瓦尔可汗"。阿瓦尔可汗在位期间，由于国破家亡仍处于衰败恢复中，国力很弱，百姓生活艰辛，好在没有能力也未发生大的战争。大约在公元610年，阿瓦尔可汗去世，他的弟弟（伯颜可汗的幼子）继位，仍为阿瓦尔可汗。幼子继位后，阿瓦尔人的势力已经有了很大的恢复。他遵照父辈的遗愿，继续为发展壮大阿瓦尔人的疆土奋斗，战争仍在继续。

公元626年，阿瓦尔人又卷土重来，联合了墙头草波斯对拜占庭帝国发起了大规模的进攻。波斯将军沙赫巴拉兹从西则小亚细亚的一端横穿马尔马拉海到达另一端，在博斯普鲁斯海峡入口处扎营。而阿瓦尔的军队从北部直抵君士坦丁堡城下，形成了两面夹击的态势。当时希拉克略皇帝正在高加索前线，他不在君士坦丁堡，而全权委托由他的行政长官波努斯守城。当年的7、8月之交，阿瓦尔人对该城发动了一次又一次的猛攻，这种局面是君士坦丁堡前所未见的，君士坦丁堡几乎被攻陷失守。但是最后关键时刻，拜占庭海上舰队及时赶到，阻止了波斯人穿过海峡与阿瓦尔人联合作战的行动。拜占庭以惊人的代价打败了阿瓦尔人的每一次进攻。没有了增援，阿瓦尔可汗被迫撤围，退回到匈牙利。有学者列出历史上"西方文明面临覆灭"的几次"最危险时刻"，此战算一个。

约公元630年，幼子阿瓦尔可汗在遭受这一沉重挫折后不久就去世了。

之后，可汗王位的继承出现了问题。伯颜可汗的儿子们都战死了，没有了子孙，使得世袭继位成了问题。这条路既然堵死了，那么就采用另一方式，由阿瓦尔贵族与保加尔人贵族开始竞选可汗。保加尔人真正的身份是早期突厥人的一支，长期以来，一直以同盟者身份帮助阿瓦尔人征战，并取得了阿瓦尔人的信任。由于此刻阿瓦尔人实力的削弱，保加尔人提出可汗位置应该转由他们的可汗库弗拉特继承的要求。很显然，阿瓦尔人不能接受。于是，盟友开始内讧，武力争战由此开始。其结果很明显，势力强者是赢家，阿瓦尔人被迫让位于保加尔人做可汗。从此阿瓦尔汗国出现分裂。

公元768年，法国国王矮子丕平驾崩，王国由两个儿子瓜分，但很快弟弟暴亡，长子查理成为唯一国王。登基后的查理继续坚定地奉行扩张路线。公元774年，伦巴第大公国被法兰克王国国王查理曼大帝的大军所推翻，总算有人替罗马人报了一箭之仇。之后又开始征服巴伐利亚公国，并逐渐对该国形成了多面包围的态势。他们以往都是阿瓦尔的传统盟友，这必然涉及到阿瓦尔人的利益，也由此对阿瓦尔帝国产生影响。

从公元6世纪开始西征到8世纪中叶的一百多年里，阿瓦尔军队英勇无比，百战百胜，横扫了欧洲大部。由于被胜利冲昏头脑和财富的大量积累，加之几代人的繁衍，阿瓦尔人已开始逐步减少直接参加战争的次数，而是由属国及其盟友完成。这些柔然人的后裔，已经由过去的好战好奇，变成现今彻头彻尾闭门锁国的守财民族。而此刻的查理曼大帝则不然，他正处于兴盛高峰时期，复仇和欲望的心态促使他开始了对阿瓦尔汗国的远征。享誉千年的史诗"尼伯龙根之歌"就是描写此次远征的。约8世纪末（公元791—799年），阿瓦尔汗国的都城"阛城"，遭到法兰克国日耳曼查理曼大帝以及之子丕平率领联合军队多次的攻打。

公元795年，查理曼之子丕平乘阿瓦尔可汗与叶护都去世的良机，并得到弗里奥尔边区的埃里克侯爵的帮助，双方联合攻打阿瓦尔人。查理大帝以极为出色的战略战术，指挥大军从三个方向攻入敌营，摧毁了"阿瓦尔环形阵法"。此阵法曾多次打败罗马军队，并被效仿。

公元796年，丕平再次组织进攻，向可汗中心大帐发起攻势。阿瓦尔人在其居住的皮帐宿营地外加上一圈木质的栅栏，并吸取了一些类似罗马人围墙地概念，组成了"塞堡圈"，其外围由一定宽度的城墙和墙垛组成，墙下修筑有一定深度和宽度的壕沟，沟里设置有削尖的木桩等阻止敌人进行速攻的设施。"塞堡圈"最终未能挡住查理曼军队的攻击，阿瓦尔人遭受了毁灭性打击，精华几乎损失殆尽，城堡焚毁，财宝洗劫，残余力量被驱赶到蒂萨

河以东。查理曼夺取了阿瓦尔人在圜城里的无数金银财宝，洗劫一空后，放火烧毁了阿瓦尔圜城。这批宝物被称为"尼伯龙根"宝物。据说，埃里克侯爵把找到的财宝装满15辆大车，每辆车需4头公牛才能拉动，献给了查理曼大帝。不幸的是侯爵自己在后期的战场上中伏阵亡，没能得到和享受胜利的成果。当然，而后这批财富有效地拉动了法兰克国及周边国家的经济发展。

公元796年的这场战役的惨败，标志着阿瓦尔汗国的覆灭。阿瓦尔人被打败后，其首领吐屯（吐豆登）投降，接受了基督教的洗礼，向查理曼大帝臣服。阿瓦尔人的统帅顿"皈依"做了基督教徒，并尊查理大帝为教父。为了统治阿瓦尔人，作为对这些臣服者们的回报，查理大帝赦免其性命，甚至还将部分王室地产分赐给阿瓦尔贵族。从此后，阿瓦尔人成为了查理曼帝国的属臣。

阿瓦尔汗国败了，汗国的独立被剥夺了。如若深究一下，他败了的原因或许是，"民族内讧、当权者腐化、社会消沉、见利忘义"，但还有很重要的一条，"远离了国土"。

另外，因为阿瓦尔国王已降，国已灭，所以，法军只推进到蒂萨河一带就收兵撤退了。法军所占领的地域只是阿瓦尔汗国的半壁江山，蒂萨河以东的阿瓦尔人并未在法军的可控范围之内。同时，已投降的阿瓦尔人（包括统帅顿等）因遭受欺辱而心怀不满，仅一年后，便联合萨克森人、斯拉夫人展开了反抗大暴动，并获取了一定区域的控制权。

公元9世纪初，随着保加利亚汗国的建立，可汗克鲁姆又战胜了阿瓦尔人，使得多瑙河中游的阿瓦尔人政权再次彻底瓦解。保加利亚军队一直推进到蒂萨河，阿瓦尔人不愿接受可汗克鲁姆的统治，被迫再次向法兰克王国臣服，并又接受了教皇的洗礼。此后，查理大帝先是在原阿瓦尔汗国的版图上设立了阿瓦里亚汗国，仍有他们自行管辖，年年向法国王纳税进贡。但后来，当法军取得彻底胜利，时局完全控制且趋稳后，国王又设计谋害了臣服的所有阿瓦尔人的上层贵族们。至此，阿瓦尔人最后的王国——阿瓦尔汗国便在历史上消失了。

伴随着阿瓦尔汗国的灭亡，保加利亚汗国的实力明显增强，并接管了多地的阿瓦尔人和马其顿的保加利亚人，同时拒绝向查理大帝履行进贡义务。

当然，保加利亚汗国也曾一度辉煌，重创拜占庭军队，使得查理大帝妥协讲和，但最终胳膊扭不过大腿。可汗克鲁姆死后，精疲力竭的拜占庭帝国和保加利亚汗国捐弃前嫌，双方重归于好。随着形势的不断好转和人们意识的转变，多数保加利亚人都皈依了基督教。

法国著名学者勒内·格鲁塞在他的著作《草原帝国》说，9世纪末的"佩切涅格人""马札尔人"都可能是柔然人的后裔，他们从遥远的东方来到阿瓦尔人的故地，成为又一个新的"阿瓦尔人"。但昔日强盛一时的阿瓦尔人已无踪可寻，只成为了一个历史上曾经出现过的名词。柔然人的血脉从此逐渐在欧洲消退。

柔然人西征无疑是对东西方文化传播起到了积极的作用。创建汗国的二个半世纪来，不光步了阿提拉的后尘，或成了后世耶律大石和蒙古成吉思汗西征的先河。

直到10世纪末期，蒙古人西征的铁蹄，再次踏上了欧洲这片土地。

阿瓦尔汗国的版图

第八章

有关柔然人的近代考古发现及传承

至今，世界范围内还没有发现柔然汗国的王庭（都城）遗址及可汗墓葬。其他涉及到柔然人的考古发现也极少，且遗物数量更有限。这里将已查知的资料列举（按年代顺序）做简要介绍，供读者参阅。

1. 近代考古发现

（1）蒙古国土拉河畔的诺颜岇·斯穆墓葬

周伟洲先生在其"敕勒与柔然"一书（1983年版）中提到，苏联早期考古学家波罗夫卡，在1925年曾于蒙古国土拉河畔的诺颜岇·斯穆，发掘了一座属公元4—5世纪的贵族墓葬（无原稿），这是当时所知的属柔然的唯一一处考古遗址。出土的文物中有铁质的刀具、箭镞、马衔、马镫等物。蒙古草原进入铁器时代，大约是在公元前3世纪匈奴时期。柔然同样也已使用铁器。柔然奴役下的阿史那部，被称为"锻奴"，其所在地就在阿尔泰山之阳，这里锻造的各类铁器主要是供给柔然国军队。

（2）蒙古国哈拉和林和日门塔拉墓葬群

为了对中蒙两国境内游牧民族考古学文化进行对比研究，公元2005年—2015年，中国和蒙古国两国制定了十年联合考古项目。十年来，联合考古队对蒙古国12个省市的60多个苏木进行了考古调查，共调查各类遗址150余处，时代涵盖了石器时代、青铜时代，以及匈奴、柔然、回鹘、契丹、蒙元、明清等多个时期。公元2006年—2014年，中蒙考古队开始对蒙古国后杭爱省浩滕特苏木境内的四方形墓园、布尔干省达欣其楞苏木境内的詹和硕遗址，及后杭爱省乌贵诺尔苏木墙内的和日门塔拉遗址等进行考古发掘，其中包括北魏——柔然时期墓葬两座、回鹘时期的祭祀性遗址21处。

柔然传奇

中蒙考古文集资料

　　2014年，联合考古队对后杭爱省马贵诺尔苏木境内的和日门塔拉墓葬遗址进行了考古发掘。对1号遗址中心土包进行挖掘时，在土包顶部偏北处发现了一座晚期墓葬，墓葬编号为M1。墓葬为竖穴土坑墓，墓主人仰身直肢，有土棺葬具，保存较差。出土随葬品有金、铜头饰，弓，铜项饰，手镯，陶器等。对该墓出土标本进行的碳-14测年数据，显示为公元335年—535年。这一时期蒙古高原属于柔然统治时期，时代与器物的年代相吻合。同样，出土的青铜项饰与中国北方北魏墓发现的类似器物非常相似，同属于一个时期。专家认定，该墓葬为柔然时期墓葬。这也是蒙古国考古学的一个新发现。

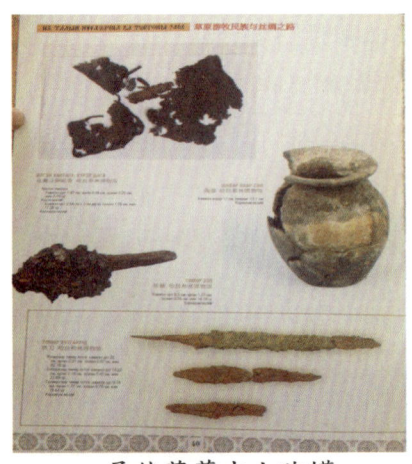

柔然墓葬出土陶罐

柔然墓葬出土项器

柔然长期生活在蒙古高原以及大漠之中，他们世代都以穹庐毡帐为住所。在随水草不断地迁移过程中，部落往往是赶着牲畜、拉着毡帐及其他生活用品浩浩荡荡的出发。来到目的地后，就把毡帐重新搭建起来，生火做饭。所谓马背上的的民族，以马为伴，马走到哪儿，家就安在哪儿；没有固定的居住地，也没有砖木等的建筑。因此，柔然民族没有宏伟壮观的城郭，以及相应的建筑遗址。

（3）新疆吐鲁番哈拉和卓古墓群发掘

公元5世纪，北凉国被柔然灭亡。柔然可汗在高昌（今新疆吐鲁番）地区扶持了阚氏地方政权，随后又有张氏、马氏、鞠氏相继多个政权。吐鲁番地区是连接东西方经济贸易、文化交流的要道。该地域出土的大量考古文物资料就证实了这一段历史。

哈拉和卓古墓群，位于著名的火焰山南麓、高昌故城的东北，在今新疆吐鲁番（高昌）县火焰山公社境内。古墓分布在山麓前的戈壁砾石滩上。从公元1966年起到1969年共实施了四次挖掘。公元1975年，又进行了开挖。第一期共十一座墓葬，相当于晋、五胡十六国时期，即高昌设郡到柔然控制高昌的早期（即阚氏高昌）阶段。

墓葬出土文书一百零二件，均用汉文书写。其中有纪年的年号是：西凉的建初，北凉的玄始、义和、缘和，夏的真兴。

哈拉和卓古墓群90号墓出土有一件署为"永康五年岁在庚戌七月"的莲华经残卷，（王树枏新疆访古录卷一）及永康十七年三月二十日的汉文纸文书残片（编号大75TK M、90:27），另有两件，只有书年没有年号。"永康"是柔然予成继位可汗后第二年（即公元466年）所立之年号。莲华经残卷当为柔然统治高昌时，高昌人所书写。同墓出土文书有十八件，均较残破。按《魏书·蠕蠕传》的记载，永康十七年为公元480年，但吐鲁番出土的《妙法莲华经》残卷跋记中却有"永康"五年岁在庚戌七月字样。依干支推算，永康五年应为公元470年，永康十七年为公元482年。由于《魏书·蠕蠕传》系后人序补，而《妙法莲华经》残卷却为当时人所写，故而学术界多认为以公元482年较为可信。公元460—481年，高昌地区为阚氏政权占据时期。据史书记载，北魏太和五年（公元481年）高车王杀阚首归兄弟，立敦煌人张孟明为王。张孟明后来为国人所杀，立马儒为王。以后马儒又为高昌人所杀，高昌人立鞠嘉为王。此文书是阚氏占据高昌时期的。予成可汗即位后立"永康"年号，并将此年号推广之所有被统辖区域。因为阚氏政权为柔然所立，所以，阚氏高昌政权当时很可能就是奉行了柔然的永康年号。另据学者研究，第93、94、98号墓的墓主也均是柔然人。

哈拉和卓古墓群曾出土18枚代人木牌。此次出土于90号墓的9枚木牌和出土于91号墓的4枚木牌正面以汉文书写"代人"二字，背面为四个少数民族文字（初步辨识似为粟特文字母）。其中1枚的文字为突厥语的ki"i（人，妻子），另外两枚拼写的为汉语rin（人）和t airin（代人））。同墓还出土《阿苟母衣物疏》《杂物帐》《市卖文簿》等墓主人的文书（残件）。这表明在高昌地区很早就是多民族杂居的地区，其政治文化深受汉族的影响，汉文和少数民族文字并用，正式文契都用汉文书写，这些对于研究我国古代柔然民族文化与当代中亚文化都有很重要的意义。

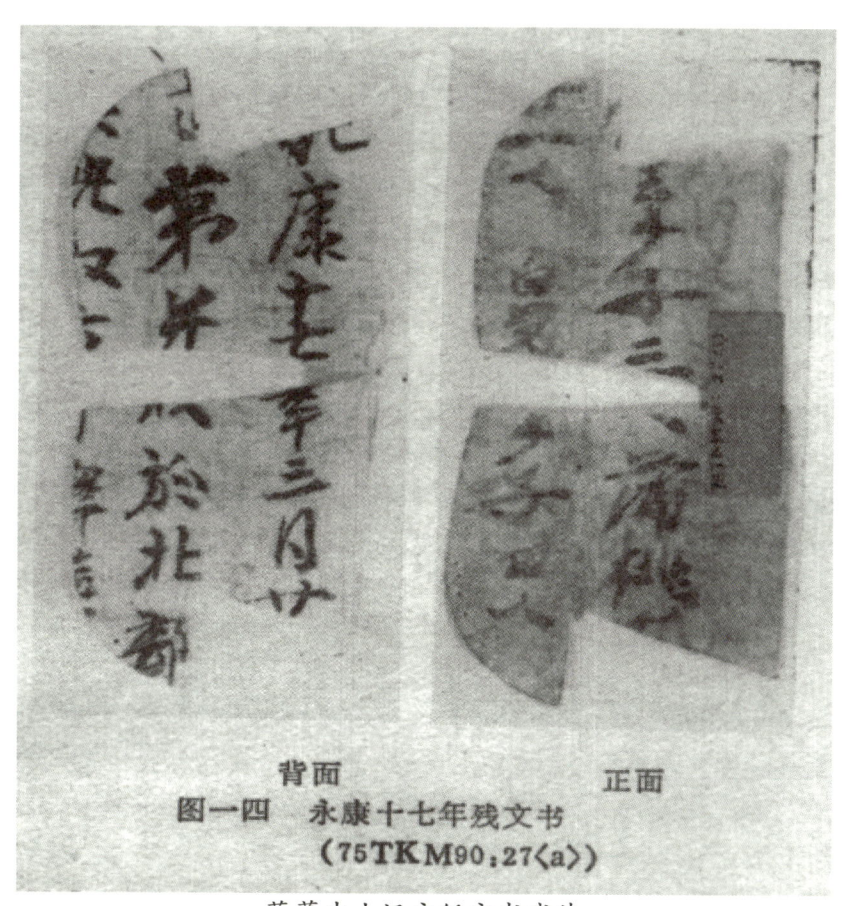

图一四 永康十七年残文书
（75TKM90:27〈a〉）
墓葬出土汉文纸文书残片

（4）河北磁县东陈村北齐尧峻及吐谷浑静媚墓誌

继公元1974年河北磁县文化馆清理了南冢（东魏尧赵氏墓）后，公元1975年又发掘了位于县城南申庄公社东陈村西北的北冢，即北齐尧峻墓。此墓为一夫二妻的合葬墓，发掘出土文物甚丰，包括尧峻及其妻吐谷浑静媚、独孤思男三盒墓誌，誌盖刻有"齐故仪同尧公墓誌铭"九字。尧峻系北魏相州刺史尧暄之孙，员外散骑侍郎尧荣之第三子。吐谷浑静媚的高祖为吐谷浑国主，从其祖父开始定居洛阳，与汉族且有联姻关系。

尧峻墓誌中，有一些地方是涉及我国古代柔然、吐谷浑等古代民族问题的珍贵资料。

《魏书·尧暄传》与此誌互校，誌可补史之阙。如墓誌所云："正光之末，政出多门，山听海飞，神亡鬼哭，自卿自相，称帝称王…荆蛮外攻，猿揭内侵"。内"猿揭"是泛指北方的少数民族；而在此时，则实指柔然阿那瑰可汗。据《魏书》卷九《肃宗纪》云：正光四年（公元523年）春2月，"己卯，以蠕蠕主阿那瑰率众犯塞，遣尚书左元孚兼尚书，为北道行台，持节喻之。"同书卷一〇五《天象志》亦记此事。于时尧峻集募人众，"破茹茹于雁塞之下"。此事不见史籍记载，仅《北齐书》卷二十《叱列平传》云："孝昌末，拔陵反叛，茹茹余众入寇马邑，平以统军属，有战功，补别将。"又《周书》卷二七《常善传》亦云："常善……父安成，魏正光末，茹茹寇边，以统军从镇将慕容胜与战，大破之。"

据此可知，正光四一五年，（公元523—524年），柔然可汗阿那瑰统一漠南，实力大增，柔然军队曾不断侵扰北魏边境，有一支甚至进入到马邑一带。马邑，在今山西朔县，如若再稍微向南推进，则抵雁门塞下。故尧峻率民军所反击之茹茹（即柔然），即为上述深入马邑一带的柔然部众。因当时尧峻以民军反击茹茹，故史籍没有记载。

（5）大同云岗石窟的《茹茹造像铭记》

山西大同西武州山石窟（大同云冈石窟），为公元4世纪后期北魏创建。柔然题铭刻在编号为云岗第十八窟窟门西壁上，壁上部有残佛像，下面是柔然题铭。碑名为《大茹茹可敦造像题记》。题铭下部已完全漫漶，上部除个别字还可辨识外，大部也破毁。多位专家对此造像铭记做了研究。从字迹看，铭记共十二行，可辨识的字为：首行顶格有"大茹茹"三字，第二行首有"可敦"二字，第三行首有"迳斯"二字，第四行首有"口雲"一字，第五行首有"让"一字，第六行首有"满"一字，第七行有"载之"二字，第八行首有"何常"二字，第九行首有"以兹"二字，第十行首有"谷浑"二字，第十一行首有"方妙"二字（周伟洲）。

据宁可先生寄赠罗振玉《石交录》卷三复印本内容，有关于此柔然铭记的记载："顷者予门人柯燕舲赠残造像记墨本，谓是于云岗访得。文横刻于像龛上，刻字处广尺余，高不及尺，存十一行，行约八九字，惟上列一二字至三四字未泐，略可知为茹茹可敦造像记，曰：大茹茹首行、可敦次行、迳斯三行、口雲四行、让五行、满六行、载之七行、何常八行、以兹微福九行、谷浑口人十行、玄妙十一行。其后似尚有字一行，不可见矣。"以上为罗振玉所见拓本，留存字数较多，可供参考。

大同云冈石窟第 18 窟东壁

冯家昇据拓片说，可辨识字有"大茹茹国""吐谷浑""可敦"等字。以上各家说法略有差异。

"茹茹"一词为北魏后期柔然人有别于蔑称"蠕蠕"，而自择之名称。

据我国文物考古工作者的鉴定，大同云岗第十八窟是北魏和平年间（公元 460—465 年），最早开凿的其内容最为丰富的五窟之一。从现存的情况与东面窟壁对比可以看出，此小龛及柔然铭记是该窟建成之后才刻上去的，并非柔然统治者开凿，这是可以肯定的。那么，所题铭记应是在什么时候刻上去的呢？

自公元 402 年柔然在漠北正式建立政权后，与北魏基本上处于对峙之中。云岗所在的平城，从公元 398—494 年间一直是北魏王朝京城的所在地，柔然军队在这一时期并未攻占过该地。公元 494 年，北魏迁都洛阳后，平城作为

北方重镇，地位仍然十分重要。

公元520年，北魏北部地区的六镇爆发了各族人民大起义，腐朽的北魏王朝受到了致命的打击。起义军攻占了平城，对其控制达七年之久。这期间，云岗石窟的规模也由盛转衰，且石窟个别地方遭到毁坏，今第十八窟窟门西壁的千佛，可能即毁于此时。即便如此，柔然军队虽然也占领过北魏许多城池，但也没有到达过平城。其间，柔然使者频繁地往来于漠北、平城或洛阳之间。柔然可汗阿那瑰投归北魏后，也在洛阳住过一段时期，但是，他们都不可能随意在平城西武州山石窟（皇家石窟）削去今第十八窟窟门西壁上的千佛，刻上题为"大茹茹"的铭记及造像。

北魏分裂成东、西魏以后，东魏（后来的北齐）与柔然和亲，同时又离间柔然与西魏的关系。这时柔然的势力在东魏北部的平城一带已经很大了。北魏后期柔然人自己为避免用北魏统治者强加于他们带侮辱性的称号"蠕蠕"，而用"茹茹"作为自己的称号或姓氏，即造像铭记中称"大茹茹"。根据这种情况，周伟洲先生认为，大同云岗石窟中的柔然造像铭记，大约镌刻于公元534—552年间。

"可敦"，是柔然可汗的正室，相当于中原皇帝的皇后。据残存的"大茹茹""可敦"等字推断，此铭记很可能是受柔然可汗阿那瑰的可敦旨意，在云岗的今第十八窟窟门西壁上所刻的崇佛造像铭记。

为什么选择在第十八窟刻造像铭记？我们认为，第十八窟是象征北魏拓跋焘的佛像，正是从拓跋焘时期开始，北魏与柔然讲和通婚，拓跋焘迎娶了柔然可汗吴提的妹妹，同时将自己的女儿西海公主又嫁于吴提可汗。拓跋焘是第一个娶了柔然公主的北魏君主，从此，北魏皇室有了柔然人的血统。选择十八窟不是随意的，或许包含了这层含义。

柔然统治者不仅信奉蒙古草原传统的巫术（早期萨满教），而且也崇信佛教。柔然兴盛时，佛教在柔然统辖境内是较为流行的，包括今新疆焉耆、吐鲁番等地。云岗石窟柔然可敦的造像铭记，正是反映了柔然统治阶层信仰佛教的事实。

（6）河南安阳闾伯昇墓誌

河南安阳地区曾出土有"闾仪同墓誌铭"一方，其中透露了有关北魏时期鲜卑、柔然之间的关系。

而此次发现，由此墓誌追溯古代先祖的记载，得知其墓誌主人应为漠北柔然王族郁久闾氏入附中原的后裔。所以，闾伯墓誌的出土，为人们了解北朝晚期，柔然民族与北魏王朝的政治关系提供了珍贵的资料。

闾伯昇及妻元仲英墓志铭

闾伯墓志称其籍贯"河南洛阳人"，则其中隐含了柔然—北魏之间一段跌宕起伏的历史因缘（见上）。闾伯之高祖，闾大肥（柔然悦伐大那闾大肥），可汗大檀的兄弟，社仑的堂兄弟。在社仑可汗西征时，曾企图谋害柔然可汗社仑，阴谋败露后投奔北魏。北魏接纳了他，道武帝将女儿华阴公主嫁给他，拜驸马都尉。而据闾炫墓志所陈之世系，推此伯昇志中大肥之父"茹茹主"者，即为柔然国主步浑（仆浑）其人也。

兴和二年（公元540年）闾伯昇卒数日之后，东魏皇室承接北魏以来之遗序，仍旧给予了这一柔然贵族极高的政治待遇。墓誌记载闾氏"兴和2年5月寝疾薨于馆第"，导致"皇上磋悼，群后摧伤，赗赠之典，每加恒数。有诏赠使持节、都督冀州诸军事、骠骑大将军、冀州刺史、仪同三司，中正如故"。从中可以窥见东魏朝庭极力优渥柔然贵族的用心，这与北朝晚期中原王朝对柔然王庭的政治态度有着明显的一致性。

闾伯昇墓誌后缀附有其夫人元仲英的志铭，从中得知这一柔然贵族又与北魏皇室结有联姻之好。

据元氏志铭的记叙，知元仲英本乃北魏献文帝拓跋弘之孙女、孝文帝拓跋宏弟咸阳王禧的女儿。由此可见这一柔然王族之后裔，的确与北魏朝廷有通婚之好，这与历史上北魏结好柔然王族的传统作法相同。

此为迄今所见北魏帝室联姻柔然的早期实例。至于伯昇高祖大肥之"尚华阴公主"，更是魏太祖拓跋年间的事情。有关北魏皇族联姻柔然的事例，这在中原文物遗迹中亦有相当的显示。如：龙门石窟古阳洞北壁永平四年的安定王元燮造像龛下，有同期同人造观音像两龛，龛间造像记文云："安定王为女夫闾散骑故人法，云云……"

此像主安定王者，乃北魏景穆皇帝之孙、安定王元休之次子元燮。元燮袭父爵，拜太中大夫，属北魏皇宗之显宦，仅在龙门古阳洞即有三处显赫之造像，体现了他在北魏朝野享有突出的政治声望。今以元燮像铭之陈词，已知这一皇宗贵族又与柔然后裔有着联姻的事实。由此可见咸阳王元禧嫁女于柔然，并非元魏皇室之孤例矣。

闾伯升墓志所记载的信息，已从历史文物角度折射出北朝晚期北方民族之间无法割舍的人与事。正如："星移斗换，风雨沧桑，推移着人类的脚步，日渐远去的岁月风尘行将成为人们记忆中不停流逝的川水。当今人有幸浏览于往古的遗物，你无法不怦然心动开拓着自己原本局促的历史视野——华夏洋洋千祀之文明，在融有诸多兄弟民族自古及今的血缘中造就。"

今日麦积山石窟东崖的第43窟，即是当年文帝与柔然结盟联姻，娶柔然公主，且废除娄皇后而由此所建。娄皇后迫于柔然公主的势力，曾在这里出家。这种王室间政治斗争的疮痕，将以文物遗存的方式召示于后人。

（7）河北磁县东魏茹茹公主墓发掘

河北省磁县地处古邺都西北郊，境内滏阳河以南、漳水以北的广阔地带，为东魏、北齐的皇室贵族墓葬区。迄今，这里还保存着许多高坟大冢。

公元1976年的春天，河北磁县城南2公里的大冢营村的村民们与往日一样，扛着锄头去村北的田地里耕作。忽然，一个村民的锄头不知碰到了什么，而被弹飞到了一边，那个村民被眼前突如其来的现象所震惊，周围村民们赶紧上前询问。只见一块类似于石头的东西隐隐约约地露了出来，他们刨开上面的土层，渐渐地现出了一个圆弧形状的盖子，村民们仔细端详之后，确定这是一座墓葬。从墓顶的面积可以推断，这个墓葬一定不是普通人家的墓葬。

经河北省文物局的批准，1978年9月开始至次年6月，对这座墓葬进行了发掘与清理。这座墓葬规模庞大，建造颇为豪华，墓葬品十分丰富。

传说中，柔然可汗的茹茹公主很有名，有着美丽传奇的故事。但是，这位神秘的女子死后身归何处，到底是一个什么样的人，一直是个谜。直到今日，这位沉睡了1700多年的茹茹公主重新又回到了人们的视线中。与她一起被挖掘出现的还有失落已久的有关柔然可汗国的一些历史。

此墓为东魏武定八年（公元550年），茹茹族柔然可汗庵罗辰之女邻和公主（简称茹茹公主）之墓。这也是迄今为止所发现的有关柔然汗室成员唯一的墓葬。墓体为甲字形砖砌单室墓，坐北朝南，方向190°，由墓道、甬道和墓室三部分组成，结构宏伟。此墓早期遭盗掘，在墓顶东北角发现一个直径约65厘米的盗洞，棺椁葬具已经焚毁或朽残，零乱至甚，不可复原。在墓室东南部，发现少年女性头骨一具，另有肢骨、肋背等残骸。此墓虽经盗掘破坏，但出土器物仍甚丰富精美，完整及能修复的达一千多件，堪称北朝考古学上的一项重大发现。出土随葬器物以陶俑为大宗，次为陶禽畜及陶模型器，再次为陶瓷器，还有两枚拜占廷帝国的金币及一些金质和铜质的饰物。墓内还保存着近150平方米的彩色壁画，为东魏画迹的首次重大发现，从而填补了中国绘画史上的一页空白。

该墓室壁画作上、下两栏布局，北壁下栏壁画描绘了墓主人的内室生活，通过伎侍盈房的画面，着意表现茹茹公主荣贵之甚。北壁共画有女子七人，

柔然传奇

居中一人比较丰满，头戴峨冠，右手举手版作吩咐之状，应是茹茹邻和公主的形象；旁边六人比较修长清秀，头梳双丫髻，手执羽葆、华盖、团扇、杯盏等物，应是茹茹公主的侍女。画中公主的服饰基本上是北朝汉族贵族妇女的装饰，说明茹茹公主已接收采纳了汉族的习俗和服饰。

茹茹邻和公主墓室北壁（后壁）壁画

（茹茹邻和公主墓壁画）摹本

墓内还有墓志一盒，中央篆刻"魏开府仪同长广郡开国高公妻茹茹公主闾氏铭"二十字，墓葬的主人就是传说中的那个柔然可汗国的茹茹公主。

志石面上刻志文，全文四百六十三字，记述甚详。

据历史记载，这个"魏开府仪同长广郡开国高公"指北齐始祖武成皇帝高湛，他是东魏丞相高欢的第九个儿子。从墓誌铭可知，高湛的妻子正是传说中的茹茹邻和公主。柔然与东、西魏的和亲，见于史籍共五次。首先是柔然与西魏的通婚：西魏大统初，文帝"以孝武时舍人元翌女封为"化政公主"，妻阿那瓌兄弟塔寒"；后文帝又自纳阿那瓌长女为后，阿那瓌长女于大统四年（公元538年）至长安完婚；兴和二年（公元540年）阿女病故。东魏见西魏与柔然和好，对己不利，即遣使柔然通好；兴和三年（公元541年），东魏以常山王鸷妹乐安公主，改封兰陵郡长公主，嫁柔然阿那瓌子庵罗辰（即墓誌所载谙罗臣），高欢亲送公主于楼烦之北；兴和四年（公元542年），阿那瓌以孙女号邻和公主嫁高欢第九子高湛；武定四年（公元546年），阿那瓌又将爱女茹茹公主嫁与宰相高欢，但公元547年，正月朔日（即农历正月初一），恰巧日蚀。高欢薨逝于晋阳家中。

此次开挖的磁县茹茹公主墓的墓主，为兴和四年（公元542年）柔然可汗嫁与高湛的茹茹邻和公主。

墓志称："茹茹公主闾氏"，"公主讳叱地连，茹茹主之孙谙罗臣可汗之女也。"此茹茹主即指阿那瓌可汗；其父"谙罗臣"，即《北史》所记之"庵罗辰"，盖译音无定字之故。誌称茹茹公主死于武定八年（公元550年）四月七日，时年十三，五岁与高湛订亲。这种娃娃亲，无疑是出于双方家长的政治需要。这些资料，墓誌与史籍记载可互为补充。

这个高湛就是后来的北齐武成皇帝。结亲的场面应该非常盛大，这从茹茹公主陵墓陪葬品中的一队送亲仪仗队陶俑就可看出。仪仗队陶俑包括"风帽击鼓俑""负剑箙（fú）铁索两裆俑""风帽仪仗俑""短风帽仪仗俑""札巾翻领侍从武士俑""小冠剑囊武士俑""负剑箙皮两裆武士俑"，以后是骑马俑。此外，还发掘出了大量的武士俑、执簸箕（bèi jī）俑、舂（chūn）米俑、女侍俑、奴仆俑等。这些陶俑各方面都安排的十分周到，可见东魏政权十分重视茹茹公主。

墓志盖部分拓片

　　茹茹公主从遥远的柔然嫁到中原，虽然只有五岁，又来自异族，可是一直都过着锦衣玉食的尊贵生活，谁也不敢轻视她。也许是因为年龄的关系，这位远方的公主很快就适应了中原的生活习俗。

　　东魏为了获得柔然的支持，对这位小公主极尽巴结奉承之能事，还找来了当时学识最好的老师来教茹茹公主读书。从文吏俑和侍卫俑上可以看出，茹茹公主与夫君在接受教育的时候是十分快乐的。从鼓乐俑和伎乐舞蹈俑上得知，茹茹公主喜爱歌舞，经常和夫君一起载歌载舞地玩耍。

　　茹茹公主就是在这种无忧无虑的生活中渐渐地长大的，成为一位不仅拥有着倾国倾城的容貌、又有满腹才学的少女。高湛同样也长大成为风度翩翩的英俊少年了。正当双方商议要给两个孩子圆房时，一个突如其来的变故，使本该幸福的茹茹公主早早地离开了人世。一天，茹茹公主在外玩耍下起了倾盆大雨，浑身被大雨淋透了。回去之后，茹茹公主就高烧不退，一病不起。在昏迷之中，她不断的吵闹着要回柔然，要去见自己的父母、亲人。于是，东魏请来了最好的医生为她诊治。可是公主的病情不但没有丝毫的好转，反而不断地恶化下去。没过多久，茹茹公主就病入膏肓，最终带着没有见到亲人的遗憾离开了人世，茹茹公主死于东魏武定八年（公元550年），死时年仅13岁。

　　茹茹公主因病去世，柔然可汗阿那瑰对孙女的葬礼也非常重视，派出亲属、护卫及萨满巫师等来到邺城送茹茹公主最后一程。

第八章 有关柔然人的近代考古发现及传承

拜占庭金币及拓片

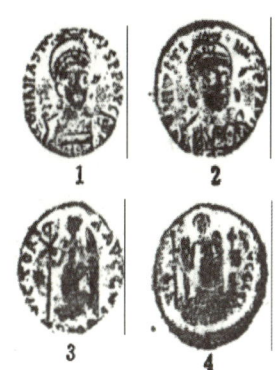

图一一
拜占廷金币拓片
1. 1号金币（正面）
2. 2号金币（正面）
3. 1号金币（背面）
4. 2号金币（背面）

　　还有两件特别引人注目的墓葬品，就是茹茹公主的两枚东罗马帝国时期拜占廷王国的金币嫁妆。据说，工作人员在清理墓室的最后时刻，从墓土中筛出来的。这两枚金币，入地距其铸造年代仅二、三十年，由此可证，公元6世纪上半叶中西交通之畅达，中国和拜占廷帝国（东罗马帝国）往来之密切。当年，柔然可汗阿那瑰为了显示自己国家的强大，便准备为即将出嫁的孙女准备一笔丰厚而又特别的嫁妆。于是，他便派人到了当时贸易发达的拜占廷去置办嫁妆。当这支队伍来到那里后，认为那里的金币可以用来避邪，于是便带回了两枚。金币是拜占廷查士丁尼皇帝新铸造的，正面是半身皇帝像。皇帝头上戴皇冠头盔，身披战袍铠甲，右手持标枪，左手持盾。背面是胜利女神像。女神侧身向右作前行姿态，右手持长柄十字架，左手持盾，头部与十字架之间有一颗八芒星。金币正反面都刻有罗马铭文。茹茹公主对这两枚金币十分倾心，把它们作为贴身避邪宝物带到了高湛的家中。茹茹公主死后，这两枚金币作为重要的随葬品被送进墓室。

　　另外值得注意的是，墓中出土的彩绘陶俑中，有一件是与柔然族有关的陶俑，即"萨满巫师俑"，认为此俑是萨满巫师跳神的形象。茹茹公主墓中出土的萨满教的巫师俑，应即"神巫"一类的人物俑，说明公主死后，东魏顺从柔然人的旧俗，用神巫俑为其殉葬。这是茹茹公主墓出土文物里，保存柔然习俗、信仰的唯一证物了。

柔然传奇

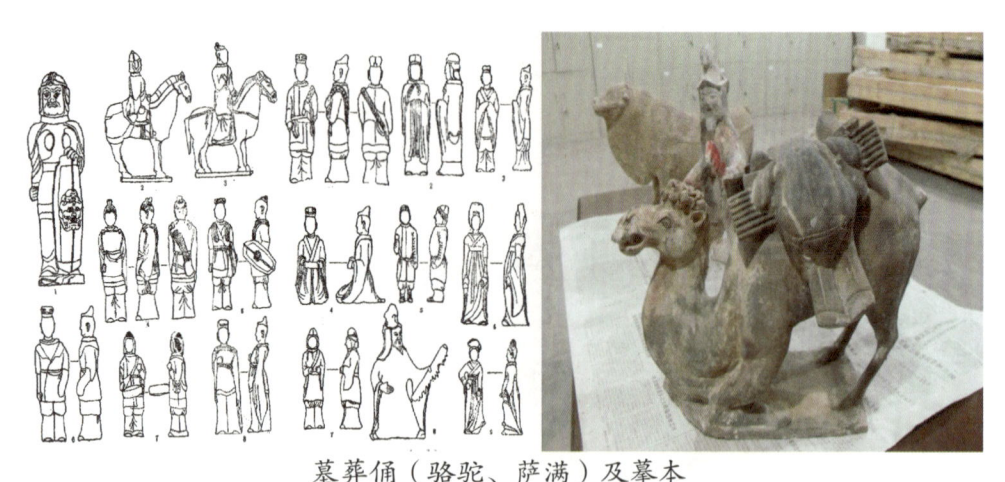

墓葬俑（骆驼、萨满）及摹本

摹本最下行右起第三位手持器物者为柔然萨满

墓志称茹茹公主"葬于釜水之阴、齐献武王之茔内"。由此也给出了齐献王高欢义平陵的位置所在。

墓内壁画出土文物丰富精美，墓内壁画尤为东魏画迹的首次大发现。过去对东魏的画迹也一无所知，此壁画填补了中国绘画史上的一页空白，并为探讨唐墓壁画的渊源，提供了宝贵的新资料。

（8）邺城出土北齐国赫连子悦夫人闾氏墓志

古邺城遗址在今河北省临漳县境内，是中国八大古都之一，魏王曹操、后赵、前燕、东魏、北齐先后在此建都。

出土棺盖题文："齐御史中丞赫连公故夫人闾氏墓志铭"，十六字，墓誌铭共23行，行23字，未署撰书人姓名。时间为北齐河清三年（564年）。

铭文记载：闾氏墓志铭夫人讳炫，字光晖，代郡平城人，即茹茹国主步浑(仆浑)之玄孙也，曾祖父为闾大肥（悦伐大那）。闾氏炫死于武定元年（公元570年），其夫《赫连子悦墓志》盖文"齐开府仆射赫连公铭"，死于武平四年（公元573年）。

第八章　有关柔然人的近代考古发现及传承

齐御史中丞赫连公故夫人闾氏墓志铭

（9）长安西郊隋开皇六年（公元586年）《郁久闾伏仁砖志》，

据资料介绍，赵万里先生《汉魏南北朝墓志集释》收录有出土于长安西郊的隋开皇六年（公元586年）《郁久闾伏仁砖志》，誌载："君讳伏仁，本姓茹茹。夏有淳维，君其苗裔（又有淳维于殷时奔北边的说法）。魏晋以来，世长漠北。阴山以北，丁零以东，地广兵疏，无非国有。高祖莫洛纥盖可汗（注：大檀可汗的汗名音译），英才天挺，雄谟秀立。部落番滋，边方无事。曾祖俟利弗，祖吐万度吐河入弗，父车朱浑，骠骑大将军、开府仪同三司、使持节、都督兖州诸军（事）、兖州刺史、太常卿。太和之时，值魏南徙，始为河南洛阳人也，改姓郁久闾氏。"

此人姓茹茹，名伏仁，自称是夏朝淳维后裔。曾祖俟利弗（俟力发婆罗门），

301

父辈任北魏开府仪同三司等职位。太和年间（予成可汗在位时期）迁洛阳，后改姓郁久闾氏。

柔然国彻底灭亡后，遗留在漠北的柔然残部情况在史籍中很少记述，在北朝统治下俘获或投归的大部分柔然人则陆续逃回漠北，逐渐融合到了后起的突厥和契丹等部落之中，而留在内地的也通过不同途径融进了中原汉族当中。进入隋唐以后，有关记述柔然人后裔的文献资料十分有限，而涉及柔然国姓郁久闾氏的内容则更为鲜见。这方砖志为研究柔然历史及郁久闾氏家族延续发展等内容提供了极为重要的线索，备受史家关注。

（10）西安柔然王族郁久闾氏后裔墓志

西安碑林金石专家于公元2007年发现一枚唐代墓誌铭拓片，经研究认为，墓主人郁久闾氏家族是柔然汗国的王族后裔。他们祖孙数代至公元8世纪仍居长安，其家族墓地在西安南郊凤栖塬。该誌石据传出土于西安近郊，现归私人收藏（新出唐代墓志拓本一枚，高32.5厘米，宽33.5厘米，字面清晰）。

碑铭文："君讳浩，字乘潮，河南洛阳人也。曾祖志，太宗文皇帝进马，累迁左右羽林军将军，代州都督；祖口，云麾将军，左卫勋二府中郎将，右领军卫将军；考延，蜀州参军，洺州司法，朝散大夫，邠王法曹，郯王属，俄迁本府咨议，又除齐州长史，上柱国，沅陵县开国伯。君即长史公之次子，妣吴兴沈氏，余杭令克明之甥也。君孝尊百行，学瞻三冬，弱冠之初，才参入仕。星火再变，便有告终，华而不实，远近伤痛，春秋廿五，唐开元十六年四月九日遘疾卒于万年县昭国里之私第，即以其年五月六日迁厝于凤栖原，礼也。未婚无嗣，兄滔、弟泌、洌等，哀痛伤悼，五情分裂。青春陌上，徒想鸰原之难；黄垆宅中，无复陟岗之望。乃刊石彰德，寄芳泉扃。东北一里代州都督茔，次西北百步右领军将军茔，茔后齐州长史茔，君茔前堂叔祖夷州刺史师茔。"

志主郁久闾浩为柔然后裔，葬于唐开元十六年（公元728年）。这证明了唐朝以后，柔然族人在长安地区依然存在。誌文中郁久闾氏署籍贯为"河南洛阳人"，几代人中除志主曾祖曾任"代州都督"外，多担任品阶不高的宿卫、州县官员及诸王属官等职。志主母亲为南朝士族——吴兴沈氏。从墓志反映出的籍贯、名字、任职、婚姻、埋葬习俗、家族墓地等因素综合考证分析,并对照先前西安出土的隋《郁久闾伏仁砖志》(前述)的内容,可以清晰地看到两者的不同,发现其中柔然后裔汉化速度加快等一系列变化的轨迹。经过了百余年的变迁,这支数代居住在长安的郁久闾氏,除了其姓氏还保留有明显柔然的特征外,他们已基本汉化,且完全融合到了汉民族之中。

2. 柔然人血脉的传承与延续

柔然汗国的时代距今已经过去近1700年了。作为草原游牧部落,柔然民族虽说已与其他民族融合而渐渐消失,但他们的后裔及血脉并没有就此而灭绝,而是随着时间的流逝,大部分融入到汉民族及其他民族之中。柔然人的血脉仍在不断地传承着。

翻开历史书卷,我们可以清楚地看到,柔然人衣钵的痕迹历历在目。

隋朝皇帝杨坚、唐朝皇帝李世民、清太祖努尔哈赤、元太祖成吉思汗等。他们的祖辈都可追溯到柔然人的血缘。

现今的吉尔吉斯或柯尔克孜民族,他们的祖辈早期都发源于西伯利亚东北部的叶尼塞河上游,他们与柔然人的关系都很近。柔然兴起后,他们臣服于柔然,成为了柔然汗国的附属部族。由此而形成了民族、部落间的杂居、通婚及相互渗透融合,这其中就必然包含有柔然人的成分。

另外,还有在欧洲大陆建国立业、繁衍生息的诸多阿瓦尔人后裔。他们散居的区域很广,其血缘成分或许就更为复杂。但也有现存且人口密度聚集的一些地区,如:达吉斯坦,它处于今亚欧大陆交界的高加索地区,目前人口众多。当年柔然伯颜可汗从高加索西进时,有些部落留在了深山老林中,这些部族人员,后来随着时代的变迁逐渐融合演化至今,或许他们仍还保留有纯正的柔然血统。

目前我国56个少数民族中有"锡伯族""裕固族"。史料记载,锡伯族人的祖先是鲜卑人,我国东北地区的鄂温克族和鄂伦春族也都是鲜卑人,他们都与柔然人同宗。而现今黑龙江省加格达奇,阿里河镇的嘎仙洞就是鲜卑人的发源地。新疆伊犁察布察尔县的锡伯族人,就是当年被清朝政府从大兴

安岭鲜卑山一带派往新疆驻守边关的。他们当年沿漠北草原、戈壁阿尔泰山北侧，千里迢迢来到西部边陲，目前锡伯族主要分布在东北和新疆伊犁。裕固族即是柔然婆罗门可汗在河西走廊被打败后，部族遗留当地逐渐融合演化而来。

进入现代。20世纪50年代，中国北方新疆。

柔然可汗曾经的城堡"可汗浮图城"（今新疆吉木萨尔县），这里是柔然人曾经的家。我小时候，不知道"柔"姓有什么特别之处，长大后被别人问的最多的是："出了百家姓了吧"？这是比较委婉的，也有比较直接的："不是汉族人吧"？后从父亲的口中知道了中国历史上还曾有过柔然人和柔然国。据资料统计，全国各地"柔"姓人分布很少，绝大多数人都居住在今山西、内蒙，此外如新疆、四川、江苏、浙江、河北、河南等地也各有十几户。出门在外，偶然碰上一两个姓柔的，一打听还都是从山西出来的。据查，百家姓里没有"柔"姓。全国"柔"姓人口数量预计不会超过五位数。

大多研究文章里只说柔然人被汉民族同化后，多改汉姓为"茹""芮""郁"，但没有一个提到姓"柔"。究其原因，"柔然"为世祖车鹿会的自称，且是国名，其它均为他称。在古代民族改汉姓时，以国名为姓氏这种称谓，大多数为皇族王室，而皇族的姓氏百姓自然是不能使用的，故在大众姓氏中柔姓极少，不为人所知。即是柔然王族也未可知。至于其它姓氏，如人口相对较多的"茹"姓，初步统计约十几万人。2016年有"中国魏晋南北朝史学会"举办相关的学术研讨会，还邀请柔然后裔参加活动。

山西临县地处黄河中游晋西黄土高原吕梁山西侧。史料记载，临县在夏商周时属冀州、并州，春秋时属晋，战国时称"蔺""皋狼"。南北朝时期，临县南（三交镇以南）设置定胡郡、定胡县。唐武德三年（公元620年）改太和县为临泉县，属石洲管辖。县境南部仍称为定胡。明洪武二年（公元1369年）州降为县，属太原府。临县之称由此而定，至今未变。

很显然，临县自古就是接受和安置"胡"人（草原异族）的地域。

柔然与北魏在近两个世纪的相互征战中，双方所辖的地域时常被攻击掠夺，同时还有大批俘获和降服人员。北朝政权对于降服的柔然人，通常大都将他们安置在漠南及北部边境诸镇。这些人员后期随着双方的胜败，以及边境地区其他的风吹草动，部分陆续返回漠北草原。《魏书》载，"初，显祖世有蠕蠕万余户降附，居于高平、薄骨律二镇。太和之末，叛走略尽，唯有一千余家……"。这段文字表明，"显祖世"（北魏皇兴四年：公元470年），北魏击败柔然降万余人，而到太和年，仅仅过了二十几年，仅剩一千余家，大都陆续逃回漠北。后来，为防止柔然人逃回漠北，北魏统治者则采用把他们迁入内地的办法，来防止他们逃亡。上述的这些柔然人后又被迁到济州，沿黄河（内蒙、山西等地）而居。

柔然灭亡后，一部分柔然人辗转向西迁移。一部分被北魏内迁到河北怀柔、河南洛阳、山西临县等地，他们的姓氏分别为：柔、茹、儒、芮、蓉、戎等，后逐渐融入到中华民族大家庭中。

内蒙古一个叫圐圙的火车小站

现今在山西临县白文镇有"圐圙村"，内蒙古自治区境内至今仍有村落称"圐圙"。这与现今蒙语、突厥语"库仑"（围栏）的读音意思是一致的。蒙古国首都乌兰巴托古时就被称为大"圐圙"。柔然人把住过的地方都叫"圐圙"。祖辈留下一句话，说我们一族是从遥远的"圐圙"城来到这里的，这个遥远的"圐圙"或许就是蒙古大草原吧！

临县白文镇柔家一直保存有祖辈墓碑和家谱，只可惜，遭文革抄家时丢

305

失了。听祖辈们讲，早期祭祖时，家族灵牌的排位中，第一位老祖宗乃是"柔然刚"。过去柔家的庭院和墓地十分气派，在当地也算是有相当地位和威望的人家。

柔然人早期入居中原内地后，受北魏统治的影响，汉化程度很快。到隋、唐时已完全融合到汉族之中，已经找不到他们草原游牧民族原来族属特征了。但现今柔姓人共有的特征为卷发、高颧骨、单眼皮、皮肤多白，依稀有草原民族的血脉特征。

书写到这该结束了。"柔"姓到底与"柔然"之间有何关连，已无从考证。当然，这也已不重要了。庆幸的是，因为姓"柔"，我被吸引去探寻了解远古的柔然，也促使我以虔诚的心，把我国一个神秘古老的柔然民族的历史完整地展现给广大的读者。

当我们拂去历史的尘埃，重新解读了近1700年前这段不为人知的历史时，仿佛看到了一个古老草原帝国从诞生到消亡的整个过程。当人们津津乐道罗马帝国辉煌的历史时，大多数人却并不知晓匈奴王阿提拉、柔然可汗吐贺真以及后来的阿瓦尔人伯颜可汗，曾多次将罗马帝国征服。当人们对成吉思汗顶礼膜拜时，很多人却没有想到他只不过是步其祖辈后尘，重新将国土恢复到柔然吐贺真时代、阿瓦尔人时代的模样。

看宇宙，地球很渺小，看今天，历史很久远。研究历史就是要让我们看到他的本来模样，还其本来面貌，而不要让历史成为一个任人打扮的小姑娘，更不能成为一些狭隘民族主义者的游戏场。

参考文献

基本史料、专著

《汉书·西域传、张骞传》，班固（东汉）。
《后汉书·西羌传》，范晔（南朝）。
《三国志·魏志》，陈寿（晋）。
《史记》，司马迁（西汉）。
《十六国春秋》，崔鸿（北魏）。
《魏书·蠕蠕传、礼志、序纪、西域传、高车传》，魏收（北齐）。
《宋书·鲜卑吐谷浑传、索虏传》，沈约（梁）。
《南齐书·芮芮虏传》，萧子显（梁）。
《南史·芮芮传》，李延寿（唐）。
《北史·蠕蠕传、高车传、西域传》，李延寿（唐）。
《资治通鉴》，司马光（北宋）。
《晋书》，房玄龄（唐）。
《梁书·西北诸戎传》，姚思廉（唐）。
《辽史》，脱脱（元）。
《北齐书》，李百药（唐）。
《周书》，令狐德棻（唐）。
《隋书》，魏征等（唐）。
《元和姓纂》，林宝（唐）。
《二十二史考异》卷二二，钱大昕。
《蠕蠕国号考》，冯承钧。
《匈奴、突厥、蒙古及其他西方鞑靼》，德经（DeGuIgnes, J）（法），（1756–1758年）。
《出使匈奴王庭记》，（希腊），普利斯库斯。

309

《东胡民族考》下编，白鸟库吉（日），方壮猷译，1934年。

《鞑靼千年史》卷三，巴克尔（英），豪西希，（欧洲阿哇尔原出中亚的有关史料），载"中亚杂志"，1956年2期。

《新疆访古录》卷一，王树枏（清末）。

《后魏柔然族表》，《东洋史研究》第8、9卷，内田吟风（日）著，中央民族学院研究部主编《历代各族传记汇编》，中华书局，1959年。

《乌桓与鲜卑》，马长寿，上海人民出版社，1962年。

《柔然资料辑录》，中科院历史研究所，中华书局1962年12。

《中国历史年代简表》，文物出版社，1975年。

《中国通史简编》，范文澜，1954年。

《东北、内蒙古地区的鲜卑遗址——鲜卑遗址辑录之一》，《文物》，宿白，1977年5期。

《大兴安岭北部发现鲜卑石室遗址》，《光明日报》，米文平，1980年11月25日。

《鲜卑族与柔然族》，《历史教学》，林幹，1980年12期。

《敕勒与柔然》，周伟洲，上海人民出版社，1981年。

《新疆简史》，乌鲁木齐市，新疆人民出版社，1985年。

《厌哒史研究》，余太山，齐鲁出版社，1986年。

《突厥史》，薛宗正，中国社会科学出版社，1992年。

《毡乡春秋柔然篇》，陶克涛，内蒙古人民出版社，1997年。

《草原帝国》，勒内.格鲁塞著（法），蓝琪译，项英杰校，商务印书馆，1998年。

《丝路探险记》，大谷光瑞等编（日），章莹译，新疆人民出版社，1998年。

《庭州攒珠》，北庭文史委员会，阜康市印刷厂，1999年。

《克孜勒苏柯尔克孜自治州民族志》，新疆克孜勒苏柯尔克孜文出版社，2001年。

《古寺之谜》，王嵘，四川文艺出版社，2003年。

《北庭文史》，第七、十、十二、十三、十五、十六、二十辑，政协新疆吉木萨尔县委员会编，乌鲁木齐市博文印务有限公司，2004—2005年。

《文物三国两晋南北朝史》，文物中国史编辑委员会，中华书局，2005年。

《北狄与匈奴》，马长寿，广西师范大学出版社，2006年。

《北庭春秋》——古代遗址与历史文化，薛宗正，新疆人民出版社，2006年。

《欧洲民族大迁徙史话》，罗三洋，文化艺术出版社，2007年。

《蒙古秘史》，译注：余大钧，原出版社，河北人民出版社，2007年9月。
《罗马帝国衰亡史》，席代岳译，吉林出版社，2008年。
《柔然帝国传奇》，罗三洋，中国国际广播出版社，2009年。
《蒙古柔然国》，（蒙）贡吉·苏合巴托著，恰·欧图海译。
《北方草原第一个游牧王朝匈奴族的崛起与消亡》，中国博物馆，张慧媛，2010年3月。
《拓跋珪与凉城》，凉城县档案史志局，呼和浩特市鑫文雅印务公司，2014年。
《凉城文化史》，张万寿主编，香港文艺出版社，2014年。
《云冈石窟——刻在石头上的北魏王朝》，李雪芹，山西科学出版社，2014年。
《草原游牧民族与丝绸之路》，（中蒙联合考古研究十年成果展览图录），2015年。

历史研究论文

《关于柔然社会经济和政治制度的初步研究》，（中国史研究），周伟洲，1982年2期。

《我国历史上的高车族及其反抗柔然汗国统治的斗争》，《西北大学学报》（哲学社会科学版），段连勤，1982年2期。

《关于云岗石窟的〈茹茹造像铭记〉—兼谈柔然的名号问题》，《西北大学学报》（哲学社会科学版），周伟洲，1983年1期。

《蠕蠕茵茵传笺注》，译注《骑马民族史<正史北狄传>》，内田吟风（日）著，内蒙古大学《蒙古史研究参考资料》新编第28辑（总第53辑），余大钧译，1983年9月。

《关于柔然人的民族成分—答（蒙古族源之新探）》，《内蒙古师范大学学报》（哲学社会科学版），曹永年，1985年2期。

《柔然与西域关系述考》，《新疆社会科学》，余太山，1985年4期。

《柔然族源探讨》，《学术月刊》，陈发源，1985年11期。

《柔然阿哇尔同族论考》，《北亚细亚史研究·鲜卑柔然突厥篇》，内田吟风（日），内蒙古大学《蒙古史研究参考资料》新编第42辑（总第67辑），余大钧译，1986年12月。

《略论柔然与北魏的关系》，《内蒙古大学学报》（人文社会科学版），田建平，1986年3期。

《古代民族志》,《中南民族大学学报》(人文社会科学版),朝梅,1986年4期。

《关于高车副伏罗部起义西迁的背景与时间问题》,《西北史地》,段连勤,1986年2期。

《吴提——同北魏和亲的柔然可汗》,《中国少数民族历史人物志》,谢启晃等,3辑,1987年。

《社崙——柔然可汗中的富国强兵者》,《中国少数民族历史人物志》,谢启晃等,3辑,1987年。

《予成——模仿中原建立年号的柔然可汗》,《中国少数民族历史人物志》,谢启晃等,3辑,1987年。

《柔然族的习俗(上、下)》,内田吟风(日)著,《民族译丛》,谢卫平译,1987年第3—5期。

《释"木骨闾"》,《内蒙古大学学报》(人文社会科学版),周建奇,1987年1期。

《柔然族名试释》,《内蒙古大学学报》(人文社会科学版),周建奇,1988年1期。

《柔然君名"可汗"考》,《新疆社会科学》,陈发源,1988年2期。

《丁零、高车、柔然、敕勒和铁勒考辨》,《青海民族学院学报》,钟兴麒,1988年2期。

《柔然拾零》,《元史及民族与边疆研究集刊(第二十三辑)》,亦邻真撰,希都日古译

《匈奴史料汇编》,上篇,林幹,中华书局,1988年。

《高车与柔然关系新论》,《西北民族大学学报》(哲学社会科学版)何俊芳,1989年2期。

《历史上的中国及其疆域、民族问题》,《云南社会科学》,周伟洲,1989年第2期。

《论阿那瑰》,《内蒙古大学学报》,田建平,1990年第3期。

《柔然与中原王朝的和亲》,《西北民族大学学报》(哲学社会科学版),崔明德,1990年4期。

《北魏中后期的北边防务及其与柔然的和战关系》,(西北民族研究),张金龙,1992年2期。

《柔然汗国的兴亡——兼论丁零、铁勒系族群的西迁与崛起》,《西域研究》,薛宗正,1995年第3期。

《述论柔然族的社仑可汗》,《兵团党校学报》,陈元之,1995年4期。

《柔然汗国与西域》,《西域研究》,薛宗正,1995 年,3 期。

《试论麴氏高昌中央诸曹职掌》,《西域研究》,孟宪实、宣红,1995 年 2 月。

《关于安西北庭研究中的几个问题》,《西域研究》,薛宗正,1997 年 1 月。

《魏晋南北朝时期高昌人的衣食状况及人文风习》,《西域研究》,齐万良,1997 年 3 月。

《乌孙的种族及其迁徙》,(西域研究),钱伯泉 1997 年 4 期。

《敦煌——吐鲁番文献所记突厥和粟特基督徒》,《西域研究》,1997 年 2 月。

《汉西域都护府的建立及其历史地位》,《西域研究》,洪涛,1999 年 3 月。

《北魏北疆几个历史地理问题的探索》,《中国历史地理论丛》,鲍桐,1999 年 3 月。

《鲜卑民族及其语言(上、下)》,《满语研究》〔美〕,朱学渊,2000 年 1 期。

《厌哒、高车与吐火罗斯坦诸族》,《西北民族研究》,朱学渊,2000 年 1 期。

《柔然与南朝关系探略》,《青海民族学院学报》(社会科学版),周松,2000 年 2 期。

《柔然史(1889 年—2008 年)研究索引》,《赤峰学院学报》,张少珊,索雅杰,2000 年 5 期。

《乌揭——阿尔泰历史和草原丝路的早期主人文史知识》,《西域研究》,钱伯泉,2000 年 4 月。

《康居国地望辨》,《西域研究》,万雪玉 2002 年 1 月。

《柔然时期的新疆佛教》,《西北民族研究》,才吾加甫,2002 年 4 期。

《五胡史论》述评,《烟台大学学报》(哲学社会科学版),方萌,2002 年 4 期。

《两汉魏晋南北朝正史—西域传—所见西域诸国的社会生活》,(西域研究),余太山 2002 年 1 月。

《关于嘎仙洞东侧石壁新发现文字的初步分析》,北方文物,王立民,2003 年 1 期。

《吐火罗人的起源与迁徙》,《西域研究》,林梅村,2003 年 3 月。

《对乌孙收继婚制度的再认识》,《西域研究》,武沐,2003 年 4 月。

《小议柔然与北魏的关系》,《沧州师范专科学校学报》,王勇,2003 年 1 期。

《塞、匈奴、月氏、铁勒四部名称考》,《西域研究》,卡哈尔曼·穆汗,2004 年 4

《浅议降附北魏的柔然人》,《求索》,黄泽纯,2004 年 4 期。

《试论拓跋鲜卑部落联盟中的匈奴、高车、柔然族成分》,《北方文物》,

申宪，2006年4期。

《尼鲁温蒙古与柔然》，《内蒙古民族大学学报》，（社会科学版），那川页乌力吉，2006年8月。

《尉犁地名和柔然源流考》，《新疆大学学报》，（哲学人文社会科学版），李树辉，2007年2期。

《虞弘墓志所见的柔然官制》，《北大史学》，罗新，第12辑。2006年1月。

《虞弘墓志所见的柔然官制》，《中国社会科学院院报》，罗新，2006年2月。

《十六国时期的慕容鲜卑歌》，《西域研究》，高人雄，2006年2月。

《乌孙与哈萨克族的源流关系》，《西域研究》，贾合甫，2006年2月。

《阚氏高昌王国与柔然、西域的关系》，《历史研究》，荣新江，2007年2期。

《柔然官制续考》，《中华文史论丛》，罗新，2007年1期。

《柔然官制研究》，《内蒙古大学硕士研究生毕业论文》，杜晓宇，2008年。

《北朝民族的迁徙及其路线研究》，《山西大学学报》，张启发，2008年。

《论柔然与北魏的外交之礼》，《北朝研究》第六辑，中国魏晋南北朝史学会大同平城北朝研究会编，才吾加甫，科学出版社2008年5月。

《试析柔然汗位的继承制度》，《内蒙古民族大学学报》（社会科学版），肖爱民，2009年7月。

《略论柔然与中原政权的关系》，《烟台大学学报》(哲社版)赵晓燕，2009年1期。

《"木兰诗"始于北魏平城末期京畿考》，《山西大同大学学报》（社会科学版），力高才，2009年2期。

《文物三国两晋南北朝》，国家博物馆文物中国史编辑委员会，中华书局，2009年。

《3—4世纪昌黎鲜卑胡姓群体初探》，《东北史论》，黄河，2009年9月。

《论柔然族历史及其文明》，《河北大学新闻传播学院学报》，田建平，2010年1月。

《冒顿为质月氏考》，《德州学院学报》，贾文丽，2010年1月。

《西夏文献中的"柔然"》，《宁夏师范学院学报》（社会科学），聂鸿音，2010年10月。

《美人的沉沦与帝国的安宁、西汉和亲》，《文史知识》。王前程，2010年8月。

《铁弗匈奴的社会经济状况》，《西北民族论丛》，吴洪琳，2010年3月。

《赫赫雄都的兴废－统万风云》，《西部资源》，胡玉春，2010年2月。

《漠风长啸统万城》，《延安文学》，霍竹山，2010年3月。

《多视角审视下的赫连勃勃》，《内蒙古社会科学（汉文版）》，胡玉春，2010年4。

《统万都城叹兴亡》，《鄂尔多斯文化》，武家政，2010年4月。

《前燕开国之君—慕容皝》，《学理论》，郑毅，2010年3月。

《略论慕容鲜卑与两晋的关系》，《西南民族大学学报》，崔明德、庄金秋，2010年9月。

《一支洛阳月氏胡人家族的汉化经历，以支彦墓志与支敬伦墓志为中心》，《华夏考古》，毛阳光，2010年4月。

《论两汉魏晋南北朝正史中的神异叙事》，《沈阳大学学报》，阳清，2010年3月。

《拓跋鲜卑西迁大泽－匈奴故地原因探析》，《内蒙古大学学报》，梁云，2011年7期。

《细君公主和亲嫁乌孙》，《文史春秋》，宋伯航，2011年2月。

《论锡伯族源自高车色古尔氏》，《新疆大学学报》（哲学·人文社会科学版），温玉成，2011年1月。

《北魏六镇起义的原因和启示》，《内蒙古社会科学》（汉文版），胡玉春，2011年5月。

《汉武帝时期汉匈战争双方战略运用比较》，《军事历史研究》，陈胜武，2011年2月。

《魏晋时期河西的民族结构研究》，《社会科学家》，白雪2011年5月。

《过去2000年中国气候变化研究的新进展》，《地理学报》，葛全胜等，2014年9期。

考古研究

《新疆考古三十年》，《新疆社会科学》，穆舜英，1985年第3期。

《吐鲁番县阿斯塔那—哈拉和卓古墓群清理简报》，《新疆维吾尔自治区博物馆》，1972年。

《东魏茹茹公主墓壁画试探》，《文物》，汤池，1984年第4期。

《河北磁县东魏茹茹公主墓发掘简报》，《考古》，磁县文化馆，1984年4期。

《吐鲁番县阿斯塔那—哈拉和卓古墓群发掘简报》，《新疆维吾尔自治区博物馆》，1963—1965年10期。

《河北磁县东魏茹茹公主墓发掘简报》，《文物》，朱全升，1984年第4期，1985年6期。

《河北磁县出土的有关柔然、吐谷浑等族文物考释》，《文物》，周伟洲，1985年5期。

《关于云岗石窟的〈茹茹造像铭记〉—兼谈柔然的名号问题》，周伟洲

《吐鲁番哈喇和卓古墓群发掘简报》，《考古》，新疆博物馆考古队，1978年6期。

《磁县东魏 茹茹公主壁画墓》，《民间艺术》，郝建文，1994年。

《太原隋代虞弘墓清理简报》，《文物》，山西省考古研究所、太原市考古研究所、太原市晋源区文物旅游局，2001年第1期。

《虞弘墓志中的几个问题》，《文物》，张庆捷，2001年第1期。

《稽胡史迹考—太原新出隋代虞弘墓志的几个问题》，《中国史研究》，林梅村，2002年第1期。

《北魏茹小策合邑一百人造像碑考》，《故宫博物院院刊》，施安昌，2002年第4期。

《一件关于柔然民族的重要史料—隋〈虞弘墓志〉考》，《文物》，罗丰，2002年第6期。

《隋虞弘墓志释证》，收入荣新江、李孝聪主编《中外关系史：新史料与新问题》，周伟洲，科学出版社，2004年。

《新出魏晋南北朝墓志疏证》，罗新、叶炜，中华书局，2005年。

《间伯昇墓志所见的北魏柔然》，《河南科技大学学报》，（社会科学版），张乃翥，2006年第3期。

《虞弘墓志新考》，《民族研究》，郭平梁，2006年第4期。

《龙门石窟所见阿史那造像研究》，《文博》，高俊苹，2006年4期。

《西安新见柔然王族郁久闾氏后裔墓志》，《中国文物报、考古》，李举纲，2007年8月。

《河北磁县北朝墓群发现东魏皇族元祜墓》，《考古》，中国社会科学院考古研究所河北工作队，2007年第11期。

一 附件

关于柔然的族源、族属和称号等问题，我国史籍有多种说法。近代研究柔然的学者为数不多。现见较为系统考证研究的文献、书籍主要有，《柔然资料辑录》《敕勒与柔然》《毡乡春秋》《柔然帝国》等。为使读者对柔然有更多的了解，我们参阅文献，摘录以上著述中的相关资料汇总，以飨读者。

一、柔然的族源

关于柔然的族源问题，史籍记载歧异，简略。我国史籍中有几种说法：一种是《魏书·蠕蠕传》中记载："蠕蠕（即柔然），东胡之苗裔也"；另一种是《宋书》《梁书》的说法，以为柔然（芮芮）是"匈奴别种"；第三种说法，《南齐书》，《芮芮虏传》，把柔然看作是"塞外杂胡"，认为柔然本身由内部氏族、部落组成，并非仅是鲜卑和匈奴融合而成，而且还应包括许多民族在内，从这个意义上讲，"塞外杂胡"的说法也是恰当的。中外学者大都倾向第一种《魏书》的说法，认为柔然的族源是东胡，是东胡中的鲜卑的后裔。

鲜卑、契丹、室韦、蒙古都是属于东胡这一族系。

《魏书·库莫奚传》说契丹是"其先，东部鲜卑宇文之别种"，契丹原先与库莫奚部落一起游牧，后从鲜卑宇文分离出去，自号"契丹"，游牧于潢水（西拉木仑河）及土河（老哈河）流域一带。《北史·室韦传》载："室韦，盖契丹之类，其南者为契丹，在北者号为失韦（室韦）"。"蒙古"一词最早见于《旧唐书·室韦传》，传中称其为"蒙兀室韦"，是居于望建河（额尔古纳河）南岸的一个部落，是室韦部落联盟的一个成员。《辽史》中所载的契丹语和蒙古语差不多，清末著名蒙古史学者沈曾植，经过用鲜卑语和蒙

古语相比较之后，说"蒙古语与鲜卑语相去无几"。（参见《东胡民族考》，（日）白鸟库吉）

鲜卑早期世属匈奴奴役，直到东汉建武二十一年（公元45年），鲜卑跟随匈奴侵犯汉境，鲜卑才开始被中原王朝所知，正式登上历史舞台。据《魏书》"序纪"卷一载：拓跋鲜卑的原始居住地在"幽都之北，广莫之野"的大鲜卑山。之后，随着匈奴北迁，他们从原始居住不断南迁，与留居的匈奴部族等融合，所谓东胡鲜卑一支，就是有鲜卑父匈奴母（这种父母关系被认为是鲜卑人）的含义在内。另一种名为"秃发鲜卑"或"河西鲜卑"的部落，即匈奴父鲜卑母（这种父母关系被认为是匈奴人）的融合结果，子女称"铁弗"。他们都应属于同源，差异只是处于不同的区域以及不同的融合方式而已。

《魏书·蠕蠕传》中记载，柔然战败后可汗阿那瑰投降了北魏，曾对北魏孝明帝元诩说："臣先世源由出于大魏。"元诩回答是"朕已具之"，表示认可。说明，柔然与拓跋鲜卑有着共同的族源，而且都是从鲜卑中分离出来的一支。之后。拓跋鲜卑向南进入了中原地区，而柔然仍然活跃在大漠（今蒙古国）的南北。二者从此分道扬镳，在不同的地区，吸收了不同民族的文化，且出现了差异，这就是所谓的"同源异流"。柔然是在拓跋鲜卑始祖圣武帝—诘汾的儿子神元皇帝—力微末期（公元3世纪中末期）逐渐形成的，到穆帝猗卢时从拓跋鲜卑中分离出来。最早期原始居住地为拓跋鲜卑最后南迁至匈奴故地，即指今阴山北头曼城一带，匈奴头曼、冒顿单于发迹之处，他的兴起同匈奴一样，是在大漠以南河套东北及阴山一带。

显然，柔然、拓跋鲜卑皆源于东胡，而且都是鲜卑、匈奴等部族融合之后形成的。后期居住地不同，逐渐发展成不同的部落集团，并分别建立了各自的政权。

二．柔然的称谓

目前所见到有关柔然的称号有："柔然""蝚蠕""蠕蠕''"芮芮""茹茹""大檀、檀檀"。很多中外学者对此都作了研究。

"蝚蠕"（Rou-Ru），是《晋书》卷一二五《冯跋载记》所记，出现较早。唐代何超的《晋书音义》卷下记："蝚蠕，上音柔，下而兖反"，柔，唐韵作耳由反，则蝚蠕，唐代应读作 Rou-Ruan。唐杜佑《通典》卷一九六，"蠕蠕"记：蠕音而兖反，应读作 Ruan-Ruan。《魏书·蠕蠕传》说，"后世祖以其无知，状类于虫，故改其为蠕蠕"。北魏拓跋焘时，被改称"蠕蠕"，这是北魏统治者对柔然强加的带侮辱性的称谓。

"芮芮"今音读作（Rui-Rui）。此名是南朝汉族从北魏所称"蠕蠕"一词转化而来。《通鉴》卷一二五，宋文帝元嘉二十七年（公元450年）胡注，"芮芮，即蠕蠕，南人语转耳"。《宋书》卷九五，《索虏传》也有关于"芮芮……"的记载。

"茹茹"（Ru-Ru），一词在我国史籍中最早出现在《北齐书》里。唐代林宝撰《元和姓纂》九御茹氏条说："蠕蠕入中国亦为茹氏，音去声。""茹茹氏"："其生蠕，茹茹种类，为突厥所破，归中国。"宋代丁度等撰《集韵》平声二，"蠕"音为汝朱切，即读作 Ru，意为"虫行貌"。茹茹一词或许即蠕蠕另一读音 Ru-Ru 转化而来，意思是"虫行貌"。他们把柔然人形同虫子，与北魏统治者改柔然为蠕蠕的用意相同。北魏后期，柔然人为避免用北魏统治者强加的带有侮辱性的称号"蠕蠕"，而使用"茹茹"作为自己本民族的称号。《汉魏南北朝墓志集释》图版一四七，《元恭墓志》记，元恭妇，"茹茹主之曾孙"。"公讳伯昇……，高祖即茹茹主之第二子……"。云岗石窟的柔然可敦崇佛题铭中的"大茹茹"，也是采用"茹茹"作为柔然自己称号的。

"柔然"，在上述史籍的五个名号中，应该是柔然人的自称，且出现较早。《魏书·蠕蠕传》说，木骨闾（柔然始祖）死后，其子车鹿会始有部众，自号柔然。"柔然"作为柔然人"自命"的称号已是不争的事，也不应产生什么疑问。那么，"柔然"这个词，在鲜卑语中意味着什么呢？白鸟库吉（日）等曾做过一番考证，并用比较语言学的方法，试图找出柔然名号的原音和意义。他认为，"柔然之名乃车鹿会之所自命，其必取义嘉好，不待言也"。"柔然"是《元史》所述"薛禅"的音译，与今蒙古语相应的对音，意为聪明、贤明。藤田丰八（日）认为，"柔然"是蒙古语音，是《元史》所载"札萨"的对音，有礼义、法则之意。同时，内田吟风（日）认为，柔然的原意，源于阿尔泰语的"异国人"或"艾草"。钱大昕认为这些不同称呼是因为音译用字不同。然而，上述各音译"薛禅""札萨"与"柔然"相差很大，相互间都难以相混，且今蒙古语中也找不到与"柔然"对音而义为"贤明、法则"的字词。

黄静涛（笔名陶克涛）认为，"字号柔然"是北魏统治者对"燕然"一词的窜改。"燕然"乃是山名，又作郁都斤山、乌罗德犍山等。郁、乌、耶（燕）等的读音可以互混。"燕然""乌罗""阿兀剌"其含义均为山岭、台地等意。燕然山在漠北（今蒙古国境内），为匈奴、柔然的王庭所在地，前已叙及的"燕然汗庭""燕然馆""燕然都护府"都与柔然直接相关。另外，"柔然"与"阿瓦尔"并不对音，而"阿兀剌"与"阿瓦尔"在读音上几乎一致。"郁久闾"与"木骨闾"的首音可读若阿等音，而"郁久闾"声同"阿古闾""阿兀剌"，则这正是"燕然"的近声。"柔然"实即"燕然"，即柔然人的发祥地"燕然山"的含义。

"柔然"即为国名，也为族名。是个有土地、民众、政权、章则，有自己的族渊、语言、文字、姓氏的古老大国。

三. 柔然的语言系属及文字

既然柔然族源于东胡，那么，柔然的语系自然应与东胡的语系相同。关于东胡的语系，中外学者大都认为，东胡应属阿尔泰语系中的蒙古语族。

据我国文献记载，鲜卑是有语言和文字的。鲜卑语在中国史书中称为夷言、国语、北语、胡语或者胡言，为中国与蒙古历史上鲜卑族使用的一种语言，其使用时期为2、3世纪交替时至7世纪中叶。东晋十六国至北朝时期，鲜卑族入主中原后，即作为本民族语言而被广泛地使用，且一度成为中国北方仅次于汉语的声望语言。《隋书》卷三二，《经籍志》著录了用鲜卑文字书写的《国语》《鲜卑语》《鲜卑号令》书籍十余种；《隋书·经籍志》中有关于使用鲜卑语翻译中国传统汉文书籍的记载，共记有《集解论语》《集注论语》等108部图书，447卷；此外在唐朝初期编纂《隋书》时，还统计另有亡佚图书135部，569卷。可惜以上这些鲜卑语图书无一本传世至今。到北魏时期，孝文帝和冯太后下令进行汉化改革，迁都洛阳，改用汉语代替鲜卑语，更改鲜卑语姓名为汉字姓名。同时规定，禁止入住中原的鲜卑人使用鲜卑语，无疑使得鲜卑语的生存空间大幅度地缩小。六镇之乱后，胡化比较深的六镇部将再度推广鲜卑语的使用，中国北部又掀起了鲜卑化热潮。孝文帝死后，由于部分守旧贵族和鲜卑武人的反对，北魏统治者逐渐废弃了以前的民族和解政策，又逐渐恢复了鲜卑族的特权。直至隋朝末期，鲜卑语失传。目前没有发现片言只语的鲜卑文字，故其文字记述的种种说法均无法考证。

但在北魏后期汉化的改革过程中，为现代语言学家也留下解读鲜卑语的线索。北魏更改胡名为汉名，基本采用了语音相近而转写和语义相近而直译的两种方法。前者提供了一些鲜卑语的语音信息，后者相当于一套鲜卑语—汉语对义词汇表。例如更改拓跋为元、独孤为刘、贺赖为贺、步六孤为陆、吐奚为古，更改可汗为皇帝、可敦为皇后、莫贺为父、么敦为母及、阿干为兄等等。

柔然语言属于阿尔泰语系蒙古语族，这一结论已为近代学者所公认。由于古柔然语无存留，现今发掘并保存下来的都是用汉文译写下来的书稿，加之古今汉语读音差异以及规则的变化。因此，要借柔然自身的资料以考述柔然历史是行不通，也是决对不科学的。唯有借鉴其它民族相关的语言文字资料的研究成果。

柔然源于东胡，是鲜卑的分支，故其语言应基本与鲜卑语相同。近代一些学者通过用比较语言学的方法去研究古柔然语，发现所谓的古柔然语与今天的蒙古语有相近之处，他们之间有着一定的渊源关系。而且，有一部分柔然语又与鲜卑语十分接近。鲜卑、柔然的语言又都与今日的蒙古语有密切关联。一环套一环，相互有了关联，也为我们深入研究提供了可能。例如：柔然始祖姓氏"木骨闾"，后讹为"郁久闾"，前者原系鲜卑语，也是柔然语，二者相同；柔然（Rou—Ran）的原音与"薛禅"可能都是今蒙古语"tsetsen、Sse—tsen"的音译，意为聪明、贤明；"可汗"此词最早见于鲜卑语"可寒""珂寒"或"可汗"，意为"管家"，后变成皇帝的专称等等。同时也应当认可，

自五世纪初柔然建立政权后，其氏族、部落的组成十分复杂，难免不受属突厥语族的其它部落的影响。

柔然有没有自己的文字？《宋书·索虏传》说：柔然"不识文书，刻木以记事，其后渐知书契，至今颇有学者。"《南齐书·芮芮虏传》亦说，柔然是"刻木记事，不识文书"。据此可知，柔然早期是没有文字，不识书契的。但是，到后期，柔然能"渐知书契"。此书契是柔然自己的文字写的或是借用他族文字写的，史书没有说明。我们认为，柔然中后期的确有官方文字。理由其一，从公元5世纪初柔然建国起，就与北魏处于百余年的战争、和好状态。与此同时，柔然又与南朝结好，互派信使多年，以此南北夹击围攻北魏。南朝和北魏都是当代最发达强盛的国家，他们都有各自的语言和文字。这对柔然人来说，不能不产生"耳濡目染，不学以能"的影响。没有文字如何交往？其二，从纵向历史传统看，匈奴有自己的图书，蒙古等也都有文字记录传世，那么，柔然独独浑然成史之无文，倍感蹊跷？其三，"渐知书契"说明已经有文书。其四，《南齐书·芮芮虏传》说："宋世，其国相希利垔解星筭数术，通胡、汉语。"此胡语，是柔然语文，还是西域胡语文，也有可能是鲜卑语文，这仅是一种推测，目前还不清楚。如果真有鲜卑语文存在，那么柔然使用文字是有可能的。苏赫巴（蒙）认为，"柔然有自己的文字"。他认为"蒙古人继承了柔然人的早期文字"。这是一种历史影响的承认。

理由或许很充足，然而事实证明，至今没有发现柔然人自记族史的文字记录，甚至一个简目也没有。为什吗？究其原因，一是柔然人生活使然，戎马倥偬，文献收藏及携带等极为困难，加之长年的战争，书稿被散失了，记录失传了。二是北魏拓跋对柔然欲采取灭绝的办法"灭史"。历史上汉帝对匈奴等就有过先例。有学者曰："认真地讲，没有文字记载，就没有历史，也没有文明。"

应当看到，不管柔然是否有自己的语言和文字，在后期，他们都已广泛地使用了汉语文，这是可以肯定的。

四．柔然族源的氏族、部落组成

柔然是一个古老的草原游牧部族，这就决定了它的氏族、部落组成极其复杂。

从柔然自鲜卑中分离时起，至柔然政权覆灭时止，前后共约二个半世纪之久。在这漫长的时期里，柔然由一个小的氏族，逐渐形成一个大的部落联盟，最后又在漠北建立了一个庞大的早期奴隶制政权。其内部的氏族和部落组成十分复杂。《魏书》卷一一三，《官氏志》保存了一部分托跋魏早期历史，对于柔然却没有记载，这种情况我们已在前述中做了解释。这就使得研究柔然部族的形成及内部氏族等十分困难。好在柔然与拓跋之间有着同宗同源的关系，并且与托跋魏的形成又十分相似。这就为我们从史籍中所记载的柔然姓氏中，推测出一个大致的轮廓提供了可能。

古代北方民族的姓氏往往是与他所在的氏族和部落名称相一致的。正如《魏书·官氏志》所说："姓则表其所由生，氏则记族所由出。"从姓氏基本可以找出该姓所出的氏族或部落。

根据《魏书》《北史》《蠕蠕传》及南北朝至隋唐时期的史籍，我们以周伟洲先生《敕勒与柔然》为蓝本，共辑录了属柔然的姓氏六十余个。下面按其族属试析如下：

（一）属于柔然的氏族、部落（包括在社仑以前融合到柔然中的氏族和部落）

1. 郁久闾氏　《魏书·蠕蠕传》说，柔然始祖因头秃，被称为"木骨闾"，后讹为"郁久闾"，故以后子孙以郁久闾为氏。此姓为柔然王族，源于托跋鲜卑。其中有投北魏者，后改称为闾氏或茹氏、茹茹氏等。

2. 俟吕邻氏　《魏书·蠕蠕传》记：柔然可汗豆仑之妻名"候（应为"俟"）吕邻氏"；又同书卷七下，《高祖纪》说：太和十三年（公元489年），"蠕蠕别帅叱吕勤率众来附"。据北朝胡姓考的考释，俟吕邻、叱吕勤、叱吕、叱吕引，皆俟吕邻之异译或省译。《魏书·高车传》附记："又有俟吕邻部，众万余口，常依险畜牧。登国中，其大人叱伐为寇于苦水河。"同书卷二，《太祖纪》还记：登国八年（公元390年），"三月，车驾西征侯吕邻部。夏四月，至苦水，大破之"。可见，此部原游牧于苦水一带，苦水即今甘肃清水河支流，在固原县东北。侯吕邻部入魏后，改称吕氏。柔然可汗豆仑妻侯吕邻，则此部为柔然之外戚。又从其首领称"大人"看，此部可能原属东胡鲜卑族，何时融入柔然已不可考。

3. 尔绵氏 《魏书·蠕蠕传》记："太平真君十年（公元449年）……车驾与景穆自中道出涿邪山。吐贺真（柔然可汗）别部帅尔绵他拔等率千余家来降。"尔绵氏降魏后，改为绵氏。其原居地在涿邪山一带。据《庾子山集》卷十四，《周柱国大将军大都督同州刺史尔绵永神道碑》云：永，原系"东燕辽东郡石城县零泉里人也，本姓段"。周大统十六年（550年），因功被赐"还姓尔绵，增邑一千，进爵为广州郡开国公"。从尔绵永原居辽东和姓段来推测，尔绵氏可能原即辽东的段氏鲜卑。

4. 纥突邻部 前已言之，此部原游牧于阴山北意辛山一带，柔然始祖木骨闾曾投附过该部。以后，为北魏所灭，改姓窦氏，其中一部分融入柔然之中。《魏书·蠕蠕传》记有柔然部帅屋击，而纥突邻部大人有屋地鞬。因此，颇疑柔然部帅屋击原系纥突邻部。

5. 阿伏干氏 《魏书》卷二六《长孙肥传》记：始光元年（公元424年），"蠕蠕大檀之入寇云中，世祖亲征之，遣（长孙）翰率北部诸将尉眷，自参合以北，击大檀别帅阿伏干于柞山"。又同书卷七《高祖纪》又记有柔然别帅"阿大干"率千余落来降。阿大干当即阿伏干之异译。《北朝胡姓考》说：此部原居阿步干山（今甘肃皋兰县南五里）。全祖望《校水经注》卷二说，阿步干乃鲜卑语"阿干"（意为兄）之原文。如此，则阿伏干氏应为鲜卑族，后有一部分融入柔然之中。另一部分入魏后，改姓阿氏。又《魏书》卷四三《唐和传》记有柔然部帅阿若，《北史·蠕蠕传》记有"俟利阿夷"、"大人阿富提"等。据《通鉴》卷一一九，宋武帝永初三年（公元422年）记："是时，魏之群臣出于代北者，姓多重复，及高祖迁洛，始皆改之。旧史恶其烦杂难知，故皆从后姓以就简易，今从之。"《魏书》就是上述的"旧史"之一。因此，在分析柔然姓氏时，必须注意那些已经改过的姓氏，并应准确地将这些简化的姓氏还原为原来的姓氏。上述柔然阿夷、阿若、阿富提，均有可能原来是姓阿伏干的。

6. 纥奚部　前已言之，纥奚部与纥突邻部是世同部落的，都在阴山以北意辛山一带游牧。登国五年，纥奚部为托跋硅所灭，一部分融合到柔然之中。《魏书·蠕蠕传》曾记：柔然可汗丑奴于魏正始三年（公元506年），遣其使纥奚勿六跋等向魏朝贡，请求通和。

7. 胏渥氏　《魏书》卷二三《刘库仁传》记：刘眷"又击蠕蠕别帅胏渥于意亲（辛）山……。"胏，侧氏切，读作此音，疑胏渥即叱卢之异译。按《晋书·乞伏国仁载记》云："在昔有如弗斯、出连、叱卢三部，自漠北出大阴山，遇一巨虫于路……"叱卢部既过阴山，是否有一部分加入柔然的部落联盟，这种可能是存在的。叱卢等三部与属敕勒的乞伏氏融合为"乞伏鲜卑"（陇西鲜卑），那么，叱卢原为鲜卑或敕勒。此部入魏后，改姓祝氏。

除了郁久闾氏外，上述六个氏族或部落是在柔然社仑建立政权之前，加入或融合到柔然部族之内，或者是史籍中只见柔然才有的姓氏，故将他们统归入属柔然氏族、部落之内。柔然早期形成的历史同托跋鲜卑十分相似。《魏书·官氏志》记述了托跋力微前献帝邻时，"七分国人，使诸兄弟各摄领之，乃分其氏"的情况。"七分国人"，即是把七个不同的氏族部落分开，派自己的兄弟分别摄统他们。以后，这七个氏族部落就完全融合到托跋鲜卑之中。这就是后世所说的"鲜卑八国"（加托跋氏）的来源。上述柔然与其余六个氏族部落（或者更多一些）的发展、融合过程，大致与托跋鲜卑早期八个氏族部落发展、融合情况相似。

（二）属东胡鲜卑的氏族和部落

1. 托跋鲜卑

托跋氏　《魏书·蠕蠕传》记：北魏正光二年（公元521年），"七月，阿那瑰启云：投化蠕蠕元退社、浑河旃等二人……"。按《魏书·官氏志》："托跋氏，后改为元氏。"此元退社原应为托跋退社，系托跋氏投柔然者。

丘敦氏　《魏书·蠕蠕传》）记：魏正光二年二月，柔然可汗"婆罗门遣大官莫何去汾、俟斤丘升头六人……"）。《魏书·官氏志》记托跋魏宗族十姓中，有"丘敦氏，后改为丘氏"。此丘升头当即丘敦升头，属托跋鲜卑，或较早融合于托跋鲜卑的其它族的氏族或部落。

无卢真氏　《魏书》卷二六《尉古真附子多侯传》记："高祖初，蠕蠕别部帅无卢真率三万骑入塞围镇……"。按《南齐书》卷五七《魏虏传》说，托跋鲜卑语"带仗人为'胡洛真'"，疑无卢真即胡洛真之异译，此系托跋鲜卑语，官名。柔然别帅无卢真，可能原是魏的胡洛真，投柔然后，因官名为姓氏。

2. 吐谷浑

树洛干氏　《魏书·蠕蠕传》记：魏太昌元年（公元532年）六月，"阿那瑰遣乌句兰、树什（《北史·蠕蠕传》作"升"）伐等朝贡……"。据同书《官氏志》："树洛于氏，后改为树氏"。《北朝胡姓考》以为：树洛于应为树洛干，为吐谷浑王名，以此为姓。柔然使树什伐，可能原属吐谷浑。

尉迟氏　《魏书·蠕蠕传》记：魏延昌四年（公元515年），丑奴"遣使侯（俟）斤尉比建朝贡。"《官氏志》说："西方尉迟氏，后改为尉氏"。此柔然尉比建，应原为尉迟比建。据《北朝胡姓考》的考证，尉迟氏源出青海，属吐谷浑的部落之一。

谷浑氏　上引《魏书·蠕蠕传》有"投化蠕蠕元退社、浑河旃等二人"。《官氏志》说："谷浑氏，后改为浑氏。"又《元和姓纂》二三、《通志·氏族略》四"浑氏条"，均云"吐谷浑氏改为浑氏"。可知柔然浑河旃可能原为吐谷浑氏。

匹娄氏　《北齐书》卷四，《文宣帝纪》说：北齐文宣帝高洋击柔然，"获其俟利蔼焉力、娄阿帝……。《官氏志》记："匹娄氏，后改为娄氏。"又《魏书》卷六，《显祖纪》记：北魏长孙观率军大破吐谷浑拾寅于曼头山（今青海兴海县西北），"拾寅从弟豆勿来及其渠帅匹娄拔累等率所领降附"。可知，匹娄氏原居青海曼头山一带，系吐谷浑属部。上述柔然娄阿帝原应属吐谷浑匹娄氏。

勿地延氏　《魏书·蠕蠕传》记：柔然有大臣名勿地延。按《晋书·乞伏炽磐载记》说："……至是，乙弗鲜卑乌地延率户二万降于炽磐。"乌地延即勿地延。吴士镜《晋书斠注》说："案乌地延当即《魏书》之慕利延，《宋书·夷貊传》之慕延也。慕利延为吐谷浑首领，史称乌地延为"乙弗鲜卑"。《北史》卷九六，《吐谷浑传》说："吐谷浑北有乙弗勿敌国，国有屈海（即今青海），海周回千余里，众有万落……"乙弗鲜卑乌地延应即乙弗勿敌国人。如此，柔然大臣勿地延原应为乙弗鲜卑。

3. 东部鲜卑

莫那娄氏 《魏书》卷三〇，《闾大肥传》记："泰常初，复为都将，领禁兵讨蠕蠕，获其大将莫孤浑。"《官氏志》说："莫那娄氏，后改为莫氏。"故柔然大将莫孤浑应为莫那娄孤浑。《北朝胡姓考》说：莫那娄又写作末那娄、莫耐娄，并云此部原居辽东，后徙代郡，投魏极早。如此，则莫那娄氏应为东胡鲜卑。

吐豆浑氏 《北史·蠕蠕传》记：东魏兴和二年（公元540年），阿那瓌遣莫何去（汾）折豆浑十升等朝贡"；次年，又"遣吐豆登郁久闾譬浑、俟利莫何折豆浑侯烦等奉马千匹……"。又记有"是豆浑地万"。《魏书·高祖纪》又记有柔然将"豆浑与句"等。俟利莫何、莫何去汾、吐豆登，皆为柔然官号。考《晋书》卷一二五，《乞伏乾归载记》云："……鲜卑豆留鞬、叱豆浑及南丘鹿结……降于乾归。"上引柔然折豆浑、是豆浑、豆浑氏应皆叱豆浑之异译或省译。如此，则柔然叱豆浑氏原为鲜卑。据白鸟库吉的考证："是豆浑"一词，今蒙语意为巫者，是叱豆浑源于巫者，后以此为姓。

库褥官氏 《魏书·高宗纪》说：魏太安四年（公元458年），柔然别帅"乌朱贺赖、库士颓率众来降"。《官氏志》记：北方库褥官氏，后改为库氏。柔然库世颓当为库褥官世颓。据《北朝胡姓考》说：库褥官氏原为鲜卑徒何种，本慕容燕所属部落。

温盆氏 《北史·蠕蠕传》：东魏元象元年（公元538年）九月，东魏囚阿那瓌使温豆拔等。《官氏志》："西方温盆氏，后改为温氏。"温盆氏又写作温孤氏。《元和姓纂》二三有温孤氏，云其先为代人，疑此氏原为鲜卑。

树黎氏 《魏书·蠕蠕传》记柔然有大臣名树黎。《官氏志》说："素黎氏，

后改为黎氏"。树黎即素黎。又《三国志·魏志》卷一三，引鱼豢《魏略》说，鲜卑檀石槐时，有东部大人素利。素利应即树黎。如此，则柔然大臣树黎原为东部大人素利之后。

4.乌洛侯　上引《魏书·蠕蠕传》有柔然别帅乌朱贺颓。《新唐书》卷七五下，《宰相世系表》乌氏条云："乌氏出自姬姓，黄帝之后……齐有乌之余，裔孙世居北方，号乌洛侯，后徙张掖。"可见，乌氏原为乌洛侯，云黄帝之后，显系伪托。《魏书》卷一〇〇，《乌洛侯传》有"乌洛侯国"，居地在今东北嫩江流域，属东胡。《北朝胡姓考》据此以为："疑乌氏本乌洛侯国胡人，初以国为氏，徙张掖后，始以乌为氏"。柔然别帅乌朱贺颓也很可能源出于东胡乌洛侯国。

5.罾历辰部　《魏书·蠕蠕》云：魏永兴二年（公元410年），柔然可汗"斛律北并贺术也骨国，东破罾历辰部落"。《通志·氏族略》五记："罾历辰氏，代人，改为辰氏。"按此部原居柔然东，疑即属东胡鲜卑部落。

（三）属于敕勒（高车）的氏族和部落

1.乙旃氏　《周书》卷二，《文帝纪》云：西魏恭帝元年（公元554年）夏四月，"……茹茹乙旃达官寇广武"。乙旃氏系，高车十二姓之一，柔然乙旃达官原为敕勒无疑。又乙旃氏也是组成拓跋魏的重要氏族之一，后改姓叔孙氏。

2.斛律部（氏）　斛律氏为高车六姓之一，与柔然关系至为密切。其居地在漠北鄂尔浑河、土拉河流域。社仑在袭其伯父匹侯跋时，匹侯跋诸子收余众，曾"亡依高车斛律部"。又社仑弟名"斛律"，继社仑为柔然可汗。公元402年，社仑灭斛律部时，其部帅名倍侯利，又有首领名叱洛侯。斛律被社仑攻灭后，其部逐渐融合于柔然之中。

3.副伏罗部（氏）　《魏书·高车传》记：高车十二姓有"副伏罗氏"，奴属于柔然，后脱离柔然，建高车国。

4.达簿千氏　《周书》卷一三，《文闵明武宣诸子传序》；同书卷一二，《齐炀王宪传》均记："文帝十三子……达步干妃生齐王宪。宪所生达步干氏，茹茹人也。"按达步干氏，应即高车十二姓中的"达簿干氏"。达步干妃原为敕勒人。此称"茹茹人也"，可见，敕勒达簿干氏已融合于柔然之中。敕勒达簿干氏入魏后，改称褒氏。

5. 屋引氏　《魏书·蠕蠕传》记有柔然"屋引副升牟"。前已言之，屋引氏为敕勒族，此柔然屋引副升牟原也应为敕勒人。屋引氏入魏后，改为房氏。

6. 他莫孤氏　《魏书》卷八，《世宗纪》说，魏正始四年（公元507年），"十有二月……，蠕蠕高车民他莫孤率部来降"。此明言他莫孤为高车。又同书卷二六，《尉古真附眷传》也记："蠕蠕部帅莫孤率高车骑五千来逆，眷（古真弟尉诺子）击破之……。"此事在魏始光元年（四二四年），云莫孤率高车骑，可能莫孤本人即高车人，或为上述他莫孤之省译。

7. 奇斤氏　《通志·氏族略》五云："奇斤氏，蠕蠕别帅归中国后，改为奇氏。奇斤氏即高车十二姓"异奇斤氏"之省译；原为敕勒官号"俟（音奇）斤"，以此为姓。内一部分可能融合于柔然。故云：蠕蠕别帅入魏后，改为奇氏。

8. 泣伏利氏　《魏书·蠕蠕传》记：魏正光初（公元520年），"丑奴母遣莫何去汾李具列等绞杀地万。《通志·氏族略》五说："叱李氏改为李氏。"叱李氏，应即高车十二氏中的泣伏利氏。李具列应原为泣伏利具列，敕勒人。

9. 石洛侯　《魏书·蠕蠕传》记柔然可汗豆仑有臣石洛侯。按石洛侯可能就是前述之高车斛律部叱洛侯的后代。

10. 东部高车　此部居贝加尔湖一带，柔然盛时当役属于柔然。

（四）属于匈奴余部的氏族和部落

1. 拔也稽部　上述社仑曾在颇根河大败西北匈奴余种拔也稽部，以后此部"尽为社仑所并"，融合到柔然之中。

2. 贺术也骨部　上述柔然可汗斛律曾"北并贺术也骨国"《通志·氏族略》五说："贺术氏，后魏初贺术部居贺术山，氏焉"。《北朝胡姓考》据此，以为贺术氏即贺术也骨之省译，也即贺遂氏。如此，贺术也骨部为"匈奴别部"的稽胡。

3. 乌洛兰氏　《魏书·蠕蠕传》记：魏太昌元年（公元532年）六月，"阿

那瑰遣乌句兰……朝贡"。《官氏志》云："北方乌洛兰氏，后改为兰氏。"疑柔然乌句兰即乌洛兰之误。乌洛兰本匈奴贵种兰氏，是柔然乌句兰应本匈奴族。

（五）属突厥的氏族

《周书》卷五十《突厥传》说：突厥姓阿史那氏，"臣于茹茹，居金山之阳，为茹茹铁工"。按突厥应属敕勒之一种，原为柔然所役属。

（六）属于西域的姓氏和氏族

1. 龙氏　《北史·蠕蠕传》记：东魏元象元年（公元538年），"神武以阿那瑰凶狡……，乃遣其使人龙无驹北还……"。《晋书》卷九七，《焉耆国》条云："……其王龙安遣子入侍"。焉耆王龙姓一直到唐代均如此，而且唐代文献中竟有称龙部或龙族为焉耆人。柔然盛时，曾统治焉耆。故上述柔然使龙无驹可能原为焉耆胡人。

2. 高羔子　《魏书》卷七，《高祖纪》下记有"蠕蠕伊吾戍主高羔子"。高羔子为伊吾（今新疆哈密西）戍主，可能原为西域胡人，也可能是汉人。

3. 希利垔、邢基祗罗回　《南齐书·芮芮虏传》记有柔然国相"希利垔"，"邢基祗罗回"。此两姓均为今新疆或中亚一带民族的姓氏。柔然盛时，势力影响到中亚，其内部有中亚胡人完全可能。

4. 侯医垔　《魏书·蠕蠕传》记柔然有大臣"侯医垔"。《官氏志》记："胡古口引氏，后改为侯氏"。据《梁书》卷四五，《王僧辩传》载讨侯景之誓文，内云侯景为羯胡。如此，则侯医垔为中亚之羯胡。

（七）属于汉族的姓氏

柔然内部还有一些汉族，见于记载的大多为佛教徒。如《大藏经·高僧传》第八，《释法瑗传》记："释法瑗，姓辛，陇西人，辛毗之后。……其二兄法爱亦为沙门……为芮芮国师。"《北史，蠕蠕传》也记："永平四年（公元511年）九月，丑奴遣沙门洪宣奉献珠象"。此洪宣当为汉族僧人。又同书还记：柔然可汗阿那瓌曾留齐人"淳于覃"，"亲宠任事"等。

除了以上基本可知族属的三十七部（氏）、五十姓之外，还有十九个姓氏目前还找不到他们原来的族属，需要进一步研究。这十九个姓氏是：但钵、弃之伏、普掘蒱提、便度及其弟库仁直、度拔、他稽、赤河突、牟提（可能是郁久闾牟提）、梁贺侯豆、十代、郁厥乌尔、蔼焉力、豆婆吐久备、游大力、比拔、巩顾礼、巩风景（此二氏可能是汉族）、植黎勿地，等。

从上述分析中，可以得出柔然内部氏族、部落组成的一些特点：首先，柔然是由许多不同的氏族和部落组成，其成份是十分复杂的。在上述三十七部（氏）、五十姓中，除了属于柔然本族或早期融合于柔然的七部（氏）十三姓外，属东胡鲜卑的有十四部（氏）十六姓，属敕勒的有九部（氏）十姓，属匈奴余部的有三部（氏）二姓，属突厥部的有一部（氏）一姓，属西域（算作一部）有五姓，属汉族（算作一部）有三姓。其中，东胡鲜卑占了绝对优势（包括柔然本身），这与柔然源于东胡鲜卑的结论是相吻合的。因此，可以说：柔然是一个主要由鲜卑、敕勒、匈奴和突厥等组成的多氏族、多部落的部族。

其次，在多氏族多部落的柔然政权之下，由于各个氏族部落的相互错居和通婚，使一部分原来属于他族的氏族、部落逐渐融合到柔然部族之中。这种情况可以从上述的敕勒达簿干氏、奇斤氏，属鲜卑族的阿伏干氏、纥奚氏，属匈奴的拔也稽部等看出。到了后来，史书竟称这些原不属柔然本族的其它氏族、部落为茹茹人了。但是，在柔然内部还有相当一部分氏族、部落仍然保持着自己民族的特征。最后，有的甚至从柔然中分离出来，如上述的敕勒副伏罗部就是如此。

第三，柔然内部氏族、部落组成极为复杂。因此，柔然政权经常遭到被柔然贵族奴役的其它氏族、部落的反抗，内部阶级矛盾和民族矛盾十分尖锐。

五．有关柔然的"史载"

《宋书》，南朝沈钧所撰，全书100卷，所记始于晋义熙元年（公元405年），终于宋昇明三年（公元479年），这正是柔然可汗社仑至予成时期，可以说

是"当代"之史。全书至北宋时，多有散失，内一卷为《芮芮虏传》是否亦佚，不详。今本书乃为后人辑补。《宋书》记述柔然事，颇多简陋，《芮芮虏传》也只有寥寥二百字，且多为气候、习俗等。书中称柔然为"虏"即奴。虽然柔然与刘宋亢礼，却只被"羁縻"之属视之。

《南齐书》，南齐萧子显所撰，所记上起宋昇明（公元479年），下迄齐永元二年（公元500年），正是柔然予成、豆仑、那盖三可汗势力复振时期。柔然与南朝齐仍维持南北交往的关系，也是当代之作。《南齐书》虽也称柔然为"虏"，但较之《宋书》记事则更为客观。书中叙述柔然事约1000余字。

《魏书》，北齐人魏收所撰，全书124卷。魏收受朝命修史，至成书（公元554年），正是柔然末代可汗庵罗辰时期。该书记述柔然史事主要在103卷《蠕蠕传》。上从木骨闾开始，下迄阿那瓌可汗初期，前后约二百余年的经历。称柔然为"虏""寇""兽"。所录记事都是双方的战事，通篇贯穿了"矜"拓跋，"陋"柔然。记约五万余字。由于双方处于敌对阵营，两族对峙，而要敌国记述公平，岂非过分。但不管怎样，它可视为柔然通史之作。是考述柔然史的最重要载籍。拓跋人的历史是胎生地伴随着柔然的，没有柔然就没有它的光彩。它把柔然的起始只限于"骑奴"木骨闾，而忽略与拓跋"同出一源"，实属不公。北魏"国史"最初是由崔浩撰写，按当时的情形，应当辑有柔然的信息，可惜"国史"后被烧毁。《魏书》的成书正是以前人的著录为依据的。《魏书》刊印后，诸史书均被销毁。《蠕蠕传》至北宋，已是《魏书》诸散佚卷次中的仅存的一卷。现今所见此书乃是后人据《北史》抄补的。

柔然亡国之后，成书追述柔然史事，且有价值的主要如下：

《梁书》，唐朝人姚思廉撰写，成书于公元636年，在其《西北诸戎传》内附有《芮芮传》。主要记述南朝梁时代，相当于那盖可汗末期以后五十余年间略历。字只300余。该书由姚氏父子两人写成，其父早年在梁朝生活五十余年，去世后书终未成。至唐朝初年完成。《芮芮传》持论公允，没有侮辱性的文藻，称柔然为"芮芮国"，为诸史所不曾有。

《北齐书》，唐朝人李百药撰写，成书于唐贞观十年（公元636年）。其父曾任北齐内史。入唐后，他奉命修史，主要利用其父的书稿。北齐初年，柔然尚未消亡，与北齐并存数年，所以其记述可视为柔然末期二十多年间的状况。《北齐书》曾大量散失，今所见本是后人据《北史》等抄补。

《周书》，唐朝人令狐德棻撰写，成书于公元636年。主要记述北周史事，上溯到西魏，至柔然破败，尚存二十余年，与宇文氏为同一时期，即可视为当代之作。书中涉及柔然史事很少。

《南史》与《北史》，唐朝人李延寿撰写。其父早年曾撰有南北史稿，书未成而卒。子继父志，他增删宋、齐、梁、陈、北魏、北齐、北周及隋朝八代正史，于公元659年成此二史。上述二史堪称史书记载中的巨作，此书基本没有散失。《南史》载有《芮芮传》，内容与《南齐书》《梁书》大同微异。《北史》载《蠕蠕传》，相比《魏书》略增加了北魏分裂为东、西魏之后的柔然状况。是研究柔然的重要资料。

《隋书》，唐代人魏征在其前人基础上完成。成书于柔然隐迹后八十余年。计85卷。个别列传中亦有很少量涉及柔然事迹，主要反映在其突厥传、铁勒传中的部族生活。

《晋书》，唐初房玄龄等二十人奉勅撰。成书于公元七世纪，上距柔然遁迹已近百年。该书涉及柔然史事，主要是其三十卷"载记"。所记都是非汉族政权，而是晋朝五胡十六诸国如后秦、前秦、前燕、后凉等。对于这十六国，《隋书》称之位"霸史"，《世通》贬之为"伪史"，认为不正统，不称其为国家的国史。北魏建号后，修国史，从而将上述"诸国记注，并皆散亡。但诸多类书尚存，作为后人参阅。《晋书》所载"载记"涉及柔然史事极少，为柔然初期与各国交往。作为背景资料可考。

《资治通鉴》，北宋人司马光撰。全书共294卷，300多万字，涵盖从公元前403年至公元959年，记十六个朝代，前后共计1362年的历史。其中有多卷记述了有关柔然活动的内容。可参阅。

除上述正史之外，还有《通典》《建康实录》《稽古录》等，也微有柔然的资料，但他们的记述基本上都不超出上述的内容成说。

综观柔然在上述诸书中的资料，充其量不出10万余字，可谓区区。而其中重复，无实际意义的空话又占有很大比例。上述书册中，柔然的形象描述

柔然传奇

主要还是依旧魏收、李延寿笔下所撰。1962年，《柔然资料辑录》由中科院历史研究所编撰，中华书局出版，这应当称得上是学术界独步无双的创举。书中竭力吸收了几乎全部散见的汉文史料，并尽可能地作出必要的核复与疏注。这无疑是研究民族历史的基石。书中《出版说明》还特别指出，柔然"对于我国北方地区历史的发展曾有过较大的影响"。这恰是对于我国北方历史数千年来，柔然在所谓"正史"中形象与地位作用的最好"正名"。

后记

后 记

《柔然传奇》,是第一部由柔然人自己写的柔然历史故事。由于姓柔,是极少见的姓,所以对柔姓的来历总想探个究竟。据称柔姓来自柔然。

我的祖籍在山西临县,也许是上天的安排,我的第二故乡,竟然是几千里外柔然老祖宗的城堡——"可汗浮图城"(今新疆吉木萨尔县)。

人生总是在路上,心路与尘路。在旅途中,心会更快乐一些,会思考得更多一些。探寻祖先们曾经生活过的地方,追逐那些古老的传说,是我一生心之所愿。由此,关注一切与柔然有关的事情,便成了我生活的一部分。四十多年来,我利用工作之便走访了祖国许多的县市以及博物馆,到过许多柔然人曾经生活、征战之地,收集了一切看到的与柔然有关的信息,慢慢地对柔然人的历史形成过程有了一个基本轮廓,同时开始了本书初稿的构思创作。但由于工作繁忙,一直未能全身心地投入。近十几年来,随着年龄的增长,深感有生之年余下的时间不多了,必须加快写作的步伐。在翻阅大量历史文献,搜集整理资料的过程中,深感文献记载极为缺乏,而且这段历史过于遥远,许多内容需作进一步考证。尽管面临巨大的工作量,我们仍然下定决心,要将"柔然"展现给大众。

2014年,终于可以自由地安排时间了。我们立即启动了多年来思谋已久的计划——访古柔然。我们用了两年多的时间,重走了柔然当年的生活、迁徙、征战之路,沿着柔然人的足迹,踏遍了国内五十多个有关的县(市)、镇(乡)。作个背包客,一路乘火车、汽车、三轮车或徒步,参观博物馆、文化馆、纪念馆和古迹;到图书馆、书店查阅资料;走访当地的名人、百姓等,博览众采。另外,我们也踏上了国外的行程:从内蒙古二连浩特乘火车到蒙古国乌兰巴托,拜访祖先柔然人发祥地,曾经的都城哈拉和林以及驿站赛音山达;寻访了柔然可汗吐贺真及后裔阿瓦尔人曾经西迁、征战的地方——欧洲:法国巴黎,

柔然传奇

意大利米兰、罗马、威尼斯，德国慕尼黑、柏林，匈牙利，捷克，波兰等地方。行程数万公里，拍摄照片数万张，写下笔记数本。

柔然汗国存在于距今1700多年前的蒙古高原，由于年代久远又缺乏文字记载，已渐渐被人遗忘，但一个个闪光的名字记述了柔然人曾经的辉煌。通过多年来数万公里的寻访，这个曾横跨欧亚雄霸一时的草原帝国，又渐渐在我们的脑海里鲜活起来。

一千多年后，柔然后裔重踏先祖的足迹，令人思绪万千、感慨万千。

在这里我们将寻访途中的一些故事记录下来，以飨读者。

东北大兴安岭古时称鲜卑山，她由北向南横亘在内蒙古荒漠高原与肥沃的东北平原之间，是柔然等古老草原游牧民族的发源地。当年鲜卑、柔然以及后来的蒙古人都是从这里走出去的。

2015年5月至7月，从乌鲁木齐乘机到哈尔滨，再转机飞往黑龙江省大兴安岭地区行政公署所在地加格达奇，乘车向西北延伸几十公里抵达阿里河镇（嘎仙洞），这便是我们作为背包客的第一站。然后沿着内蒙古西北部边境一线，从嘎仙洞到最北部的漠河——满归——根河——加格达奇——莫尔道嘎——额尔古纳——室韦——呼伦贝尔——满洲里—扎赉诺尔——呼伦湖——巴尔虎左/右旗——克什克腾——凉城——岱海——和林格尔—盛乐——托克托——大同。踏着先祖们当年迁徙的足迹，探古拜祖，追寻走访那古老遥远神秘的鲜卑、柔然帝国的发源地、迁徙路线及征战场。

阿里河是鄂伦春自治旗的一个镇，坐落在大兴安岭西翼。镇子不大，一条主街道横贯，阿里河镇虽然很小，却因为嘎仙洞而有了名气。公路沿途可见"鲜卑寻祖"的大幅标牌，以吸引来客。这里冬季较长，只有六至九月有游客。周边的广场、寺庙正在兴建中。镇西北约十公里茂密林中的嘎仙洞是当初鲜卑人的发源地，并因1980年在洞壁上发现了拓跋焘的祭文，而为世人所知。

后记

嘎仙洞　　　　　　　　阿里河镇

　　返回加格达奇后，乘火车几个小时到达漠河县。漠河是中国最北端的一个县，再向北100多公里的北极村、北红村，就处在中俄边境线上，以黑龙江为界，划江而治。该地区是一个山间小盆地，额木尔河在县城东侧流过，森林覆盖面积很大，原始林生长茂密，放眼望去，翠绿万里。八十年代一场森林大火烧毁了整个县城，仅存一小片原始林。今县城为新建，整齐美观，气候宜人，是一个难得的生活居住的好地方。

　　从漠河到满归汽车完全行走在大兴安岭的密林中，直到额尔古纳、室韦都是如此。行走在森林之中，两旁树木高耸挺拔，遮天蔽日，一条弯曲的小道穿行在绿色世界里，不时还窜出兔、狐等小动物。坐在颠簸的车内，看着眼前的景观，让看惯了沙漠戈壁的人有点恍惚，似乎感觉穿越在另一个世界。路途中往来的车辆很少，非常寂静，早期伐木运输那种繁忙景象已不复存在。该区域已禁伐多年，森林环境保护得很好，就连班车途中乘客方便处都专有固定的地点，不得随意停车。黑龙江与内蒙两省的分界牌也恰巧在林间。

| 柔然传奇

漠河北极村碑

　　满归是一个以林业为主的镇，规模不大。乘班车进镇，让人有一种破旧的感觉。这里建设相对滞后，森林禁伐后，大多数工人改行另谋职业，据说许多年轻人都离开家乡外出打工了。这几年国家实行棚户区改造，一片片经济房拔地而起。新城和老城截然两样，新城中央竖立着一代天骄成吉思汗的雕像。

　　从满归到根河市乘火车，火车站在镇东坡上，按点买票、开门、上车。一天有几趟车，以方便林区百姓。火车还是老旧的绿皮车，在内地已经很少看到了。

　　从根河市乘班车两个多小时到莫尔道嘎。莫尔道嘎地处大兴安岭腹地，是内蒙古呼伦贝尔盟额尔古纳市的一个小镇。公元1207年，铁木真回室韦祭祖，路上生发狩猎之念，逐鹿至龙岩山顶。只见林海茫茫，云凝峰峦，霞光四射，一派吉祥。大汗顿生统一蒙古的志愿，于是一声巨吼：莫尔道嘎！莫尔道嘎由此得名。莫尔道嘎在蒙语里的意思是骏马出征。到莫尔道嘎是为了去室韦，室韦位于呼伦贝尔额尔古纳市境内。有资料说：柔然后期曾分裂为多支：北柔然是室韦人（蒙古人的祖先）的族源之一；西柔然向西迁徙到欧洲，发展成了阿瓦尔人；南支则与契丹等族融合。

后 记

　　室韦也被称为俄罗斯民族自治乡。据韩镇长介绍，现在已申请了以蒙族发祥地为主导的旅游项目，并聘请了蒙古国的大萨满，认证了这块风水宝地，并斥资十几个亿正在新建亚洲第一的敖包。

　　我们打车前往敖包，虔诚地爬了1000多个台阶，去参拜蒙古人的长生天，并绕包转了三圈。1000多级台阶的木栈道，一直修到山顶。据说蒙古国八十多岁的女萨满师，坚持三步一叩地从山下爬上来，见到敖包顿时泪如雨下。镇长说那种感情真是让他们都为之动容，那可是一脉相承的激动。

室韦镇石碑及与镇领导合影

　　这个亚洲第一敖包，并不像我们想象的那么大。底盘围有拳头粗的钢丝绳，四面有铜饰，大约有3层楼高，直径约20米，顶上立有苏鲁锭。比较幸运的是，在这里我们遇到了管理敖包的负责人白音老师。他中等个儿留长须，大约60多岁，须发皆已花白。在下山的途中我们追上了他，并攀谈起来。得知他属巴尔虎部落，对成吉思汗并不买账，认为成吉思汗的历史，没有他们巴尔虎部落长，这倒是实情。他是北京民族学院毕业的，在这里也是国宝级的专家了。他汉语不太流利，发音含糊，让我们的交流不太顺畅。

343

| 柔然传奇

亚洲第一敖包

  我们乘下午一点的班车从室韦到拉布大林（160公里），也就是额尔古纳。这个名字是由于额尔古纳乐队在中央电视台星光大道上演出，才为大家所熟知。这里有一片湿地公园，也是吸引游客的地方。额尔古纳是柔然人及蒙古人的发源地。当年柔然阿那瑰和婆罗门两位可汗都投靠了北魏，后阿那瑰又被北魏王安置在此地。该区后期属于成吉思汗的儿子哈萨尔管辖的领地，镇广场上有他的巨大塑像，以为纪念。

  从海拉尔到满洲里已近傍晚，我们住在一家朋友介绍的私人小旅馆里。这里是中俄边境口岸，城市建设很好，欧式建筑很抢眼，夜景十分亮丽美观。我们早6点半乘1路公交车，车票3元，去看扎赉湖，即呼伦湖。扎赉诺尔是达赉诺尔的转音，因地处达赉湖畔而得名。蒙语"海一样的湖泊"的意思。历史上称大泽。站在湖边，瞭望着开阔的湖面，聆听着湖水荡漾的涛声，想像当年先祖们曾迁徙跋涉于此，在这里居住生活，何等艰辛，想到这里，眼前浮现出他们生活的画面。这里主要为煤矿区，简称"扎区"，是呼伦贝尔满洲里市的卫星城。新城建设十分壮观美丽，老矿区的居民正在陆续搬迁。最有收获的是，参观了建在新区的扎赉诺尔博物馆。馆内珍藏了出土的拓跋鲜卑早期大量墓葬物品和壁画。据介绍，扎赉诺尔的文化已被传播到了世界，美洲的印第安人也是扎赉人的后裔。

后 记

扎赉诺尔博物馆壁画及呼伦湖介绍

扎赉诺尔博物馆

从满洲里坐班车到新巴尔虎右旗，新巴尔虎右旗又称西旗，它还有一个名字叫阿拉坦额莫勒。这里很多地方都有两三个不同的名字。新巴尔虎右旗以蒙古族为主，主要与蒙古国搭界，有一陆路口岸，位于呼伦湖的南西边。巴尔虎部落，曾经是柔然帝国的一个部族，它的历史十分久远。今天我们真正地来到了巴尔虎人生活的地方，看到这里有一个博物馆，博物馆主要都是介绍成吉思汗的，没有其他的内容，很单一。讲解要付高额费用，而工作人员对巴尔虎早期的历史也是一知半解，很遗憾。修建博物馆反映了当地政府对历史文化的重视，但在利用率及宣传普及等方面有很多欠缺。一路走来这里许多博物馆都是如此，空空如也，进去参观的人很少，时常就是我们俩。

345

柔然传奇

从巴尔虎右旗到巴尔虎左旗,公路一直都在中蒙边境附近的草原上穿行,哨卡时而可见。由于干旱少雨,草原荒漠化严重。巴尔虎左旗的甘珠尔庙,曾是东北地区最大的寺庙,僧众最多时达4000人。

巴尔虎体育馆

巴尔虎到阿尔山没有班车。由于往来人员不多,区间交通客车因亏损而取消,只得坐私人开的出租车。阿尔山市是旅游区,森林、高山、湖泊资源丰富,以火山石、温泉而出名。传说不同的泉可以治不同的病,所以每年来往的游客很多。这里有一个鄂伦春人的部落奥伦布坎,至今仍保留着本民族原始特征。据说鄂伦春人与柔然人有很深的渊源,当年鲜卑人走出鲜卑山时,一部分人没有随献皇帝邻南下,仍然留居当地,后来逐渐演化至今。他们可能是柔然人的一支。我们打车前往。

我们从阿尔山坐火车到白城,稍作休整,然后到赤峰市。该市地处蒙古高原向辽河平原过渡地带,乌力吉木伦河、西拉沐伦河流经境内,历史上这里是一个富庶的要地。1935年、1956年赤峰东郊红山遗址开挖使得该地名扬世界。博物馆详细地展出了"红山文化"相关的史料。这里是华夏文明最早的文化痕迹之一"玉龙"的故乡,近几年正在申报世界文化遗产。之后,我们在克什克腾又称经棚,亲身体验了这座县有独特风格的城市。

后 记

在奥伦布坎森林园里的博物馆与讲解员合影

坐火车到集宁（又称乌兰察布市），然后搭班车到凉城。凉城是鲜卑人的老家，是这个民族的摇篮。生于凉城岱海的拓跋珪自公元386年称王建立北魏国。在一百多年的风风雨雨中，柔然与北魏打打和和，恩怨情仇，割不断理还乱。凉城、岱海、云中、盛乐、平城都曾是古战场，它们是我们行程中必去的地方。

赤峰"红山文化""玉龙"饰件

凉城四面环山，处在一个山间小盆地中。城北山坡下建有拓跋珪公园，北侧的小山顶上，竖立着一座巨大的拓跋珪雕像，似号令千军万马出征，形态威武壮观。二者相互映衬，县城中心还立了一座花木兰戎装雕像，真像是生前替父从军，千年后仍然勒马待命。1700多年后，柔然家族的后辈——

347

柔然传奇

我们来到这里,看到这位柔然时代敌国的君主我有感而发,作诗一首:"致雕像"。

致雕像

我跨过1700年的历史长河来看你,

你却化作一座雕像不言不语。

你坚定的手臂指向南方,

我知道那是告诉我,

你曾经的辉煌。

我们曾经是同宗同源的兄弟,

却为了后秦的公主,

玩了150年的对撞。

你视而不见,

凉城拓跋珪雕像

我做了几乎整个北方的霸主。

你却躲在平城,洛阳,自比商汤。

凉城的风吹过你的脸庞,

后记

岱海的雨落在你的肩上。
参合陂常听到燕马的嘶叫,
五万将士的魂魄呀,
在大泽上空飘荡。
木兰的叹息,
至今也让世人难忘。
柔然公主,拓跋帝王,
历史云烟难说端详。
太阳还是那个太阳,
山河依旧是那个模样。
女娲却融合了泥土重塑了你和我,
款款地走在大街上。

值得一提的是,我们在凉城去当地的文化馆没看到展览,却遇到一位热心的工作人员,他送给我们两本该馆组织编写的凉城文化史,真是意外的收获。很遗憾的是,我们忘问他的名字。由凉城坐班车到岱海。岱海不大,现在是个旅游区了。想当年柔然的始祖孤儿木骨闾就是在这里被人发现的。站在岱海湖边,举目远眺,辽阔的湖面水波荡漾,微风吹打着湖边的芦苇,让我仿佛又一次听到了孩子的哭声。离岱海不远的地方有个大圐圙村,附近还有北魏开国皇帝拓跋珪的出生地榆树陂。我们打车前往,走访了当地村民。虽说有人知道这里叫圐圙村,但连一个标示牌也没有看到。那已是很早的事了,当地人也不清楚。榆树陂倒是有个拓跋珪出生地的名牌,立在地中间,看看颜色就知大约是新修的。

在凉城住了好几日,有种到家的感觉,气候凉爽,真想一直住着。

和林格尔县在凉城西,二者距离不算远,近两小时路程,古地名称盛乐。盛乐是鲜卑拓跋的发祥地,是始祖力微早期成立部落联盟所在地,后又成为代国的都城。这里先后有多个朝代的十几位皇帝诞生,故有"帝王之乡"的说法。我们参观了盛乐博物馆,它是在盛乐城遗址上修建的,原始的土城墙遗址历历在目。关于鲜卑拓跋早期及北魏国的建立等在此都有详细介绍,我

们也看到了北魏与柔然的疆域图，以及博物馆前竖立的几位鲜卑始祖的雕像。目前的县城在其南侧，是新建的。这里虽发展滞后，但当地政府借助城中山丘地形，正在修建大型文化艺术公园，公园很有文化内涵。

盛乐博物馆 北魏始皇帝力微印章

惜别盛乐来到托克托县。托克托县古时称为云中，盛乐在黄河东，托克托在黄河西。此间的黄河大桥被来往的煤炭运输车播撒的灰尘搞得面目全非。云中是鲜卑拓跋人最早走出大兴安岭向南挺进落脚的部落所在地，据说拓跋人的许多祖辈都埋葬于此，可以说这里是他们的老家。之后在始祖神元皇帝拓跋力微的带领下又迁往盛乐。在城西还局部保留着云中古城墙，可惜城墙被居民使用，没有作为古迹加以保护。县上有个展览馆却不开放，可能是人来得太少的缘故，我们说了半天好话总算让看了，进去后却发现想看的历史图片资料一件也没有，陈列的只是近年该县成就展示。

历时两个多月，于7月底我们终于来到了本次访古计划的最后一站平城——山西大同。

北魏拓跋珪于公元398年自盛乐迁都平城，改号皇帝，并进行一系列大规模的首都建设。他划定京城范围："东至代郡，西至善无黄河，南及中山隘门塞，北尽参合、五原，地方千里。"又设四方四维，置八部帅统兵镇守。可见当初平城的建设规模之大。后又在文成帝拓跋睿时期开始大规模地修建皇室佛寺，即平城近郊的云冈石窟。

云冈石窟原名武州（周）山石窟寺，明代改称云冈石窟。作为北魏建都平城时期的大型石窟寺文化遗存，它是东方石雕艺术的精魂，也是中西文化

后 记

融合的典范，代表着公元 5 至 6 世纪佛教艺术的最高成就，在中国乃至世界艺术史上占有重要地位，与敦煌莫高窟、洛阳龙门石窟、麦积山石窟并称为中国四大石窟，亦与印度阿旃陀石窟、阿富汗巴米扬石窟并称为世界三大石雕艺术宝库。当然这也是我们此行程的重点之一。这几年大同进行大规模的城市扩建改造，将老城墙都包砌在新墙中作为了新的旅游景观了。

大同博物馆处在城东北开发新区，新颖别样。馆内珍藏了不同历史时期的遗物、图片，很值得细细观赏，看后很有收获。遗憾的是南北朝时期馆正在装修。不同博物馆之间虽有许多相同内容，但各有特色和侧重，收藏也不尽相似。

两个多月的奔波，走起来很长，但相对年轮却一晃而过。

2016 年 3 月底，从北京飞往洛阳。河南洛阳是一块宝地，历史上有十几个王朝在此建都，至今分布着数十座帝王陵墓。南北朝时期北魏由平城迁都后在此建立了新都城，并在伊河两岸青山对峙开凿石窟，更有被称为刻在石头上的历史的龙门石窟。龙门石窟开凿于北魏孝文帝年间，属于皇家贵族发愿造像的地方。后期不同朝代的帝王相继也在此开凿。了解柔然，必须从了解他的对手开始做起。

拓跋人在这里完成了他的三级跳，从云中到盛乐，建平城，迁洛阳。这个南迁的步伐真不小。正是由于柔然人的不断进攻，使得当时孝文帝深感国都偏于北方不稳定，也不利于统治。看来柔然人在北魏的发展过程中也起到了积极的推动作用。一个国家三迁其都，就是放在现在也是很难办到的。洛阳现已成为了牡丹花的国都，每年的三、四月都要举办牡丹花会节，这个十三朝古都正以花的面容在吸引着八方来客。在一位年轻朋友的带领下，我们参观了博物馆、白马寺、明堂、龙门石窟、国花园，流连于大街小巷的各种美食，探寻各处古迹。柔然人又来了。

2016 年 7 月下旬我们自驾越野车行程 1500 余公里，走访了柔然人曾经的征战地新疆吉木萨尔、奇台、木垒、巴里坤、蒲类海、伊吾。伊吾与巴里坤，曾是柔然汗国的领地，柔然人的陀汗可汗伏图，修建了柔然城堡——可汗伏图城的那位，就战死在蒲类海，古称浦类后海和浦类海（今巴里坤湖）。县

城古城墙遗址的墙壁上记录了这段历史，这也是极少数能看到的提及柔然人的史记，非常难得。在草原上一路都可看到石人及古老的烽火台，古西域的历史痕迹依然历历在目。

　　柔然是一个存在了150多年的强大的帝国，却像历史上的亚特兰蒂斯的大西国一样不为人所知。在新疆乌恰、龟兹、鄯善、于田、塔什库尔干公主堡、吐鲁番等地我们曾经翻阅了这些地方的地方志，都有被柔然统治的记载，连在最西边的乌恰县志中都可以查阅到有关柔然统治的记录。

伊吾的烽火台

蒙古国及西欧诸国之行

　　2016年五月一日坐火车从二连浩特到蒙古国首都乌兰巴托，侄女晓虹夫妇与我们同行。她是我们柔家的格格。火车是蒙古国的老式绿皮火车，破旧简陋。出境约十公里到达蒙古边境小镇扎门乌德，这一段的票价15元，由中方二连浩特车站出售，从此站到乌兰巴托的票则由蒙方出售。帐算得倒是很细。蒙方售票员在车厢里挨个卖票，同时，各类边检人员也在做边检。一切手续结束后，旅客全部下车等候。火车加挂车厢以及检修，大约三个小时左右启程。这条铁路是早期苏联人帮助修建的，是蒙古国南北的主要通道。进入蒙古高原，开阔无垠的丘陵地带，一路缓坡向北。草原干枯，人烟稀少。当年苏联大军压境时所筑工事也历历在目。到达乌兰巴托全程用了 15 个小时。下车后第一感觉不是想象的那样，火车站很简陋，站前似乎没有广场，一出站就快到了主街道。住在中国商人建的温州饭店，中国来客大都住这里。朋友帮我们联系到一辆车，蒙族师傅，带我们去柔然古都哈拉和林。

哈拉和林大门

哈拉和林距乌兰巴托西部 340 多公里，没有高速路。柔然的祖先们好像知道了我们的来访，一天变换了几个模样，早上启程时乌兰巴托在下小雪，出了城，雪茫茫，雾蒙蒙，一夜下了 30-40cm 厚的雪，已看不到路在什么地方，人在车里像在船里，就一个字"滑"，让人心里捏了把汗。但走了约 100 公里后，雾散了。不一会，阳光普照，竟然一丝雪也看不到。路边水塘有野鸭戏水，蓝天白云草地，一片祥和。快到哈拉和林时，又四面风起云涌，只一会的功夫，天空中已是快速移动的漫天乌云。这可是让我们亲身体验了一回史书里记载的柔然萨满的功夫。据说，柔然萨满可以运作风雨，使前方艳阳高照，身后雨雪交加。我们同行的人中有前世的萨满吗，以至于哈拉和林用这种方式在欢迎我们的到来。

柔然传奇

额尔德尼召寺

　　哈拉和林的确是个适合建都的地方，山间盆地，一片广阔平坦的草原被远处的低山环绕，一条小河穿行其中。现在遗址上只能看到一座被称为额尔德尼召的寺庙（蒙古语：Эрдэнэзуу），汉名光显寺，是一座藏传佛教格鲁派寺院。该庙建于1586年。17世纪80年代被毁。后来两次重建。据说，兴建额尔德尼召的建筑材料取自哈拉和林城遗址。该庙周围建有108座白色佛塔，蔚为壮观。额尔德尼召鼎盛时期曾有62座殿堂。

　　在离庙不远的地方建了一座博物馆，占地面积不大，外观也不宏伟，里面有哈拉和林几代王朝的历史，也包括柔然。在这里我们第一次得知柔然被称为NuLong，和JuJan，蒙语是脊梁的意思。得知我们来自中国，探寻柔然，讲解员热情接待并为我们讲解了哈拉和林的历史。这几年有中蒙联合科考队对这一片区域进行考古发掘，馆内存有他们的一本蒙汉两种文字的研究成果书籍。

　　赛音山达省在蒙古国南部，靠近中国边境。该地区为荒漠戈壁环境，严重缺水，属绿洲经济。省城建设发展滞后，基本看不到高层建筑，城内除道路硬化外，大多为沙土地。站在城东的山坡上对全城可以一览无余。历史上赛音山达曾是一个著名的驿站。当年，柔然大军西征时或许就曾在此歇脚。山顶上竟然立一个大石碑，上刻了一首赛音山达之歌。

　　十月的晚秋，和途牛网组织的旅友一起游历了德、法、意、瑞四国。

　　一路上导游滔滔不绝地讲述着欧洲的历史，也不时提起阿提拉、阿瓦尔的名字,这唤起了我们的兴趣。这也正是我们此次出行追寻的目标。

赛音山达之歌

公元560年左右,柔然阿瓦尔人的军队已到达多瑙河北岸,并以此为基地向西扩张,企图将欧洲纳入其势力范围,但受到了法兰克王国的抵制,相互间发生了多次战争,柔然阿瓦尔人遭受挫败。法国地处欧洲平原上,一马平川,易攻难守。据说,只要占领了巴黎,国家就完了。他的南部是阿尔卑斯山脉,与意大利接壤,也是其南部的天然屏障。当年,匈人阿提拉就是冒着大雪翻过阿尔卑斯山,侵入到罗马的核心区域意大利。

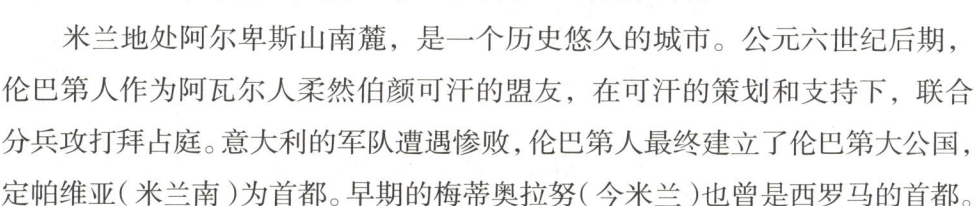

米兰地处阿尔卑斯山南麓,是一个历史悠久的城市。公元六世纪后期,伦巴第人作为阿瓦尔人柔然伯颜可汗的盟友,在可汗的策划和支持下,联合分兵攻打拜占庭。意大利的军队遭遇惨败,伦巴第人最终建立了伦巴第大公国,定帕维亚(米兰南)为首都。早期的梅蒂奥拉努(今米兰)也曾是西罗马的首都。

威尼斯坐落在地中海(亚得里亚海湾)北岸,是名扬世界的水城。据说威尼斯就是因为躲避阿瓦尔人的追捕而建立的。当年罗马人战败后,为逃避阿瓦尔人的追击,躲藏到了岸边的沼泽地带。阿瓦尔人的骑兵无法进入,束手无策,后来这些人以此为家,逐渐发展壮大,将岛礁相互拼接,并由此建立了威尼斯城。目前海水面距地面高差不足1米,每年海水倒灌城区数十次。我们就亲身见到"圣马可广场"大片积水,游客从搭建的梯架上进入大教堂的情景。专家认为,百年后威尼斯城将整个淹没在水里。

柔然传奇

罗马为意大利首都,也是古罗马和世界灿烂文化的发祥地,有着2500余年的历史,也被称为"永恒之城"。中世纪,罗马先后遭到哥特人、汪达尔人、勃艮第人也包括匈人、阿瓦尔人的入侵和洗劫,城市遭破坏,人口递减。公元8世纪中叶,罗马成为宗教国的首都,一直持续到公元1870年,宗教国被意大利王国所吞并,后在城中圈一小区域,划地为界。

历史上东方的游牧民族曾四次占领这一地区。其中就有柔然可汗吐贺真和伯颜可汗阿瓦尔人。

威尼斯的狮鹫

罗马与梵蒂冈

欧洲人最不缺乏的,就是神话和传说。直到今天,希腊的神话与传说,还深深地影响着世界。循其原委,欧洲人崇尚自由,崇拜英雄,喜欢将当时的杰出人物神话。大家都争着当英雄领袖,以致于今天的欧洲,被分成45个小国家。欧洲目前的这种格局,与他的历史文化密不可分。

地区国家之间,也像兄弟之间一样,当碰到权力王位之争时,打得头破血流，而遇到外敌入侵，则又联合一致对外。当遇到比自身强大得多的外来势力时，则立刻归顺、赞美，将之神话，以掩盖自身的无能。当时的欧洲，争斗不止，庞大的罗马帝国，分为东西两个国家，其他的小国家在英雄的领导下，也战争不断民不聊生。

但丁的《神曲》，将横扫欧洲的阿提拉神话为"上帝之鞭"。但丁痛恨这种无休止的战乱和为争权夺利到处展现出的阴谋与残酷。他歌颂了阿提拉，说他像上帝的鞭子，惩罚了那些利欲熏心的坏人。

匈牙利布达佩斯英雄广场上的纪念活动

通过这次走访，有一个很大的体会是，欧洲的雕塑技艺高于中国的，罗马街头的一个普通的桥头雕塑得栩栩如生，更不要说教堂里外的。大概这就是搞艺术的人喜欢往欧洲跑的原因。当柔然人跨过1700年的历史又在一夜间来到欧洲的时候，仍然能感受到千年前大罗马帝国的辉煌。当时罗马人为什

么就那么不堪一击呢？那些高大雄壮的武士是绣花枕头吗？还是柔然人太聪明太厉害了呢？

值得一提的是2017年7月1日在东欧的自驾游中，我们有幸在匈牙利首都赶上了一场大型活动，布达佩斯每个地方都充满了节日的气氛，多瑙河上人山人海，最具纪念意义的是我们在英雄广场赶上了一场庆祝活动。广场上搭了2个蒙古包，到处是红白绿相间的旗帜，大多数人都穿着蒙古服装，每人都有一个标志性的小腰包，儿子问了一下价，还很贵，不然我们也想买一个，证明我们是一家人。台上的演出也是蒙古元素。他们好象是在纪念他们的祖先，是匈奴吗？据说当年成吉思汗的兵马，一路从蒙古打到俄罗斯，最后打到了匈牙利，所以现在的匈牙利又叫东方之城。

现在许多研究者认为，匈牙利与匈奴关系不大，而我们在广场散发的传单上，却明确地看到纪念最伟大的国王阿提拉的文字。由于语言不通，无法交流，很遗憾地错过了一次了解他们的绝好机会。

广场上散发的纪念波若尼之战活动的译文如下：

"公元895-907年，勇猛的指挥官阿尔帕德带领军队对喀尔巴阡山脉区域进行了伟大的征服。在此期间，匈牙利人逐步收回了自己从阿提拉王（一个伟大的匈奴皇帝）那里合法传承下来的土地。

在公元907年，国王路易四世宣布了一道命令：歼灭所有匈牙利人！这次军事行动动用了十一万人的军队，指挥官要求士兵不留活口，对哪怕是新生儿、妇女、老人，都杀无赦。

四万匈牙利骑士带着他们强有力的弓箭组成了军队，保卫他们祖祖辈辈生活的故乡和国家。这场战斗持续了四天，以匈牙利人获得全面压倒性的胜利而结束。

这场战斗被认为是中世纪早期最伟大的战役。

这场战役是保家卫国的根基。

这场战役是最近千年历史的奠基石。

让对这场战役的纪念成为匈牙利人的一个国家节日吧。

上帝保佑匈牙利！

后 记

这场战斗发生在 7 月 3-6 日"。

另外,在多瑙河上还举办了飞机穿浮标和桥洞的特技表演。这个表演时间很长,几乎是一天,各路口都被封闭了,几乎找不到出城的路,在佩斯城中转了很多圈才到布达。

我们在波兰的克拉科夫看到了"瓮城(Barbakan Krakówski)",瓮城又被称为"团城""環城"。实际就是一个环形建筑围起来的城。在中国的北方很多地方都有这种古老的防御性建筑,如嘉峪关、伊吾等。这也让人联想到阿瓦尔历史上著名的環城,那个装满了欧伯龙根宝物的团城。

克拉科夫建于公元 700 年左右。克拉科夫巴比肯瓮城是一座防御性的前哨,曾经和城墙相连,作为历史上通往老城的重要通道,是仅存的环绕克拉科夫老城的复杂防御壁垒的遗迹之一。瓮城为圆柱形砖结构,临近护城河,中间的庭院直径 24.4 米,有 7 座炮台,3 米厚的城墙上共有 130 个炮眼。曾经通过一条通道和城墙的圣弗洛瑞安城门相连。不清楚这座城市与历史上的阿瓦尔人及蒙古人有没有什么关联。

这本书虽已画上了句号,但对柔然史的研究却远远没有终结,我们仍然行进在柔然历史研究的路上。